손태진 공무원 영어 실전동형 모의고사 1

머리말

공무원 시험 준비는 기본이론에서 심화반을 거쳐 '문법, 어휘, 독해, 생활영어'의 이론을 확실히 학습한 후에 7년 치 정도의 기출문제를 풀어 보면 됩니다. 기출문제 분석은 최근의 출제 경향을 파악하는 데 꼭 필요한 과정입니다. 보통 여기까지는 공무원을 준비하는 학생들은 누구나하는 준비 과정입니다. 다른 수험생들과 다른 나만의 경쟁력 확보는 그다음 과정에 있다고 보면 됩니다. 그다음 과정이 바로 독해 완성과 실전동형모의고사입니다.

어디에나 있고 누구나 공부하는 기출문제만으로는 나만의 경쟁력을 갖출 수 없습니다. 한 번도 출제된 적이 없는 새로운 문제와 새로운 독해지문으로 나만의 경쟁력을 갖추는 것이 관건입니다.

『손태진 공무원 실전동형모의고사』는 이러한 확고한 목표를 염두에 두고 만들었습니다. 출제가 예상되는 영역의 질 높은 예상 지문으로 만든 새로운 문제로 여러분의 칼끝을 예리하게 만들 것이라고 확신합니다.

이제 여러분 청춘의 도전에 결실을 볼 시간이 다가오고 있습니다.

끝까지 집중력을 잃지 않고 최선을 다해서 좋은 결과가 있기를 간절히 소망합니다.

손태진

공무원 영어 문제 구성

영역		문항수	출제비중
비독해	어휘, 표현	4	20%
	생활영어	2	10%
	문법	4	20%
독해		10	50%
총계		20	100%

출제 경향

보통 생활영어는 쉽게 출제되고, 문법은 중요 문법 포인트만 알면 그 안에서 다 나온다. 어휘와 독해에서 변별력을 주는데 어휘 1문제, 독해 1문제가 난이도 상으로 상당히 어렵게 출제되고 나머지는 체계적으로 준비하면 다 맞을 수 있도록 출제된다. 어휘와 독해는 절대 하루아침에 실력을 쌓을 수 없다. 반면, 한번 올려놓은 실력이 쉽게 사라지지도 않는다. 따라서 평상시에 어휘와 독해 위주로 꾸준히 공부하는 게 합격의 지름길이다.

공부 방법

66 문법 99

정해진 틀에서만 나오고 모든 유형이 예상가능하다. [손태진 영어보개기-문법]만 여러 번 회독을
해서 마스터 하면, 100% 그 안에서 출제된다.

문법 문제는 문장형, 영작형, 단락형으로 출제되고 문장구조를 분석할 수 있고, 문법 포인트를 알고
있는지 묻는 문제가 출제된다.

최근에 문장 길이가 길어지고 한 문제에서 묻는 문법 요소가 다양해지고 있다. 문장의 기본원리와
세부문법을 체계적으로 정리하고 장문의 구문을 분석해서 문법적으로 옳은지의 여부를 판단하는
연습을 많이 해야 한다.

66 구문 99

구문은 공무원 영어의 출제 영역에는 포함되지 않지만, 문법과 독해를 이어 주는 중간 과정으로 매
우 중요하다. 문법 포인트를 마스터했지만 문장형 어법 문제에서는 어떤 문법이 적용되는지 모르는
경우가 많은데, 이는 다양한 기출구문을 공부하면서 학습했던 문법이 실제 장문의 구문에서 어떻게
적용되는지를 배우고 익힘으로써 극복할 수 있다. 『손태진 공무원 영어 보개기-구문』은 최고 난이
도의 구문서로 이 책만 여러 번 회독해서 정복하면 공무원 시험 출제 영역의 문법과 구문을 완전히
정복했다는 자신감을 가질 수 있다.

66 독해 99

전체 지문을 무작정 읽고 답을 찾는 습관을 빨리 버려야 한다. 모든 지문에는 정답의 근거와 단서가 있다. 따라서 지문 유형별 지문 분석법과 문제 유형별 독해법을 학습한 후, 중요 부분은 꼼꼼히 읽고 부연 설명이나 예시로 뒷받침하는 부분을 빠르게 읽어서 근거를 통해 정답을 도출하는 방법을 배워 꾸준히 학습하는 것이 중요하다.

최근 7년 기출문제로 만들어진 『손태진 공무원 영어 보개기-독해』로 기출독해 유형과 독해 비법을 완전히 익히고, 한 번도 출제된 적이 없던 예상 문제로 만들어진 『손태진 공무원 독해 완성』으로 실전 감각을 익히면 확실히 독해에 대한 자신감을 가질 수 있다.

독해 문제는 주제·제목 찾기, 일치/불일치, 글의 흐름 파악하기, 빈칸 추론의 4가지 유형으로 출제된다.

유형별 문제 풀이 방법이 다르다. 간단히 정리하면 다음과 같다.

1) 주제·제목 찾기: 글의 소재와 주제문을 찾는 것이 핵심이다. 주제문은 글의 소재와 글쓴이의 관점을 포함하는 문장인데, 이 주제문을 다른 식으로 재표현(Paraphrasing)하는 문장이 정답이 된다.

2) 일치/불일치: 일치/불일치 문제는 보기를 먼저 보고 보기에서 키워드를 2단어 내로 추려 내는 게 중요하다. 그리고 지문을 읽다가 보기에 있던 키워드가 나오는 부분에서 사실과 일치하는지 불일치하는지를 하나하나 확인하는 유형이다. 어렵지는 않으나 시간이 많이 소요되는 유형이다.

3) 글의 흐름 파악하기: 글의 흐름 파악하기 유형으로는 '순서 배열', '문장 삽입', '문제 삭제' 유형이 있는데 하나의 단락을 구성하는 문장들을 논리적인 흐름으로 파악하는 유형이다. 이러한 일관성 관련 문제는 주어진 문장에서 제시된 힌트를 파악하고 뒤의 내용을 예측함으로써 중복해서 여러 번 읽는 시간을 줄일 수 있다.

(1) **순서 배열:** 단락 내 첫 문장이 주어지고 이후 전개될 내용의 순서를 바로잡는 유형이다. 주어진 문장을 통해서 글 전체 내용과 논리적 글의 전개 방식을 예측하는 것이 중요하다.

(2) **문장 삽입:** 지문의 흐름이 자연스럽게 이어질 수 있도록 주어진 문장이 들어갈 적절한 위치를 고르는 유형이다. 주어진 문장을 읽고 그 앞과 뒤에 나오는 내용을 유추할 수 있어야 한다. 이때 글은 '일반적 개념'에서 '구체적 개념'으로 '추상적 개념'에서 '구체적인 부연 설명이나 예시'로 이어진다는 글의 논리 전개 방식과 관사, 대명사, 연결어와 같은 언어적 단서를 이용해서 정답을 도출하는 방법을 배우고 익히는 게 중요하다.

(3) **문제 삭제:** 지문의 보기 중 지문의 흐름과 무관한 문장을 골라내는 유형이다. 제시된 첫 문장은 글의 흐름을 파악하는 데 핵심적인 문장이다. 따라서 소재를 파악하고 글쓴이의 관점을 파악한 후, 이것과 맞지 않는 문장을 제거하는 것이 이 문제 유형의 핵심이다.

" 어휘 "

공무원 시험에서 어휘는 제시된 단어의 뜻을 알고 있는가를 묻는 경우와 완전 생소한 단어를 제시하면서 문맥상으로 그 단어의 의미를 유추할 수 있는가를 묻는 유형으로 출제된다. 우선 공무원 기출 어휘를 학습하고 중요 어원을 공부하는 게 좋다. 그리고 4문제 중 1문제는 완전 처음 접하는 단어가 출제되므로 주어진 문장의 문맥 흐름상 의미를 유추하는 능력을 키워야 한다.

Half Test 1

※밑줄 친 부분의 의미와 가장 가까운 것을 고르시오.

1.

> One reason that energy prices are so <u>volatile</u> is that many consumers are extremely limited in their ability to substitute between fuels when the price of natural gas, for example, fluctuates.

① wholesome
② variable
③ fertile
④ calm

2.

> Americans have a democratic outlook, a strong belief that all people <u>are entitled to</u> equal opportunity and equal respect.

① associated
② available
③ eligible
④ relevant

3.

> Reviews have been ecstatic, but Sesta Motors has <u>been hit hard</u> by the financial crisis.

① sustain
② strike
③ deliver a blow
④ inflict

4. 다음 빈칸에 들어갈 말로 가장 적절한 것을 고르시오.

> The myth that ants always put the colony before their own interests was recently disproven by research conducted on leaf-cutting ants. Using DNA fingerprinting techniques, researchers proved that the offspring of certain ants have a genetic advantage that makes them more likely to become queens. The male ants that carry this "royal" gene are careful to keep it a secret. If too many queens were coming from the same male, the other ants might destroy some of those queens. So these males are prudent to spread their offspring throughout multiple colonies. No one colony contains too many queens from the same male because these "royal" ants are _____ their fellow ants to avoid suspicion and retaliation.

① feeding
② assisting
③ breeding
④ cheating

5. 두 사람의 대화 중 어색한 것은?

① A: Jack told me he was leaving the company?
   B: The news came out of the blue.
② A: I Just got a call from Amy.
   B: No one was expecting it.
③ A: I don't like cooking tonight. Do you want to go out?
   B: Sure. I always eat out.
④ A: You mean you don't cook at all?
   B: Of course I cook sometimes – maybe once in a blue moon.

6. 우리말을 영어로 잘못 옮긴 것은?

① 문제는 나의 현재 예산으로 새 차를 살 수 없다는 것이다.
→ The problem is that I can't buy a brand new car with my current budget.
② 그녀는 그 개가 목욕을 해야 한다는 것을 알았다.
→ She saw that the dog needed a bath.
③ 상황이 나쁘게 되는 데는 오랜 시간이 걸리지 않았다.
→ It didn't take long for the situation to turn badly.
④ 나는 폭설 때문에 더 심한 교통 체증이 있을 것이라고 생각했다.
→ I thought that there would be more traffic delays due to the heavy snow.

7. 밑줄 친 부분에 들어갈 말로 가장 적절한 것은?

A: _____? There's a real nice movie playing at the theater.
B: I'm, sorry. I'm working late that night.
A: You've really become the boss' girl Friday, haven't you?
B: Not really. I just had a two-week vacation. I can't wait to get back to work.

① Would you like try some dim sum
② Are you available this Friday
③ Can I ask you a favor
④ Are you a theater-goer?

8. 다음 문장 중 어법상 옳은 것은?

① They notified to their neighbor that his dog was on their back yard.
② I wasn't able to reply to his e-mail until late this morning.
③ Rising temperatures of the Arctic are causing the world's glaciers melting.
④ He described the character a strong and brave warrior.

9. 다음 빈칸에 들어갈 말로 가장 적절한 것은?

Heritage is a part of the past which we select in the present for contemporary purposes, whether they be economic or cultural(including political and social factors) and choose to leave to the future. Both past and future are imaginary realms that cannot be experienced in the present. The worth attributed to these artifacts rests less in their intrinsic merit than in a complex array of contemporary values, demands, and even moralities. As such, heritage can be visualized as a resource, but simultaneously, several times so. Clearly, it is an economic resource, one exploited everywhere as a primary component of strategies to promote tourism, economic development, and rural and urban regeneration. But heritage is also a kind of knowledge, a cultural product and a political resource and thus possesses a crucial socio-political function. Thus heritage is accompanied by _____
_____, not least when heritage places and objects are involved in issues of legitimization of power structures.

① its own values and a variety of socially demanded functions
② vital strategies needed for a country to pass on its knowledge
③ visualized resources including artifacts and historical monuments
④ a complex and often conflicting array of identifications and potential conflicts

10. 다음 빈칸에 들어갈 말로 가장 적절한 것은?

Gender is more of a socially created phenomenon than a biological one, and often media encourages this phenomenon by being biased towards either side. Either it is about femininity or masculinity. Unconsciously, we are being trained on how to behave from birth. Gender training as a boy or a girl starts at a very young age. Our society makes it very clear to us from childhood by utilizing materials like Disney movies. Of course, not all Disney movies show male dominance. At times, Disney has highlighted women can be free, outgoing, protective, and responsible as in movies such as The Little Mermaid, Mulan and Frozen. In those cases, the male characters are pretty silent. Either way Disney does portray gender discrimination. It's either femininity or masculinity. Is there any possibility that we can break through the generic social stigma by creating a new vision of the world where_____ _____?

① we can talk about gender discrimination openly
② femininity is superior to masculinity
③ a male and female can truly be equals
④ children are treated well enough in society

11. 다음 글의 주제로 가장 적절한 것은?

I think advertisers have to be more careful about the way they market things to children. Marketing to children has become such a problem that some countries have introduced laws limiting the amount of time that can be allotted to commercials for children's products during an hour of programming. For example, marketing character goods to children makes children waste money on things they don't really need. Marketers take advantage of the fact that most children are attracted to new and interesting things, such as cartoon characters. The marketing of food is also seen as a part of the growing weight problem among children. Many food companies deny any responsibility for making kids in developed nations overweight. However, in their commercials, they clearly make the fast food and sugary drinks look appealing in ways that are designed for children. Therefore, I think advertisers do share part of the blame, along with the children's parents who actually purchase the items.

① ways to reduce unnecessary consumption
② how to make ads more attractive to children
③ food companies' marketing strategies to kids
④ advertisers' responsibilities when it comes to children

12. United States Military Academy에 관한 다음 글의 내용과 일치하지 <u>않는</u> 것은?

The United States Military Academy, also known as West Point, is located approximately 50 miles north of New York City in the scenic Hudson Valley. Established by Thomas Jefferson in 1802, it is the oldest military academy in the United States. During the American War of Independence, George Washington realized an academy to train army officers was urgently needed, which led to the establishment of the academy. Jefferson Finis Davis, the leader of the Confederate side, and Ulysses S. Grant, the leading general on the Union side of the American Civil War, were both graduates of West Point. To be accepted into the academy, candidates must be aged between 17 and 23, score highly on the Scholastic Aptitude Test(SAT), and be of good moral character.

*the Confederate side: (남북전쟁 때의) 남부 연합 측
*the Union side: (남북전쟁 때의) 북부 연합 측

① West Point라 불리기도 한다.
② 미국에서 가장 오래된 사관학교이다.
③ 졸업생들이 미국 독립전쟁에서 큰 업적을 남겼다.
④ 남북전쟁 시 양측 지휘관이 이 학교 졸업생이었다.

13. 주어진 글 다음에 들어갈 위치로 가장 적절한 것은?

Some workers may feel that job-hopping provides them with a wide exposure to different work environments.

Changing jobs frequently could reflect badly on you as an employee. (①) Recruiters may see you as someone who lacks self-motivation or who becomes easily dissatisfied. (②) In addition, they may think that you lack experience since you have not stayed long at any job. (③) They may also worry that you are likely to quit too soon. (④) Furthermore, it may seem like switching jobs can be a faster way for them to get a raise. However, these people need to weigh such advantages against the negative perception that potential employers may have about their constant job-changing habits.

14. 글의 흐름으로 보아 주어진 문장이 들어가기에 가장 적절한 곳은?

If a culture holds that individual choice is everything-individuals always know best-this impacts the city.

At its core, city making involves arguing about values and making choices based thereon. Then it entails applying values, using politics to turn values into policies and exerting power to get your way. Choices reflect beliefs and attitudes based on values and value judgements. (①) These are shaped by our culture. (②) In this way, the scope, possibilities, style, and tenor of a city's physical look and its social, ecological, and economic development are culturally shaped, and culture moves center stage. (③) If, for example, a culture invests its faith only in the market principle and trusts the drive of capital to produce sensible choices, the logic, interests, and points of view of those who control the markets will count for more than those who believe market-based decision making is an impoverished theory of choice making. (④) Conversely, if people believe the idea of a public, common, or collective good has value and is beyond the vagaries of the market, a different city evolves. Any culture-based argument implies or proposes a trajectory, a plan of action, or even a manifesto of what to do next.

*tenor: 취지, 대의
*vagary: 별난 생각(행동)
*trajectory: 궤적, 궤도

15. 다음 글에서 전체 흐름과 관계 없는 문장은?

According to astronomers, a star's mass is the deciding factor in the way it will end its lifespan. Extremely massive stars tend to end up as either black holes or neutron stars. ① As for stars with an average mass, they are most likely to shrink down to neutron stars after a gigantic explosion, known as a supernova, occurs. ② And finally, stars with a low mass generally end their lives as something called a white dwarf. ③ It is believed that some white dwarfs have a crust that is about 50 kilometers thick beneath their atmosphere. ④ White dwarfs are stars that have a mass similar to that of the Sun, but are only a little bit bigger than the Earth. This makes them one of the densest forms of matter found in the universe.

*neutron star: 중성자성
*supernova: 초신성

16. 다음 빈칸에 들어갈 말로 가장 적절한 것은?

During the height of ancient Rome, despite the extreme wealth of the Roman Empire, half of Roman citizens were unemployed. Because slaves were doing so much of the work, relatively few jobs existed. In fact, there was an underclass of people who lived purely on handouts of food from the state, known as the "bread" class. The state also provided free gladiator shows, known as circuses. These shows were intended to distract the bread class from their poor economic situation. As one Roman writer Juvenalis observed, the only thing keeping the unemployed masses from revolting was "bread and circuses." Now, "bread and circuses" has become a convenient general term for government policies that _____ _____.

① give people great pleasure
② campaign for social reform
③ are grand but lack substance
④ seek short-term solutions to public unrest

17. 다음 글의 밑줄 친 부분 중 어법상 틀린 것은?

Continued economic growth is the explicit goal of most economists and policy makers. Many economists even argue that economic growth is not only compatible with a clean environment, but also a prerequisite for achieving ① one. A clean environment is a luxury good, the story goes. People who are struggling simply to feed ② themselves cannot be concerned with pollution. The fact that throughout the Third World, poverty forces people to actually live and work in garbage dumps, finding food to eat, clothes to wear, and goods and materials to recycle ③ to speak for itself—survival takes precedence over environment. And work in a factory, no matter how much it pollutes, must be better than life in a dump. Only in rich nations ④ can we afford the luxury of clean water and clean air. This would explain the fact that water quality and air quality in the United States have improved since the 1970s, and even forest cover is expanding in many areas. The best way to clean up the planet and preserve its remaining ecosystems, it is often argued, is through economic growth.

18. 다음 글의 밑줄 친 부분 중 어법상 틀린 것은?

In one study, researchers compared the mental development of four-year-olds enrolled in a preschool that emphasized unstructured play with those in a more typical preschool ① in which kids were taught phonetics and counting skills. After a year in the classroom, the students in the play-based school scored better on a variety of crucial cognitive skills, ② including self-control, the allocation of attention, and working memory. All of these skills have been consistently linked to academic and real-world achievement. According to the researchers, the advantage of play is ③ that it's often deeply serious-kids are more focused when they're having fun. In fact, the results from the controlled study were so compelling that the experiment was halted early-it seemed unethical to keep kids in the typical preschool when the play curriculum was so much more effective. As the authors noted, "Unstructured play is often thought ④ trivially but it appears to be essential."

*working memory: 작동 기억력(인지 과제를 수행하며 동시에 정보를 기억하는 능력)

19. 다음 빈칸에 들어갈 말로 가장 적절한 것은?

Let's take a look at an average household in two cultures that seem the same. Both spend a great deal of money on plants and take great pride in their landscaping. Both keep animals. Both have habitats for fish. But in the first culture, everything is for food. The plants and animals are edible and the artificial ponds are stocked with fish for eating. In the second culture, everything is for show. The plants are ornamental, the animals are pets, and the fish in the aquariums are expensive, exotic, and inedible. The first culture is ancient Rome; the second is the United States. The Romans had words for meadow and grass, because those were places where sheep could graze. But a lawn, which is a holdover from European estates 300 to 400 years ago, would have made no sense to them. This indicates that there exist _____ _____.

*a holdover from: ~의 유물

① various conflicts over how to obtain resources
② similarities in seeking food and managing nature
③ agreements on the standards of living between cultures
④ differences of views on food supply and nature between cultures

20. 글의 흐름으로 보아 주어진 문장이 들어가기에 가장 적절한 곳은?

Despite this, some of these countries have recently adopted the U.S. dollar.

After gaining independence, many nations in Latin America took great pride in establishing their own currency system. (①) The act was a visible expression of their independence from former colonial rulers. (②) The discontinuation of their currencies was done as a means of improving their economies. (③) For example, Ecuador replaced the sucre in an attempt to halt inflation, while El Salvador gave up the colon in order to make its commercial transactions with the U.S. more efficient. (④) This economic gamble, in which countries have given up their currency in the hopes of achieving greater stability, has not been universally popular. Among those who proudly view their currency as a national symbol, adopting the dollar represents a step back to the colonial past.

Half Test 2

※밑줄 친 부분의 의미와 가장 가까운 것을 고르시오.

1.

The movie industry is on the <u>verge</u> of a major transition to a new way of doing business through digital broadcasting of films.

① frontier
② threshold
③ wildness
④ bonanza

2.

A journalist pointed out that the country has progressed from oppression to <u>sovereignty</u>.

① monopoly
② hierarchy
③ autonomy
④ kingship

3. 밑줄 친 부분에 들어갈 말로 가장 적절한 것은?

The addax prefers to travel through the desert at night in search of _____ vegetation.

① sparse
② damp
③ skimpy
④ sporadic

4. 다음 빈칸에 들어갈 말로 가장 적절한 것을 고르시오.

An act is called Draconian if it appears to be too _____ for the circumstances. This word comes from Draco, a lawmaker in Athens during the seventh century B.C. He was responsible for publishing the first written laws in Greece and is often blamed for their harshness, even though they were customs that Greeks had had for many years. Many Greeks were horrified at how unfair the system was once the rules were in writing. Death was the punishment for minor thefts, and a person became a debt slave if he couldn't pay his debts. Eventually, the Greeks got rid of Draco and "his" laws, canceled all debts, set the debt slaves free, and created a new, more reasonable set of civil rules.

① severe
② absurd
③ generous
④ distinctive

5. 밑줄 친 부분에 들어갈 말로 가장 적절한 것을 고르시오.

> A: I just had a big fight with my boyfriend. I saw him talking to another woman.
> B: I'm sure she is just some from work and nothing more.
> A: That's exactly what he said, but I think he's cheating on me.
> B: _____ and you will be able to understand him better.

① Put your cards on the table.
② Put yourself in his shoes.
③ You can count on him.
④ Please give him some time to make up his mind.

6. 밑줄 친 부분에 들어갈 말로 가장 적절한 것을 고르시오.

> A: You look tired. Do you still have more to do?
> B: I've been working 24/7 and _____.
> A: Can I give you a hand?
> B: That would be great, Thanks.

① I'm on my way to the office
② I'm only half way through
③ We need to work hand-in-hand to solve this sticky issue
④ I'll arrive on time by all manner of means

7. 다음 중 우리말을 영어로 잘못 옮긴 것은?

① 아이스크림 또는 과일 중 하나는 손님들을 위한 디저트로 괜찮다.
→ Either cookies or fruit are fine as a dessert for the guests.
② 그 아파트 단지의 어떤 건물도 몇 년 동안이나 도색되지 않았다.
→ None of the buildings on the apartment complex have been painted in years.
③ 능력뿐만 아니라 시기 선택도 사업의 성공에 중요하다.
→ Not only ability but also timing is important for success in business.
④ 중국에서 발송된 거실에 있는 그들의 컴퓨터는 어떠한 문제도 일으킨 적이 없다.
→ Their computer in the living room, which was shipped from China, has never had any problems.

8. 다음 중 어법상 틀린 것을 고르시오.

① What the customer requested were an instruction manual of the copier.
② The software allows people who are in distant locations to hold video conferences.
③ We managed to save money by purchasing raw materials in bulk.
④ The revised policy will affect thousands of workers at the company's branches.

9. 다음 글의 빈칸 (A), (B)에 들어갈 말로 가장 적절한 것은?

Most philosophies begin with something called a metaphysics. This is a theory that attempts to understand the essential nature of reality and the basic organizing principles of the universe. Before the development of modern science, a component of metaphysics known as "natural philosophy" was used to deal with scientific issues. The Scientific Revolution, _____(A)_____, made this natural philosophy an empirical and experimental activity unlike the rest of philosophy, so it became a distinct area called "science." Thereafter, metaphysics became the philosophical inquiry of a non-empirical character into the nature of existence. More recently, the term "metaphysics" has also been used even in the non-philosophical area. Metaphysical bookstores, ____(B)___, don't sell books on philosophical theories, but rather sell books on faith healing, crystal power, occultism, and other such topics, which traditional metaphysics generally does not include.

*occultism: 신비주의

    (A)   (B)
① however   for instance
② therefore   in fact
③ instead   furthermore
④ however   in fact

10. 다음 글의 밑줄 친 부분 중 문맥상 낱말의 쓰임이 적절하지 않은 것은?

The great psychological ① paradox concerning money is that if you give money to people in need, you feel rich even if you have to watch your spending habits. A subsequent contradiction occurs because the very act of giving away money can lead to a ② reduction in spending and, hence, the saving of money. This is because your unconscious mind will push you to exercise financial ③ freedom after making a donation. On the other hand, some people think they would feel richer if they didn't donate anything at all and just spent a lot on themselves: elegant clothes, grand vacations. Even though the unconscious mind gives them a hard time for such ④ egotism, they cannot change their ways and sooner or later there is a disaster relating to their income that is coming in. They lose their wealth in reckless financial choices.

11. 다음 글의 주제로 가장 적절한 것은?

In many cooperatively breeding mammals, allomothers schedule assistance so as to reduce costs to their own fitness. They are most likely to help when they are too young, or too old, to breed themselves, or when for social or ecological reasons breeding would not be practical. Allomothers may be most eager to help when in good condition, but when resources are scarce or when helping would interfere with their own reproduction, they may decline. Simply pretending to help is also an option. For example, in birds, young helpers may ostentatiously carry food to nestlings only to swallow it themselves when the parents are not watching. There may also be penalties for not helping—including reduced parental tolerance for shirking allomothers. Such generalizations apply in spades to humans, where social sanctions operate in many subtle, and not so subtle, ways, and among whom payoffs for generosity and kindness come in many currencies.

*allomother: 친어미가 아님에도 새끼를 돌보는 어미 (보모)
*ostentatiously: 보란 듯이, 과시적으로

① reasons for allomothers' assistance
② implications of cooperative breeding
③ the strategy of allomothers' assistance
④ the importance of allomaternal support

12. 글의 내용과 일치하지 않는 것은?

The United States will likely face strategic restraints in the second decade of this century. While short-term defence budget expansion may be possible to meet a crisis, a sustained increase appears out of the question. The military future for the United States, therefore, is one of making do with less. It will not keep pace with the defence expansion of potential competitors. Russia and China almost doubled their military spending over the first decade of the twenty-first century and look set to continue this rate of growth in the second on the back of their buoyant economies. This does not represent a threat to the military supremacy of the US, but its competitors will use their fiscal advantage to disrupt its superiority. Moreover, the pressure for deficit reduction is likely to impact negatively upon defence investment that meets future rather than immediate needs. Therefore, the United States may have to develop a strategy that prioritizes ends and links them to means, somewhat in the manner of Dwight Eisenhower in the 1950s rather than one based on assumptions that its economic power can underwrite military expansion as in the 1980s.

① It is unquestionable that the United States will have a sustained defence budget increase.
② Russia and China almost doubled their military costs over ten years from 2000 to 2010.
③ The pressure for deficit reduction in the United States will make defence investment sluggish in the future.
④ Eisenhower prioritized ends and linked them to means.

13. 주어진 글 다음에 이어질 글의 순서로 가장 적절한 것은?

Aesthetics has much to do with pattern, order, and symmetry. The most basic aesthetic sense is the pleasure derived from recognizing, understanding, and enjoying a pattern that stands out from surrounding chaos.

(A) So our foraging career may be the foundation of our love for geometric patterns, just as music is based on recurrent themes and rhythms, which must have something to do with heartbeat and breathing. In all these patterns, we like subtle surprises.

(B) This is probably yet another evolutionary matter: we evolved an ability not only to pick out the fruit from the leaves, the snake from the grass, and the flower from the bush but also to enjoy the search and the recognition.

(C) We want the pattern to be varied just a bit, in systematic but exciting ways. Simple mindless repetition is all very well, but complex, understated variations on the theme are much preferred. This is why "keyboard" and "synthesizer" music set to produce an automatically repeated sequence sounds so dull and boring.

① (A)-(C)-(B)
② (B)-(A)-(C)
③ (B)-(C)-(A)
④ (C)-(A)-(B)

14. 글의 흐름으로 보아 주어진 문장이 들어가기에 가장 적절한 곳은?

The boy held a piece of flint against the disk as he rotated it so as to produce streams of sparks for the miner to work by.

Miners and mine owners were always looking for alternatives to candles. Although miners' candles were exceedingly small but it was believed a small candle might prevent the ignition of firedamp, everything thought of as a substitute for them provided less light than even those slim solitary candles. (①) It's almost inconceivable now to imagine how slight and shifting was the illumination miners worked by so far below the earth's surface. (②) One device, a flint mill, required boys to accompany the miners down the shafts. Each boy worked a mill, which might be strapped to his leg or hung from his neck. (③) It was made of a steel disk set in a small steel frame and a handle attached to a spur wheel, which turned the disk. (④) The sparks were usually too cool to set off the gas, but not always.

*firedamp: (탄갱 안의) 폭발성 가스
*shaft: (탄광) 수직 통로
*spur wheel: 평톱니바퀴

15. 다음 글에서 전체 흐름과 관계 없는 문장은?

In human populations of all sizes, violent and aggressive behavior increases in correlation with outdoor temperature. Environmental psychologist Craig Anderson proposed this theory in 2001, and since that time he has been able to gather evidence by comparing rates of violent crime in different cities. ① He found that temperature is the most reliable indicator of whether one population will exhibit more violent behavior than another. ② According to his research, high temperatures increase individuals' feelings of discomfort, hostility, and aggression towards others, which in turn leads to more violence. ③ Anderson's work has raised concerns among experts about how global warming could affect society at this most basic of levels. ④ One of the factors contributing to global warming is an increase in carbon dioxide production. In addition to food and water shortages, coastal flooding, and intense storm activity, a warmer planet might also mean a higher average incidence of violent crime.

16. 다음 빈칸에 들어갈 말로 가장 적절한 것은?

Many things happen in our brains that we are unaware of. The autonomic nervous system is controlled by a small group of cells deep in the brain that targets most body functions, including heart rate, blood pressure, and digestion. Other unconscious events are more directly associated with mental activity. Negative comments in the operating room about a patient under general anesthesia can influence subsequent patient feelings, even though the patient expresses no awareness of the comments. Research subjects viewing rapid screen displays of pictures lasting only 10 milliseconds report no image awareness. But in later tests, these same subjects score well above chance when asked to pick target pictures from a larger collection, showing that the pictures impacted memory without the subject's awareness. Essentially the same process is repeated in our daily lives. Much of our knowledge, skills, experiences, and prejudices

_____

_____.

① can be deleted regardless of how they have been stored
② are selective in that they accept the things that match them
③ are acquired with no awareness of causal input to our brains
④ can be interpreted differently depending upon what we think

17. 다음 빈칸에 들어갈 말로 가장 적절한 것은?

Resource depletion can be driven by fear that others will use it first. Deborah experienced this kind of hoarding when she served as a camp cook for her husband's geology field camp one summer. Although she did her best to estimate group uses of various foods, within a week in the wilderness area, she realized they were running low on hot chocolate. She hoped that as scarcity became apparent to other camp members, its value would go up and they would be more careful about using it, rationing it till the end. Instead, as soon as scarcity became apparent, the remainder of the hot chocolate disappeared quickly, much faster than it was used before scarcity was obvious. Apparently, camp members wanted to be sure they got their share before it completely ran out. Being somewhat of a hoarder herself, Deborah wanted to put the chocolate away, and use it only on special occasions, so that it would last. Thus _____

_____.

Restaurant servers use this principle when they strategically hint to their customers that they should preorder the chocolate truffle cake because there aren't many left and then sell a record breaking number of the dessert.

① the scarcity of a resource can be prevented by using alternatives
② the more rapidly a resource is depleted, the less favored it will be
③ just belonging to a group makes a person choose altruistic behavior
④ simply perceiving a commodity as scarce will increase the demand for it

18. 다음 글의 빈칸 (A), (B)에 들어갈 말로 가장 적절한 것은?

Look around and you will see plastic everywhere. I There are a variety of reasons that it has become the material of choice for the manufacturers of a broad range of products. The main benefit of plastics is that they are both strong and lightweight, giving them a big advantage over heavier materials like metal. They can also be combined with certain materials in order to make them even stronger. ____(A)____, nylon is an extremely tough fabric that is created by combining plastic and glass. There are, however, some serious disadvantages to plastics. They do not resist heat well, and when they burn they release toxic chemicals into the air. ___(B)___, plastics do not break down easily. As a result, they can cause environmental problems when disposed of improperly.

	(A)	(B)
①	For example	Furthermore
②	For example	In contrast
③	For the most part	Nonetheless
④	On the contrary	Lastly

19. 다음 글의 밑줄 친 부분 중 어법상 틀린것은?

I'll always remember one of my first patients at the hospital, an elderly man with Lou Gehrig's disease. He needed a ventilator and a feeding machine to stay alive, so he always had needles ① <u>inserted</u> in his arm. Sadly, he had lost much of his ability to control his muscles. Since he could not speak, I learned to read his lips, ② <u>which</u> wasn't easy. However, I kept ③ <u>trying</u>, and he didn't give up either. After a while, we were able to communicate. I would tell him about my friends, family and the weather, and he would mostly listen and ④ <u>not to ask</u> any questions. I couldn't help crying when I heard the news that he had died.

*ventilator: 인공 호흡 장치

20. 다음 글의 밑줄 친 부분 중 어법상 틀린것은?

About the size of a hen's egg, the kiwi has bright green or golden flesh with rows of tiny black seeds. The kiwi, ① <u>which</u> is known for its abundance of — vitamin C, is a ② <u>modifying</u> version of the Chinese gooseberry, native to southeastern China. In the early 20th century, Chinese gooseberry trees were imported into New Zealand for the purpose of ③ <u>beautifying</u> private gardens. They were selected for their pleasing appearance, not for their delicious I fruit. Later, the fruit ④ <u>was altered</u> for size, taste and hardiness by New Zealand fruit growers. Because the kiwi's brown furry skin resembled the body of the flightless kiwi bird, a new name was adopted for the "new" fruit.

*Chinese gooseberry: 중국 다래
*hardiness: 내한(耐寒)성

Half Test 3

※밑줄 친 부분의 의미와 가장 가까운 것을 고르시오.

1.

> Moscow's annexation has <u>spurred</u> NATO and focused particular attention on its vulnerable Baltic members.

① torment
② plague
③ animate
④ prompt

2.

> Bossanova rhythm had a great <u>repercussion</u> on other musical forms of Brazil like samba.

① aftermath
② triviality
③ interference
④ arbitration

3.

> When writing to persuade, remember that your position should <u>take into account</u> both those views that support it and those that refute it.

① take into consideration
② be considerate of
③ take advantage of
④ set aside

4. 밑줄 친 부분에 들어갈 말로 가장 적절한 것은?

> The brightest spot in the contemporary landscape of American education is the _____ of interest in engaging students in civic life.

① repression
② retrieval
③ reticence
④ resurgence

5. 밑줄 친 부분에 가장 적절한 것을 고르시오.

> A: How was your trip to Las Vegas?
> B: Great! The hotel was nice, the food was great but best of all,
>
> _____.
>
> A: Wonderful! Exactly how much did you win?
> B: Enough to pay for my round trip to Vegas.
> A: I want you to take me with you next time.
> B: I'm sure will.

① my stocks hit the jackpot
② I made a killing at the slot machine
③ I won the sweepstakes
④ I pick up a log of money in the street

6. 밑줄 친 부분에 가장 적절한 것을 고르시오.

A: How was the blind date last night?
B: You don't want to know. He was a total loser.
A: _____? He looked OK in the picture.
B: I don't even want to talk about last night.
A: It must have been awful.
B: It was the worst.

① He didn't strike you at all
② You can't have everything, right
③ The restaurant has changed hands
④ Was he so charming

7. 우리말을 영어로 옮긴 것으로 가장 적절한 것은?

① 목성과 지구 사이의 거리는 일 년 내내 다르다.
→ The distance between Jupiter and the earth varied throughout the year.
② 눈이 온다고 하더라도 나는 선생님을 방문하러 갈 것이다.
→ Even if it will snow, I will visit my teacher.
③ 그가 5분도 채 쉬지 않아서 수업이 시작했다.
→ He has not taken a break for five minutes before his class started.
④ 다음 주면 그 가게는 30년째 영업을 한 것이 된다.
→ The shop will have been in business for 30 years next week.

8. 다음 문장 중 어법상 틀린 것을 고르시오.

① It is generally known that women are just as competent in the workplace as men.
② We were amused by the dancers who performed on the open stage.
③ This soft drink is said containing an excessive amount of sugar.
④ She belongs to an orchestra that practices the works of Vivaldi.

9. 다음 글의 밑줄 친 부분 중, 어법상 틀린 것은?

Your body uses sugar in two ways. In cells, sugar is ① <u>either</u> used to fuel activity or stored as fat. The fat is later broken down when your body needs to produce energy for activities such as exercise. As well as acting as fuel, sugar stimulates the brain to produce "happy hormones?" which make you ② <u>feel</u> more cheerful. This is one reason why sweet foods like cookies and candy ③ <u>are</u> such popular snacks. Remember, however, that sugary foods need to be treated with caution. Too much sugar can lead to tooth decay and ④ <u>increasing</u> your risk of developing heart disease. Therefore, you should try to keep the amount of sugar you consume to a minimum

10. 다음 글의 주제로 가장 적절한 것은?

Depending on the field or industry, 25 to 40 percent of workers are temporarily hired workers, part-timers, or contract workers, and employment in these nontraditional roles is growing while full-time employment is shrinking. Clearly, the smart job seeker today should look for a variety of paid work and not just an old-fashioned full-time job. However, the full-time job is still held as the ideal, and so many job seekers do not make use of this more flexible strategy. Many refuse to accept the legitimacy of any option outside of the traditional career model. But these narrow-minded people will have to compete for a declining supply of "conventional" permanent positions. They should instead see that to make a good living today, one must be flexible and pursue work in any of its many forms.

① ways to get hired at popular companies
② necessity of changing our perception of jobs
③ reasons for pursuing traditional full-time jobs
④ strategies for getting the most desired positions

11. 다음 글의 제목으로 가장 적절한 것은?

At first glance, a roller coaster is quite similar to a passenger train. It consists of a series of connected cars that move on tracks. But unlike a passenger train, a roller coaster has no engine or power source of its own. To get started, the coaster cars are pulled up the first hill. This initial climb builds up a reserve of potential energy; the higher up it goes, the greater the distance gravity can pull it down. You experience this same phenomenon when you ride your bike to the top of a big hill. The potential energy you build going up the hill is released as the dynamic energy of motion that takes you down the hill.

*potential energy: 위치 에너지
*dynamic energy: 동적 에너지

① Why Roller Coasters Aren't Dangerous
② What Makes Roller Coasters So Exciting
③ How Roller Coasters Work Without an Engine
④ Which Materials Roller Coasters Are Built With

12. 다음 글의 주제로 가장 적절한 것은?

What was bothersome was not so much the time consumed in reading a just-arrived e-mail message as the time it took to get back to what a worker was doing before the interruption. As with the speed bump, it is not so much the slowing down for the bump itself as its enduring effects after the bump has been passed—whether in the jarring letdown or the need to get back up to speed. To deal with the Frankenstein known as e-mail, affected companies formed the nonprofit Information Overload Research Group to discuss solutions. Even before the group met, however, some approaches were being tried. An IBM engineer named Michael Davidson devised an "E-mail Addict" feature whereby a user could crick on a "Take a Break" link that caused the screen to go gray and display the message, "Take a walk, get some real work done, or have a snack. We'll be back in 15 minutes!" There seemed to be no acknowledgment that taking a walk or having a snack might be more disruptive than reading another e-mail message.

*jarring letdown: 덜컹덜컹 흔들리며 속도가 줄어드는 것

① ways to reduce the amount of e-mail
② importance of communication in the workflow
③ efforts to solve problems by e-mail reading at work
④ alternative communication devices to replace e-mail

13. 글의 내용과 일치하는 것은?

A study of whether phone counseling will be equally helpful for everyone with depression has shown unclear results. The Seattle researchers focused on patients who sought treatment and were motivated enough to begin taking drugs. Dr. Jurgen Unutzer, a psychiatrist at the University of Washington who was not involved in the study, said that only about a quarter of all Americans suffering from depression try drug therapy each year. The rest do not, because of lack of awareness, access or interest, psychiatrists say, and many people with depression are wary of taking mood-altering drugs. But because 40 percent of the people who begin anti-depressant therapy quit within the first month, doctors should consider the telephone a powerful ally, said the study's lead author, Dr. Gregory E. Simon, a psychiatrist in Washington. "This represents an important change in the way we approach treatment," Dr. Simon said, "not only using the phone, but being persistent, proactive, reaching out to people and finding them where they are. Depression is defined by discouragement; very often they're not going to come to you."

① Phone counseling proved to have a strong positive effect on everyone suffering from depression.
② Dr. Jurgen Unutzer conducted the study on patients who sought drug therapy for depression.
③ A majority of people with depression are reluctant to take medicine for its treatment.
④ Forty percent of the people showed a dramatic improvement within the first month of their anti-depressant therapy.

14. 주어진 글 다음에 이어질 글의 순서로 가장 적절한 것은?

A technological innovation represents an opportunity for reduced uncertainty in another sense that is reduced by the information base of the technology, as well as creating one kind of uncertainty about its expected consequences in the mind of potential adopters.

(A) Once such information-seeking activities have reduced the uncertainty about the innovation's expected consequences to a tolerable level for the individual, a decision concerning adoption or rejection will be made. If a new idea is used by an individual, further evaluative information about its effects is obtained.

(B) The former type of potential uncertainty reduction that is from the information embodied in the technological innovation itself, represents the possible efficacy of the innovation in solving an individual's perceived problem; this advantage provides the motivation that urges an individual to exert effort in order to learn about the innovation.

(C) Thus, the innovation-decision process is essentially an information-seeking and information-processing activity in which the individual is motivated to reduce uncertainty about the advantages and disadvantages of the innovation.

*efficacy: 효험, 효능

① (A)-(C)-(B)
② (B)-(A)-(C)
③ (B)-(C)-(A)
④ (C)-(A)-(B)

15. 글의 흐름으로 보아 주어진 문장이 들어가기에 가장 적절한 곳은?

Deeds are documents recording the transfer of rights of freehold property from one person or body to another and require an understanding of legal terminology.

The character of land ownership has varied historically and across the world. When Hong Kong Island was handed over to the British in 1841, the land policy in the new colony consisted of no freehold land: all land was Crown Land and private property consisted of leases of greater or lesser duration. (①) Freehold land is land privately owned by an individual or organization. (②) The owner's solicitor, bank or building society usually keeps them, although in the UK local record offices keep many old deeds. (③) The value of deeds in researching buildings is that they record change of ownership. (④) In addition, properties with a special function are usually named, for example, a windmill or warehouse, and the size of the site and its boundaries are given. These are usually defined with reference to the local geography or neighboring landowners.

*freehold: (부동산의) 자유보유권
*solicitor: 사무 변호사(토지, 건물 매각을 담당하는 변호사)

16. 다음 글에서 전체 흐름과 관계없는 문장은?

Human societies have become more urban, and economic activity proportionally more industrially based. These changes have brought benefits in terms of improvements in many aspects of quality of life and health. ① They have also brought changes to the way individuals interact, the amount of their leisure time, their access to food and their levels of physical activity. ② These changes, however, have made it increasingly difficult to balance energy intake and expenditure, resulting in increased frequency of overweight and obesity worldwide, eventually leading to an increase in the prevalence of chronic, non-communicable diseases such as cardiovascular disease and diabetes. ③ It is clear that aspects of lifestyle, diet and physical inactivity all play a role in the increasing incidence of these diseases. ④ However, unknown panaceas for curing all these diseases are believed to be found in time. We all agree that the success of measures to reduce them will depend on striking the right balance among the three factors. This is also leading to an appreciation of ways in which foods can bring positive influences to health and wellbeing beyond simply providing basic nutrition.

*cardiovascular: 심장 혈관의
*panacea: 만병통치약

17. 다음 빈칸에 들어갈 말로 가장 적절한 것은?

Upcycling is the practice of reusing a material without degrading the quality and composition of the material for its next use. The practice reduces the need for new virgin material to be harvested as feedstock for new generations of product. Some people talk about making wallets from tires, or tables from wire spools, as their "upcycling" examples. These are examples of recycling. None of those materials are going back up the supply chain. They are just making the chain a bit longer. Upcycling represents a truly cyclical process that we should be aiming towards. Just having the aim would be another important step. All of our products could be drastically changed if the beginning of their design started with the goal of not having them end up in a landfill. I am not saying that recycling is a waste of time or nothing worth praising. Rather, recycling is a first step in reaching a more comprehensive and sustainable solution for waste management. It can eventually _____ _____.

① help us secure feedstock for products by finding new material
② limit the amount of new, virgin materials that need to be produced
③ make us realize how difficult it is to go back up the supply chain
④ change the whole cyclical process enormously by new technology

18. 다음 빈칸에 들어갈 말로 가장 적절한 것은?

Scientists are calling for stricter regulations to protect marine wildlife from noise pollution. In a recent study in Frontiers in Ecology and the Environment, researchers argue that action is needed to tackle_____ from industrial activities such as shipping and seismic surveys, which use loud sound pulses fired from compressed air guns to explore the sea floor and find natural resources. We asked two authors of the study why this is such an urgent problem. Douglas: One concern is hearing damage in animals. That can happen either with very loud sounds or over longer periods of exposure to lower levels of noise. Also, with air guns, the reverberations raise the background noise level and so risk masking animals' communication and navigation signals. A final concern is stress. Long-term stress is really harmful and causes physiological and reproductive problems. We don't know a lot yet about how sensitive marine animals are to it. Howard: Effects have been documented, but still we have questions out there about what these impacts mean in the long term for individual animals or populations.

*reverberation: 반향(음)

① scientists' decreased morale
② sea animals' problems
③ serious seawater pollution
④ excessive ocean noise

19. 다음 글의 밑줄 친 부분 중 어법상 틀린 것은?

Most organizations require that those who work in them have certain abilities that allow them to do their jobs ① effectively. For example, photographers must understand how different camera settings and lighting affect the picture they are taking, and computer programmers need to know how to use programming languages. These abilities are known as hard or technical skills and ② learn them, one usually enrolls in some sort of educational programme i.e. where they receive classroom instruction and often practical training as well. However, to work in any occupation you also need ③ what are referred to as 'soft skills' (often referred to as "life skills'). Soft skills as opposed to hard skills (such as technical skills) greatly impact the personality development of employees. Organizations today recognize that the professional development of their employees plays an important part in maintaining relationships with their customers, clients, suppliers, co-workers and ④ developing a successful business. However, soft skills are not a replacement for hard or technical skills. In fact, they are complementary to them and serve to unlock the potential of people equipped with hard skills.

20. 다음 글의 밑줄 친 부분 중 어법상 틀린 것은?

The knife is thought ① <u>to have had</u> its origins in shaped pieces of flint and obsidian, very hard stone and rock whose fractured edges can be extremely sharp and thus suitable to scrape, pierce, and cut such things as vegetable and animal flesh. ② <u>What</u> the effective properties of flints were first discovered is open to speculation, but it is easy to imagine how naturally fractured specimens may have been noticed by early men and women to be capable of doing things their hands and fingers could not. Such a discovery could have occurred, for example, to someone ③ <u>walking</u> barefoot over a field and cutting a foot on a piece of flint.

Once the connection between accident and intention ④ <u>was made</u>, it would have been a matter of lesser innovation to look for other sharp pieces of flint. Failing to find an abundance of them, early innovators might have engaged in the rudiments of knapping, perhaps after noticing the naturally occurring fracture of falling locks.

*obsidian: 흑요석
*knap: 세게 치다

Half Test 4

※밑줄 친 부분의 의미와 가장 가까운 것을 고르시오.

1.

> Most of great achievements are achieved with persistent and strenuous work.

① manageable
② arduous
③ concise
④ exclusive

2.

> Governments can bring emission levels in line with more stringent international standards.

① slack
② rigorous
③ transient
④ tedious

3. 밑줄 친 부분에 들어갈 말로 가장 적절한 것을 고르시오.

> Pinocchio is a good example of how these elements can be emphasized rather than _____beneath a surface realism.

① merged
② emerged
③ submerged
④ immersed

4. 빈칸 안에 들어갈 말로 적절한 것을 고르시오.

> One should not confuse the so-called science of astrology with the authentic science of astronomy. In fact, astrology has been a thorn in the side of scientific thinking for many generations. Disguised as true science, with piles of academic-looking books and complex charts of planetary positions, astrology claims it can explain individual personality. It has held firm in its insistence, but no scientific study has ever been able to prove this assertion. Indeed, attempts to do so have proven just how empty that assertion is. The claim that being born under a particular sign makes somebody "creative" or "goal-oriented" can't really be tested, since the presence of such qualities is largely a matter of
> _____.

① confidence
② persistence
③ faithfulness
④ interpretation

5. 두 사람의 대화 중 가장 어색한 것은?

① A: Help me with the math problem. I just can't figure it out.
   B: Let me see. you forgot to multiply here.
② A: Where did you get that gorgeous necklace?
   B: You are not going to believe how much I paid for it.
③ A: $ 9.99! It was on clearance sale!
   B: No way.! That's a real steal.
④ A: Do I have to pay in cash?
   B: Yes! you can pay in installments.

6. 우리말을 영어로 옮긴 것 중 가장 어색한 것은?

① 나는 행사 장소에 일찍 도착해서 행사 준비를 도와 달라고 요청을 받았다.
→ I was asked to arrive at the venue early to help with the event preparations.

② 감시 카메라에 결함이 있다는 것이 한 보안 요원에 의해 발견되었다.
→ A surveillance camera was found by one of the security guards to be defective.

③ 그녀의 고객들에게 전화를 거는 업무가 주어진 사람은 바로 그녀의 부하 직원이었다.
→ It was her subordinate who was given the task to call her clients.

④ 논문을 가장 잘 썼기 때문에, 그녀에게 장학금이 주어졌다.
→ Scholarship money was given her for having written the best essay.

7. 빈칸에 들어갈 말로 적절한 것은?

A: What are you doing, Steve?
B: I'm preparing a speech for my public speaking class.
A: I didn't realize you were taking that class!
B: I didn't have any choice. _____ whenever I have to speak in public.
A: Is the class helping you much?
B: I think so. I feel a lot more comfortable in front of people now.

① I simply wanted to break the ice.
② I made a speech off hand.
③ I get cold feet.
④ I'm quite nervous. I can't wait for the results.

8. 다음 문장 중 어법상 옳지 않은 것은?

① Foreign tourists are often taken advantage of by greedy taxi drivers.
② It is said that ants are attracted to homes with bits of food left on the floor.
③ Medical specialists are looked up by people because they can cure patients and save their lives.
④ New Year's Eve is always exciting for us because of the ringing of the bell at midnight.

9. 다음 글의 제목으로 가장 적절한 것은?

We used to think that with age there was a progressive deterioration in brain cell structure and function. But that widespread assumption has been proved wrong. New nerve cells have been found to be generated in the brains of old animals, and were learning more and more how this amazing property of the aged brain can be manipulated. Low levels of regular exercise, for instance, have been found to significantly generate new nerve cells in the hippocampus, a brain structure that deals with memory. Moreover, a recent study showed that certain nerve cells in the eyes of old people are capable of growing new processes. We will be able to regenerate parts of the brain that have worn out or been damaged in the course of a lifetime, providing renewed capabilities to those who are currently considered old folks.

*hippocampus: (뇌의) 해마

① Myths and Facts about Anti-ageing
② Your Nerve Cells Decide How Well You'll Age
③ Why Your Cognitive Functions Decline with Age
④ New Brain Cells Are Made Throughout Your Life

10. 다음 글의 주제로 가장 적절한 것은?

Thanks to today's advanced weather satellites, forecasters can observe large weather systems, such as typhoons and hurricanes. Normally, these satellites use two different kinds of sensors. The first is called an imager. Like a camera, it uses reflected light to create images of the Earth. Because the planet's different surfaces reflect the sun's light in different ways, they can be recognized and distinguished in the images. Water, for instance, reflects little light and therefore shows up black. The second type of sensor found on weather satellites is called an infrared sounder. It uses the infrared spectrum to sense the temperature of objects. Because temperature is directly related to the amount of energy emission, a sounder can measure the amount of energy being radiated from various surfaces of the Earth. This information can be used to make more accurate weather predictions and also to measure the effects of greenhouse gases on the atmosphere.

① uses of different types of satellites
② detecting equipment on weather satellites
③ effects of greenhouse gases on the atmosphere
④ difficulties in predicting large weather systems

11. 다음 글의 주제로 가장 적절한 것은?

Today, communication has become a buzzword. Accordingly, a great deal of emphasis is being given to training aimed at developing the skills of writing letters, memos, and reports, participating in seminars and group discussions, interviewing, making presentations, and so on. In the world of business, managerial success depends largely on the ability to present one's ideas before others. In fact, verbal (written/oral) and non-verbal (body language) communicative competence is an important aspect of one's personality. In fact, many advanced institutions have incorporated communication in specialized personality development programmes as an additional input for management graduates at all levels of undergraduate and postgraduate education. There are formal courses in business communication, human communication, or organizational communication almost in all universities. In addition, there are training courses and workshops specially designed for executives and bureaucrats at all levels.

*buzzword: (언론 등에서 많이 사용되는) 유행어

① increased training courses for communication skills
② difficulties in enhancing communicative competence
③ differences between formal and informal communication
④ processes required in all levels of personality development

12. 다음 글의 내용과 일치하는 것은?

During the nine-week summer session, services for the university community will follow a revised schedule. Specific changes for campus bus services, the cafeteria, and summer hours for the infirmary and recreational and athletic facilities will be posted on the bulletin board outside of the cafeteria. Weekly movie and concert schedules are being finalized and will be posted outside the cafeteria every Wednesday. Campus buses will leave the main hall every half an hour and make all of the regular stops along their routes around the campus. The cafeteria will serve breakfast, lunch, and early dinner from 7 a.m. to 7 p.m. during the weekdays and from noon to 7 p.m. on weekends. The library will maintain regular hours during the weekdays, but shorter hours noon to 7 p.m. on Saturdays and Sundays. All students who want to use the library borrowing services and the recreational, athletic, and entertainment facilities must have an authorized summer identification card. This announcement will also appear in the next issue of the student newspaper.

① Movie and concert schedules will be notified twice a month.
② During the weekdays, the cafeteria and the library will open at noon.
③ Campus buses will run every hour and make all of the regular stops.
④ A valid identification card is required to use the athletic and entertainment facilities during the summer session.

13. 주어진 글 다음에 이어질 글의 순서로 가장 적절한 것은?

These days, many people who have lost their jobs due to the financial crisis are leaving the job market and returning to school.

(A) However, simply going back to school and earning a new degree doesn't ensure that these people will then be able to find jobs. Returning to school is a risk, involving a significant investment of time, money and effort.

(B) To meet the needs of these new students, some universities are offering specialized classes. A number of government programs have been designed to support both the schools offering these courses and the students enrolling in them.

(C) Therefore, before choosing a subject to study, it is important to do some serious research. Potential returning students should learn all they can about the industry they want to get involved in and its employment prospects for the future.

① (A)-(B)-(C)
② (A)-(C)-(B)
③ (B)-(A)-(C)
④ (C)-(A)-(B)

14. 주어진 글 다음에 이어질 글의 순서로 가장 적절한 것은?

Mendelssohn had a great disliking for the music of Meyerbeer. Mendelssohn's music was polished, elegant, and scholarly devoid of effects attempted for mere show

(A) Both were of Jewish descent and inherited a Hebrew cast of countenance; both were of slender build, and they were accustomed to dressing the hair in the same fashion. The disliking held by Mendelssohn for Meyerbeer's music extended somewhat to Meyerbeer himself; and great was Mendeksohn's disgust if someone of his friends teased him on his resemblance to the detested composer.

(B) Meyerbeer's music, on the contrary, while containing much that was good and being especially effective in instrumentation, had much that was blatant, and that savored largely of the sensational. But both men had several points of personal resemblance.

(C) On one occasion, in Paris, after having been subject to some good-natured jokes about the similarity of his personal appearance to that of Meyerbeer, Mendelssohn rushed off to the barber and had his hair clipped short to dispel the likeness.

*cast of countenance: 얼굴 생김새
*blatant: 노골적인

① (A)-(C)-(B)
② (B)-(A)-(C)
③ (B)-(C)-(A)
④ (C)-(A)-(B)

15. 글의 흐름으로 보아 주어진 문장이 들어가기에 가장 적절한 곳은?

> We might be tempted to think that our moral convictions are fixed once and for all beyond the reach of reason.

Life in democratic societies is rife with disagreement about right and wrong justice and injustice. Some people favor abortion rights, and others consider abortion to be murder Some believe fairness requires taxing the rich to help the poor, while others believe it is unfair. (①) But that's not true. (②) How, then, can we reason our way through these conflicting values? (③) One way to begin is to notice how moral reflection emerges naturally from an encounter with a hard moral question. (④) We start with an opinion, or a conviction, about the right thing to do. Then we reflect on the reason for our conviction, and seek out the principle on which it is based. Then, confronted with a situation that conflicts with the principle, we are pitched into confusion. Again, we may revise our judgment about the right thing to do, or rethink the principle we initially espoused. As we encounter new situations, we move back and forth between our judgments and our principles, revising each in light of the other.

16. 다음 글에서 전체 흐름과 관계 없는 문장은?

As the twenty-first century unfolds, nationalism is fast losing ground. More and more people believe that all of humankind is the legitimate source of political authority, rather than the members of a particular nationality. ① The appearance of essentially global problems, such as the melting of the ice caps, nibbles away at whatever legitimacy remains to the independent nation states. ② No sovereign state will be able to overcome global warming on its own. All the states in the world are fast losing their independence. ③ Not one of them is really able to execute independent economic policies, to declare and wage wars as it pleases, or even to run its own internal affairs as it sees fit. ④ Throughout the world, more and more political leaders are called to be loyal to their state and their people. States are increasingly open to the interference of global companies and NGOs, and to the supervision of global public opinion. States are obliged to conform to global standards of financial behavior, environmental policy and justice.

17. 다음 빈칸에 들어갈 말로 가장 적절한 것은?

People suffering from a psychological condition known as Munchhausen syndrome pretend to be physically ill by _____ the symptoms. The condition's name comes from an 18th-century German nobleman, Baron Munchhausen, who was said to have made up fantastically impossible stories about his life. It is believed that the ultimate goal of people with this condition is to gain attention and sympathy from the medical personnel who attempt to treat them. They are sometimes extremely knowledgeable about the illnesses they claim to have and are therefore able to deceive their doctors for long periods of time, resulting in costly medical procedures and hospital stays. Sufferers of Munchhausen syndrome feel most comfortable in the role of a patient, as it apparently fills a psychological need. Many of them experienced trauma during their childhood or grew in homes that did not provide them with sufficient affection.

① rejecting
② ignoring
③ inducing
④ concealing

18. 다음 빈칸에 들어갈 말로 가장 적절한 것은?

Alternative histories describe worlds in which _____ _____ . In other words, alternative history is a type of science fiction which resembles historical fiction. Stories describe a world that is identical to ours until some imaginary historical event happens. At this point, the world becomes a fantasy world with an alternative history. Alternative histories might describe worlds in which the Roman Empire never fell. They may write about some technology being introduced much earlier in history than actually happened. For example: What if computers had been invented in Victorian times? Many readers find these stories interesting because they stimulate the imagination and examine the phenomenon of cause and effect in history.

① history repeats itself
② technology has been improved
③ history has taken another course
④ a war has been won by the other side

19. 다음 글의 밑줄 친 부분 중 어법상 틀린 것은?

The MBTI is a personality assessment instrument ① based on the theory of Carl Gustav Jung. The current version of the standard MBTI is a set of ninety-three questions about preferences or tendencies on four major dichotomies — extraversion vs. introversion, sensing vs. intuiting, thinking vs. feeling, and perceiving vs. judging. More than 2.5 million people ② are estimated to take it every year. Why is the MBTI so extraordinarily popular? Is the MBTI popular because of its reliability and validity? Probably not. The four-letter code like ESFJ represents one of sixteen "types" based on binary scores on the four preferences. The problem is that the consistency ③ with which you are likely to receive the same profile score on repeated assessments ④ are weak. In other words, it lacks reliability, and it is likely that your particular four-letter profile will shift from one testing to the next. With respect to validity, the MBTI is adequate but not exceptional and does not have the extensive research base that other personality tests have.

20. 다음 글의 밑줄 친 부분 중 어법상 틀린 것은?

Because music neither represents the phenomenal world, ① nor makes statements about it, it bypasses both the pictorial and the verbal. When we look at a picture, the fact of the pictured existence as a tangible object in the external world acts as an intermediary between ourselves and the underlying idea which the artist is expressing. When we read a poem, the words ② in which the poem is written act similarly. Since the painter must, by definition, express what he has to express in a picture, and the poet must express what he has to express in words, it may seem stupid ③ to write of pictures and words as intermediaries. But, if we consider that paintings are representations of something which the painter wishes to convey to us, and if we also accept that language is intrinsically metaphorical, we can appreciate that the medium is not identical with the message, and may in some sense, distort it, or present it incompletely. This, of course, is why artists are never satisfied with what they have produced, but are compelled to go on striving to find a yet more perfect way of expressing ④ wherever it is that they want to convey.

*intermediary: 매개자

Half Test 5

※밑줄 친 부분의 의미와 가장 가까운 것을 고르시오.

1.

A stress-free life offers no challenge - no difficulties to surmount, and no reasons to sharpen your wits or improve your abilities.

① revoke
② replenish
③ get over
④ encounter

2.

Global warming has increased sea temperature, making Haeundae more susceptible to shark visits.

① responsive
② receptive
③ vulnerable
④ resistant

3.

Foods which go through a factory process lose much of their color, flavor and texture.

① come up with
② put up with
③ pass through
④ come across

4. 밑줄 친 부분에 들어갈 말로 가장 적절한 것을 고르시오.

There still remain many issues even after her lifelong devotion to the poor and helpless in this _____ village.

① ubiquitous
② affluent
③ obscure
④ opulent

5. 밑줄 친 부분에 들어갈 말로 가장 적절한 것은?

A: Lauren, you look wonderful today. what's the occasion?
B: I'm on my way to an interview for a new job.
A: Really?
_____.
B: I'm eager to get this job.
A: I bet you'll get it. Please let me know how things turn out.

① Wake up and smell the coffee.
② Do you think that's possible?
③ Keep your shirt on.
④ I'll keep my fingers crossed for you.

6. 두 사람의 대화 중 어색한 것은?

① A: What time does the store close?
   B: In fifteen minutes.
② A: I'm in a hurry because I have to make a presentation in one hour.
   B: Break a leg.
③ A: Could I help you with anything?
   B: Yes, I would like to.
④ A: Why don't we go to a soccer game sometime.
   B: Sure, Just tell me when.

7. 우리말을 영어로 바르게 옮긴 것은?

① 그의 엄마를 불쾌하게 말하는 것은 그가 감히 할 만한 것이 아니다.
→ Speaking harshly to his mother is not something he would ever dare to doing.

② 그는 TV 드라마를 보는 것을 싫어하고, 나도 역시 그렇다.
→ He dislikes watching reality TV drama and so does I.

③ 그는 자신의 승인을 받기 전에 보고서가 다시 쓰여져야 한다고 제안했다.
→ He proposed that the report is rewritten before getting his approval.

④ 그는 정직한 남자이기 때문에 거짓말을 했을 리가 없다.
→ Since he is an honest man, he couldn't have lied.

8. 어법상 옳은 것을 고르시오.

① The professor of the graduate financial management course is intended to revise the curriculum.

② Should investors find the proposal compelling, they will put up money to fund it.

③ Most of the residents think that if cities had less air pollution, their mental health would have improved.

④ Online learning permits people who is employed full-time to earn university degrees.

9. 금성과 지구에 관한 다음 글의 내용과 일치하는 것은?

Venus and Earth have often been called "twin planets" because both planets share some similarities. They are similar in size and color. The diameters of the two planets are roughly only 650km in difference, with Earth being a little larger than the other. They both also appear to be blue in color; water makes Earth appear blue, while the upper clouds of Venus' atmosphere make it look like a white-blue planet. They are both terrestrial planets, meaning they are "solid", but their atmospheres are very different. The atmosphere of Venus is 90 times more dense than that of Earth, which means Venus has the densest atmosphere of the terrestrial planets in the solar system. At first sight, the two planets seem very much alike, but when looked at in more detail, there are more differences than similarities.

① The colors of the two planets are very different.
② The diameter of Venus is a little longer than the diameter of Earth.
③ The earth looks green because of its constituent water.
④ Venus does not have land.

10. 주어진 글 다음에 이어질 글의 순서로 가장 적절한 것은?

A vibrant and active musical culture enriches life, making it more exciting, interesting, and meaningful for everyone around. Beauty is in the ear, and not just the eye, of the beholder, and enjoying a song or a piece of instrumental music depends to a certain extent on the listener's personal taste and social background.

(A) By opening up their ears and mind's eye to the "other," people can more happily engage and interact with new and different cultures.

(B) To an average Westerner, for instance, the traditional music of East Asia would probably sound mysterious and may even be uncomfortably difficult to listen to, because its mode of expression is so unfamiliar.

(C) However, people who can set aside their preconceptions about musical conventions and make an effort to understand the context of the unfamiliar music will find it more accessible and enjoyable.

① (A)-(C)-(B)
② (B)-(A)-(C)
③ (B)-(C)-(A)
④ (C)-(A)-(B)

11. 다음 글의 제목으로 가장 적절한 것은?

In recent years, stores selling products in bulk have become popular. For example, you may be able to purchase a case of 20 boxes of cereal at a discount of 30 cents per box at a bulk store. Shoppers pay store membership fees, sometimes as much as $100 per year, because they believe buying in bulk is a way to save money. But is it? While you may save 30 cents per box on 20 boxes of cereal, you have to ask yourself: Would you want to buy all that cereal if it were not offered in bulk? And will you be able to consume it all before it goes bad? In many cases, the answer to these questions is "no." This means that bulk shopping in effect costs more, since you are buying more goods than you otherwise would.

① The Illusion of Bulk Bargains
② How to Save Money Buying in Bulk
③ Ways Not to Be Deceived by Bulk Stores
④ Bulk Stores: A Reasonable Option for Shoppers

12. 다음 글의 주제로 가장 적절한 것은?

For most women, pregnancy seems to be a time of expectant joy, but a significant minority suffers moderate to severe depression. These women are more likely to overlook health care before the birth of their child. They may miss medical appointments, and some may turn to alcohol or cigarettes to tackle depression, but these can damage an unborn child. Untreated depression during pregnancy has been linked to higher rates of miscarriage, stillbirths, premature deliveries, and low-birth-weight babies. Babies born smaller because of a bad pregnancy face a bigger risk of high blood pressure and heart disease as adults. Finally, depression after a birth robs a woman of the joy of having a new baby and can seriously impair her ability to nurse and care for the infant.

① the joy of pregnancy
② the importance of post-delivery care
③ diseases that threaten pregnant women
④ the dangers of depression during pregnancy

13. 다음 글의 내용과 일치하는 것은?

Herbalism or herbal medicine means the use of plants for medicinal purposes, and the study of such use. Plants have been the basis for medical treatments through much of human history. Societies living before the beginning of written history used plants as medicine. The Lascaux cave paintings discovered in France depict plants as healing agents. During the Middle Ages, most families grew medicinal herbs at home. Knowledge of herbal medicine was orally passed down from generation to generation. But with the development of western medicine in the nineteenth century, the popularity of herbal medicine subsided. Modem medicine, however, still makes use of many plant-derived compounds as the basis for evidence-tested pharmaceutical drugs. The World Health Organization estimates that roughly 80 percent of the world's population use herbal remedies as a source of treatment. Herbs today are available in many forms. They are taken fresh or dried and packaged as tablets. They can also be used in capsules, teas, ointments and oils. Herbalists even recommend these formulas over many plant-based pharmaceutical drugs for their holistic properties.

① Herbal remedies are not welcomed by doctors practicing western medicine.
② Nowadays, scientists are not studying how to take medicinal plants.
③ People in the prehistoric age treated ailments with plant-based remedies.
④ Growing medicinal herbs at home is getting popular all over the world.

14. 주어진 글 다음에 이어질 글의 순서로 가장 적절한 것은?

Imagine a teenage boy and girl whose parents forbid them to date each other. Will the boy and girl obey their parents' orders?

(A) For example, laws that prohibit certain types of political speech often drive more people to participate in what has been made illegal. According to this theory, then, whenever an authority puts limitations on individual freedoms, there will be a powerful urge to challenge those limitations.

(B) According to one psychological perspective, they most certainly will not; rather, the prohibition will only increase the couple's desire to be together. This is known as the Romeo and Juliet effect, named after Shakespeare's tragic story of illicit love.

(C) Despite the fact that the effect takes its name from two of literature's most famous lovers, it is not confined to romantic relationships. In fact, we can observe the Romeo and Juliet effect at work in many other aspects of society.

*illicit: 사회 통념에 어긋나는

① (A)-(B)-(C)
② (A)-(C)-(B)
③ (B)-(C)-(A)
④ (C)-(A)-(B)

15. 글의 흐름으로 보아 주어진 문장이 들어가기에 가장 적절한 곳은?

Although owls lack mystical powers, they are powerful hunters whose skill surpasses that of other birds of prey.

For thousands of years, people believed that owls were more like gods than animals. (①) Even in modern times they have been used to signify wisdom, magic and power, but the truth is that owls are no more divine than other birds. (②) The large, round heads and huge, forward-facing eyes that were supposed to signify divine intelligence are simply natural adaptations developed to help them catch small animals. (③) Their acute senses ensure that owls rarely fail to notice a potential meal. (④) Moreover, their ability to fly silently means that their prey never realizes they are to be attacked until it's too late.

16. 글의 흐름으로 보아 주어진 문장이 들어가기에 가장 적절한 곳은?

> So as not to be left behind organizations must get better at reskilling their workforces.

Never has the pace of change in the workplace been faster. Last year's World Economic Forum whitepaper Accelerating Workforce Reskilling for the Fourth Industrial Revolution projected that around 35% of the skills demanded for jobs across industries will have changed in a few years. (①) They must do so in a way that gives employees the scope to develop their capabilities on an ongoing basis. (②) They must focus on creating organizations where learning and development are embedded on a daily basis. (③) Senior leaders and managers must lead by example, championing continual learning and development and monitoring it on a regular basis. (④) Learners also need to feel empowered and engaged in how learning is designed and able to help shape the learning process. Putting employees at the heart of these processes encourages them to take ownership of their development. And then, by identifying what works and what doesn't, organizations can move with the times and provide learning that brings long-term benefits to the business for their employees.

17. 다음 글에서 전체 흐름과 관계가 없는 문장은?

Suppose you are shopping at a department store and see a bottle of perfume that costs $50. Your initial thought may be that the department store charges too much for a tiny amount of alcohol and oils mixed with water. ① However, you should consider that this price reflects not only the cost of the raw materials, but also a wide variety of additional expenses. ② For one thing, the department store is paying the salary of the salesperson behind the counter. ③ And the manufacturer may have spent more on the fancy bottle than on the fragrance itself. ④ Accordingly, the government has been considering imposing higher taxes on luxury items, reflecting public opinion. Also, think about how much the company spends on advertising and transporting the product.

18. 다음 빈칸에 들어갈 말로 가장 적절한 것은?

While researching animal behavior for her book Mongoose Watch, British ethologist Anne Rasa was surprised to discover that when a dwarf mongoose became ill with chronic kidney disease, he was treated differently by his peers. The other mongooses permitted the ill animal to eat much earlier than he normally would have, considering his rank in the mongoose social order. To Rasas astonishment, the sick mongoose was even allowed to have a bite of the same piece of food that the dominant male was eating—something that would never occur normally. When the ill mongoose lost his ability to climb, the entire group of mongooses gave up their decided preference for sleeping on elevated objects such as boxes. Instead, they all opted to sleep on the floor with their sick friend. These examples show that a 'community' of mongooses has

_____.

*ethologist: 동물 행동학자

① creativity
② self-control
③ interest
④ compassion

19. 다음 빈칸에 들어갈 말로 가장 적절한 것은?

Contemporary artists have presented their views in lectures, interviews, essays, and a variety of novel formats. E-mails, text and voice messages, and other virtual public forums have all but replaced letters and journals. Many artists have sophisticated websites with blogs, chats and, nowadays, some social media accounts. These new possibilities allow the audience, not just specialists, to be informed and to engage in meaningful dialogues with artists. But there is a potential problem with these exciting electronic platforms. Unlike tangible documents, e-mails and other electronic textual, visual, and audio materials may be, and often are, deleted. Even when they are saved, digital medias endurance over time is still unknown. This raises important questions about

_____
_____.

① difficulties in agreeing on a true definition of art
② when contemporary art turns into conventional art
③ whether art should be obligated to provide meaning
④ availability of contemporary art records in the future

20. 다음 글의 밑줄 친 부분 중 어법상 틀린 것은?

Making human tissue in a lab has always been more sci-fi than sci-fact, but powerful genetic technologies may change that soon. For the most part, the only way to replace diseased or failing hearts, lungs, kidneys and livers ① is with donor organs. Now, too many people wait and struggle to find a good biological match ② with a donor. In one promising solution to the shortage, researchers have been putting a new DNA editing tool called CRISPR ③ through rigorous tests in organ regeneration. Last August, a group of scientists at Harvard Medical School produced more than a dozen pigs ④ that were breeding without certain viruses that had made many of their organs unusable for human transplant. Pig genomes often contain genes for viruses that can cause infection and, if they spread to certain tissues, They used CRISPR to snip out these viral genes from the pig DNA. While there are other ways to edit DNA, CRISPR, developed in 2012, is by far the most precise set of molecular tools to cut,paste, copy, and move genes around.

Half Test 6

※밑줄 친 부분의 의미와 가장 가까운 것을 고르시오.

1.

An high price attracts media coverage together with a response that ranges from <u>outrage</u> to admiration.

① resentment
② disgrace
③ insult
④ humiliation

2.

Widespread disrespect of the law also generated <u>rampant</u> corruption among politicians and police forces.

① profuse
② prevalent
③ servile
④ lucrative

3. 밑줄 친 부분에 들어갈 말로 가장 적절한 것을 고르시오.

This isn't the first time the North has criticized the South for openly letting languages of foreign countries _____ everyday life.

① penetrate
② expose
③ permeate
④ stimulate

4. 다음 빈칸에 들어갈 말로 가장 적절한 것을 고르시오.

To most people's surprise, there are more than 500 active volcanoes in the world, and ten or more of them are erupting every day. Their eruptions add substantially to the pollution of the atmosphere. However, pollution caused by volcanoes is part of nature's way of bringing about _____ among the earth's organisms and elements, such as land and water. The most dramatic volcanic eruption occurred in June 1991 in the Philippines at Mt. Pinatubo. Vast amounts of sulfuric acid gas were blown into the atmosphere. The immediate effect was a measurable cooling of the earth so great that the warming of the earth from the greenhouse effect was actually slowed down.

*sulfuric acid: 황산

① balance
② misfortune
③ breakdown
④ disharmony

5. 밑줄 친 부분에 들어갈 말로 가장 적절한 것은?

A: Would you like continental or American breakfast.
B: American please.
A: _____
_____?
B: Sunny-dine up, please.

① Would you like some coffee
② Would you like some more
③ How would you like your egg
④ How would you like your steak done, sir

6. 우리말을 영어로 옮긴 것으로 가장 적절한 것은?

① 예방 접종이 없었더라면, 무수한 사람이 그 바이러스에 감염되었을 것이다.
→ Were it not for the vaccination, thousands of people would have been infected by the virus.

② Julie가 교통 혼잡 시간대의 극심한 교통량을 예상했었더라면, 이곳에 더 일찍 왔을 것이다.
→ Julie would be here earlier, had he anticipated the heavy rush hour traffic.

③ 그는 사실 그녀를 기억하지 못하지만, 마치 기억하는 것처럼 행동한다.
→ He acts as if he remembered her, when in fact he doesn't.

④ 내가 그렇게 바쁘지 않다면, 가족들과 더 많은 시간을 보낼 텐데.
→ If I were not so busy, I could have spent more time with my family.

7. 두 사람의 대화 중 어색한 것은?

① A: It's almost midnight. I'm so tired.
  B: Let's leave the report as it is for tonight.

② A: Are you sure you can handle this
  B: Don't worry. It's a piece of cake.

③ A: Are you coming down with something?
  B: I feel a cold coming on.

④ A: Would you carry this for me? I don't have enough hands.
  B: Sure, I'll hand it over to you right now.

8. 어법상 옳은 것을 고르시오.

① The student is smart enough figuring out her assignments by herself.

② He convinced me to reconsider my decision to relocate.

③ The teacher helped the student finding the answer.

④ I planned attending the anniversary party tonight, but something urgent else came up.

9. 글의 흐름으로 보아 주어진 문장이 들어가기에 가장 적절한 곳은?

> This is the mindset of a pie that has a limited size, and the more of the pie that is dedicated to work, the less of the pie can be dedicated to life.

Many of us struggle to figure out what our purpose is. (①) We only know that we are vaguely dissatisfied, perhaps having no real idea what to do with ourselves and imagining that people like Martin Luther King, Jr., who we know had a strong sense of personal purpose, are profoundly and substantially different from ourselves. (②) We are plagued with doubt and anxiety, and we compare ourselves with our friends who knew from the age of 10 what they wanted to do with their lives. (③) Many think that their only recourse is to try to create a work-life balance. The implication is that work and life are on the seesaw of a zero-sum war; more work implies less life. (④) Imagine if instead you could attain work-life integration, inthe size of the pie grows as your sense of purpose intensifies.

*Recourse: (힘든 상황에서 도움을 얻기 위한) 의지

10. 글의 흐름으로 보아 주어진 문장이 들어가기에 가장 적절한 곳은?

> This required public sector agencies to put the services they supplied out to private tender and give the contract to the most competitive bid.

Public sector industries and services were returned to the marketplace through various forms of privatization. (①) Its simplest form was the sale of public companies to private individuals and, according to Yergin and Stanislaw, two-thirds of state-owned industries, amounting to forty-six major businesses employing some 900,000 workers, sell in this way by 1992. (②) There was also a massive sale of public-sector housing, when council tenants were given the right to buy the property they lived in. (③) Another form it took was "compulsory competitive tendering." (④) In 1983, for example, all district health authorities were required to introduce competitive tendering for the provision of cleaning, laundry, and catering services. An existing "in- house" provider might win a contract, but to do so it had to behave like a private company.

11. 다음 글의 주제로 가장 적절한 것은?

Many people feel that power should be withheld from those who most actively seek it. Because of this general antipathy toward power and power seekers, writes Rosabeth Moss Kanter, "People who have it deny it; people who want it do not want to appear to hunger for it; people who engage in its machinations do so secretly." Given our feeling toward power and those who hold it, it is no surprise that democratic political systems contain checks on power. These systems abo specify measures to distribute power in ways that prevent it from becoming absolute or concentrated in too few hands. The founders of the United States clashed over this issue. Their constitutional solution? Establish mechanisms that prevent the concentration of power in one branch of government and that protect the interests of minorities against the power of the majority. The U.S. Constitutions Bill of Rights checks power by specifying individual rights that government cannot abridge, no matter how powerful it is.

*machination: 음모, 모략
*abridge: 축소하다

① necessity of peaceful and democratic power shifts
② history of political efforts to solve power struggles
③ consequences of people's hunger for power in society
④ reasons and ways to prevent power abuse in democracy

12. 다음 글의 제목으로 가장 적절한 것은?

It is quite simply wrong to believe that therapeutic cloning will allow us to create, for example, a soccer team of David Beckhams, or a peace movement of Martin Luther Kings, or a publishing house of J. K. Rowlings. The thing is, even if we can copy the complete genetic makeup of an individual, we still cannot predict that individual's future. We only need look at the many thousands of identical twins who, although raised in the same home and schools as their twin, are still very different in talents and likes and dislikes, and we can see that identical genes do not make identical lives. Increasingly sophisticated research is showing that the better we understand gene function, the more obvious the impossibility of producing a made-to-order human being.

① How Humans Can Be Cloned
② Advantages of Human Cloning
③ Identical Twins and Human Cloning
④ A Misconception about Human Cloning

13. 다음 글의 내용과 일치하지 않는 것을 고르시오.

Crazy Horse was one of the most famous of all Native American leaders. His exploits and brave resistance to white settlers opening up the homelands have become legendary. Tasunkewitko, to give him his true name, was a chief of the Oglala tribe of the Sioux nation. He defiantly repelled incursions by the "white man" into Sioux territory in the northern Great Plains, from about 1865 until his death in 1877. His courage has ensured him a permanent place in western sagas. Early skirmishes included resisting government plans to build a road to access the goldfields of Montana in 1865. Then in Wyoming he was involved in the massacre of a troop of 80 men commanded by Captain William J. Fetterman in 1866, and the Wagon Box Fight of 1867. In an attempt to defuse such conflicts, reservations were set up for the local tribes under the Second Treaty of Fort Laramie in 1868, but Crazy Horse continued to lead hunting expeditions outside these limits.

① Crazy Horse is well-known for his fierce resistance to the aggressions by white settlers.
② Crazy Horse attempted to defuse conflicts brought about by the Second Treaty of Fort Laramie.
③ Crazy Horse played a role in the killing of Captain Fetterman's soldiers.
④ Crazy Horse fought against the road construction to the Montana goldfields.

14. 주어진 글 다음에 이어질 글의 순서로 가장 적절한 것은?

All new parents watch with joy and pride their baby s display of mastery of each new skill-the first words spoken, the first steps taken, the first signs of his or her ability to read or write.

(A) Because of the pleasure they take in the progress, parents may be tempted to hurry their baby into learning too much too soon. But rushing development can cause children to become overly anxious and performance-oriented.

(B) On the other hand, if children are denied plenty of age-appropriate guided activities combined with praise from a parent, they may lose their natural curiosity and courage.

(C) If parents actively encourage a baby to write or draw too soon, for example, the baby may try very hard to please them and then suffer feelings of failure when unable even to hold the pencil properly.

① (A)-(C)-(B)
② (B)-(A)-(C)
③ (B)-(C)-(A)
④ (C)-(A)-(B)

15. 주어진 글 다음에 이어질 글의 순서로 가장 적절한 것은?

Plants whose tender parts would be killed by extreme cold often survive if they are insulated from a severe climate by an air-filled snow blanket.

(A) Besides, a snow cover protects untold numbers of insects, worms, snails and many other small creatures in the soil. Winter air temperatures can easily plunge low enough to kill many of the organisms living just below the soils surface.

(B) Snow, however, prevents this. The layer of air that is preserved between the surface of the soil and the base of the snowfall acts as an insulator, preserving enough warmth to stop the creatures beneath from freezing.

(C) If snowfall covers a boxwood plant, for example, a gardener may be tempted to knock it off. However, its wiser to leave a blanket of snow on boxwood; otherwise, the extreme temperatures of the air and wind can easily kill it.

*boxwood: 회양목(상록 활엽 관목의 일종)

① (A)-(C)-(B)
② (B)-(A)-(C)
③ (C)-(A)-(B)
④ (C)-(B)-(A)

16. 글의 흐름으로 보아 주어진 문장이 들어가기에 가장 적절한 곳은?

> To adapt to this new environment, humans began walking upright.

When a single species gradually develops into two distinct species, it is known as divergent evolution. (①) This generally occurs when a specific population inhabits a different environment from the rest of the species; over time it changes to meet the unique demands of its habitat. (②) For an example of how divergent evolution works, consider the stark differences in the feet of monkeys and humans. (③) Although humans and monkeys were once a single species, humans began to live on the ground while monkeys continued to spend most of their time swinging from trees.
(④) Over time, the human foot changed to allow for better speed and balance when walking or running. Despite sharing a common ancestor with monkeys, the habitat in which humans lived required them to develop different physical traits.

*divergent evolution: 분지진화
*stark: (차이가) 극명한

17. 다음 중 글의 흐름상 가장 어색한 문장은?

Events experienced in a state of high emotion are easier to remember. ① <u>A girl involved in a fire may have a vivid memory of something small, such as the pattern on the dress she was wearing at the time.</u> ② <u>Heightened memory is not caused by the emotion of the event itself but by the fact that the brain goes through chemical changes when the shocking event occurs.</u> ③ <u>The relaxation technique helps the brain neutralize the extreme emotions and treat the fearful stimulus just like details at the scene.</u> ④ <u>While people are in a state of extremely high emotion, the brain releases special hormones, which make the nerves exceptionally receptive, enabling the most insignificant details to be recorded.</u> The unusual amount of detail included in memories of emotionally intense experiences may account for the feeling that time passes slowly every time the experiences are recalled.

18. 다음 빈칸에 들어갈 말로 가장 적절한 것은?

From time to time, inventors may accidentally stumble upon something beneficial that they hadn't actually been seeking. This type of occurrence is known as "serendipity." Some inventors who make discoveries in this manner admit the results were accidental; others attempt to cover it up. But the fact is that

_____
_____.

The microwave oven, for example, was invented when a scientist discovered that the radar waves he was working with had melted a candy bar in his pocket. Due to occurrences such as this, researchers tend to keep an open mind toward accidental events. Accordingly, serendipitous discoveries generally occur within a scientist's chosen field of specialization.

① scientists will never admit it when their discoveries are serendipitous
② it is wrong to assume that accidental discoveries only occur in science
③ scientists use serendipity as a way of testing the results of experiments
④ serendipity is a major component of scientific discoveries and inventions

19. 다음 빈칸에 들어갈 말로 가장 적절한 것은?

A publisher conspires with a writer to publish something the latter has written. The writer swears that he has written the book himself and not stolen the material from another writer. The publisher publishes the work in a series of books identified in a catalogue as literature. Then a critic reads the book and joins the conspiracy by accepting that it is indeed literature. He or she writes a review of it, identifying it as 'good' or 'bad' literature, according to personal experience and values. If he is a good critic, he or she considers qualities of style, structure, use of language, psychological insight, reflection of social issues, plotting and the like. A reader of this review is then prompted to buy the book and finds it shelved under 'Literature' or 'Fiction' in a local bookshop. The description on the book confirms the fact that it is a novel. The reader then reads the work and brings to bear on it ways of thinking learned through education to be appropriate to the reading of a novel. If the work is found to be 'good,' it is recommended to a friend. Thus all parties have conspired to confirm

_____
____.

① the existence of a work of literature
② a writer's hardships for a literary work
③ many meanings of a work of literature
④ many writers' dishonesty in their writings

20. 다음 글의 밑줄 친 부분 중 어법상 틀린 것은?

The term "overtourism" ① <u>has been moving</u> from travel-industry jargon into the mainstream. The phenomenon is global and has even reached chilly, expensive Iceland — a relative newcomer to travelers' bucket lists. This tourism flood may also arrive in your region sooner or later. The number of international trips ② <u>to take each year</u> worldwide has gone from some 25 million in the 1950s to 1.3 billion in 2017. Yet the sights and places all these traveller's visit remain the same size. This fast-growing mass travel poses real threats to natural and cultural treasures. Wear and tear on fragile sites is one issue. ③ <u>So is</u> cultural disruption for local people. Visitors receive a degraded experience. Causes of the tourism surge reportedly ④ <u>range from</u> easier border crossings and cheap regional carriers to subsidized airline fuel, Airbnb., etc. Look deeper, though, and you may find three powerful trends. First, Earth's population has nearly tripled since the 1950s. Second, affluence is growing even faster, with the world's middle class expected to reach 4.2 billion by 2022. Third, technological changes have revolutionized travel.

Half Test 7

※밑줄 친 부분의 의미와 가장 가까운 것을 고르시오.

1.

> The marathoner did not realize that the <u>pinnacle</u> of her running career would not be reached until after her fortieth birthday.

① altitude
② summit
③ critical point
④ halfway

2.

> Once a great hitter, he has been batting poorly for two <u>consecutive</u> seasons.

① successive
② subsequent
③ alternate
④ persistent

3.

> In the last year or so Barbie dolls have <u>all but</u> disappeared form the shelves of many toy stores in the Middle East.

① almost
② simultaneously
③ by accident
④ on purpose

4. 밑줄 친 부분에 들어갈 말로 가장 적절한 것을 고르시오.

> Archaeological study of ancient peoples has yielded information about _____ design of their farmland.

① irritation
② heredity
③ irrigation
④ inundation

5. 두 사람의 대화 내용 중 가장 어색한 것은?

① A: What do you think is the most important in company management?
　B: I think the most important thing is to have a strong bottom line.
② A: I want to try stock trading. I think it'll be fun.
　B: Fun? Not when you lost thousands dollars!
③ A: The used car I bought for five hundred dollars was a lemon.
　B: It has already been to the repair shop three times.
④ A: I'm so nervous. I've never been to a party.
　B: Well, just relax and enjoy it.

6. 우리말을 영어로 잘못 옮긴 것을 고르시오.

① 그 회의 후에야 그 장관은 금융 위기의 심각성을 알아차렸다.
→ Only after the meeting did the minister recognize the seriousness of the financial crisis.

② 주지사는 교통 문제를 해결하기 위해 강 위에 다리를 건설해야 한다고 주장했다.
→ The governor insisted that a bridge be constructed over the river to solve the traffic problem.

③ 비록 그 일이 어려운 것이었지만, Linda는 그것을 끝내기 위해 최선을 다했다.
→ As difficult a task as it was, Linda did her best to complete it.

④ 그는 문자 메시지에 너무 정신이 팔려서 제한 속도보다 빠르게 달리고 있다는 것을 몰랐다.
→ He was so distracted by a text message to know that he was going over the speed limit.

7. 밑줄 친 부분에 들어갈 표현으로 가장 적절한 것은?

A: May I help you, sir?
B: Yes, I really like this sweater. It'd look good on my wife.
A: What a nice choice. This sweater is one of our best-selling items.
B: Bu the problem is the price.

_____
____?
A: I'm sorry, sir but I'm afraid that's impossible. It's already marked down 30%.

① Don't try to rip me off
② Do you think you can come down a little
③ Aren't there any cheaper alternatives
④ Can you show me in a different size

8. 다음 문장 중 어법상 옳은 것은?

① It was too late to reconsider for him the opportunity to study overseas to get a doctor's degree.
② It was stupid of Mark to attempt to perform complicated bicycle tricks without safety wear.
③ Artificial light can confuse flown birds, causing them to become lost.
④ He was upset about being not able to meet the deadline for his assignment.

9. 다음 글에서 전체적인 흐름과 관계없는 문장은?

Involvement in the Vietnam War is considered one of America's most shameful acts, and rightfully so. After being colonized by France and occupied by Japan, Vietnam finally gained independence in 1954. ① The Geneva Agreements of the same year divided Vietnam along the 17th parallel, with Ngo Dinh Diem as the leader of the South, and Ho Chi Minh as the communist leader of the North. ② Fearing that Minh's communist influence would spread to South Vietnam and then through Asia, America deployed over 500,000 troops to South Vietnam to end the threat. ③ Many American journalists and photographers traveled to Vietnam to document the daily lives of its citizens. ④ From 1954 to 1970, hundreds of thousands of civilians were killed as a result of the violence. In addition to the loss of life, the war cost America billions of dollars, diminishing funds for social care and infrastructure.

10. 다음 빈칸에 들어갈 말로 가장 적절한 것은?

The Aka people are a pygmy tribe who form one of the oldest branches of humanity, having split off from other humans some 70,000 years ago, now in Cameroon in Central Africa. At the same time, the human population in the Horn of Africa, the ancestors of all non-African humans, were setting off from Africa and reaching the Arabian Peninsula. The pygmy peoples, meanwhile, became specialists in living in Africa's equatorial rainforests, and for a long time it was thought that they remained genetically isolated from other populations. But recent studies show that the genome of these pygmy peoples contains a fragment inherited from other very early human populations that are as yet unknown. At the point when this _____ took place, these mystery populations were so different genetically from the pygmies that they may even have constituted a different species of the genus Homo. The pygmies must have interbred with this ancient people some 40,000 years ago. Although we have no fossil record of them, they left their imprint on the pygmies' genome.

*the Horn of Africa: (지도상의 모양 때문에 아프리카의 뿔로 불리는) 아프리카 북동부 지역

① explosion
② hybridization
③ migration
④ extinction

11. 다음 글의 주제로 가장 적절한 것은?

When Europeans colonized the Caribbean during the 17th and 18th centuries, they brought hundreds of thousands of Africans to the islands as slave laborers. France's Saint-Domingue, modern-day Haiti, was by far the most profitable of these slave-trading colonies. Its massive coffee and sugar plantations generated huge amounts of money. Yet, all of this wealth remained in the hands of the French plantation owners. Meanwhile, the black slaves, who outnumbered them ten to one, lived miserable lives. They didn't receive any pay for their hard work and were cruelly beaten for disobeying orders. Their growing anger at this unfair treatment resulted in the Haitian Revolution in 1791. The 15-year uprising ended with the declaration of a free and independent Haiti led by the former slave class. This made Haiti the first Latin American nation to gain independence from Europe, and the world's first black-led nation since the start of colonization.

① the terrible lives of slaves in the Caribbean
② the huge profits made from a French colony
③ which crops grew best in Caribbean colonies
④ how Haiti went from a French colony to an independent nation

12. 다음 글의 주제로 가장 적절한 것은?

Many of the crops we grow, especially corn, soy, and wheat, have been genetically modified or crossbred to resist insects and maximize harvest. Unfortunately these seemingly minor gene changes alter our food just enough to cause our immune system to view these proteins as foreign invaders instead of food. Most soy used in the United States is genetically modified, and soy is an additive in many foods. In addition, some grain crops have been combined in a way that has increased their allergic potential. Corn, for example, has peanut genes spliced in to enhance growth. And many foods are made with corn syrup as a sweetener, so children are being exposed to peanuts at an early age—and a genetically modified form of peanuts at that. Wheat, the primary grain used by Americans, has been so drastically altered by crossbreeding in recent decades that its current form may cause unwanted allergic and metabolic reactions in many people. Our immune system is more likely to program itself to become allergic to these modified foods.

*splice: (유전) 접합하다

① genetically modified foods not safe for the environment
② problems in bringing genetically modified foods to the market
③ the effects of genetically modified foods on the digestive system
④ the confusion in the immune system caused by genetically modified foods

13. 글의 내용과 일치하는 것은?

The Berlin Games are best remembered for Adolf Hitler's failed attempt to use them to prove his theories of Aryan racial superiority. As it turned out, the most popular hero of the Games was the African-American sprinter and long jumper Jesse Owens, who won four gold medals in the 100m, 200m, 4x100m relay and long jump. The 1936 Games were the first to be broadcast on television. Twenty-five television viewing rooms were set up in the Greater Berlin area, allowing the locals to follow the Games free of charge. Thirteen-year-old Marjorie Gestring of the US won the gold medal in springboard diving. She remains the youngest female gold medallist in the history of the Summer Olympic Games. Twelve-year-old Inge Sorensen of Denmark earned a bronze medal in the 200m breaststroke, making her the youngest medallist ever in an individual event. Basketball, canoeing and field handball all made their first appearances. The Berlin Games also became the first to introduce the torch relay, in which a lighted torch is carried from Olympia in Greece to the site of the current Games.

① The Berlin Games were the first to be broadcast on television, and television viewing rooms were built in the Greater Berlin region.
② Maijorie Gestring, a Canadian athlete, was the youngest female gold medallist in the history of the Olympic Games.
③ Inge Sorensen of Denmark earned a bronze medal in the 200m breaststroke, which made her the youngest medallist in the history of the Olympic Games.
④ Jesse Owens was a proof that Hitler's use of the 1936 Games to prove his theories of Aryan racial superiority was attempted.

14. 주어진 글 다음에 이어질 글의 순서로 가장 적절한 것은?

The hunting and gathering lifestyle is not conducive to large and densely clustered human populations. In the African savannas where the earliest humans lived, current hunter-gatherers require an average of about one square mile per person to obtain an adequate diet from their local environment.

(A) We should note, however, that although these strategies may have persisted for a very long period of time, they were not without problems. Indeed, such problems may have eventually driven humans to systematic agriculture.

(B) Such spacing requires that human beings live in small, widely scattered groups, a principle supported by the archaeological record. With the exception of ancient coastal fishing communities, most archaeological discoveries reveal human groupings of no more than thirty to forty people.

(C) In order to maintain these small groups, ancient foragers must have either maintained zero population growth for very long periods of time, somehow balancing their birth rates with their death rates, or else they must have dealt with increasing population through subsequent group divisions and migration to other territories.

① (A)-(C)-(B)
② (B)-(A)-(C)
③ (B)-(C)-(A)
④ (C)-(A)-(B)

15. 글의 흐름으로 보아 주어진 문장이 들어가기에 가장 적절한 곳은?

Unfortunately, people and nature united to take precious water away from the Everglades.

The Everglades region is a subtropical wetland featuring vast sawgrass marshlands found only in southern Florida. Water is vital to this unique environment. (①) The region was formed over thousands of years of flooding from Lake Okeechobee. (②) These annual floods always provided the marsh with the fresh water needed to support its wide variety of plants and animals. (③) For example, the Miami, Little, and New rivers all remove a lot of water from the area. (④) But worse are the dams and canals that were built last century, as they prevent annual flooding. Without this flooding, the Everglades cannot survive. Reclamation and restoration projects have begun in the hope of saving this unique ecosystem.

*sawgrass: (식물) 참억새류
*reclamation: 개간

16. 글의 흐름으로 보아 주어진 문장이 들어가기에 가장 적절한 곳은?

> This was such a severe restriction that it became common for the athlete who drew the inside lane for the final (by being the slowest qualifier on times) not to take part in the final in indoor championships.

Have you ever wondered whether it's best to have an inside or an outside lane in track races like the 200m where you have to sprint around the bend? (①) Athletes have strong preferences. (②) Tall runners find it harder to get round the tighter curve of the inside lane than that of the gentle outer lanes. (③) The situation is even more extreme when sprinters race indoors where the track is only 200m around, so the bends are far tighter and the lanes are reduced in width from 1.22m to 1m. (④) This was because there was so much less chance of winning from the inside and a considerable risk of injury. As a result, this event has largely disappeared from the indoor championship list.

17. 다음 중 글의 흐름상 가장 어색한 문장은?

The dweller in northern countries goes into raptures over the fresh green leaves of the trees in spring. ① <u>The desert dweller, on the other hand, composes poems about green trees and grass and running water whatever the season.</u> ② <u>Yet the dweller in the tropics, who is constantly surrounded by luxuriant vegetation, sees nothing remarkable or interesting about green trees, and still less about running water.</u> ③ <u>He cannot understand why poets trouble to write about them.</u> ④ <u>There are some travelers who adapt themselves so successfully to foreign customs and habits that they feel no barriers to cultural differences.</u> It seems to be a fact that familiarity breeds contempt, and that those who seek excitement and romance cannot see it at home, under their noses, but only in distant lands.

18. 다음 빈칸에 들어갈 말로 가장 적절한 것은?

A recent study has shown that the documentation ' of our struggles and adversities in a personal journal may actually _____

_____ The researchers divided hospital patients into two groups—the first were instructed to write the details of all the unpleasant experiences they were dealing with on a daily basis, while the second were requested to simply keep a written record of everyday events. After several months of continuously maintaining this behavior, the subjects in the first group showed significantly more improvement in their overall health than those in the second group. The conclusion drawn by the researchers is that writing about trauma allows us to better accept these: disturbing events, thereby lowering our stress levels and improving our health.

① have a positive impact on our physical well-being
② become a standard treatment for hospital patients
③ help patients talk about their traumatic events
④ be more common among ill people than those who are well

19. (A), (B), (C)의 각 네모 안에서 문맥에 맞는 낱말로 가장 적절한 것은?

Off-Broadway theater developed in 1950s New York City as a result of dissatisfaction with conditions on Broadway. Its founders believed that Broadway was overly concerned with producing safe, (A) [commercially / conditionally] successful hit plays rather than dramas with artistic quality. Off-Broadway producers assisted playwrights, directors and performers who could not find work. Their shows were original and creative, and the ticket prices were low. Audiences were delighted with these affordable tickets to such artistic work, and off-Broadway theater (B) [declined / prospered]. However, by the 1960s, costs began to rise and by the 1970s, off-Broadway theater was (C) [enclosing / encountering] many of the same difficulties as Broadway. With its decline, an experimental movement called off-off-Broadway theater developed.

	(A)	(B)	(C)
①	commercially	declined	enclosing
②	commercially	prospered	enclosing
③	commercially	prospered	encountering
④	conditionally	declined	encountering

20. 다음 글의 밑줄 친 부분 중 어법상 틀린 것은?

The term "civil disobedience" was coined by Henry David Thoreau in his essay to describe his refusal to pay the state poll tax implemented by the American government to prosecute a war in Mexico and ① to enforce the Fugitive Slave Law. Thoreau observes that only a very few people such as heroes, martyrs, patriots, and reformers serve their society with their consciences, and so ② necessarily resist society for the most part, and are ③ commonly treated by it as enemies. Throughout history, acts of civil disobedience have helped to force a reassessment of society9s moral parameters. Certain features of civil disobedience seem vital not only to its impact on societies and governments, but also to its status as a potentially justifiable breach of law. Civil disobedience ④ generally regarded as more morally defensible than both ordinary offenses and other forms of protest such as militant action or coercive violence. These features include, amongst other things, a conscientious or principled outlook and a desire for change in law or policy.

*civil disobedience: 시민 불복종
*poll tax: 인두세(人頭松)

Half Test 8

※밑줄 친 부분의 의미와 가장 가까운 것을 고르시오.

1.

That <u>plunge</u> in poverty levels is truly one of the greatest achievements in human history.

① soar
② surge
③ stagnation
④ nosedive

2.

Congressional leaders worked to align lawmakers behind their formula for halting the governments <u>prolific</u> spending habits.

① fertile
② sterile
③ futile
④ exuberant

3. 밑줄 친 부분에 들어갈 말로 가장 적절한 것을 고르시오.

Probation means suspending the sentence of a person convicted of a criminal offense and granting that person _____ freedom.

① permanent
② transitional
③ provisional
④ immortal

4. 다음 빈칸에 들어갈 말로 가장 적절한 것을 고르시오.

The Black Plague struck Europe in a series of outbreaks in the 13th and 14th centuries, killing more than one third of the continent's population. The epidemics brought about tremendous changes in European society, some of which were _____. Reform in the medical profession, which had mostly failed to relieve the suffering, is one example. During the plague, many doctors died or simply ran away. As a consequence, most universities lacked medical professors. People rushed into these vacancies with new ideas. In addition, ordinary people began acquiring medical texts and taking charge of their own health. Gradually, more of these texts began to appear in languages other than Latin, making medical knowledge more accessible to everyone.

① harmful
② inevitable
③ beneficial
④ reasonable

5. 두 사람의 대화 중 어색한 것은?

① A: Are you sure we can leave our kids with that old woman?
   B: Calm down, she's been baby-sitting for years.
② A: My boss says he wants to see me this afternoon.
   B: Do you know what it is.
③ A: What time is the next flight to Chicago?
   B: It will take about 55 minutes to get to Chicago.
④ A: I'll have scotch on the rocks. What about you?
   B: I'll have the same.

6. 우리말을 영어로 옮긴 것으로 가장 적절한 것은?

① 실수를 하더라도 자신 있게 외국어로 말하려고 노력해라.
→ Try to speak a foreign language with confidence, despite your mistakes.
② 시장은 그 스포츠 대회의 취소를 발표하게 되어 유감스럽게 생각했다.
→ The mayor regretted announcing the cancellation of the sports competition.
③ 가끔 그녀는 이를 닦은 것을 잊어버리고 양치질을 두 번을 한다.
→ Sometimes she forgets to brush her teeth, and then does it a second time.
④ 이달 말이 되기 전에 송금되어야 한다는 것을 기억해라.
→ Remember having the money transferred before the end of the month.

7. 대화의 흐름으로 보아 빈칸에 들어갈 가장 적절한 것은?

A: Did you buy Christmas presents for your family and friends this year.
B: Not really.
_____.
I'm just going to send them Christmas cards.
A: What's wrong?
B: Nothing. I spent my money on the car of my dreams. I couldn't resist.

① I'm going to surprise them
② I'm a little short this year
③ I'm in the black this year
④ I've been unlucky this year

8. 다음 문장 중 어법상 옳은 것은?

① It may take employees a few weeks to get adjusted to new work environment.
② Getting angry at someone is poor excuse for picking a fight.
③ Diners receive a complementary bottle of soda when they order two burgers.
④ The magazine will be delivered to your house once month for six months.

9. 다음 빈칸에 들어갈 말로 가장 적절한 것은?

Why do we tend to trust the pronouncements of confident doctors more than those of more hesitant doctors? When we know more about a topic, we tend to be more confident in our judgments about it. Our confidence increases as we gain skill, but our over-confidence decreases. When dealing with people we know well, we can judge whether their confidence is high or low for them. With knowledge of the range of confidence someone exhibits, you can use confidence as _____
_____; just like you, people generally act more confident when they know more about a topic and less confident when they know less. For example, if you observe that your close friend is more confident about his ability to write a good wedding toast than about his ability to fix a flat tire, you can reasonably infer that he is better at being a best man than at repairing cars.

① a token of their overconfidence
② a symbol of their good personality
③ a special skill in grasping the situation
④ a reasonable predictor of that person's knowledge

10. 다음 빈칸에 들어갈 말로 가장 적절한 것은?

Normally we think that the laws of physics remain the same if you go down to smaller scales. But this is not true. In movies like Disney's <Shrunk the Kids> and <The Incredible Shrinking Man>, we get the mistaken impression that miniature people would experience the laws of physics the same way we do. For example, in one scene in the Disney movie, our shrunken heroes ride on an ant during a rainstorm. Raindrops fall onto the ground and make tiny puddles, just as in our world. But in reality, raindrops can be larger than ants. So, when an ant encounters a raindrop, it would see a huge hemisphere of water. The hemisphere of water does not collapse because surface tension acts like a net that holds the droplet together. In our world, the surface tension of water is quite small, so we don't notice it. But on the scale of an ant, surface tension is proportionately huge, so _____ _____.

① rain helps ants move
② it affects ants positively
③ the ant encounters puddles
④ rain beads up into droplets

11. 다음 글에 드러난 Mr. Mitchell의 심경으로 가장 적절한 것은?

Mr. Mitchell collected antiques. For him, it was more than a hobby — when friends admired his carefully decorated house, he glowed with pride. One sunny afternoon he was following an old couple through a house full of moving boxes. Usually these moving-away sales only had cheap modern junk, but every once in a while Mr. Mitchell got lucky. He looked around an old-fashioned kitchen, but nothing in it was truly more than 30 years old. The living room was no better. Then, in the study, he stopped. His eyes widened, and his heart began to pound. For a moment, he thought he might be dreaming. His mouth began to curve into a smile. Standing in front of him was a real craftsman oak bookcase, the very style he had seen in pictures and wished to add to his collection!

① proud
② thrilled
③ curious
④ disappointed

12. 다음 글의 제목으로 가장 적절한 것은?

Although many Western health professionals once considered acupuncture to be ineffective, it has recently been found to have some scientific basis. Acupuncture is based on the belief that energy, which the Chinese call Qi, circulates along the body. When the flow of Qi is blocked, an imbalance is created, resulting in pain or disease. Acupuncturists stimulate specific points in the body to restore the proper balance and flow of Qi. Research results show that acupuncture can influence the release of naturally produced, morphine-like substances called endorphins. Acupuncture can also provide at least temporary pain relief by holding back the transmission of pain impulses through the nerves. Patients who receive acupuncture treatment say they feel calmer.

① The Role of Endorphins in Health
② Various Kinds of Alternative Medicines
③ Acupuncture: Gaining Scientific Approval
④ Alternative Medicine vs. Conventional Medicine

13. 글의 내용과 부합하지 않는 것은?

House prices have increased by 67 percent since 1990 and by 19 percent since 2006. However, interest rates have decreased during this period. The conventional mortgage rate fell from nearly 13 percent in 1990 to 7 percent in 2006 and is now below 4 percent. The net result is that Canadians have the same average monthly housing costs they've had for decades. Mortgage payments relative to disposable income are in line with the average since 1990 and lower than the percentage through much of the 1990s. However, these numbers do not reflect the real affordability problem in Toronto and Vancouver. To understand these markets, policy makers need to differentiate between condominiums and single-family housing. For condominiums in both markets, the monthly mortgage payments on the median house-price relative to median income has been flat since the early 2000s. However, it's in single-detached houses where we finally see rising monthly housing costs and thus a stronger case for unaffordability.

① House prices were inversely related with interest rates in the mid-2000s.
② Tenants had to make too high mortgage payments for condominiums in 2001.
③ Mortgage rate and interest rates showed a similar tendency in 2006.
④ It can be inferred that policy makers should focus more attention on single-detached houses than on condominiums in policy-making.

14. 주어진 글 다음에 이어질 글의 순서로 가장 적절한 것은?

Defamatory statements are those which harm an individual's reputation in the eyes of the community. The law distinguishes between slander (spoken defamation) and libel (written or broadcast defamation).

(A) At the same time, libel law has also become more complex, creating ongoing uncertainty about when journalists are on safe ground. Libel lawsuits are still the most common legal complaints filed against the news media.

(B) Libel law attempts to balance the interests of journalists and others with the rights of individuals and organizations to protect themselves against false and injurious attacks. American libel law has changed significantly since the 1960s, offering greater freedom to journalists to criticize public figures.

(C) Defense against these can be time-consuming and costly; suits occasionally result in large monetary damage awards and can be abused by the powerful to divert attention from their own wrongdoing and muzzle their critics. Despite these problems, attempts to reform libel law have rarely succeeded, in part because of opposition from news organizations.

*defamatory: 중상적인, 명예를 훼손하는

① (A)-(C)-(B)
② (B)-(A)-(C)
③ (B)-(C)-(A)
④ (C)-(A)-(B)

15. 글의 흐름으로 보아 주어진 문장이 들어가기에 가장 적절한 곳은?

Nonetheless, there are clear cases or paradigmatic reports where we can say that they exemplify the properties that we value in good journalism.

A good journalist will always have a sense of why people might have acted in a certain way — their possible emotions, motivations, and intentions. Through exercising the sympathetic imagination, he or she will be able to understand characters from the inside. (①) Thus a good reporter should be able to take an audience to the heart of the matter through describing the sights, sounds, and human nuances that we might otherwise miss. (②) But it is important not to confuse understanding with assent.
(③) A journalist might, through grasping the pressures and motives involved, understand why a person acted in a certain way and yet still appropriately condemn the resultant action, say corruption, for what it was. Of course one of the problems is that we trust the journalist, often without independent means of verification.
(④) Hence when difficult or complex matters are involved, where appearances may be tricky or deceptive, we tend to look to what these journalists have to say.

*paradigmatic: 모범이 되는

16. 다음 글에서 전체 흐름과 관계없는 문장은?

When people are having a rough time, usually the first question we ask them is "How are you" because we think it's a way to open up the conversation and to show that we care. ① Here's another way to look at it: if you are trying to comfort people who are dealing with difficult situations, they will bless you for not making the "How are you" question the first one. ② This question may have the power to make them encouraged and from it people can feel comfortable. ③ Ask about their work or their family or about almost anything else to give them a little relief from once again explaining what a rough time they are having getting through this trying experience. ④ They want to be treated like whole individuals, not just like people in a challenging situation that is taking over their identity. Perhaps after listening carefully for a while, you may not even have to ask how they are because they will have told you in their own way.

17. 다음 빈칸에 들어갈 말로 가장 적절한 것은?

If somebody asked you, "Do things exist?" you might say something like, "What do you mean? Of course things exist! Look around you: real physical tangible things are everywhere, all existing independently of you and me!" But what if the question were "What allows any single thing — a chair or any other object—to exist?" One way to find the answer is to imagine a specific thing—say, a book—expanding and expanding until there is nothing in the universe except the book. What would happen to it? It would disappear because there would be nothing in the universe that was not the book. This is a very basic concept about reality: In order for any single thing to exist,

_____

_____.

① that exact thing must not exist
② there must also be other things
③ we should give it a proper name
④ it should have distinctive features

18. 다음 빈칸에 들어갈 말로 가장 적절한 것은?

Daylight saving time around the world has long been promoted as a way to save energy. Whether it does is still a matter of debate, but it does seem clear from studies that a one-hour time adjustment

_____. It seems that when the clock is moved forward or back one hour, the body's internal clock — its circadian rhythm, which uses daylight to stay in tune with its environment — does not adjust. In a study of 55,000 people, for example, scientists found that on days off from work, subjects tended to sleep on standard time, not daylight time: their waking hour followed the seasonal progression of dawn. In other studies, scientists found that in spring, people's peak activity levels were more in tune with their body clock than with the actual clock. Studies suggest that this disconnect between body time and clock time can result in restlessness, sleep disruption, and shorter sleep duration.

*Orcadian rhythm: (생물) 24시간 주기 리듬

① can have unintended health consequences
② involves resetting our internal body clocks
③ is obviously a healthier way to start our day
④ has a beneficial effect on people with sleep disorders

19. (A), (B), (C)의 각 네모 안에서 문맥에 맞는 낱말로 가장 적절한 것은?

The historical beginnings of corporal punishment are not clear, but it is known that it was used in many ancient civilizations. In those times, it was often done in an exceedingly cruel manner and in full view of the general public. This was to (A) [deter / defer] others from committing the same crime. In the 18th century, philosophers and legal reformers began to question the use of corporal punishment, arguing that reformation, rather than retribution, should be the goal of the criminal justice system. Because of this, by the 19th century, the use of corporal punishment in Europe and North America had sharply (B) [declined / descended]. In Britain, the horrible deaths suffered by some criminals who were executed turned public opinion against corporal punishment. Eventually, this led to the (C) [introduction / reduction] of strict laws regulating the use of corporal punishment in many countries.

	(A)	(B)	(C)
①	deter	descended	introduction
②	deter	declined	reduction
③	deter	declined	introduction
④	defer	descended	reduction

20. 다음 글의 밑줄 친 부분 중 어법상 틀린것은?

Spices may seem like nothing special these days, but there was a time when they were considered as valuable as silver or gold. Little effort is required for us ① to obtain them, but in 15th-century Europe the situation was very different. Getting to the foreign lands where spices were cultivated was no simple task, but ② whoever did so was assured extraordinary wealth and power. Fully aware of this, the king of Portugal summoned the explorer Vasco da Gama in 1497 and ordered him ③ finding the shortest possible route to India, a principal source of various spices. The king knew that if da Gama ④ accomplished his task, it would mean vast riches for the Portuguese. After much effort, da Gama did find the shortest route to India, transforming Portugal into one of the world's most formidable powers.

*formidable: 강력한

Half Test 9

※밑줄 친 부분의 의미와 가장 가까운 것을 고르시오.

1.

Some scientists argued that the species was nothing more than modern pygmies deformed by genetic or <u>pathological</u> disorders.

① morbid
② physiological
③ psychological
④ mental

2.

Some large parrots will even seem to go <u>insane</u> if subjected to long periods of isolation.

① deranged
② sober
③ vigil
④ alert

※ 밑줄 친 부분에 들어갈 말로 가장 적절한 것을 고르시오.

3.

The TV celebrity's fame was all spin and no substance, and was always _____ money.

① in charge of
② in need of
③ in favor of
④ in pursuit of

4.

We must work to resolve conflicts in a spirit of _____ and always keep in mind the interests of others.

① competition
② philanthropy
③ reconciliation
④ humanity

5. 두 사람의 대화 중 어색한 것은?

① A: Do you have the time Susan?
   B: Sure, I'm always available for you.
② A: How often do you check your e-mail?
   B: Maybe every three hours.
③ A: How often does the subway run?
   B: Every five minutes or so.
④ A: Would you like to go out for dinner?
   B: I'd love to. Where are we going.

6. 밑줄 친 부분에 들어갈 표현으로 가장 적절한 것은?

A: How can I help you?
B: Yes, I was wondering if
   _____.
A: Sure, how would you like it?
B: Twenty one dollar bills would be great.
A: Is there anything else I could do for you.
B: No thanks. That's all.

① you could break the bill
② you could issue a refund
③ you could give special rates
④ you could give a raise

7. 우리말을 영어로 잘못 옮긴 것은?

① 모든 참석자는 더 늦게 입장한 사람들에게 공간을 제공하기 위해서 앞쪽으로 이동해야 한다.
→ All attendees should move to the front to provide room for those who enter later.
② 사람은 시대가 얼마나 빠르게 변하는지 깨닫고 스트레스를 받을 수도 있다.
→ One may feel stressed upon realizing how quickly the times are changing.
③ 총선의 결과는 몇몇 사람에게 실망스러웠다.
→ The results of the general election were disappointing to some.
④ 사진을 수정하기 위해 다양한 소프트웨어 프로그램이 사용될 수 있다.
→ Variety of software programs can be used to alter photos.

8. 다음 문장 중 어법상 옳은 것은?

① The heavy snow caused most of the homes on the peninsula to lose electricity.
② His car had functioned smoothly for more than ten years, but it was beginning to show sings of wear and tear.
③ The family couldn't keep the dog in our apartment, hence they put them up for adoption.
④ I have four older brothers, but no of them lives nearby.

9. 다음 글의 ㉠, ㉡에 들어갈 가장 적절한 것은?

The chimpanzee — who puts two sticks together in order to get at a banana because no one of the two is long enough to do the job — uses intelligence. So do we all when we go about our business, "figuring out" how to do things. Intelligence, in this sense, is taking things for granted as they are, making combinations which have the purpose of facilitating their manipulation; intelligence is thought in the service of biological survival. Reason, ____㉠____, aims at understanding; it tries to find out what is beneath the surface, to recognize the kernel, the essence of the reality which surrounds us. Reason is not without a function, but its function is not to further physical as much as mental and spiritual existence. ____㉡____, often in individual and social life, reason is required in order to predict (considering that prediction often depends on recognition of forces which operate underneath the surface), and prediction sometimes is necessary even for physical survival.

	㉠	㉡
①	for example	Therefore
②	in the same way	Likewise
③	consequently	As a result
④	on the other hand	However

10. 다음 글의 밑줄 친 부분 중 어법상 틀린 것은?

Several theorists have restricted definitions on social skill to the behavioral domain. Rinn and Markle conceived of it as a repertoire of verbal and nonverbal behaviors, as ① did Wilkinson and Canter. They stated that "Verbal and nonverbal behavior are the means ② by which people communicate with others and they constitute the basic elements of social skill." Curran, in discussing definitional problems, actually ③ argued that the construct of social skill should be limited to motoric behavior. He based his argument on the fact that the behavioral domain is still ④ charting and that this task should be completed before expanding the analysis into other domains. However, this emphasis on behaviorism would not be acceptable to many of those involved in research, theory, and practice in social skills who regard other aspects of human performance (such as cognition and emotion) as being important, both in determining behavior and understanding the communication process.

11. 다음 글의 주제로 가장 적절한 것은?

One characteristic of genius is the capacity for great intensity, which is often expressed in a cyclic fashion. That is, the personality of the genius sometimes seems to incorporate polar extremes: When inspired, he may work 20 hours a day to realize a solution while it's still fresh in his mind; these periods of intense activity tend to be scattered with intervals of apparent stasis that are actually times of fermentation, which is a necessary part of the creative process. Geniuses understand the need to make space for ideas to crystallize, for creativity occurs under appropriate inner, not outer, circumstances. The stage is often set by complete distraction — we all know stories of people who have gotten the answers to complex problems while sitting in traffic on the freeway.

*stasis: 정체, 정지

① benefit of consistent focus on creative ideas
② effect of environment on a person's ingenuity
③ ways geniuses manage to display their creativity
④ importance of structured rest periods for geniuses

12. 다음 글의 제목으로 가장 적절한 것은?

Early Islamic architects and artists strove to create a grand physical backdrop to provide material support and evidence for the claims of their religion. Claiming God to be the source of all understanding, Islam particularly emphasized mathematical laws as divine qualities. Elegant and complicated geometries were thought to imply the infinite wisdom of God, so Muslim artisans covered the walls of mosques and houses with repeating sequences of these patterns. This ornamentation, so pleasingly intricate on a rug or glass, produces an almost hallucinatory experience when it completely covers the interior of a hall. Eyes accustomed to looking at nothing but the dull and practical objects of daily life could, inside such a hall, imagine a world with absolutely no associations with the everyday. Such delicate yet extraordinarily complex decoration seemed like the product of a mind without earthly limitations, of a higher being uncorrupted by human failings, and therefore of a God worth surrendering to completely.

*hallucinatory: 환각의

① The Earthly and the Heavenly in Islamic Art
② Psychological Effects of Mosque Architecture
③ Divinity: A Driver of Design in Early Islamic Art
④ Pure Mathematics and Geometry in Islamic History

13. 다음 글의 내용과 일치하지 않는 것은?

The British juvenile justice system underwent significant philosophical changes in the early 20th century. Although there were many who clung to older ideas about the benefits of corporal punishment, the view that children who broke the law should be reclaimed and rehabilitated had become the orthodox view by the passing of the 1948 Children Act. This approach drew upon the views of social workers in the slums of British and American cities and of researchers in the new social and medical sciences. Delinquency was seen as part of a social matrix, as resulting from structural inequalities and deficient parenting styles. The solution to the problem of delinquency was seen as lying within the reformation of the structures which caused these inequities. For the more radical magistrates, the answer was not to overhaul society, but to reform the ways in which children were treated by the courts.

① The courts' better treatment of children could help curb delinquency in some judges' point of view.
② Social workers were among the proponents of the orthodox view.
③ Deficient parenting styles were considered as one cause of delinquency.
④ The 1948 Children Act accentuated the benefits of corporal punishment.

14. 주어진 글 다음에 이어질 글의 순서로 가장 적절한 것은?

In 1914, during World War I, soldiers needed cotton bandages, but the U.S. didn't have enough cotton. Kimberly-Clark created cellucotton, a substitute for cotton, which was very successful.

(A) They made advertisements that encouraged women to use the product when removing their makeup. But the people at Kimberly-Clark were surprised by the mail they received about another use for their new product.

(B) When the war was over in 1918, the company had a large amount of the new material leftover. So inventors at Kimberly-Clark came up with a new use for their product: Kleenex Kerchiefs.

(C) Many women wrote that their husbands were blowing their noses in the tissues. The men preferred the tissues to handkerchiefs. Unlike handkerchiefs, they were disposable and men liked this.

① (A)-(B)-(C)
② (A)-(C)-(B)
③ (B)-(A)-(C)
④ (B)-(C)-(A)

15. 글의 흐름으로 보아 주어진 문장이 들어가기에 가장 적절한 곳은?

Furthermore, in order to yield reliable results, tests (and their normative data) should be no more than about a decade old in order to keep pace with intergenerational escalation in test performance.

Test standardization involves the process of developing a consistent method of administration and collecting normative data regarding children's typical performance on the test. (①) It is by this normative data that evaluators determine a specific infant's standing relative to the normative group. (②) It is the responsibility of the test user, however, to decide whether a given test's standardization and normative samples are representative of the type of infants the test user plans to assess.

(③) Some tests are normed on very specific populations of children, such as children from a specific city or state or a particular economic status. The use of standard scores derived from these tests with infants from other localities or economic backgrounds, without specific empirical evidence to justify their generalization, is generally not recommended. (④) In other words, grossly outdated norms often yield inflated scores that may lead to erroneously disqualifying infants for needed services.

16. 글의 흐름상 가장 어색한 문장은?

Bob Marley was one of the leading Jamaican musicians, who helped make reggae internationally famous. ① His lyrics were thoughtful, ranging from praise of God to political comment. ② After his death, the Bob Marley Foundation, which is a non-profit charitable organization, was founded by Mrs. Rita Marley and the Marley Family to fulfill his comprehensive vision of social development through advocacy for social change. ③ The foundation supports non- profit organizations and NGOs that meet criteria established by the Board of Directors and seeks support by way of partnerships to benefit many projects. ④ NGO is a term that has become widely accepted for referring to an organization created by legal persons with no participation of any government. And the foundation gives much- needed support to people living in poverty.

7. 다음 빈칸에 들어갈 말로 가장 적절한 것은?

Doctors in the West are finally learning what traditional healers have always known — that _____ _____, Until recently in Western countries, physicians have been consulted to heal the body, psychiatrists the mind, and priests the soul. However, the Western medical world is now paying more attention to holistic medicine, which believes that people's state of mind can affect the wellness of their body and vice versa. The recognition for holistic medicine is spreading so much that the World Health Organization has even changed its recommendations. It now states that in some cases, doctors might have greater success if they consider using traditional therapies alongside prescription drugs.

*holistic medicine: 전인적 의학

① the body and mind are inseparable
② medicine is the best way to heal the body
③ our bodies don't actually need any medicine
④ medical treatment can cause mental problems

18. 다음 빈칸에 들어갈 말로 가장 적절한 것은?

About a decade ago, a neuroscientist Lesley J. Rogers discovered that if she exposed embryos to light or to dark before they are hatched, she could control whether the two halves of the duckling brains developed their specializations for visual processing — that is, whether the ducklings hatched with weakly or strongly lateralized brains. Rogers then compared normal, strongly lateralized ducklings with weakly lateralized chicks on two tasks. One task was to sort food grains from small pebbles (usually a job for the left hemisphere); the other task was to respond to a model of a predator (a cutout in the shape of a hawk) that was passed over the ducklings (usually a task for the right hemisphere). The weakly lateralized ducklings had no trouble learning to tell grains from pebbles when no model hawk was present. But when the hawk "flew" overhead, they frequently failed to detect it and they were much slower than normal ducklings in learning to peck at grains instead of pebbles. In short, without the lateral specializations of their brain, the weakly lateralized ducklings _____

① showed that their brain was about half of the normal size
② could not attend to two tasks simultaneously
③ had their right brain more activated to complete the jobs
④ were observed to have restored their sense of sight

19. 다음 글의 밑줄 친 부분 중 문맥상 낱말의 쓰임이 적절하지 것은?

Wrapped up in the idea of embracing failure is the related notion of breaking things to make them better — particularly complex things. Often the only way to improve a complex system is to examine its ① <u>limits</u> by forcing it to fail in various ways. Software, among the most complex things we make, is usually tested for quality by employing engineers to systematically find ways to ② <u>crash</u> it. Similarly, one way to troubleshoot a complicated device that's broken is to deliberately force negative results (temporary breaks) in its multiple functions in order to ③ <u>locate</u> the actual dysfunction. Great engineers have a respect for breaking things that sometimes surprises nonengineers, just as scientists have a patience with failures that often puzzles outsiders. But the habit of ④ <u>preventing</u> negative results is one of the most essential tricks to gaining success.

*troubleshoot: (고장을) 수리하다
*dysfunction: 기능 장애

20. 다음 글의 밑줄 친 부분 중 어법상 틀린것은?

① <u>Entering</u> the Louvre museum, you will encounter a large sign written in a variety of languages that ② <u>inform</u> all visitors that running, using a cell phone, making loud noises, and taking photographs with a flash ③ <u>are all strictly prohibited.</u> As encouraged as I was by this official looking sign, I was sorely disappointed on my recent trip to the famous museum to find that these rules are neither followed nor ④ <u>enforced.</u> I was hoping to get a good look at da Vinci's masterpiece, <the Mona Lisa>, unfortunately it was surrounded by a noisy crowd of people who showed absolutely no respect for the great painting. Ringing cell phones filled my ears, and I was temporarily blinded by the flashes of cameras — and all the while, the museum guards stood idly by, as if nothing were wrong

Half Test 10

※밑줄 친 부분의 의미와 가장 가까운 것을 고르시오.

1.

During an impromptu visit to elementary school, President Bush fielded a variety of questions from <u>inquisitive</u> students.

① meddlesome
② intrigued
③ scrupulous
④ innocuous

2.

The UK is technically <u>insolvent</u>, and the only way to fix the situation is by imposing deep cuts in government expenditures.

① impoverished
② incompetent
③ bankrupt
④ being in the black

3. 밑줄 친 부분에 들어갈 말로 가장 적절한 것을 고르시오.

The most important high-tech threat to privacy is the computer, which permits _____ feats of data manipulation.

① nimble
② awkward
③ clumsy
④ delicate

4. 다음 빈칸에 들어갈 말로 가장 적절한 것을 고르시오.

A country's legal system is created through the democratic participation of its citizens. Or is it? Many people assume that the law treats citizens equally and that it serves society's best interests. And if we simply read the constitution, this would appear to be the case. But focusing on the written law may be _____. It may seem that the legal system is fair and just, but to find out whether this is really true, we need to examine the law in action and how legal authorities actually operate. When we do this, it becomes apparent that in reality, legal authorities operate unjustly, favoring the rich and powerful over the poor and weak.

① trivial
② intensive
③ misleading
④ ambiguous

5. 밑줄 친 부분에 들어갈 표현으로 가장 적절한 것은?

A: Do you want to go to see a movie tomorrow night?
B: Hmmm. I don't know. Let me _____. I'll let you know tomorrow.
A: Come on. Let's go tomorrow!
B: But I have a very important test the next day.
A: I know you always do well on the test.

① take a nap
② sleep on it
③ take a day off
④ reserve tickets

6. 우리말을 영어로 옮긴 것 중 가장 어색한 것은?

① 견과류는 매우 유익한 영양소와 단백질을 함유하고 있다.
→ Nuts have highly beneficial nutrients and proteins.

② 그는 저녁 식사로 먹을 저렴하지만 맛있는 무언가를 찾고 있었다.
→ He was looking for cheap yet tasty something to have for dinner.

③ 일기 예보는 다음 주에 날씨가 훨씬 더 추워질 것으로 예측한다.
→ The forecast predicts that the weather will get much colder next week.

④ 나의 다섯 살배기 조카는 피아노를 잘 친다.
→ My five-year-old nephew plays the piano well.

7. 밑줄 친 부분에 들어갈 말로 가장 적절한 것은?

> A: Jack, is everything all right with your school life?
> B: Yes Mom, everything's fine.
> A: Honey, always be careful and write us as often as possible.
> B: Don't worry. I'll be fine.
> _____.
> A: Promise you'll call us once a week.
> B: I will. Love you!

① I'll be sure to stop by
② I'll keep you posted
③ I'll definitely send you a copy
④ I'll make sure I get medical attention

8. 다음 중 어법상 틀린 것을 고르시오.

① With regard of the new real estate capital income tax act, most people are not supportive
② He had been working as a delivery worker prior to beginning graduate school.
③ For when would you like to schedule an appointment, and for which physician?
④ On Fridays, I visit the bakery from which I get my bread.

9. 다음 글의 밑줄 친 부분 중 어법상 틀린 것은?

> Population demographics in rural and urban areas have changed ① considerably in the past 100 years. Although nearly a third of all U.S. citizens lived on farms in the 1920s, this number ② has dropped to 2% by the end of the 20th century. Older people still find rural areas ③ attractive to live in; approximately 19% of people 65 and older live in nonmetropolitan areas. Therefore, a large proportion of rural communities are made up of older people. In 2000, about 14% of people who lived in rural areas were 65 years of age or older, compared to 11.9% of the urban population. In some parts of the country, the proportion of older people ④ living in rural areas is very high. For example, in 2008, 36% of the population of McIntosh County, North Dakota, were 65 or older. This county is approximately 70 miles from a major city. This shift in population dynamics is due to several factors, including out-migration of younger people and in-migration of retiring older, as well as aging.

10. (A), (B), (C)의 각 네모 안에서 어법에 맞는 표현으로 가장 적절한 것은?

In the USA, "Fordism" is an economic theory which considers that widespread prosperity and high profits for corporations can be achieved through high wages that enable workers (A) [purchasing / to purchase] the products of their labor, such as automobiles. Fordism was coined around 1910, as a result of Henry Ford's successes in the automobile industry. Ford pioneered the development of mass production methods, (B) [introducing / introduced] the assembly line by 1913. He sold 10 million relatively inexpensive Model T automobiles and made a vast fortune while his employees became the highest paid factory workers in the world. From a wider perspective, Fordism was part of the Efficiency Movement, which characterized the American Progressive Era. When the Great Depression began, U.S. policy was to keep wages high in the hope (C) [what / that] Fordism would reverse the downturn.

     (A)   (B)   (C)

① purchasing ⋯ introducing ⋯ what
② purchasing ⋯ introduced ⋯ that
③ to purchase ⋯ introducing ⋯ that
④ to purchase ⋯ introducing ⋯ what

11. 다음 글의 제목으로 가장 적절한 것은?

Americans are taught that the economy consists of a wide array of independent producers. We refer to "farmers" as an interest apart from businesspeople, at a time when the Bank of America has a multimillion-dollar stake in California farmlands, and Cal Pak and Safeway operate at every level from the field to the supermarket. The larger agribusiness firms now control over half of all the farmland in the United States. Just one percent of all food corporations control 80% of all the industry5s assets and close to 90% of the profits, while totally monopolizing food advertising on television. Just three companies control 60 to 70% of all the country's dairy products. Six multinational firms handle 90% of all the grain shipped in the world market. This centralized food industry represents an American success story—for the big companies. Independent family farms are going deeper into debt or completely out of businesses. By 1980, the total farm debt was $160 billion, eight times net farm income; by 1985, the farm debt climbed to over $235 billion. With the growth of corporate agribusiness, regional self-sufficiency in food has virtually vanished. The Northeast, for instance, imports more than 70% of its food from other regions. For every $2 spent to grow food in the United States, another $1 is spent to move it. Giant agribusiness farms rely on intensive row crop farming and heavy use of chemical spraying and artificial fertilizers, all of which cause massive erosion and place a strain on water supplies. The nation's ability to feed itself is being jeopardized, as each year more and more land is eroded by large-scale, quick-profit commercial farming.

① Food Industries' Negative Effect on the Environment
② Consequences of the Increase in Farm Debt in the U.S.
③ The Rise and Fall of Independent Family Farms in America
④ The Reliance of America's Agricultural Economy on Big Companies

12. 다음 글의 내용과 일치하지 않는 것은?

In a study published Wednesday, researchers from Sorbonne Paris Cite University, said the consumption of sugary soft drinks — including 100% fruit juice — was "significantly associated with the risk of overall cancer." Artificially-sweetened drinks, like diet soda, were not associated with increased cancer risks, they found. The report's authors followed 101,257 adults over a five-year period, monitoring their intake of sugary and artificially-sweetened beverages. Sugary drinks were defined as beverages that contained more than 5% sugar, which included fruit juices that had no added sugar. During the study, 2,193 cases of cancer were diagnosed among the participants, the equivalent of around 22 cases per 1,000 people. The majority of those cases were among people who regularly consumed sugary drinks.

① Sugary drinks like orange juice may increase the risk of contracting cancer.
② The researchers recorded the study participants9 intake of sugary and artificially- sweetened drinks for five years.
③ The researchers defined sugary drinks as beverages with more than 5% sugar.
④ Consuming orange juice with no added sugar for a long period of time may reduce the chance of getting a cancer.

13. 주어진 글 다음에 이어질 글의 순서로 가장 적절한 것은?

In a study, researchers interviewed residents of the state of Victoria over many years to see how life events and personality affected people's happiness. They wanted to know the extent to which a person's personality versus the things that happened to them affected well-being and happiness.

(A) Lucky people were lucky again and again. Likewise, people with lots of bad experiences, like relationship breakups and job losses, seemed to encounter one bad thing after another. The researchers assumption that personality and life events would have separate influences on happiness was wrong.

(B) Instead, personality itself had the strongest influence on what happened to people. The optimists had more positive experiences, while the pessimists had more negative experiences.

(C) Personality might account for, say, 40 percent of happiness, whereas life events might account for 60 percent. Alternatively, perhaps personality would turn out to be more important. As the study progressed, it became clear that the same kind of things kept happening to the same people over and over again.

① (A)-(C)-(B)
② (B)-(A)-(C)
③ (C)-(A)-(B)
④ (C)-(B)-(A)

14. 글의 흐름으로 보아 주어진 문장이 들어가기에 가장 적절한 것은?

Banks are reluctant to give them loans because they are protecting their own interests.

There are several current economic conditions that discourage the creation and success of small businesses in the U.S. (①) One is the difficulties prospective entrepreneurs face when trying to secure funds. (②) When they lend to someone who has not yet demonstrated the ability to turn a business idea into a source of capital, there is the chance that the loan will not be repaid. (③) In addition, the federal tax code provides far greater tax benefits to large corporations than it does to small businesses. (④) Reduced consumer spending as a result of the recent recession is another obstacle small businesses face. Yet it should not be ignored that the majority of the American workforce is employed by small businesses. If the U.S. wants to maintain its economic dominance in the world, it must make it easier for this sector of the economy to thrive.

15. 다음 글에서 전체 흐름에 가장 부합하지 않는 문장을 고르시오.

Liberalism includes a broad spectrum of political philosophies that consider individual liberty to be the most important political goal, and emphasize individual rights and equality of opportunity. ① Although most Liberals would claim that a government is necessary to protect rights, different forms of Liberalism may propose very different policies. ② They are, however, generally united by their support for a number of principles, including extensive freedom of thought and freedom of speech, limitations on the power of governments, the application of the rule of law, a market economy and a transparent and democratic system of government. ③ Like the similar concept of Libertarianism, Liberalism believes that society should be organized in accordance with certain unchangeable and inviolable human rights, especially the rights to life, liberty and property. ④ Nonetheless, the Liberal Party of Canada, colloquially known as the Grits, is the oldest federal political party in the country. It also holds that traditions do not carry any inherent value, and that social practices ought to be continuously adjusted for the greater benefit of humanity.

16. 다음 빈칸에 들어갈 말로 가장 적절한 것은?

In the future chatty people _____ . Scientists from Korea have turned the main ingredient of calamine lotion into a tiny material that converts sound waves into electricity. The researchers explained that just as speakers transform electric signals into sound, the opposite process — turning sound into a source of electrical power —— is possible. The research could lead to the manufacturing of small sound panels. After they collect energy from a phone call, these panels could be used to charge any electrical device, including the cell phone the person had been talking on. Not only could this technology be used to invent a self-charging cell phone, but it could also provide a boost of energy to the nations electrical grid through the placement of large sound-collecting and energy-generating panels on the nations busiest and noisiest roads.

*calamine lotion: 칼라민 로션(피부 질환 치료제)

① will care much more about energy conservation
② could be the world's next renewable energy source
③ will be the biggest users of electricity in the country
④ could aid researchers in developing communication technologies

17. 다음 빈칸에 들어갈 말로 가장 적절한 것은?

As strange as it might sound, the majority of scientific hypotheses _____! Take this simple hypothesis as an example: "Any two objects dropped from the same height will hit the ground at the same If this were a false hypothesis, it would be quite easy to show that it was incorrect. However, if it were true, how could you know this for certain? Since it describes the behavior of "any two objects" you would have to test every combination of objects in existence, a clearly impossible task. Through extensive testing, you could gain a great deal of confidence in the hypothesis, but you could never be sure that it was an absolute truth. There would always be a chance that the next pair of objects that you tested would behave in a manner inconsistent with the hypothesis.

① involve simple facts
② are completely false
③ cannot be proven correct
④ were not accepted in the past

18. 다음 글의 빈칸 (A), (B)에 들어갈 말로 가장 적절한 것은?

Psychologists have identified two categories of nightmares that are often confused. One is the true nightmare, which is an actual, detailed dream. The other is the "night terror," from which the sleeper, typically a child aged 3-5 years, suddenly screams in great fright and sometimes sleepwalks.
(A) _____ these events may be disturbing for parents, night terrors themselves are not harmful to children. Other than taking a few precautions, such as making sure the child does not sleep near an open window or balcony, there is little that can be done about them. (B)_____ , night terrors may be reduced somewhat by eliminating any source of sleep disturbance and trying to maintain a consistent bedtime and wake-up routine.

*night terror: 야경증

	(A)	(B)
①	Although	Accordingly
②	Although	However
③	Because	Besides
④	Because	However
⑤	While	Besides

19. 다음 글의 밑줄 친 부분 중 어법상 틀린 것은?

One of reasons to control weeds is to reduce effects on transportation. Some rivers and lakes in the tropics and subtropics are clogged by aquatic weeds, making travel on them nearly impossible. Ross and Lembi provide an interesting example of ① how weeds influence transportation costs. They indicate that in 1969 and 1970, 487,000 tons of wild oat seed were ② inadvertently transported from Canada to the United States along with 16 million tons of grain. The transportation costs for the wild oat ③ were estimated at $2 million, which did not include the $2 million cost for cleaning the grain to remove contamination. Weeds are kept free from highway intersections to prevent accidents. Airports and railways also keep signs and lights free of weeds so that maximum visibility can be maintained. Power line rights-of-way are kept free of tall growing vegetation to prevent power outages if trees contact power lines during storms and ④ increasing access to downed power lines.

20. 다음 글의 밑줄 친 부분 중 어법상 틀린 것은?

One of the fastest ways for you to overcome any shyness and social anxieties you may feel ① is to ask questions of the other person and then try to understand their true feelings and concerns. While they speak, listen closely to their answers. Ask follow-up questions and check for understanding. Repeat back in your own words what they have said ② to be sure you understand. As coach Lou Holtz says, "Everyone's first question is: Do you care about me?" Listening shows ③ that you do care. Most people are so preoccupied with themselves and the details of their lives ④ which they pay little attention to others. When you do the opposite and empathize with them by trying to understand their concerns, by asking them questions and listening to them when they talk, they will like you and want to cooperate with you.

Half Test 11

※밑줄 친 부분의 의미와 가장 가까운 것을 고르시오.

1.

The Minister was much more <u>loquacious</u> when talking to the Daily Telegraph about how consumers can exercise their rights.

① taciturn
② reticent
③ ostentatious
④ garrulous

2.

For a footballer so understated, so seemingly undemanding, the forward has become <u>indispensable</u> for Tottenham.

① prominent
② prerequisite
③ disposable
④ vital

※ 밑줄 친 부분에 들어갈 말로 가장 적절한 것은?

3.

Police powers are used professionally and with integrity, _____ who is being dealt with.

① in terms of
② irrespective of
③ in conjunction with
④ in regard to

4.

With your donation, we can preserve _____ coral reefs around the world.

① sturdy
② robust
③ fragile
④ versatile

5. 밑줄 친 부분에 들어갈 말로 가장 적절한 것은?

A: I can't stand my boss anymore!
B: What's wrong? I thought he was a nice man
A: That's what I thought.
   But
   _____.
B: Cool down. I'm sure things will get better.
A: He drives me crazy?

① he sticks his nose in everything
② he makes too much money
③ he is sober and hard-working
④ he is planning to expand the business

6. 우리말을 영어로 옮긴 것 중 가장 어색한 것은?

① 나는 그렇게 상태가 안 좋은 차를 사고 싶지 않다.
→ I don't want to buy a car that is in such poor condition.
② 유로화의 가치는 최근 몇 년간 70퍼센트 이상 상승했다.
→ The value of the euro has risen by over 70percent in recent years.
③ 이번 달 발행 호는 한 남자의 북극 탐험에 관한 기사를 특집으로 한다.
→ This month's issue features an article on one man's exploration of the Arctic.
④ 소방관은 극도로 위험한 상황에 대처하기 위해서 제대로 장비를 갖추어야 한다.
→ Firefighters must be properly equipped to cope at extremely dangerous situations.

7. 다음 문장 중 어법상 옳지 않은 것은?

① The three-day polar bear swim competition will take place on Thursday, Friday, and Saturday.
② Press passes will be given to journalists as well as photographers.
③ Volleyball and soccer is the most popular sports at the high school.
④ They took out their winter clothing and coats, for it was already getting colder.

8. 밑줄 친 부분에 들어갈 말로 가장 적절한 것은?

A: Good morning sir? Can I see your driver's license?
B: Here it is. Did I do anything wrong?
A: _____.
B: I'm sorry. I guess I didn't see the sign. Could you ignore it this time once. This is my first time on this road.
A: OK. I'll let you go this time. But you'd better be careful next time.

① You jaywalked
② You just drove through a stop sign
③ You've missed the toll
④ You had a flat tire.

9. 다음 글의 주제로 가장 적절한 것은?

Weeds are killed during plowing and cultivation to prepare seedbeds for planting. A report by the U.S. National Research Council indicates that 92~97% of the acreage planted to corn, cotton, soybean, and citrus are treated with herbicides each year. In addition 87% of all citrus acreage and 75% of potato and vegetable crops acreage in the United States are chemically treated for weed control. According to the U.S. Environmental Protection Agency 60% of the total pesticide sales in the United States in 1999 was for herbicides. There is no doubt that weed control is a costly endeavor in the production of most crops. Weeds also interfere with harvesting operations, often making harvest more expensive and less efficient. For example, weeds sometimes get wrapped around rollers or cylinders of mechanical harvesters, causing equipment breakdowns and longer harvest times. Up to 50% loss in efficiency and 20% loss of yield can result from weed presence at harvest time.

① the occurrence and distribution of weed species
② how to distinguish beneficial weeds from harmful ones
③ the necessity of modernizing chemical tools to control weeds
④ the increased production costs and inefficient harvest caused by weeds

10. 다음 글의 주제로 가장 적절한 것은?

Everyone agrees that the importance of effective communication is significant at all levels. But as one rises up the ladder of an organization's hierarchy, the importance of communicating with a wider range of people increases exponentially. Much of this communication is done orally and for a variety of important objectives that are crucial for the leader's role. From building strong interpersonal relationships, to sharing information, guiding, advising, motivating, and inspiring, speaking serves many objectives for the leader. Building and polishing one's ability in this particular form of communication can go a long way in serving the varied roles of the leader—whether establishing one's authority in a field, sharing vision and plans, getting people to rally around ideas or initiatives, or obtaining cooperation and building consensus. Thus, it is a very valuable skill to be honed for leaders and everyone aspiring to be one. In fact, it is this ability that completes all others, by literally giving voice to all that we know, or think, or feel.

*exponentially: 기하급수적으로
*hone: 연마하다

① the importance of oral communication for leaders
② how sharing one's vision helps establish a leader's authority
③ difficulty in rising up the ladder of an organization's hierarchy
④ permitting employees the freedom to voice their thoughts and opinions

11. 다음 글의 제목으로 가장 적절한 것은?

In the seventeenth century, Newton and his laws of motion so dominated scientific thinking that natural law was implicitly defined as one that made deterministic, causal predictions. (This idea, called determinism, holds that every event is the necessary result of laws that govern all events and the condition of the universe immediately before an event). By the nineteenth century, however, scientific theories that offered probabilistic and statistical predictions were quite acceptable. (This line of thinking, called probabilism, holds that in the absence of certainty, probability is the best criterion). As Jacob Bronowski has emphasized in The Common Sense of Science, this progress required a revolution in scientific thinking. As a result, in the nineteenth and twentieth centuries natural science made major advances with the discovery of several probabilistic laws: MendeFs laws of heredity; the kinetic theory of gases developed by Maxwell, Calusius, and Boltzmann; and the laws of radioactive decay developed by Rutherford and Soddy, and by von Schweidler. This shift from a deterministic to a probabilistic paradigm culminated in the formulation of Heisenberg's uncertainty principle, which states the limits to accuracy with which the physical measurements of subatomic particles can be made. No matter how sophisticated the instrumentation, there are inherent uncertainties in the measurements of position and or momentum. Science is not deterministic. All experiments are subject to a certain amount of error; phenomena often behave randomly. Much of the research now being done in the natural sciences would not be possible without the replacement of deterministic thinking with probabilistic thinking.

① Newton: a Pioneer of Probabilistic Thinking
② Negative Effects of Uncertainty on Measurement
③ Scientific Theories Rejected by Probabilistic Laws
④ Scientific Progress Driven by a Probabilistic View

12. The Tour de Fra nee에 관한 다음 글의 내용과 일치하는 것은?

The Tour de France is the most famous cycling competition in the world. It was first organized in 1903 to increase sales for the magazine ≪L'AutO≫. Since then, it has been held every year, having been suspended only during the two World Wars. It consists of 21 to 23 days of cycling around France with only two days of rest. Cyclists travel a total distance of roughly 3,500kilometers, which includes routes in Paris, the Alps and the French countryside. As one can imagine, this competition is hard on the athletes. But in spite of the combination of extreme mental and physical fatigue and the high velocities at which the cyclists travel, deaths to racers at the Tour de France are rare. In fact, the three deaths that have occurred at the Tour de France since 2000 have been to spectators.

① It was organized to increase bicycle sales.
② It has been held every year since 1903.
③ No rest days are allowed during the competition.
④ There are few accidents where cyclists die.

13. 주어진 글 다음에 이어질 글의 순서로 가장 적절한 것은?

A study of three decades of the phenomenon of "brain drain" and its relationship to Korean scientists and engineers (KSEs) who earned a PhD in the US shows economic factors were central to these professionals' decisions to return or stay.

(A) It emphasizes loyalty and duty to one's country and was found to be key to KSEs, decisions to opt for employment at home rather than in the US. Clearly, a cultural analysis is necessary for understanding the brain drain phenomenon in Korea.

(B) In the brain drain phenomenon, intellectual capital flows towards the country offering the highest salaries. However, the study found that when economic differences between the alternatives narrowed, other factors became more important in KSEs' decisions.

(C) In particular, the study suggests that Confucian values were a major influence. Confucianism is the ancient system of thought that underpins Korean society.

① (A)-(C)-(B)
② (B)-(A)-(C)
③ (B)-(C)-(A)
④ (C)-(A)-(B)

14. 글의 흐름으로 보아 주어진 문장이 들어가기에 가장 적절한 것은?

Unfortunately, this has not been the case.

Recently, a disturbing practice has developed among book publishers. (①) They have hired contemporary authors to write sequels to the novels of long-dead authors. (②) The sequels are written based on the original work and the original characters, so they make the readers expect the same high quality and interest. (③) For example, one author wrote a sequel to Margaret Mitchel's ≪Gone with the Wind≫ that was not considered to be nearly as good as the original. (④) It's clear that these sequels are written solely to get an author's or a literary work's fans to spend money. Since these imitations can never equal the original, however, readers cannot help but be disappointed.

*sequel: 속편

15. 글의 흐름상 가장 적절하지 않은 문장은?

Potatoes are among the earliest vegetables planted in the garden. All varieties can be planted in March or early April. ① Potatoes are started from "seed pieces." These seed pieces may be small whole potatoes or potatoes that are cut into roughly 2-ounce pieces. ② The genetic patterns of potato distribution indicate that the potato probably originated in the mountainous west-central region of the continent. Plant the pieces soon after cutting. ③ Be sure that there is one good "eye" in each seed piece. Plant seed pieces 10 to 12inches apart. Cover in a furrow between 1 and 3inches deep. Space rows 24 to 36inches apart. ④ This helps to shade the soil and keep it cool in hot weather. Potatoes need cool soil to grow.

16. 다음 빈칸에 들어갈 말로 가장 적절한 것은?

People love to read about the personal lives of celebrities. The unfaithfulness, the break-ups, the law-breaking and other intimate facts attract the attention of millions. Gossip magazines keep readers informed of the latest happenings in the personal lives of well-known people. Some of the news is factual, though much is just rumors with no proof. These magazines are very popular, but they don't really ever tell us anything useful. So why do people read them? Ifs because they make people feel important, as though they were a part of stars' secret lives. _____. These magazines also allow them to temporarily leave their ordinary lives behind and become a part of Hollywood. These magazines feed off the human urge to gossip.

① People tend to avoid gossip
② Rumors usually turn out to be true
③ These magazines help people become popular
④ People feel involved when they read these magazines

17. 다음 빈칸에 들어갈 말로 가장 적절한 것은?

When the average person tells a lie, he or she becomes emotionally aroused and begins to fidget. However, we fidget not only when we are telling a lie, but also when we are feeling uncomfortable. Fidgeting, however, will make an observer sense that something isn't right or that you are lying about something. Consider the televised presidential debate between Richard Milhous Nixon and John Fitzgerald Kennedy, broadcast on September 25, 1960. Political experts speculate that Nixon's nervous movements, which included mopping his brow on camera, lost him the election. When what you are saying really counts and you want people to believe that you are reliable and trustworthy, try to _____ .

① detect the listeners mood
② reveal your true emotions
③ avoid unnecessary movements
④ talk about the things you know well

18. 다음 글의 밑줄 친 부분 중 문맥상 낱말의 쓰임이 적절하지 것은?

The sharing economy is the ① latest example of the Internet's value to consumers. This emerging model is now big and disruptive enough for regulators and companies to have woken up to it. That is a sign of its ② immense potential. It is time to start caring about sharing. When talking about the "sharing economy" everybody thinks ③ immediately about Uber and Airbnb. But it is also conquering our children's world — in the near future, sharing will be the new "normal" in their minds. According to a recent study conducted by the Center for Generational Kinetics, Generation Z knows sharing-economy services to be a standard type of business service. Generation Z also looks for background checks as the main source of their trust in these services, more so than any other generation. Generation Z expects their shared service providers to carry liability insurance to be trustworthy. Another example of this shifting attitude is that ownership as a consequence in their eyes becomes ④ more valuable than the experience they have with products.

19. 다음 글의 밑줄 친 부분 중 어법상 틀린 것은?

Chronic inflammation is the foundation of serious diseases later in life, such as rheumatoid arthritis, osteoporosis, and Alzheimer's disease. Chronic inflammation is inflammation of prolonged duration (weeks or months) ① in which inflammation, tissue injury, and attempts at repair coexist, in varying combinations. How is it prevented? Avoid the foods that cause chronic inflammation, especially wheat and other grains. Unfortunately, these foods are the foundation of the Western diet, so they can be hard ② to eliminate. Sweet potatoes are great substitute and a food friend you can rely on. Also, listen to the body. Often, the foods our gut reacts to are so commonplace that you think ③ uncomfortable bloating or cramps are normal after every meal. Use your diet to surround yourself with food friends instead of food foes. Eating foods that don't fight back ④ keep our small intestines in tip-top shape to absorb only the good nutrients and reject the bad.

20. 다음 글의 제목으로 가장 적절한 것은?

When rap music first appeared in the mid 1970s, few people thought it would last. Music critics said it wasn't real music, record companies felt it was too black-oriented to cross over to a white audience, and parents dismissed it as the latest fad. By January 1992, rappers had reached as high as number three on the official top 200 album list. During the next decade, rap music turned into a powerful and controversial force in American popular culture. From its humble street beginnings in Harlem and the South Bronx, rap moved into the mainstream media through CDs, as well as radio, music videos, talk shows, concerts, rappers as actors, movie soundtracks and advertising.

① The Origins of Hip Hop
② The Growth of Rap Music
③ Various Styles of Rap Music
④ Why Rap Music is So Popular

Half Test 12

※밑줄 친 부분의 의미와 가장 가까운 것을 고르시오.

1.

Hereditary diseases that are <u>lethal</u> would be expected to be rare, but surprisingly, they are not.

① devastating
② fatal
③ inevitable
④ indigenous

2.

This is why our collaboration is needed for a <u>feasible</u> "nation branding", the likeability and credibility of a country.

① impracticable
② viable
③ available
④ elaborate

3. 밑줄 친 부분에 들어갈 말로 가장 적절한 것을 고르시오.

The audience was expected to _____ the musical aesthetics as they listened.

① agonize
② contemplate
③ endorse
④ envisage

4. 다음 빈칸에 들어갈 말로 가장 적절한 것을 고르시오.

David Lykken and Auke Tellegen examined reported levels of happiness in 1,300 sets of identical and fraternal twins. Identical twins reported similar levels of happiness, while fraternal twins exhibited greater variation in their reported sense of wellbeing. These results were found not only in families of twins raised together but in twins reared apart. They concluded that nearly half of happiness can be accounted for by _____ factors. The other half is determined by life's everyday ups and downs. In other words, everyone is born with a certain "set point" for happiness in the same way that your household thermostat is set to maintain a certain temperature in your home. Tragedies and pleasures might affect your level of happiness. But eventually you will return to your set point, just as the temperature of your home will return to your thermostats set point after you have let in cold air by opening a door or window.

① cultural
② temporal
③ genetic
④ accidental

5. 두 사람의 대화 중 어색한 것은?

① A: Do you want to go see a movie tonight?
   B: I'd love to. Can I call you after school?

② A: I can't make it to the appointment today. My grandfather just passed away.
   B: Oh! I'm sorry. Your mother must be heart broken.

③ A: We're here sir. That'll be $40.50.
   B: Thank you. Here is $50.00. Keep the change.

④ A: I'm going to throw a party this Friday.
   B: Sure. You're always welcome.

6. 밑줄 친 부분에 들어갈 말로 가장 적절한 것은?

A: Did you hear about Jack's presentation at work?
B: No. What happened?
A: He did great until the presentation was over. But then people started to ask really difficult questions.
B: Jack must have a hard time answering them.
A: Yeah, he was _____ for a while.

① in the hot seat
② hot potato
③ hot under collar
④ hot money

7. 우리말을 영어로 바르게 옮긴 것은?

① 우리의 친절한 호텔 직원이 당신이 필요한 것이 무엇이든 가져다줄 것입니다.
→ Our hospitable hotel staff will bring what you need.

② 그녀는 그때 시점에서 집을 구입할지 말지 주저했다.
→ She was reluctant about how to buy the house at that point.

③ 그가 자신의 코트를 가지러 갔을 때, 그는 어느 것이 그의 것인지 구별할 수 없었다.
→ When he went to pick up his coat, he couldn't tell which one was his.

④ 나는 그가 이 고대 부족에 대해 전혀 들어보지 못했을 것을 상상도 못했다.
→ I never imagined what he might not have heard about this ancient tribe.

8. 다음 중 어법상 틀린 것을 고르시오.

① Talented as she is, the suspect was unable to impress the juries.

② He took the garbage outside like his parents had asked him to.

③ However frustrating the task is, it is important to approach it responsibly and with patience.

④ While reflect on the changes in society, we must learn from past mistakes and overcome them.

9. 글의 내용과 일치하는 것은?

A new study reports that the cleaner air has been accompanied by a significant decrease in childhood lung problems. The study used data on ozone, nitrogen dioxide and particulate matter for each year. Parents also provided regular updates about symptoms like coughing and phlegm production in their children. Among children with asthma, air-pollution reduction was consistently associated with reductions in respiratory symptoms. For example, in children with asthma, reductions in fine particulate matter were associated with a 32-percent reduction in symptoms, while lower levels of ozone were linked to a 21-percent reduction. The associations were weaker, but still significant, in children without asthma. "Clearly, the reduction in air pollution levels have translated into improvements in respiratory health," said Kiros Berhane, a professor of preventive medicine at the University of Southern California. "Especially for parents of children with asthma, this is very good news, but we see significant improvement in children without asthma as well."

① A high level of fine particulate matter contributed to the reduction in respiratory symptoms.
② Children with asthma were more influenced by the clean air than children without asthma.
③ The study showed that regular updates on asthma patients decreased lung problems.
④ Data about children with respiratory disease were excluded in the study.

10. 주어진 글 다음에 이어질 글의 순서로 가장 적절한 것은?

Anti-war sentiment is not a modern phenomenon; wars have been opposed as long as they have been fought.

(A) Some of them, known as "conscientious objectors," argued that participating in the violence of war went against their religious beliefs. Others saw it as contrary to the cause of international socialism, which encouraged the working classes of all nations to unite and create a better world.
(B) World War I was no exception. Despite the intense nationalism in Europe in 1914, there were thousands of citizens across the continent unwilling to fight for their countries.
(C) Despite these noble reasons for refusing to fight, the objectors were in the minority and were scorned by their fellow citizens, and even given lengthy prison sentences. However, looking back now on the tragic and senseless loss of life that occurred during World War I, it is difficult not to side with the objectors.

① (A)-(C)-(B)
② (B)-(A)-(C)
③ (B)-(C)-(A)
④ (C)-(A)-(B)

11. 다음 글의 내용과 일치하지 않는 것은?

Is it common for your hair to get thicker when you are pregnant? Hair does get thicker when you are pregnant, but not because you are growing more hair. You are just losing it more slowly than you usually do. Normally, 85 to 95 percent of the hair on your head is growing while the other 5 to 15 percent is in a resting stage. After the resting period, this hair falls out and is replaced by newly growing hair. The average woman loses about 100 hairs a day. During pregnancy, however, higher levels of estrogen make the growing stage longer, and you lose fewer hairs. Also, changes in hair thickness are usually more noticeable in pregnant women with longer hair.

*estrogen: 에스트로겐(여성호르몬)

① Hair grows faster during pregnancy.
② Usually, 85 to 95 percent of all hair grows.
③ After the break, the hair falls out and new hair grows.
④ Women lose an average of 100 hair a day.

12. 주어진 글 다음에 이어질 글의 순서로 가장 적절한 것은?

The beaks of toucans and hummingbirds are about the size of the bird's body and are impossible to use for preening all parts of the body. In fact, the beak of the sword-billed hummingbird exceeds the length of its entire body.

(A) To remove the ectoparasites, they rub against surfaces such as tree branches, sun themselves or bathe in the dust. They use their feet for scratching to remove parasites. Even self-medication by ingestion or by keeping certain plants at the nest site may be used to inhibit ectoparasite build-up.
(B) Self-grooming (auto-grooming) with the beak and feet may have its limitations if not all parts of the body can be reached, but these too can be overcome. Birds that live in social groups have developed mutual grooming as an important social activity, just as in primates.
(C) Despite this, the parasite load on these birds is no larger than in birds with beaks of a size and shape better suited to preening, because they have developed other antiparasite strategies to compensate for their beak limitations.

*preen: 다듬다
*ectoparasite: 체외 기생충

① (A)-(C)-(B)
② (B)-(A)-(C)
③ (C)-(A)-(B)
④ (C)-(B)-(A)

13. 글의 흐름으로 보아 주어진 문장이 들어가기에 가장 적절한 것은?

In contrast, students in the productive failure group were given complex problems and then worked in groups with fellow classmates to attempt the problems.

Recent research suggests that introducing difficulties and errors can be very effective in the classroom. In a study by educationalists Kapur and Bielaczyc, for example, students were assigned to either a "productive failure" group or a "direct instruction" group. (①) Students in the direct instruction group completed typical lessons on complex math problems. (②) Their teacher helped them successfully solve problems along the way. (③) The problems were very difficult, and the productive failure group was unable to solve them. (④) During the final lesson, the teacher helped the productive failure group analyze its failed attempts and provided correct methods. On a final test, the productive failure group scored more than the direct instruction group on both complex problems as well as more straightforward problems.

14. 다음 중 글 전체의 흐름과 가장 부합하지 않는 문장은?

Americans have a democratic outlook, a strong belief that all people are entitled to equal opportunity and equal respect. No one is a privileged being, and no one is worthless. ① A person who acts very humble and timid may make his or her American friends uncomfortable. On the other hand, a person who acts as if he or she is the ruler of the world will have trouble keeping any American friends. A polite but assertive manner is what is socially acceptable. ② For instance, it is quite rude to converse with a companion in your native language in front of your American friends. So, no matter what your status in relation to the person you are with, feel free to look directly into his or her eyes and speak your true feelings. You have no obligation to say what the other person wants to hear. ③ Occasionally, it is necessary to tell a white lie and compliment your friend on something you don't really like. But, most of the time, you can express your true opinions, and Americans won't mind at all if you disagree with them. ④ Also, you need not worry much about asking inappropriate questions. Americans enjoy talking about themselves. Your interest in them will be considered good manners as long as you stay away from questions about three subjects that most American adults don't want to discuss - their age, weight, and income.

15. 다음 빈칸에 들어갈 말로 가장 적절한 것은?

Several years ago gas prices suddenly began to climb. As a result, there was considerable political pressure to alleviate the squeeze placed on the pocketbooks of many Americans. Instead of driving less, many wanted to continue their lifestyle of driving a vehicle without having to pay higher prices. So, here is what happened. As gas prices increased, demand for alternative fuels increased. This increase in demand for alternative fuels was popular among corn growers who had a product called ethanol. In order to provide ethanol at a lower cost, corn growers lobbied Congress for greater subsidies. This resulted in more land being placed into corn production at the expense of other crops, namely wheat. As wheat supplies decreased and wheat prices rose, the price of the substitute crop, rice, also rose because there was now more demand for rice. This led to the price of rice increasing to the point where people in South and Southeast Asia were unable to afford their basic staple. Starvation quickly followed. People overlooked the fact that

_____.

① sellers can control prices
② markets talk to each other
③ starvation occurs unexpectedly
④ businesses are motivated by profits

16. 다음 빈칸에 들어갈 말로 가장 적절한 것은?

For many years, the De Beers Corporation of South Africa has been in control of the world's supply of diamonds. It was started in 1888 by Cecil Rhodes, a British businessman who had previously run a company which rented equipment to diamond miners. After starting his new diamond mining business, Rhodes realized he was facing a serious financial dilemma. With the South African diamond rush in full swing, diamond prices were plummeting as supply began to outpace demand. He decided that the only way he could increase the value of his product and ensure a profit was to decrease the number of diamonds available and _____. Production was reduced in De Beers' mines, and soon his company had a tightly controlled monopoly over the diamond market.

① make them rare
② lower his prices
③ sell his business
④ reduce the demand

17. 다음 글의 빈칸 (A), (B)에 들어갈 말로 가장 적절한 것은?

Being diagnosed with cancer is a traumatizing thing, but unfortunately some people lose hold of their logic when they hear the news. Desperate for some kind of cure, they turn to quacks, medical practitioners with questionable qualifications who promise them a quick and painless remedy. _____(A)_____, the reality is that they don't know any secret cure for cancer. The treatments these quacks prescribe not only don't work, but in some cases they can be highly costly and even potentially dangerous. After taking as much money from a patient as they can, the quack will declare the person healthy and then conveniently disappear. _____(B)_____, when the patient finally realizes their illness is still present, the quack will be long gone and unable to be held accountable.

(A) (B)
① Therefore ⋯ Consequently
② However ⋯ Consequently
③ However ⋯ Likewise
④ Besides ⋯ Likewise

18. (A), (B), (C)에 어법에 맞는 표현으로 가장 적절한 것은?

On Thursday, February 23, 1995, Nick Leeson, the manager of Barson Securities in Singapore, watched the Nikkei, the Japanese stock market index, (A) [drop / dropped] 330 points. In that one day, Barson lost £143 million through the deals that he had made, though he was the only one who knew what was happening. These losses came on top of the earlier ones of some £470 million that Leeson had kept (B) [hidden / hiding] from his bosses. He knew the game was up and bolted, with his wife, to a hideaway on the north coast of Borneo. Meanwhile, Barson's managers, puzzle over the large sums of money that had gone missing in Singapore, tried desperately to find him. By the next morning, it was clear that Barson Brothers, the oldest merchant bank in London, had sustained (C) [so / such] huge losses that it was effectively bankrupt. Leeson was arrested in Frankfurt, extradited by Singapore for breaches of its financial regulations, and jailed for six and a half years.

*extradite: (범죄인을) 인도하다

(A) (B) (C)
① drop ⋯ hidden ⋯ so
② drop ⋯ hidden ⋯ such
③ dropped ⋯ hiding ⋯ such
④ dropped ⋯ hidden ⋯ such

19. 다음 글의 밑줄 친 부분 중 문맥상 낱말의 쓰임이 적절하지 것은?

The idea of an object in space so massive and dense that light cannot ① <u>escape</u> it has been around for centuries. Most famously, black holes were ② <u>predicted</u> by Einstein's theory of general relativity. It showed that when a massive star dies, it ③ <u>leaves</u> behind a small, dense remnant core. If the core's mass is more than about three times that of the sun, the equations showed, the force of gravity overwhelms all other forces and produces a black hole. We can't directly observe black holes with telescopes that detect x-rays, light, or other forms of electromagnetic radiation. We can, however, infer the presence of black holes and study them by detecting their effect on other nearby matter. If a black hole passes through a cloud of interstellar matter, for example, it will draw matter inward in a process known as accretion. A similar process can occur if a normal star passes close to a black hole. In this case, the black hole can tear it apart as it ④ <u>pushes the star away from</u> itself.

*electromagnetic radiation: 전자기 복사,전자기파 방사선
*interstellar matter: 성간(星間) 물질
*accretion: (행성 간 가스의) 강착

20. 다음 글의 주제로 가장 적절한 것은?

At first glance, the emergency center at Baptist Hospital in Miami looks more like a fancy hotel than a hospital. From the beautifully landscaped gardens to the nicely decorated lobby, there is no sign of pain or blood. For centuries, the word hospital recalled images of suffering and death. But as the Baptist Hospital emergency center and many other new hospital facilities around the U.S. prove, this image is changing fast. The 1980s revolution in health care, driven by new tools, attitudes and cures that prolong life, is matched by a similar revolution in architecture. Plain white hospital interiors have now been replaced by pastel-colored walls and elegantly designed rooms.

*Baptist: 침례 교회의

① new functions of hospitals
② innovation in the hotel industry
③ changes in the construction of hotels
④ changes in the appearance of hospitals

Half Test 13

1.

> Operators using office computers are reminded to keep liquids away from the keyboard, to avoid <u>inadvertent</u> spills.

① innocent
② unpremeditated
③ intentional
④ impromptu

2.

> Law enforcement authorities assume that lie detectors are <u>infallible</u> simply because they are machines.

① impartial
② impeccable
③ meticulous
④ incessant

※ 밑줄 친 부분에 들어갈 말로 가장 적절한 것을 고르시오.

3.

> They are called radio galaxies because they commonly _____ strong radio emissions.

① break out
② wipe out
③ give off
④ bring up

4.

> Despite consistent reductions in mortality rates, a _____ in living conditions occurred in many countries in the 1980s.

① deterioration
② improvement
③ corruption
④ speculation

5. 두 사람의 대화 중 어색한 것은?

① A: Mom! I got an A on my English test. Now are you going to buy me a new bicycle?
   B: OK. A promise is a promise.
② A: Henry and Rachel are seeing each other.
   B: No way! I thought they hated each other.
③ A: Can I get you something to drink while you are waiting?
   B: Thank you. I can use some coffee.
④ A: I'll be back in a minute. Why don't you go ahead and order?
   B: I'll make it up to you. I promise.

6. 다음 중 어법상 올바른 문장은?

① This is the song to which fans around the world have been waiting for a long time.
② He reviewed the answers of the teenagers to whom he had given a survey.
③ They manage to locate the part what caused the car's engine problem.
④ The flight attendant who arranging the in-flight meals is being replaced soon.

7. 다음 중 우리말을 영어로 잘못 옮긴 것을 고르시오.

① 수많은 사람이 놀이 동산에 매우 화려한 가두 행진을 보려고 모였다.
→ A large number of people gathered to watch the extremely colorful parade at the amusement park.

② 비록 서로 다른 나라에 살고 있지만, 그녀는 Charles를 좋은 친구라고 생각한다.
→ Despite living in separate countries, she considers a good friend Charles.

③ 아무도 없는 이른 아침의 공원은 얼마나 아름다운가!
→ How lovely the park is early in the morning when no one is around!

④ 그녀는 고객 센터에서 바쁘지 않은 사람을 찾을 수 없어서 기다려야 했다.
→ She couldn't find anyone available at the customer service center, so she had to wait.

8. 밑줄 친 부분에 들어갈 가장 적절한 것을 고르시오.

A: Why didn't you answer my calls? I've been really worried about you.
B: I am sorry, But I think we both need some time apart.
A: What do you mean? Do you want to break up with me?
B: No, _____. I still love you so much, but I need to be alone and need time to find myself.

① Don't get me wrong
② Don't delude yourself
③ Do not dare cross the line
④ Don't be flattered

9. 주어진 글 다음에 이어질 글의 순서로 가장 적절한 것은?

Professional photographers have always been competing against nature. They take pictures even in the most extreme weather conditions, although heat, humidity, dust and cold can harm photographic materials and equipment in many ways.

(A) Armed with these devices, professional photographers have been able to avoid the worst consequences of extreme weather conditions and capture the perfect image.
(B) To avoid catastrophe, photographers have devised numerous ways to protect their equipment, from sophisticated cases to simple plastic bags and picnic coolers.
(C) The harm caused by such weather conditions is sometimes immediately noticeable, such as when the shutter breaks. Often though, the harm is impossible to detect until after the film is developed or the effects of camera corrosion begin to show.

① (A)-(B)-(C)
② (B)-(C)-(A)
③ (C)-(A)-(B)
④ (C)-(B)-(A)

10. 글의 흐름으로 보아 주어진 문장이 들어가기에 가장 적절한 곳은?

> In a desperate attempt to keep more of its citizens from leaving, the city has invested in various attractions like hotels and ski resorts, hoping to draw tourist revenue.

> Yubari, Hokkaido, once the site of a prosperous coal industry, now finds itself lacking the money it needs to function. (①) Over the years, the city's debts have grown enormously, to an amount 13 times greater than its annual budget. (②) Yet, during that time, Yubari quietly concealed its debts by taking out loans, compounding its financial problems. (③) Worse, the cost of everyday expenses rose so high that residents simply could not afford to live there. The population consequently dropped from 120,000 in 1960 to just 10,000. (④) However, such attempts have been undermined by the city's poor image, and it seems doubtful the government will be able to recover from its financial disaster.

11. Aerogel에 관한 다음 글의 내용과 일치하는 것은?

> Aerogel is the lightest, lowest-density solid known to exist. The substance resembles styrofoam, though it is a transparent blue color rather than white. Made up mostly of air, aerogel has the capacity to withstand applied force of up to 4,000 times its own weight. Unsurprisingly, then, one of its primary uses is as a lightweight building material. Since its discovery, it has been used for a number of purposes, at first as a paint additive, and now primarily as thermal insulation. It is also utilized by the space industry, in temperature- resistant windows, and as a shock-absorbing material in safety equipment. Before it can be widely used, however, a reduction in its production cost is required.

① It is a heavy, dense solid.
② It is a translucent material that is blue.
③ It was initially used as a building insulation.
④ It is also used as a buffer for safety equipment.

12. 주어진 글 다음에 이어질 글의 순서로 가장 적절한 것은?

We like to believe that we have a reasonably good memory. We usually liken our memories to a camera, preserving every moment in perfect detail exactly.

(A) It has a lot to do with our inaccurate perception. Sometimes we see things that aren't there and miss obvious things that are right in front of us. Other times we witness an accident but do not have a clear view of everything that happens. Then, our mind tries to fill in the "gaps" by forming memories that did not actually occur.

(B) However, the sad fact is that our memories are more like a collage, pieced together sometimes crudely with the occasional embellishment or even outright fabrication. We are frighteningly susceptible to errors, and subtle suggestions can trigger false memories.

(C) Most of these false memories are centered on either things that are fairly mundane and inconsequential, or some events of no real consequence. But sometimes these false memories can have serious or even devastating results. Why do these incorrect memories form?

① (A)-(C)-(B)
② (B)-(A)-(C)
③ (B)-(C)-(A)
④ (C)-(A)-(B)

13. 주어진 글 다음에 이어질 글의 순서로 가장 적절한 것은?

Tourism activities currently have gained new forms, new insights and new methods. One of them are faith or pilgrimage based tours. Today, for travels especially made for cultural purpose, religion is one of the leading factors.

(A) For this reason, faith activities in different parts of the world have attracted millions of people annually. Religious buildings, rituals, festivals, spiritual and religious events are important factors that affect the behavior of tourists and direct people to faith tourism.

(B) In particular, these movements create economic opportunities for countries which have consistently balance of payments deficit. In addition to this, religious trips impress people spiritually, physically, mentally, socially and emotionally. Therefore, people are anxious to visit the holy places of the faith they belong to.

(C) For example, Benares in Brahman, Mecca and Madinah in Islam, Jerusalem and Ephesus in Christianity are religious places attracting many of tourists due to the pilgrimage. These major movements of migration for religious purposes affect regions, countries and destinations in many aspects.

① (A)-(C)-(B)
② (B)-(A)-(C)
③ (C)-(A)-(B)
④ (C)-(B)-(A)

14. 글의 흐름으로 보아 주어진 문장이 들어가기에 가장 적절한 것은?

Well-managed, responsible banks don't keep their deposits locked away in vaults but rather recirculate this money throughout the community in the form of long-term investments such as home mortgages and business loans.

In the early 1930s, thousands of U.S. banks went out of business—many because of irresponsible or unethical financial practices—losing billions of dollars of their customers' money. Not surprisingly, depositors in other locales became very nervous, fearing that the same could happen to them. Rumors of impending bank failures were common. (①) In some cases, a good many customers rushed to remove their savings, a move that proved disastrous. (②) As a result, they are unable to meet concentrated requests for large cash withdrawals. (③) These fearful stampedes of depositors wishing to close their accounts overwhelmed even those banks thriving and solvent the day before. (④) The banks went broke in hours, and late-arriving depositors lost their life savings. Bank customers, in their panic, unwittingly made real their initially unfounded fears.

*vault: 금고
*stampede: 쇄도
*solvent: 지불 능력이 있는

15. 글의 흐름상 가장 적절하지 않은 문장은?

Tighter regulations on cigarette products have spilled over to alcohol, soda and other consumer products, which has restricted consumer choices and made goods more expensive. ① Countries have taken more restrictive measures, including taxation, pictorial health warnings and prohibitions on advertising and promotion, against cigarette products over the past four decades. ② Regulatory measures have failed to improve public health, growing cigarette smuggling. ③ Applying restrictions first to tobacco and then to other consumer products have created a domino effect, or what is called a "slippery slope", for other industries. ④ At the extreme end of the slippery slope is plain packaging, where all trademarks, logos and brand-specific colors are removed, resulting in unintended consequences and a severe infringement of intellectual property rights.

16. 다음 빈칸에 들어갈 말로 가장 적절한 것은?

Meetings are vital for team functioning. Without regular meetings, both formal and informal, important information is withheld and assumptions and expectations may be built up which are not matched by reality. Indeed research results reveal that even poor team meetings are better than no team meetings at all, since members get to exchange information in small informal dyads or groups before, after and even during meetings. Without frequent interaction, team members begin to diverge in their views about what is important for the team, and perceptions and expectations of other team members' actions become more and more inaccurate. Misapprehension and misunderstanding lead to poor coordination and to conflict. These in turn lead to team ineffectiveness. Poor relationships, negativity and suspicion are _____ and fatally undermine team functioning.

① the product of insufficient interaction
② the consequence of frequent criticism
③ the outcome of unrealistic expectations
④ the output of informal communication

17. 다음 빈칸에 들어갈 말로 가장 적절한 것은?

According to a survey conducted annually over a period of 17 years, and which gathered responses from more than 188,000 students, todays college freshmen are _____ _____ than at any other time in the 17 years of the poll. Given that the economy is in such bad shape today, its hardly surprising that the stated major objective of most students was "to make as much money as possible." Fewer students than ever indicated that it was important for them to develop a meaningful philosophy of life. It follows then that the most popular course these days is not literature or history but accounting. Interest in teaching and social service fields is at an all-time low while, also unsurprisingly, enrollment in business courses, engineering, and computer science is way up.

① more stingy and less wasteful
② more impartial and less biased
③ more instinctive and less rational
④ more materialistic and less impractical

18. 다음 글의 밑줄 친 부분 중 문맥상 낱말의 쓰임이 적절하지 않은 것은?

Consider that one of the highest cognitive abilities we possess is language. Communicating ideas through speech is perhaps uniquely human and unquestionably has allowed us to develop and ① transmit all the important trappings of culture — art, history, philosophy, and science. And this most cognitive of all brain activities is basically a motor act — we speak by controlling and ② coordinating a vast array of muscles in our chests, throats, tongues, and lips. Andre Breton, the leader of the Surrealist movement, once remarked that the speed of speech is ③ slower than that of thought. Yes, we can all believe that, having let some utterance escape from our mouths that we are immediately sorry for. But aside from the humorous implications, given a moment's thought, it's clearly true. We don't think ④ long, if at all, about the words we are saying in the middle of a conversation; they just "come out." All of this supposedly high-level cognitive apparatus in the brain ends up as an almost reflexive motor act.

19. 다음 글의 밑줄 친 부분 중 어법상 틀린것은?

James Wilkinson fought in the Revolution but spent much of his time ① trying to sabotage George Washington. After the war, he continued his military service. ② During in uniform, he was involved in a dizzying array of corrupt deals and under-the-table conspiracies. He was especially beholden to the king of Spain, ③ who paid him to betray American state secrets. In exchange for a promise of 60,000 acres of land from Spain, Wilkinson offered to give the Spanish control of the Mississippi River, along with huge swaths of western land ④ that Americans hoped to settle. Another time he conspired with the notorious Aaron Burr to lop off a major tract of western land to create their own country. Wilkinson even handed over the secret battle plans of a fellow American officer to the Spanish. Yet somehow, he remained in the Army as a major general until the War of 1812, when he suffered several defeats at the hands of the British and was dismissed from the service.

*sabotage: 방해하다
*beholden: ~에게 신세를 진

20. 다음 글의 제목으로 가장 적절한 것은?

According to some scientists, humans can thank their primate ancestors, at least in part, for the existence of war. During earlier stages of human evolution, aggressive behavior may have improved the odds of survival and become encoded in the genes of an increasing number of individuals. Ethologists and sociobiologists believe that aggressive tendencies may have been transmitted genetically from one generation to the next. One of the most famous advocates of this view is the ethologist Konrad Lorenz. Like other ethologists, Lorenz has directed his research toward the behavior of animals other than humans. From this work he has concluded that aggression is an instinct in humans, as it is in lower animals. Lorenz links aggression with territoriality. Just as animals defend their nests, burrows, and ranges, humans fight wars to defend their nations. It follows from this theory that because war stems from a natural urge, it is likely inevitable.

*ethologist: 생태학자

① Is War in Our Genes?
② The Golden Age of Peace
③ Imagine a World Without War
④ Transformations of Aggression

Half Test 14

※밑줄 친 부분의 의미와 가장 가까운 것을 고르시오.

1.

We focus on just one <u>discrete</u> stream of information out of millions of bits coming in.

① separate
② distinguished
③ outstanding
④ conspicuous

2.

It is <u>absurd</u> to believe that all juveniles are lacking in judgement compared to adults.

① ridiculous
② provocative
③ subconscious
④ rational

3. 밑줄 친 부분에 들어갈 말로 가장 적절한 것을 고르시오.

Businesses with fewer than 500 employees _____ roughly half of private-sector employment in the U.S.

① let alone
② make up for
③ account for
④ pay off

4. 다음 빈칸에 들어갈 말로 가장 적절한 것을 고르시오.

A key requirement for negative emotions is _____. This means that you take things personally. You interpret what has happened as a personal attack on you. If you cannot personally associate yourself with a negative situation, you will have difficulty generating any emotion, positive or negative, about it. If you read in the paper that a thousand people - men, women, and children - had been washed away and drowned by a flood in northern China, you would feel some sorrow and then probably flip the page to the next subject with little or no emotion. Because you do not know any of the people affected or even know much about that part of the world, you do not equate with the tragedy. As a result, you experience no negative emotions about it. This does not mean you can't feel compassion for someone else's experience or hurt, but you do not become emotionally involved.

① denial
② deception
③ reflection
④ identification

5. 밑줄 친 부분에 들어갈 말로 가장 적절한 것을 고르시오.

A: Steve has been suspended from school for bullying students.
B: If he gets in trouble again, he'll be kicked out of school.
A: He'd better _____.
B: He is such a pain in the neck.
A: How is he ever going to grow as a person?

① shake a leg
② keep his nose clean
③ keep his nose out of my business
④ hit the book

6. 밑줄 친 부분에 들어갈 말로 가장 적절한 것을 고르시오.

A: I'm totally fed up with him.
B: Did he screw up again?
A: This time he didn't even show up at the meeting.
B: Why don't you give him a second chance? He'll do better next time.
A: _____.
I've given him enough chances.

① That will be the day
② You should have trusted him more
③ Chances are pretty slim
④ Is there any chance of that this year

7. 우리말을 영어로 잘 옮긴 것은?

① 어둠 속에서는 잡초도 장미만큼 예쁘다.
→ A weed is as prettier as a rose in the dark.
② 당신이 워크숍에 참석할 수 있는지 없는지를 늦어도 토요일까지는 알려 주세요.
→ Please let me know no sooner than Saturday whether or not you can attend the workshop.
③ 탄산음료는 커피보다 많은 카페인을 함유하고 있다.
→ Sparkling drinks contain less caffeine than coffee.
④ 나는 차를 샀기 때문에 더 이상 회사까지 걸어갈 필요가 없다.
→ I no longer need to walk to the office since I bought a car.

8. 다음 문장 중 어법상 틀린 것은?

① Seldom did she know that her father had left her a sizeable inheritance.
② The aspiring farmer found the crop withering and increasing the water from the sprinklers.
③ Impressive was the mural in the public cemetery depicting the history of the region.
④ There stands the monument dedicated to the founder of the art museum.

9. 글의 흐름으로 보아 주어진 문장이 들어가기에 가장 적절한 곳은?

> Morality is then determined by how useful the results are to the largest amount of people affected.

In act utilitarianism, only the results and consequences of a single act are taken into account. (①) And an act is deemed morally right when it creates the best (or less bad) results for the largest number of people. (②) Act utilitarianism looks at each individual act and calculates utility each time the act is performed. (③) However, act utilitarianism has its criticisms. (④) Not only can it prove challenging under act utilitarianism to have complete knowledge of the consequences of one's actions, but the principle also allows for immoral acts to be justified. For example, if there is a war between two countries and the war can end by finding the whereabouts of one man who is in hiding, act utilitarianism states that torturing the man's child, who knows of his father's location, would be morally justified.

10. 다음 글에서 전체적인 흐름과 관계없는 문장은?

Most great sculptures made in ancient times depict a muscular male hero with a known identity. ① The political, religious, scholarly, or cultural figure is often distinguishable by his clothing, props, or an inscription. ② Rodin's Thinker was a departure from this tradition in that none of these identifiers are present ③ Some critics and art historians believe the subject of the sculpture to be Dante. ④ In The Divine Comedy, Dante travels through hell, purgatory, and paradise. But Rodin himself variously described the figure as a poet, a thinker, and even a symbol for the laborers of France.

11. 카멜레온에 관한 다음 글의 내용과 일치하지 않는 것은?

Several factors contribute to the color changes of the chameleon. The chameleon is equipped with several cell layers beneath its transparent skin. These layers are the source of the chameleon's ability to change its color. Some of the layers contain pigments, while others just reflect light to create new colors. Usually, a color change can occur in 20 seconds. The chameleon will most often change between three colors: green, brown and gray, which often match the background colors of their habitat. So many people believe that chameleons change color to match their environment. But this is not true. In reality, light, temperature, and emotional state commonly bring about a chameleon's change in color.

*pigment: 색소

① Chameleons have clear skin.
② Chameleons change color due to pigments in the cell layers under the skin.
③ Chameleons usually turn green, brown, or gray.
④ Chameleons change their skin color to match their surroundings.

12. 주어진 글 다음에 이어질 글의 순서로 가장 적절한 것은?

Brightening our homes, producing oxygen, and purifying the air we breathe, houseplants perform many favors for us. Yet, in spite of all of this, we often forget to take care of them by watering them regularly.

(A) Such messages are possible because the devices emit electric waves and collect data about moisture levels, comparing them with optimal levels. This information is then sent to a local network, and a message is transmitted.
(B) This sensing device conveys information about the current state of the plant by sending messages to a mobile phone or over the Internet. It can send reminders, thank you messages from the plant, and even warnings about over- or under-watering.
(C) Thankfully, there may now be a solution for forgetful plant owners — a sensor that can be placed in the soil of houseplants that are often in need of watering.

① (A)-(C)-(B)
② (B)-(A)-(C)
③ (C)-(A)-(B)
④ (C)-(B)-(A)

13. 주어진 글 다음에 이어질 글의 순서로 가장 적절한 것은?

Many companies today are seeking for so-called leaders for their businesses. However, they often owe their success not to those leaders, but to followers who roll up their sleeves and get the job done.

(A) It means that followers should not just take the back seats. Followers can sometimes become leaders or play the role of leaders. It doesn't always take a promotion for them to do it. In that sense, I think the most important thing to followers is to embrace their role and find the nobility in the job well done.

(B) There are more followers than leaders in any company, whether big or small. Many individuals understandably strive for leadership positions, so being content to be a follower is often treated as a bad thing.

(C) However, followership matters a lot in any company or organization. Followers not only get things done, but they also support their leadership as a whole. They not only make the goals and visions of their supervisors a reality, but they add their creative input to improving them.

① (A)-(C)-(B)
② (B)-(A)-(C)
③ (B)-(C)-(A)
④ (C)-(A)-(B)

14. 글의 흐름으로 보아 주어진 문장이 들어가기에 가장 적절한 곳은?

However, these are not enough to empower our society to enhance the quality of life for all human beings.

Creating knowledge and understanding through science equips us to find solutions to today's acute economic, social, and environmental challenges and to achieve sustainable development and greener societies. (①) As no one country alone can achieve sustainable development, international scientific cooperation contributes not only to scientific knowledge but also to building international peace. (②) We should work in many ways to assist countries to invest more effort in science, technology, and innovation to develop national science policies, to reform their science systems, and to build their capacity, taking into account the country-specific contexts. (③) We need a stronger social system, a well-organized education system in particular. (④) Science and engineering education at all levels needs to be built to allow countries to develop their own solutions to their specific problems and to play their part in the international society. Linking science to society, public understanding of science and more positive engagement in science of all citizens are essential to creating societies where people have the necessary knowledge to bring about a more comfortable and sustainable global environment.

15. 글의 흐름으로 보아 주어진 문장이 들어가기에 가장 적절한 곳은?

> Since the source of a practical joke tends to enjoy it more and finds it funnier than the target does, the target typically feels a need to respond in kind, in order to "even the score".

Practical jokes can be a way of indirectly demonstrating (or testing) the strength of a relationship, showing that partners feel good enough about each other that they can put up with these playful inconveniences. (①) If the target takes offense, the source can say "it was all in fun," and back away gracefully. (②) On the other hand, if the target responds with laughter, this affirmation of goodwill and tolerance generates feelings of greater closeness between them. (③) Consequently, practical joking can become a kind of tit-for-tat game, in which each person tries to think up ever more outrageous tricks to play on the other. (④) As long as the participants continue to enjoy it, this game adds pleasure to the friendship. However, there is always a risk that practical joking might escalate to the point where it is no longer enjoyable to one of the partners, potentially destabilizing the relationship.

*tit-for-tat: 맞대응하는, 앙갚음하는

16. 글의 흐름상 가장 적절하지 않은 문장은?

It seems to me possible to name four kinds of reading, each with a characteristic manner and purpose. The first is reading for information — reading to learn about a trade, or politics, or how to accomplish something. ① We read a newspaper this way, or most textbooks, or directions on how to assemble a bicycle. ② With most of this material, the reader can learn to scan the page quickly, coming up with what he needs and ignoring what is irrelevant to him, like the rhythm of the sentence, or the play of metaphor. ③ We also register a track of feeling through the metaphors and associations of words. ④ Courses in speed reading can help us read for this purpose, training the eye to jump quickly across the page.

17. 다음 빈칸에 들어갈 말로 가장 적절한 것은?

A great deal of attention has been placed on discovering ways in which human-computer interactions could be improved. The early work, when computers were still in their relative infancy, focused on a variety of factors, such as text display and means-steps analyses. In the main, these early studies were interested in _____ _____, so computers could become friendlier to the user. For example, early work provided clear evidence that people need to be able to see a certain amount of text in order to understand what they are reading. When the screen displayed too little text, the person was unable to remember sufficiently what had come before. This resulted in considerably poorer comprehension, and meant that they were forced to return to the earlier text, an unnecessary and cost-ineffective action. This early work had a significant impact on computer design; for example, the modification of text sizes (e.g. the zoom function).

① installing many applications in the computer
② helping users assemble the computer with ease
③ figuring out features of the language being used
④ linking computer operations with normal cognitive operations

18. 다음 빈칸에 들어갈 말로 가장 적절한 것은?

Parents are not teaching their children that _____. Take education, for example. So many children today do not believe that a good education will help them in later life, hence the horrendous dropout rate in our schools. There are just enough success stories out there, such as actors, musicians, athletes, who have made it without that education, that kids believe they will be the "next one" to succeed. They do not have a realistic view of what it really takes for the average person to succeed. And when reality hits them they become angry, because "success" is "owed" to them. Kids come out of high school thinking they are "owed" a good job, one paying $15 per hour when reality says they probably will need to start out at minimum wage, and maybe, through hard work, can work up to that good pay. So parents, start teaching your children at an early age (say, three or four) that you do not get everything just because you want it now, but often have to wait, or maybe "earn" it.

*horrendous: 어마어마한, 무시무시한

① a career should not be chosen for the pay
② the unpredictability of life is always so thrilling
③ delayed gratification is an important reality in life
④ someone will always be there to fix their problems

19. (A), (B), (C)의 각 네모 안에서 문맥에 맞는 낱말로 가장 적절한 것은?

Louis Pasteur was a 19th-century French chemist who studied food spoilage. While other scientists (A) [claimed / exclaimed] that food spoilage was caused by natural chemical changes, Pasteur believed that tiny organisms in the air caused food to spoil. He proved his theory by heating broth to kill organisms in it and sealing the broth. The broth did not spoil while sealed, but spoiled when it was reopened and (B) [Exposed / extracted] to the air. Pasteur applied the same principles to prevent wine, vinegar and beer from spoiling. His methods were so effective that England started shipping beer to its colonies in Africa and India. Later, he used the same technique to preserve milk. Today, many milk products are labeled "pasteurized" after the man who (C) [prevised / revised] methods to prevent food spoilage.

    (A)   (B)   (C)
① exclaimed ··· exposed ··· devised
② exclaimed ··· extracted ··· devised
③ claimed ··· exposed ··· devised
④ claimed ··· exposed ··· revised

20. 다음 글의 밑줄 친 부분 중 문맥상 낱말의 쓰임이 적절하지 않은 것은?

If we examine the ecosystem in detail, we see that the trees encourage the presence of water in their immediate vicinity by providing shade, while roots ① reduce evaporation, and increase local humidity. In other words, when there is ② much water available, the only place where trees can grow is next to other trees. This is the reason why, when water is scarce, they form small patches of green in an otherwise bare landscape — they have to live in close ③ proximity in order to survive. In short, the more trees there are, the more trees there are likely to be. Conversely, the bare areas are extremely arid and are ④ eroded by the wind. As soon as there are no more roots to bind the soil, the last nutrients vital for the establishment of new plants are quickly blown away, making it even more difficult for new shoots to grow.

Half Test 15

※밑줄 친 부분의 의미와 가장 가까운 것을 고르시오.

1.

> We should not allow the existence of
> <u>destitute</u> country that could turn into an
> hotbed of international terrorism.

① impoverished
② dependent
③ deserted
④ desolate

2.

> Bacteria can be both <u>detrimental</u> and
> helpful to humans, depending on the
> specific type and effect.

① harmful
② innocuous
③ parasitic
④ contagious

※ 밑줄 친 부분에 들어갈 말로 가장 적절한 것을
고르시오.

3.

> _____ changes the direction of
> the light rays that come from the object.

① Migration
② Reflection
③ Detour
④ Projection

4.

> The embryonic stem cells _____
> more specialized organ-producing stem
> cells.

① tear down
② give rise to
③ keep track of
④ take turns

5. 두 사람의 대화 중 가장 적절하지 않은 것은?

① A: I need to have my car repaired. Would
      you give me a rough estimate?
   B: OK. I'll give you a raincheck this time.
② A: Look at this picture. Who's this in the
      middle?
   B: That's my grandmother when she was
      my age.
③ A: Are you dating anyone at the moment.
   B: No, I'm not seeing anyone. Why?
④ A: You look great today! Your tie goes well
      with your white shirt.
   B: Thanks. I'm going to a wedding today.

6. 우리말을 영어로 잘못 옮긴 것은?

① 얼마나 피곤하든 상관없이 그는 퇴근 후 항상
   등산하러 간다.
→ However he is tired, he always goes
   hiking after work.
② 그 세단은 너무 비싸서 그가 살 수 없었다.
→ The sedan was too expensive for him to
   buy.
③ 프리 다이빙에 관해서 이야기하는 것과 나가서
   직접 프리 다이빙을 하는 것은 별개이다.
→ It is one thing to talk about free diving
   and another to go out and do it.
④ 신발을 신지 않고 해변을 걸을 때는, 날카로운
   조개껍질을 조심해라.
→ When walking without shoes on the
   beach, be careful of sharp shells.

7. 다음 문장 중 어법상 옳은 것은?

① The environment group is committed to raising funds to launch a new campaign.
② Without educate, people will not be prepared to compete in the global market.
③ We are resolute and reliable in ours commitment to providing state-of-the-art amenities.
④ Though he was busy preparing thesis, he stopped to work long enough to eat lunch and take a stroll around the premises.

8. 빈칸에 들어갈 말로 가장 적절한 것은?

A: You don't look well, What's the matter?
B: I was up all night going to the bathroom.
A: Did you eat something that went bed?
B: I'm not sure._____ last night for three hours straight.
A: Are you still having loose bowel movement? If you are, you'd better go see a doctor.

① I felt dizzy
② I felt gloomy
③ I had the runs
④ I was dozing off

9. 다음 빈칸에 들어갈 말로 가장 적절한 것은?

To overcome the anxieties and depressions of contemporary life, each individual must become _____ of the social environment to the degree that they no longer respond exclusively in terms of its rewards and punishments. To achieve such a perfect autonomy, a person has to learn to provide rewards to herself. She has to develop the ability to find enjoyment and purpose regardless of external circumstances. This challenge is both easier and more difficult than it sounds - it is easier because the ability to do so is entirely within each person's reach; on the other hand, it is difficult because it requires a discipline and perseverance that are relatively rare in any era, and perhaps especially in the present. And before all else, achieving control over experience requires a drastic change in attitude about what is important in our world and what is not.

① conscious
② independent
③ possessive
④ appreciative

10. 다음 빈칸에 들어갈 말로 가장 적절한 것은?

Civilization is essentially _____ _____. It is conceded that if human beings are to live together it is necessary that there must be mutual agreement, and as civilization progresses this is extended to all areas and details of life. What is called etiquette, for instance, is one variety of social agreement into which people have developed for convenience and comfort in living together. What is called good breeding is but the manifestation of a generous desire to observe all those human regulations by which the lives of others may be rendered more happy. These concessions and conventions are not natural. A man may be born with the spirit of good breeding, but he must learn its methods. Nature may bestow the inclination to do what is wisest and best in human relations, but the forms and processes of social life and of all human intercourse must be acquired.

① a passage from barbarism
② explained by people's desires
③ an agreement upon conventions
④ confined to those who have good breeding

11. 다음 글의 제목으로 가장 적절한 것은?

Until modern times, high birthrates were necessary to make up for high mortality rates — especially infant mortality. In agricultural societies, children were assets in the home and in the farm-centered economy. Also, before care of the aged became institutionalized, parents had to rely upon their children for care in their old age. For all these reasons, women spent most of their adult lives bearing and rearing many children. Long before this tradition of the large family disappeared, some couples began to adopt the small family pattern. As a result of declining mortality rates, diminishing needs for child labor in agriculture, increasing costs of raising children in an industrialized urban society, and acquiring better methods of birth control, both the number of children desired and the number born declined.

① Pros and Cons of Having a Small Family
② The Costs Involved in Raising a Large Family
③ Reasons for Smaller Families in Modern Times
④ The Relationship between High Birthrates and Infant Mortality

12. 다음 글의 주제로 가장 적절한 것은?

Although certain types of events (such as the loss of a loved one) are probably viewed as stressful in virtually all human societies, cultures vary greatly in the predominant forms of stress their people experience. Obviously, the challenges of daily living encountered in modern, western cities like Montreal or Philadelphia are quite different from the day-to-day difficulties experienced in indigenous societies in Africa or South America. Indeed, culture sets the context in which people experience and appraise stress. In some cases, a specific cultural group may be exposed to pervasive stress that is unique to that group. For example, the ethnic cleansing of Albanians in Kosovo in 1999 and the devastating and widespread destruction from the tsunami in Indonesia and regions of Southeast Asia in 2004 were extraordinary forms of stress distinctive to these societies.

*indigenous: 토착의

① influences of culture on sources of stress
② unrealistic desires for a stress-free society
③ universal characteristics of stressful events
④ stress responses irrespective of the cultural context

13. 아테네에 관한 다음 글의 내용과 일치하는 것은?

The city state of Athens, located in the region of Attica, is seen as the birthplace of modern democracy. At that time, Athens was ruled by kings. Over time, they were replaced by a series of powerful rulers, called tyrants. These men cared little for the people. In 594 BC, a famous statesman named Solon replaced the tyrants and he established a new set of rules. But, in 510 BC, the respected Athenian Cleisthenes introduced reforms to Solon's principles. He changed the division of tribes into a territorial division. He then divided Attica into districts and those districts into smaller areas each containing a representative. He also replaced Solon's Council of 400, which represented four tribes with 100 members from each tribe, with the Council of 500, which represented ten tribes with 50 members from each. His changes weakened the power of the aristocracy and made the distribution of wealth more equal, thus opening the door to democracy.

① It was converted from a rule by dictators to a monarchy.
② Solon was the most powerful dictator.
③ The Attica region was divided into tribal centers in 510 BC.
④ Cleisthenes has increased the number of representatives forming the committee.

14. 주어진 글 다음에 이어질 글의 순서로 가장 적절한 것은?

If you darken your kitchen, place a small amount of salt or soda on the end of a screwdriver or piece of tin, and hold the salt or soda in a gas flame, what will happen?

(A) If you passed the light from this flame through a prism, you would find that this light has only one color from the spectrum—a narrow region in the yellow part of the spectrum and nothing else. Any chemical that contains sodium will give off light of this same color.

(B) Even the tiniest speck of salt will cause a colorless, almost invisible flame to take on a strong yellow glow. The yellow color is due to the vapor of the chemical element sodium, which is one of the components of common salt.

(C) In the same way, a little cream of tartar or saltpeter introduced into a gas flame gives the flame a peculiar lilac color. To sum up, the flame appears in a different color depending upon the chemical additives. If you know which chemicals result in what colors, you'll be able to make fire burn in different colors whenever you want.

*tartar: 주석
*saltpeter: 초석

① (A)-(C)-(B)
② (B)-(A)-(C)
③ (B)-(C)-(A)
④ (C)-(A)-(B)

15. 주어진 글 다음에 이어질 글의 순서로 가장 적절한 것은?

Everyone knows that men and women do things differently, but now there may be evidence to back this up.

(A) Men, on the other hand, already know what they want even before they leave the house. More couples need to be aware that we have these built-in differences. This knowledge could prevent arguments when men and women shop together.
(B) In a study, scientists found proof that shows even how we shop is influenced by how we evolved. In ancient times, women were gatherers. They spent a lot of time carefully collecting food because they didn't want to choose items that could be fatal. However, men were hunters.
(C) Before going off into the forest, they created specific plans that would best help them catch the animal they wanted. According to this study, these features carried over to how we shop. Women tend to spend a lot of time carefully looking for the perfect items.

① (A)-(C)-(B)
② (B)-(A)-(C)
③ (B)-(C)-(A)
④ (C)-(A)-(B)

16. 글의 흐름으로 보아 주어진 문장이 들어가기에 가장 적절한 곳은?

> Its chief attraction consists of the enhanced control it promises to human beings over the world of self and society.

History is the product of a technology. It does not simply lie around like stones or apples, ready to be picked up by anyone who pleases. It must first be produced. It is the output that results (usually in the form of books) when historians (experts in the technology) perform a certain set of operations (collecting, reading, analyzing, comparing, writing, editing, publishing) upon a certain class of objects (writings, paintings, buildings, coins, ceramics) in order to gain knowledge of the past. (①) History takes effort. (②) That promise is why it was adopted in early modern times and why it spread. (③) It was a prized possession for those who knew how to direct its forces against a target of their choosing in order to achieve a desirable effect. (④) In that regard, historical technology is just like any other kind of technology. And its benefits have not lost their appeal.

17. 글의 흐름으로 보아 주어진 문장이 들어가기에 가장 적절한 곳은?

> Those affected by these diseases all face similar problems in their quest for a diagnosis, relevant information and proper direction towards qualified professionals.

Rare diseases are diseases which affect a small number of people compared to the general population. (①) The field of rare diseases in particular suffers from a deficit of medical and scientific knowledge. Several issues regarding the rare diseases — for example, access to quality health care, overall social and medical support, effective liaison between research and general practices — are raised. (②) For a long time, doctors, researchers and policy makers have been unaware of rare diseases and until very recently there was no real research or public health policy concerning issues related to the field. (③) They are also more psychologically, socially, economically and culturally vulnerable. (④) Due to the lack of sufficient scientific and medical knowledge, many patients are not diagnosed and their disease remains unidentified. These are the people who suffer the most from difficulties in receiving appropriate support.

18. 밑줄 친 문장 중 지문의 흐름과 무관한 것을 고르시오.

As freshwater grows scarcer in some regions, ensuring access to potable water in these places has become more urgent. Fortunately, water purification techniques have advanced to make the recycling of wastewater for human consumption a viable option. ① The use of recycled water for agricultural and industrial purposes is an eco-friendly method that is growing in popularity. ② The process of purification begins at a treatment plant, which utilizes several fine mesh filters to remove large debris and often refuse. A mix of chemicals is then added and swirled throughout the water. ③ As the mixture works through the water, sludge settles at the bottom, and clean water is left at the top. ④ To make the water drinkable, it is filtered one last time through straw-like fibers that are so miniscule as to permit only H2O molecules to pass through.

19. 다음 빈칸에 들어갈 말로 가장 적절한 것은?

Technology has long been considered a resource-liberating mechanism, granting us better access to resources like information, food, and energy. Yet what is often overlooked is the revolutionary impact technology can have on our ability to create art. Many artists are reacting to a world of accelerating change and rapid digitization through their work. Emerging artistic mediums like 3D printing, virtual reality, and artificial intelligence are providing artists with unprecedented forms of self-expression. Many are also embracing the rise of intelligent machines and leveraging the man-machine symbiosis to create increasingly powerful works of art. In fact, advances in robotics and AI are challenging the very definition of what it means to be an artist. Creating art _____.
Also, artists are no longer limited by traditional tools like paint, stencils, or sculptures. Furthermore, as exponentially growing tools like 3D printing and virtual reality become faster, cheaper, and more accessible, we will see more renowned and amateur artists turn to them to create, express, and capture their imaginations.

① provides few chances for modern technology
② reaches its goal purely on the shoulders of technology
③ cannot be understood by the traditional tools
④ is no longer exclusive to human beings artistic talents

20. 다음 빈칸에 들어갈 말로 가장 적절한 것은?

Original thinkers feel fear, too. They're afraid of failing, but what sets them apart from the rest of us is that _____. They know we all can fail by starting a business that goes bankrupt or by failing to start a business at all. They know that in the long run, our biggest regrets are not our actions but our inactions. The greatest original thinkers are also the ones who fail the most, because they're the ones who try the most. Take classical composers, the best of the best. Why do some of them get more pages in encyclopedias than others and also have their compositions rerecorded more times? One of the best predictors is the sheer volume of compositions that they generated. The more output we churn out, the more variety we get and the better our chances of stumbling onto something truly original. Even the three icons of classical music - Bach, Beethoven, and Mozart - had to generate hundreds and hundreds of compositions to come up with a much smaller number of masterpieces. If we want to be more original, we have to generate more ideas.

① the world fears their failures at business
② the world recognizes their creative trials
③ they try to come up with original ideas
④ they are not afraid of other original people

Half Test 1. 정답 및 해설

1. 정답 ②

해설
volatile은 형용사로 '성격이 변덕스러운', '가격이 불안정한 (=unstable)', '휘발성의'라는 의미를 가진다. 이 문장은 주어가 에너지 가격이므로 '불안정한'의 의미이다. 따라서 가장 가까운 의미는 variable이 된다.

[해석]
에너지 가격이 매우 volatile한(불안정한) 이유 중 하나는, 예를 들어 천연 가스 가격이 오르락내리락하는 경우, 많은 소비자가 연료를 대체할 수 있는 능력이 극도로 제한되어 있다는 것이다.

[어휘]
extremely 매우 substitute 대체하다 fluctuate 등락하다
wholesome 유익한, 건강에 좋은 fertile 비옥한 calm 차분한

2. 정답 ③

해설
entitled는 '명사 entitled A'와 같이 사용되면 'A라는 제목의 명사'라는 의미이고, 'be entitled to+명사'의 형태로 서술적으로 사용되면, '~에 자격이 있는'이라는 의미이다. 따라서 가장 가까운 의미는 eligible이 된다.

[해석]
미국인들은 모든 사람이 동등한 기회와 동등한 존경을 받을 자격이 있다는 강한 믿음인 민주적 견해를 가지고 있다.

[어휘]
democratic 민주적인 outlook 관점 respect 존중
associated ~와 관련된 available 이용가능한 relevant 관련된

3. 정답 ①

해설
sustain의 다의어적 의미를 알아야 풀 수 있는 문제이다. sustain은 '(지속적으로) 살아가게 하다', '(성장, 발전) 유지하다'라는 의미가 있지만, 뒤에 damage와 같은 부정적인 의미가 목적어로 오는 경우에는 '(피해 등)입다'라는 의미가 있다. 따라서 be hit hard, '심한 타격을 입다'에 가장 가까운 것은 sustain이다. 나머지 단어들은 '(타격, 피해) 가하다'라는 의미이다.

[해석]

논평은 열광적이었지만 세스타 모터스는 재정 위기로 심한 타격을 입었다.

[어휘]
review 논평 ecstatic 열광적인 financial crisis 재정 위기
 strike 치다 deliver a blow 타격을 가하다
inflict (괴로움 등을) 가하다

4. 정답 ④

해설
왕족의 유전자를 가진 수컷 개미가 자신의 자손을 퍼뜨리기 위해서 동료 개미들을 속인다는 내용의 글이므로 빈칸에는 '속이다'라는 뜻을 가진 cheating이 적절하다.

[해석]
개미들은 항상 자기 자신의 이익보다 공동체를 우선시한다는 사회적 통념이 잎 자르는 개미를 대상으로 행해진 연구에 의해 최근에 사실이 아닌 것으로 증명되었다. DNA 지문 감식 기술을 이용하여, 연구자들은 특정한 개미의 자손들이 여왕개미가 될 가능성을 높이는 유전적인 이점을 갖고 있다는 사실을 입증했다. 이 '왕족의' 유전자를 지닌 수컷 개미들은 그 사실을 비밀로 하기 위해 주의를 기울인다. 만약 너무 많은 여왕개미가 같은 수컷에게서 나온다면, 다른 개미들은 이런 여왕 중 일부를 죽일지도 모른다. 따라서 이 수컷들은 다수의 집단에 골고루 자신의 자손들을 퍼뜨릴 만큼 주도면밀하다. 이들 '왕족' 개미들이 의심과 복수를 피하기 위해 동료 개미들을 속이고 있기 때문에, 어떤 집단도 같은 수컷에게서 나온 여왕을 지나치게 많이 보유하고 있지 않다.

[어휘]
myth 신화 colony 식민지 집단, 군생
disprove ~그릇됨을 증명하다 fingerprinting 지문 감식법 offspring 자식 genetic 유전학적인 prudent 신중한
suspicion 혐의 retaliation 복수 breed 번식시키다

5. 정답 ②

해설
②에서 A가 에이미에게 '이제 막 전화를 받았어.'라고 하면 B의 어색하지 않은 대화는 'B: How is she(어떻게 지낸대)?'가 되어야 한다. '아무도 기대하지 않았다.'는 어색한 답변이 된다.

[해석]
① A: 잭이 회사를 떠난다고 말했어.
　 B: 뜻밖이네.
② A: 에이미에게 이제 막 전화를 받았어.
　 B: 아무도 기대하지 않았어.
③ A: 오늘 집에서 요리할 기분이 아니야. 우리 외식할까?
　 B: 좋아, 난 항상 외식하는걸.

④ A: 집에서는 전혀 요리를 안 해 먹어?
   B: 물론 가끔은 하지. 아주 간혹가다가 말이야.

[어휘]

out of the blue 뜻밖에 eat out 외식하다
once in a blue moon 아주 가끔

④ 영화 좋아하세요

[어휘]

available 시간이 되는
girl(man) Friday 모든 일을 충실하게 열심히 하는 직원
ask a favor 도움을 요청하다 theater-goer 영화광

6. 정답 ③

해설

③ '나쁘게 되다'는 주격 보어를 취하는 동사(turn이 되다)를 사용하여 나타낼 수 있는데, 보어 자리에는 부사(badly)가 아닌 명사나 형용사 역할을 하는 것이 올 수 있으므로 부사 badly를 형용사 bad로 고쳐야 한다.

[오답 분석]

① be동사(is)는 주격 보어를 취하는 동사인데, 보어 자리에는 명사나 형용사 역할을 하는 것이 올 수 있으므로 명사절 that I can't buy ~ budget이 올바르게 쓰였다.
② 동사 see(saw)의 목적어 자리에는 명사 역할을 하는 것이 와야 하므로 명사절 that the dog needed a bath가 올바르게 쓰였다.
④ 동사 think(thought)의 목적어 자리에는 명사 역할을 하는 것이 와야 하므로 명사절 that there would be more traffic delays가 올바르게 쓰였다.

[어휘]

brand new 신형의 current 현재의 see 알다
traffic delay 교통 체증 due to ~때문에

7. 정답 ②

해설

A가 영화를 보러 가자고 하는 질문에 B가 일을 해야 해서 못 간다고 거절하는 상황이다. ④로 정답을 체크하지 않도록 주의해야 한다. B의 답변에 that night은 일을 해야 한다고 했으므로 A의 질문 속에 that night을 지칭하는 명사인 Friday가 들어 있는 ②가 정답이 된다.

[해석]

A: 이번 주 금요일에 시간 되니? 극장에서 재미있는 영화가 상영 중인데.
B: 미안해. 그날 늦게까지 일해야 해.
A: 정말 열심히 일하는구나.
B: 아니 그렇지도 않아. 2주간 휴가였잖아. 이제 빨리 일하고 싶은걸.
① 딤섬 먹을래
② 이번 주 금요일에 시간 되니
③ 부탁 하나 해도 될까

8. 정답 ②

해설

② 동사 reply는 전치사(to) 없이 목적어(his e-mail)를 취할 수 없는 자동사이므로 reply to가 올바르게 쓰였다.

[오답 분석]

① 동사 notify는 'notify+간접 목적어(their neighbor)+직접 목적어(that절)'의 형태를 취하는 4형식 동사이므로 notified to their neighbor에서 전치사 to를 삭제하여 notified their neighbor로 고쳐야 한다.
③ 동사 cause는 to 부정사를 목적격 보어로 취하는 5형식 동사이므로 melting을 to 부정사 to melt로 고쳐야 한다.
④ 동사 describe는 목적어(the character) 뒤에 'as+명사(a strong and brave warrior)'를 취하므로 the character a strong 시 warrior를 the character as a strong ~ warrior로 고쳐야 한다.

[해석]

① 그들은 이웃에게 그의 개가 그들의 그 뜰에 있었다고 알렸다.
② 나는 오늘 늦은 아침이 되어서야 그의 이메일에 답신할 수 있었다.
③ 상승하는 북극의 기온은 전 세계 빙하가 녹는 원인이 되고 있다.
④ 그는 그 캐릭터를 강하고 용감한 전사로 묘사했다.

[어휘]

notify 알리다 yard 뜰 arctic 북극 temperature 기온
glacier 빙하 describe 묘사하다 brave 용감한 warrior 전사

9. 정답 ④

해설

'유산의 가치는 현대의 가치, 요구, 심지어 도덕성과 같은 복잡한 집합체에 들어 있으며, 또한 지식, 문화적 산물, 정치적인 자원이기도 하다.'라고 했으므로, 빈칸에 들어갈 말로 가장 적절한 것은 ④이다.

[해석]

경제적이든 (정치적 사회적 요인을 포함해서) 문화적이든지 간에 유산이라는 것은, 현시대의 목적을 위해 현재 선택해서 미래로 남겨 주기로 결정한 과거의 한 부분이다. 과거와 미래는 모두 현재에는 경험될 수 없는 가상의 영역들이다. 이 유물에 귀속되는 가치는 그것들이 가진 본질적인 가치보다는 현재의 값어치와 수요, 그리고 심지어

는 도덕성으로 이루어진 복잡한 집합체 속에 들어 있다. 이처럼, 유산은 자원으로 시각화될 수 있는데, 동시에, 여러 번 그렇게 될 수 있다. 분명히 그것은 경제적인 자원, 즉 여행, 경제적인 발전. 시골과 도시의 재생을 추진하려는 전략의 기본적인 구성 요소로 어디서나 사용되는 것이다. 하지만 유산은 또한 일종의 지식이고, 문화적 산물이며, 정치적인 자원이기도 해서, 중요한 사회 정치적인 기능을 가지고 있다. 그러므로 유산은 복잡하고도 종종 상충되는 일련의 정체성과 잠재적인 갈등을 수반하는데, 특히 유산으로 지정된 장소나 물건들이 권력 구조의 정당화 문제와 관련되어 있을 때 그렇다.

① 그들 자신의 가치와 다양한 사회적으로 요구되는 기능들
② 한 나라가 지식을 물려주기 위해 필요한 중요한 전략들
③ 유물과 역사적인 기념비를 포함하는 시각화된 자원들
④ 복잡하고도 종종 상충되는 일련의 정체성과 잠재적인 갈등

[어휘]

heritage 유산 contemporary 현대의 realm 영역
attribute A to B A를 B의 탓으로 돌리다 artifact 유물
intrinsic 내재적인 array 집합체 simultaneously 동시에
exploit 이용하다 rural 시골의 urban 도시의
regeneration 재생 legitimization 정당성
power structure 권력 구조

10. 정답 ③

해설

빈칸 앞부분에서 우리 사회는 남성과 여성에 대해서 편향적 시각을 가지고 있으며 디즈니 영화를 봐도 남성성 또는 여성성을 강조함으로써 편향적인 모습을 보이고 있다. 이러한 상황에서 필자는 우리가 언제 남성과 여성이 진정으로 동등한 이상적인 사회를 이룰 수 있을까 하는 질문을 던지고 있는 것이므로 ③ '남성과 여성이 진정으로 동등할 수 있다'가 정답이다.

[해석]

성(gender)은 생물학적인 것이라기보다는 사회학적으로 만들어진 현상이며 언론은 종종 이러한 현상을 어느 한쪽으로 편향되도록 조장하고 있다. 성(gender)은 여성성이거나 남성성에 관한 것이다. 우리는 어떻게 행동해야 할지를 태어날 때부터 무의식적으로 훈련받는다. 남자로서 또는 여자로서 성적인 훈련을 받는 일이 아주 어린 나이에 시작되는 것이다. 우리 사회는 디즈니 영화 같은 자료를 활용하여 어린 시절부터 우리에게 그것을 아주 명확히 하도록 하고 있다. 물론 모든 디즈니 영화가 다 남성의 우월성을 제시하지는 않는다. 때로는 디즈니 영화가 〈인어공주〉나 〈뮬란〉, 또는 〈겨울왕국〉에서와 같이 여성도 자유로울 수 있고 외향적이며, 보호하려고 하고, 책임감이 있을 수 있다는 것을 강조하기도 했다. 그런 경우에 이들 영화에서 남성 등장인은 꽤나 말이 없다. 어느 쪽이든 디즈니 영화는 성차별 상황을 보여 주고 있다. 남성적이거나 여성적인 것이다. 우리가 남성과 여성이 진정으로 동등한 세상에 대한 새로운 비전을 만들어서 이러한 포괄적인 사회적 낙인을 극복할 수 있을까?

① 우리가 성차별을 공개적으로 이야기할 수 있다
② 여성성이 남성성보다 우월하다
③ 남성과 여성이 진정으로 동등할 수 있다
④ 아이들이 사회에서 충분히 잘 대접을 받는다

[어휘]

phenomenon 현상 biased 편향된 femininity 여성성
unconsciously 무의식적으로 utilize 활용하다
dominance 지배, 우월 at times 때로는
highlight 강조하다 responsible 책임감 있는. 신뢰할 수 있는
portray 묘사하다 discrimination 차별 break through 극복하다
generic 포괄적인, 널리 통용되는 stigma 낙인

11. 정답 ④

해설

아이들을 대상으로 한 마케팅이 아이들에게 미치는 안 좋은 영향을 언급하면서 광고주들이 그에 대해 책임이 있다는 내용의 글이다.

[해석]

나는 광고주들이 아이들에게 물건을 판매하는 방식에 더 주의를 기울여야 한다고 생각한다. 아이들을 대상으로 하는 마케팅은 너무 문제가 되어 일부 국가에서는 편성된 프로그램 한 시간 동안 아동용 제품 광고에 할당될 수 있는 시간 분량을 제한하는 법을 도입했다. 예를 들어, 캐릭터 상품을 아이들에게 파는 것은 그들이 실제로 필요하지 않은 것에 돈을 낭비하게 한다. 마케터들은 대부분의 아이가 만화 캐릭터와 같이 새롭고 흥미로운 것에 이끌린다는 사실을 활용한다. 식품을 마케팅하는 것 또한 아이들 사이에서 증가하고 있는 체중 문제의 일부로 여겨진다. 많은 식품 회사는 선진국 아이들을 과체중으로 만드는 것에 대해 어떠한 책임도 부인한다. 그러나 그들의 광고 속에서, 그들은 아이들을 겨냥해 고안된 방법들로 분명히 패스트푸드나 당분이 함유된 음료를 매력적으로 보이게 만든다. 그러므로, 나는 그 제품을 실제로 구매하는 아이의 부모들과 더불어 광고주도 분명 책임이 일부 있다고 생각한다.

① 불필요한 소비를 줄이는 방법들
② 광고를 어린이들에게 더 매력적으로 만드는 방법
③ 식품 회사들의 어린이들에 대한 마케팅 전략들
④ 어린이들에 대한 광고주들의 책임

[어휘]

advertiser 광고주 market 상품을 내놓다 introduce 도입하다
allot 할당하다 commercial 광고 deny 부인하다
overweight 과체중의 appealing 매력적인
share the blame 공동으로 책임지다 strategy 전략
when it comes to ~에 관한 한

12. 정답 ③

해설

George Washington이 독립전쟁 기간에 사관학교 설립의 필요성을 절감한 것이 이 학교의 설립 계기가 됐다고 했으므로, 독립전쟁은 이 학교 설립 이전에 발생한 것임을 알 수 있다. 이 학교 졸업생들이 활약한 것은 독립전쟁이 아니라 남북전쟁이므로 ③이 이 글의 내용과 일치하지 않는다.

[해석]

United States Military Academy는 West Point로도 알려졌는데, 뉴욕시에서 북쪽으로 대략 50마일 떨어져 있는 아름다운 허드슨 계곡에 자리 잡고 있다. 1802년 Thomas Jefferson에 의해 설립된 이 학교는 미국에서 가장 오래된 사관학교이다. 미국 독립전쟁 기간에 George Washington은 군사 장교들을 훈련할 학교가 긴급히 필요하다는 것을 깨달았고, 이것이 이 학교의 설립으로 이어졌다. 미국 남북전쟁에서 남부 연합 측을 지휘한 Jefferson Finis Davis와 북부 연합 측을 지휘한 장군인 Wysses S. Grant는 둘 다 West Point의 졸업생이었다. 이 학교에 입학하려면 지원자들은 17세에서 23세의 나이로, 대학 진학 적성 검사(SAT)에서 높은 점수를 받아야 하며 훌륭한 도덕적 성품을 지녀야 한다.

[어휘]

approximately 대략 scenic 경치가 좋은
establish 설립하다 urgently 긴급히, 다급하게
general 장군 graduate 졸업생 candidate 지원자
scholastic 학교의 aptitude 적성 moral 도덕적인

13. 정답 ④

해설

주어진 문장에서는 근로자 입장에서 보는 이직의 한 장점을 이야기하고 있는데, ④의 앞부분에서는 고용주 입장에서 보는 잦은 이직의 단점을 서술하다가 뒤에서는 직장을 자주 바꾸는 것에 대한 또 다른 장점을 이야기하므로 ④에 들어가는 것이 적절하다.

[해석]

직장을 자주 옮기는 것은 피고용인으로서의 당신을 나쁘게 비출 수 있다. 채용 담당자들이 당신을 자기 동기 부여가 부족한 사람, 또는 쉽게 불만을 갖는 사람으로 여길지도 모른다. 게다가, 그들은 당신이 어떤 직장에서도 오래 머문 적이 없기 때문에 경력이 부족하다고 생각할지도 모른다. 그들은 또한 당신이 너무 금방 그만둘 가능성이 높다고 우려할지도 모른다. 어떤 근로자들은 잦은 이직이 다양한 업무 환경을 널리 접해 볼 수 있게 해 준다고 생각할지도 모른다. 게다가, 직장을 옮기는 것이 그들이 급여를 인상을 받는 것보다 빠른 방법처럼 보일 수 있다. 그러나, 이러한 사람들은 그러한 이점들을 미래의 고용인들이 그들의 계속되는 이직 습관에 대해 가질지도 모르는 부정적인 인식과 저울질해 보아야 한다.

[어휘]

job-hopping 직업을 이리저리 자주 옮기기
exposure 폭로 frequently 자주 recruiter 채용자
lack 결여되어 있다 self-motivation 자기 동기 부여
dissatisfied 불만스러운 switch ~을 옮기다
weigh 심사숙고하다 perception 지각 potential 잠재적인
constant 지속적인

14. 정답 ④

해설

주어진 문장은 문화가 개인의 선택이 가장 중요하다고 믿는다면, 그것에 따라 도시가 영향을 받을 것이라는 내용이다. ④의 뒤 문장의 Conversely라는 역접의 부사가 주어진 글과 반대되는 내용인 공공의, 공동의, 혹은 집단적인 재화의 개념이 가치 있다고 여겨지면 다른 도시가 진화한다는 내용을 이끌고 있으므로 주어진 문장은 ④에 들어가는 것이 가장 적절하다.

[해석]

그것의 핵심에서, 도시를 만드는 것은 가치에 대해 논쟁하고 그것을 기반으로 선택하는 것을 포함한다. 그다음 그것은 가치를 적용하고 정치를 사용하여 가치를 정책으로 바꾸고, 여러분의 생각대로 하기 위해 힘을 발휘하는 것을 수반한다. 선택은 가치와 가치 판단에 근거한 믿음과 태도를 반영한다. 이것들은 우리 문화에 의해 형성된다. 이런 식으로, 도시의 물리적 겉모습의 범위, 가능성, 스타일 및 취지와 그것의 사회적, 생태적, 그리고 경제적 발달이 문화적으로 형성되고, 문화가 중심 무대를 움직인다. 예를 들어, 만약 어떤 문화가 그 믿음을 시장 원리에만 투자하고 합리적인 선택을 하는 자본의 추진력을 신뢰한다면, 시장을 지배하는 사람들의 논리, 이익, 그리고 관점이 시장 기반의 의사 결정이 선택의 빈곤한 이론이라고 믿는 사람들보다 더 중요할 것이다. 만약 한 문화가 개인의 선택이 모든 것이라고, 즉 개인이 항상 가장 잘 알고 있다고 주장한다면, 이것은 도시에 영향을 미친다. 반대로, 만약 사람들이 공공의, 공동의. 혹은 집단적인 재화의 개념이 가치가 있고 시장의 별난 생각을 넘어선다면, 다른 도시가 진화한다. 문화에 기반한 주장이면 어떤 것이든 궤적, 행동, 계획, 혹은 심지어 다음에 무엇을 할 것인가에 대한 선언까지 암시하거나 제안한다.

[어휘]

impact 영향 core 핵심 argue 주장하다 thereon 그것에 대해
entail 수반하다 exert 행사하다 reflect 반영하다
judgement 판단 scope 범위 ecological 생태적인
principle 원칙 logic 논리 impoverish 빈곤에 처하게 하다
conversely 반대로 collective 집단적인 evolve 진화하다

15. 정답 ③

해설
별이 그 질량에 따라 다른 방식으로 수명을 다한다는 글이므로, 백색왜성이 대기 아래에 딱딱한 층을 가지고 있다는 내용은 글의 흐름에 맞지 않는다.

[해석]
천문학자들에 따르면, 별의 질량은 그것이 그 수명을 다하는 방식에 있어 결정적인 요인이다. 매우 거대한 별들은 결국 블랙홀이나 중성자성이 되는 경향이 있다. 보통의 질량을 가진 별들에 관해 말하자면 대부분 초신성으로 알려진 거대한 폭발 후에 중성자성으로 줄어드는 경향을 보인다. 그리고 마지막으로 적은 질량을 가진 별들은 일반적으로 백색왜성으로 불리는 것으로 그들의 삶을 마감한다. 어떤 백색왜성은 그 대기 아래 약 50킬로미터 두께의 딱딱한 층을 가지고 있다고 여겨진다. 백색왜성은 태양의 질량과 유사한 질량을 가진 별이지만, 지구보다 아주 조금 더 크다. 이것이 그것들을 우주에서 발견되는 가장 밀도가 높은 물질의 형태 중 하나가 되게 한다.

[어휘]
astronomer 천문학자 mass 질량 deciding 결정적인
lifespan 수명 massive 거대한 end up as 결국 ~이 되다
shrink 줄어들다 gigantic 거대한 explosion 폭발 crust 껍질
dense 빽빽한

16. 정답 ④

해설
'빵과 서커스'라는 용어는 고대 로마 제국이 빈곤층의 관심을 다른 데로 돌리고 그들의 반란을 막기 위해 빵과 서커스를 제공했던 것에서 비롯되었으므로 '사회 불안에 대한 단기적인 해결책을 추구하는' 정부 정책을 일컫는다는 것을 알 수 있다

[해석]
고대 로마의 전성기에, 로마 제국의 엄청난 부유함에도 불구하고 로마 시민의 절반은 실직 상태였다. 노예들이 너무 많은 일을 하고 있었기 때문에, 상대적으로 일자리가 거의 없었다. 실제로 '빵' 계급이라고 알려진, 순전히 국가에서 배급하는 식량에만 의존해서 살았던 하층 계급의 사람들이 있었다. 국가는 또한 서커스라고 알려진 무료 검투사 시합을 제공했다. 이러한 구경거리들은 빵 계급이 자신들의 가난한 경제 상황으로부터 주의를 다른 데로 돌리게 하려는 의도였다. 로마의 작가 유베날리스가 진술했듯이, 실직 상태에 있는 군중의 반란을 막는 유일한 것은 '빵과 서커스'뿐이었다. 이제 '빵과 서커스'는 사회 불안에 대한 단기적인 해결책을 추구하는 정부 정책을 일컫는 편리한 일반 용어가 되었다.
① 사람들에게 즐거움을 주는
② 사회 개혁을 위한 캠페인
③ 웅장하지만 알맹이가 없는
④ 사회 불안에 대한 단기적인 해결책을 추구하는

[어휘]
height 높이 empire 제국 unemployed 실직한
relatively 상대적으로 underclass 하층 계급 purely 완전히
handout 보조금 gladiator 검투사
distract 주의를 딴 데로 돌리다 observe 진술하다
revolt 반란을 일으키다 reform 개혁 substance 내용, 알맹이
unrest (사회 정치적인) 불안

17. 정답 ③

해설
③ 문장의 주어는 The fact이고 that~to recycle은 주어를 구체적으로 설명하는 동격절인데, 주어에 대해 서술하는 동사가 없다. 따라서 to speak는 동사 speaks로 고쳐야 한다.

[오답 분석]
① 앞에 나온 a clean environment를 대신하므로 부정 대명사 one은 어법상 맞다.
② feed의 행위를 하는 주체가 People이고, feed의 행위를 당하는 대상 역시 people이므로 재귀 대명사 themselves는 어법상 맞다.
④ only+부사(구/절)가 문두에 오면 주어와 동사가 도치되므로 can we는 어법상 맞다.

[해석]
지속적인 경제 성장은 대부분의 경제학자와 정책 입안자의 명백한 목표다. 많은 경제학자는 심지어 경제 성장이 깨끗한 환경과 양립할 수 있을 뿐만 아니라, 깨끗한 환경을 달성하기 위한 전제 조건이라고 주장한다. 깨끗한 환경은 사치품이며, 이야기는 계속된다. 단순히 자기 자신을 먹여 살리려고 애쓰는 사람들은 오염에 대해 관심을 가질 수 없다. 제3세계 도처에서 빈곤은 사람들로 하여금 실제로 쓰레기 더미에서 생활하고 일하면서, 먹을 음식, 입을 옷, 그리고 재활용할 물건과 재료를 찾도록 강요한다는 사실이 말해 준다. 즉, 생존은 환경에 우선한다. 그리고 공장에서 일하는 것은, 그것이 얼마나 오염시키든 간에, 쓰레기 더미에서의 삶보다 틀림없이 낫다. 오직 부유한 나라에서만 우리는 깨끗한 물과 공기의 사치를 누릴 수 있다. 이것은 미국의 수질과 공기의 질이 1970년대 이후로 개선되었고, 평지의 숲도 많은 지역에서 확장되고 있다는 사실을 설명해 줄 것이다. 지구를 깨끗이 하고 지구의 남아 있는 생태계를 보존하는 가장 좋은 방법은 경제 성장을 통해서라고 흔히 주장된다.

[어휘]
explicit 명백한 policy maker 정책 입안자
compatible with ~와 양립할 수 있는 prerequisite 전제 조건
struggle 애쓰다 garbage dump 쓰레기 더미
speak for itself 보여 주다 even 평평한
forest cover 숲으로 우거진 지역 preserve 보존하다
ecosystem 생태계

18. 정답 ④

해설
④가 포함된 문장은 원래 능동태 문장인 they often think unstructured play is trivial~이 수동태가 된 형태이므로 부사 trivially는 형용사 trivial로 고쳐야 한다.

[오답 분석]
① 관계 대명사의 선행사인 a more typical preschool이 관계절 뒤에 연결될 때 전치사 in이 필요하기 때문에 in which는 어법상 맞다.
② self-control, the allocation of attention, and working memory를 목적어로 하는 전치사가 와야 하므로 including은 어법상 맞다.
③ 동사 is의 보어가 되는 명사절을 이끄는 접속사이므로 that은 어법상 맞다.

[해석]
한 연구에서, 연구원들은 구조화되지 않은 놀이를 강조하는 유치원에 등록한 네 살짜리 아이들과 발음법과 계산법을 배우는 더 평범한 유치원에 다니는 네 살짜리 아이들의 정신 발달을 비교했다. 교실에서 1년을 보낸 후, 놀이 기반 유치원의 학생들은 자제력, 주의력 배분, 그리고 작동 기억력을 포함한 다양한 주요 인지 능력에서 더 좋은 점수를 얻었다. 이 모든 능력은 학업과 현실 세계에서의 성취와 일관되게 연계되어 왔다. 연구원들에 따르면, 놀이의 장점은 그것(놀이)이 종종 매우 심각하다는 것인데. 아이들은 즐겁게 놀 때 더 집중하기 때문이다. 사실, 통제된 연구에서 나온 결과는 너무 설득력이 있어서 실험은 일찍 중단되었는데, 즉 놀이 교육 과정이 너무나 훨씬 더 효과적인데도 보통 유치원에 아이들을 두는 것은 비윤리적인 것처럼 보였다. 저자들이 말했듯이, "구조화되지 않은 놀이는 종종 하찮게 여겨지지만, 그것은 필수적인 것으로 보인다."

[어휘]
unstructured 구조화되지 않은 typical 보통의, 전형적인
phonetics 발음학 crucial 중요한 self-control 자제력
allocation 배분, 할당 consistently 일관되게 academic 학업의
compelling 설득력이 있는 unethical 비윤리적인
curriculum 교육 과정 trivially 하찮게

19. 정답 ④

해설
고대 로마와 현재 미국 문화가 자연에 대한 관점의 차이를 보이고 로마인들에게는 양이 풀을 뜯을 수 있는 목초지에 대한 단어는 있었지만 관상용 잔디에 대한 개념이 없었을 것임을 설명하면서 식량과 자연에 대한 두 문화 간의 관점 차이를 설명하고 있는 내용의 글이다. 따라서 빈칸에 들어갈 말로는 ④ '문화 간에 식량 공급과 자연에 대한 관점의 차이'가 가장 적절하다.

[해석]
같은 것처럼 보이는 두 문화의 평범한 가정을 살펴보자. 두 가정 모두 식물에 많은 돈을 쓰며 그들의 조경에도 큰 자부심을 갖고 있다. 둘 다 동물을 키운다. 둘 다 물고기의 서식지가 있다. 하지만 첫 번째 문화에서는, 모든 것이 식량을 위한 것이다. 식물과 동물은 먹을 수 있으며 인공 연못은 먹을 수 있는 물고기로 채워져 있다. 두 번째 문화에서는, 모든 것이 관상용이다. 식물은 장식용이고, 동물은 애완동물이고, 수족관의 물고기는 비싸고, 이국적이며, 그리고 먹을 수 없다. 첫 번째 문화는 고대 로마이고, 두번째 문화는 미국이다. 로마인들은 목초지와 풀밭에 해당하는 단어들을 가지고 있었는데, 왜냐하면 그곳은 양들이 풀을 뜯을 수 있는 장소였기 때문이었다. 하지만 300년에서 400년 전에 유럽의 토지에서 나온 유물인 잔디는 그들에게 아무 의미도 없었을 것이다. 이것은 문화 간에 식량 공급과 자연에 대한 관점의 차이가 있다는 것을 나타낸다.
① 어떻게 자원을 얻을 지에 대한 다양한 갈등
② 음식을 찾고 자연을 관리하는 데 있어서의 유사성
③ 문화들 사이에서의 생활 수준에 관한 합의
④ 문화 간에 식량 공급과 자연에 대한 관점의 차이

[어휘]
household 가정 landscaping 조경 habitat 서식지
edible 먹을 수 있는 artificial 인공의 stock 채우다
for show 보이기 위해서 ornamental 장식용의 exotic 이국적인
meadow 목초지 indicate 나타내다 perspective 관점

20. 정답 ②

해설
주어진 문장에 Despite가 있으므로 글의 흐름이 바뀌는 곳에 들어가야 함을 알 수 있다. 남미 국가들의 독자적인 통화 체계 확립을 언급한 다음 ②의 뒤에서 그와 반대되는 상황(자국 통화의 중지)을 서술했으므로, 주어진 문장이 ②에 들어가는 것이 자연스럽다.

[해석]
독립을 얻은 뒤, 많은 라틴 아메리카 국가는 독자적인 통화 체계를 구축하는 데 큰 자부심을 느꼈다. 그 행위는 이전의 식민 통치자들로부터의 독립을 가시적으로 표현한 것이었다. 그럼에도 불구하고, 이 나라들 중 일부는 최근에 미 달러화를 채택했다. 자국 통화의 중지는 그들의 경제를 부양시키는 수단으로써 행해졌다. 예를 들어 에콰도르는 인플레이션을 중단시키려는 노력으로 수크레화를 (미화로) 대체했고, 반면, 엘살바도르는 미국과의 상거래를 더 효율적으로 하기 위하여 콜론화를 포기한다. 국가들이 더 큰 안정을 얻고자 자국 통화를 포기한 이러한 경제적 모험이 보편적으로 인기를 얻은 것은 아니다. 자국의 통화를 국가의 상징으로써 자랑스럽게 여기는 사람들 사이에서는, 달러화 채택이 과거 식민지 시절로의 후퇴를 의미한다.

[어휘]
adopt 채택하다 independence 독립

take pride in 자랑스러워하다 establish 수립하다
currency 통화 visible 눈에 보이는 colonial 식민지의
discontinuation 중지 halt 중지시키다 commercial 상업의
transaction 거래 gamble 도박 stability 안정성
universally 널리, 보편적으로

Half Test 2. 정답 및 해설

1. 정답 ②

해설
on the verge of는 '~의 직전에'라는 의미를 가지는 표현이다.
따라서 '문지방, 한계선, 문턱'이라는 의미를 가지는 threshold
가 정답이 된다.

[해석]
영화 산업은 영화의 디지털 방송을 통해 사업을 하는 새로운 방식으
로 이행하기 verge(직전)에 있다.

[어휘]
transition 전환, 이행 broadcasting 방송 frontier 전선
wildness 황무지 bonanza 노다지

2. 정답 ③

해설
sovereignty는 '통치권, 자주권, 주권'이라는 의미의 단어이다.
따라서 '자치권, 자율권'의 의미를 가지는 autonomy가 정답이
된다.

[해석]
한 저널리스트는 그 나라가 억압으로부터 주권을 가진 나라로 발전
했다고 지적했다.

[어휘]
journalist 기자 point out 강조하다 progress 진보하다
oppression 억압 monopoly 독점 hierarchy 계급 구조
kingship 왕권

3. 정답 ①

해설
뒤에 나오는 식물을 수식하는 형용사가 나와야 하고 앞에서 사
막이 단서로 제시되었으므로 '드물게 있는'의 의미를 가지는

sparse가 정답이 된다.

[해석]
나사뿔영양은 드물게 있는 식물을 찾아 밤에 사막을 두루 다니는 것
을 좋아한다.

[어휘]
addax 나사뿔영양 prefer 선호하다 desert 사막
in search for ~을 찾아서 vegetation 식물 damp 축축한
skimpy 노출이 심한 sporadic (비)산발적인

4. 정답 ①

해설
빈칸 뒤의 내용에서 드라콘이 편찬한 성문법은 가혹함으로 인해
비난받았다고 했으므로 빈칸에 들어갈 단어로는 '가혹한, 엄격
한'이라는 뜻을 가진 ① severe이 적절하다.

[해석]
어떤 법령이 상황에 비해 지나치게 엄격해 보인다면 그것은 '드라콘
적'이라고 불린다. 이 말은 기원전 7세기 아테네의 입법가였던 드라
콘에서 유래한다. 그는 그리스 최초의 성문법을 편찬하는 역할을
맡았는데, 그 법의 가혹함으로 인해 종종 비난받는다. 사실 그 법률
은 그리스인들이 오랜 세월 동안 지녀 왔던 관습법이었는데도 말이
다. 많은 그리스인은 규칙들이 일단 성문화되자, 그 체제가 얼마나
부당한지에 대해 경악했다. 사형이 사소한 절도에 대한 처벌이었으
며, 만약 어떤 사람이 자신의 채무를 갚지 못하면 채무 노예가 되었
다. 마침내 그리스인들은 드라콘과 '그의' 법을 없애고, 모든 채무를
탕감했으며, 채무 노예들을 해방하고, 새롭고 좀 더 합리적인 시민법
을 만들어 냈다.

[어휘]
act 법령 lawmaker 입법가 be responsible for ~에 책임이 있다
custom 관습(법) horrified 겁에 질린 minor 중요치 않은
theft 절도죄 debt 채무 reasonable 합리적인 civil 시민의
severe 가혹한, 엄격한 absurd 서투른 generous 관대한
distinctive 뚜렷한

5. 정답 ②

해설
남자 친구를 의심하는 친구에게 남자 친구의 입장이 되어 보면
이해할 수 있을 거라는 조언을 해 주는 상황이다. 빈칸 뒤에 '그
러면 그가 왜 그랬는지를 이해할 수 있을 거야.'라고 했으므로 빈
칸에는 '너도 그 사람의 입장이 되어 봐.'가 가장 적절하다.
A: 방금 남자 친구랑 크게 싸웠어. 나 말고 다른 여자랑 이야기
하고 있는 거야.
B: 직장 동료겠지, 그 이상도 아닐 거야.
A: 그도 정확히 그렇게 말했는데, 내가 보기엔 나 몰래 다른 여

자 만나는 것 같아.

B: 너도 그 사람의 입장이 되어 봐, 그러면 그가 왜 그랬는지 이해할 수 있을 거야.

① 네 속을 털어놓아 봐

② 그 사람의 입장이 되어 봐

③ 너는 그를 믿어도 돼

④ 결심할 수 있도록 그에게 시간을 줘

[어휘]

cheat 바람 피우다

put your cards on the table 네 속을 털어놓아 봐 count on 믿다

make up one's mind 결심하다

6. 정답 ②

해설

회사 일이 많아서 힘들다는 내용의 대화이다. 빈칸 앞에 밤낮으로 일하고 있다는 내용이 제시되어 있으므로 이어지는 글에는 '아직 반밖에 못했어'가 적절하고, 그 대답으로 '도와줄까?'가 이어지고 있다.

A: 너 많이 피곤해 보인다. 아직 해야 할 일이 남았어?

B: 밤낮으로 일했는데 아직 반밖에 못했어.

A: 좀 도와줄까?

B: 그럼 좋지, 고마워.

① 사무실로 가는 중이야

② 아직 반 밖에 못했어

③ 난제를 해결하기 위해서 우리는 공동의 노력을 펼쳐야 해

④ 어떻게 해서든 제시간에 도착할 거야

[어휘]

work 24/7 하루 24시간 일주일 내내 일하다

give a hand 도와주다 on one's way to ~로 가는 중이다

half way through 반밖에 못 끝내다 hand-in-hand 협력해서

sticky 어려운 by all manner of means 어떻게 해서든지

7. 정답 ①

해설

① 'either A or B(A 또는 B 중 하나)'로 연결된 주어 Either cookies or fruit은 B(fruit)에 동사를 수 일치시켜야 한다. B 자리에 단수 명사 fruit이 왔으므로 복수 동사 are를 단수 동사 is로 고쳐야 한다.

[오답 분석]

② 전체를 나타내는 표현(None of)을 포함한 주어는 of 뒤 명사에 동사를 수 일치시켜야 하는데, of 뒤에 복수 명사 the buildings가 왔으므로 복수 동사 have가 올바르게 쓰였다.

③ 'not only A but also B(A뿐만 아니라 B도)'로 연결된 주어 Not

only ability but also timing은 B(timing)에 동사를 수 일치시켜야 하는데 , B 자리에 단수 명사 timing이 왔으므로 단수 동사 is가 올바르게 쓰였다.

④ 주격 관계절(which~China)의 동사는 선행사 Their computer에 수 일치시켜야 하는데, 선행사가 단수 명사이므로 단수 동사 was가 올바르게 쓰였다. 또한 주어 자리에 단수 명사 Their computer가 왔으므로 주절의 동사 자리에 단수 동사 has가 올바르게 쓰였다. 주어와 동사 사이의 수식어 거품(which~China)은 동사의 수 결정에 영향을 주지 않는다.

[어휘]

apartment complex 아파트 단지 ability 능력

ship 발송하다, 운송하다 living room 거실

8. 정답 ①

해설

① 명사절 주어(What~requested)는 단수 취급하므로 복수 동사 were를 단수 동사 was로 고쳐야 한다.

[오답 분석]

②주격 관계절(who are in distant locations)의 동사는 선행 분석사(people)에 수 일치시켜야 하는데, 선행사가 복수 명사이므로 복수 동사 are가 올바르게 쓰였고, 전치사 by 뒤에 명사 역할을 하는 동명사 purchasing이 올바르게 쓰였다.

③ 동사 manage는 to 부정사를 목적어로 취하는 동사이므로 to 부정사 to save가 목적어로 올바르게 쓰였고, 전치사 by 뒤에 명사 역할을 하는 동명사 purchasing이 올바르게 쓰였다.

④ 동사 affect는 전치사 없이 목적어를 바로 취하는 타동사이므로 affect thousands of workers가 올바르게 쓰였다.

[해석]

① 고객들이 요청했던 것은 그 복사기의 사용 설명서였다.

② 그 소프트웨어는 먼 지역에 있는 사람들이 화상 회의를 열 수 있게 한다.

③ 우리는 원자재를 대량으로 구입함으로써 가까스로 돈을 절약했다.

④ 개정된 정책은 그 회사의 지점에 있는 수천 명의 노동자에게 영향을 미칠 것이다.

[어휘]

request 요청하다 instruction manual 사용 설명서

hold (회의를) 열다, 개최하다 manage to 가까스로

in bulk 대량으로 revise 개정하다 branch 분점

9. 정답 ①

해설

(A)의 빈칸 뒤의 내용은 자연 철학이 그 이전과 달리 형이상학을

배제한 경험적이고 실험적인 내용만을 다루게 되었다는 내용으로 빈칸 앞의 내용과 상반되므로 however가 적절하다. (B) 뒤의 내용은 빈칸 앞의 내용에 대한 구체적인 예이므로 for instance를 쓰는 것이 적절하다.

[해석]

대부분의 철학은 형이상학이라고 불리는 것으로 시작한다. 이것은 현실의 본질적인 본성과 우주의 기본적인 조직 원리를 이해하려는 이론이다. 현대 과학의 발달 이전에, '자연 철학'으로 알려진 형이상학의 한 부문은 과학적인 문제들을 다루기 위해 사용되었다. 그러나, 과학 혁명은 이러한 자연 철학을 철학의 다른 영역과 달리 경험적이고 실험적인 활동으로 만들었고, 자연 철학은 '과학'이라 불리는 구별된 영역이 되었다. 그 후에, 형이상학은 실존의 본성에 대한 비경험적 특징의 철학적 연구가 되었다. 더욱 최근에는 '형이상학'이라는 용어가 비철학적인 영역에서까지 사용되고 있다. 예를 들어, '형이상학의 서점들'은 철학적인 이론서를 판매하는 것이 아니라 신념 치료, 수정 구슬의 능력, 신비주의, 그리고 다른 그러한 주제들에 관한 책들을 판매하는데, 이것은 전통적인 형이상학이 일반적으로 포함하지 않는 것들이다.

[어휘]

metaphysics 형이상학 principle 원리
natural philosophy 자연 철학 scientific revolution 과학 혁명
component 요소 empirical 경험적인 distinct 별개의, 뚜렷한
faith 신념 occultism 신비주의 inquiry 연구

10. 정답 ③

해설

기부를 하면 무의식적으로 지출을 줄여 결국 돈을 절약하게 되지만, 그렇지 않으면 무분별하게 돈을 쓰게 돼 결국 부(富)를 잃게 된다는 내용의 글이다. 기부를 했는데도 돈을 절약하게 되는 이유는 무의식적으로 '재정적 자유'를 누리는 것이 아니라, 그와 반대로 소비를 '억제'하기 때문이라는 의미가 되어야 하므로 ③의 freedom은 restraint 등이 되어야 한다.

[해석]

돈에 관한 위대한 심리적 ① 역설은 어려움에 처한 사람들에게 돈을 주면 비록 자신의 소비 습관에 주의해야 하더라도 부유함을 느낀다는 것이다. 그에 따른 모순이 생기는데, 돈을 주는 바로 그 행위 자체가 소비의 ② 축소를 가져오고, 그에 따라 돈의 절약을 이끌 수 있기 때문이다. 이는 기부를 한 후, 무의식적인 생각이 재정적인 ③ 자유(→억제)를 행사하도록 할 것이기 때문이다. 한편, 어떤 사람들은 전혀 기부하지 않고 우아한 옷가지, 거창한 휴가 등 자기 자신에게만 돈을 쓰면 더 부유함을 느낄 거라 생각한다. 무의식적인 생각이 그들에게 그러한 ④ 자기중심적 사고에 대해 괴로움을 주더라도, 그들은 자신의 방식을 바꿀 수 없고 곧 들어오는 수입과 관련한 재앙이 닥친다. 그들은 무분별한 재정적 선택으로 부(富)를 잃는다.

[어휘]

psychological 심리의 paradox 역설 concerning ~에 관한
in need 어려움에 처한 subsequent 그 다음의, 차후의
contradiction 모순 give away ~을 줘 버리다
lead to A (결과로) A를 이끌다 hence 따라서, 그러므로
unconscious 무의식적인 push A to A가 ~하도록 밀어붙이다
exercise 행사하다, 실행하다 financial 재정의 donation 기부
elegant 우아한, 품격 있는 egotism 자기중심, 이기주의
reckless 무모한, 신중치 못한

11. 정답 ③

해설

친어미가 아님에도 새끼를 돌보는 어미(보모)는 도움의 일정을 계획하는데, 사정이 좋을 때는 기꺼이 돕지만, 자원이 부족하거나 도움을 주는 것이 자신들의 번식을 방해할 때는 거절하기도 하며, 돕는 척하기만 하는 등 돕는 것을 전략적으로 한다는 내용의 글이다. 따라서 글의 주제로는 ③ '보모의 도움 전략'이 가장 적절하다.

[해석]

협력적으로 양육하는 많은 포유류에서, 친어미가 아님에도 새끼를 돌보는 어미(보모)들은 그들 자신의 건강 상태에 대한 희생을 줄이기 위해 도움의 일정을 계획한다. 그들은 자신들이 너무 어리거나 너무 늙어서 스스로 새끼를 낳을 수 없을 때나 사회적 또는 생태학적 이유로 양육이 실현 가능하지 않을 때, 도와줄 가능성이 가장 높다. 보모들은 상황이 좋을 때는 가장 많이 도와주고 싶을 지도 모르지만, 자원이 부족할 때나 도움을 주는 것이 그들 자신의 번식을 방해할 때는, 거절할지도 모른다. 단순히 돕는 척하는 것 또한 선택 사항이다. 예를 들어, 새의 경우에 어린 조력자들은 보란 듯이 먹이를 새끼 새에게 가져가지만 부모가 보고 있지 않을 때 결국 그것을 자신이 삼켜버릴지도 모른다. 또한 도움을 주지 않는 것에 대한 처벌이 있을 수도 있는데, 태만히 하는 보모들에게는 부모가 베푸는 아량이 줄어드는 것이 포함된다. 그러한 개념이 인간에게도 확실히 적용되는데, 인간들 사이에 사회적 제재가 많은 미묘한 방법으로 그리고 그다지 미묘하지 않은 방법으로 작용하고, 관용과 친절에 대한 보상은 여러 방법으로 전달된다.

① 보모의 도움의 이유
② 협력적인 양육의 영향
③ 보모의 도움 전략
④ 보모 지원의 중요성

[어휘]

breed 양육하다 assistance 도움, 지원 fitness 건강
ecological 생태학적인 practical 실현 가능한
be eager to ~을 하고 싶어 하다 interfere with ~을 방해하다
decline 거절하다 nestling 새끼 새 tolerance 아량, 관용
shirk 태만히 하다 in spades 확실히 sanction 제재
payoff 보수 currency 통화, 화폐 implication 결과, 영향

12. 정답 ①

해설

① 두 번째 문장에서 '국방 예산을 지속적으로 증가시키는 것은 불가능해 보인다.'라고 했으므로 글의 내용과 일치하지 않는다.

[오답 분석]

② 다섯 번째 문장에서 러시아와 중국이 10년 동안 군비를 거의 두 배로 늘렸다고 설명했으므로 글의 내용과 일치한다.

③ 일곱 번째 문장에서 적자 감소에 대한 압력이 향후 국방 투자에 부정적인 영향을 미칠 것이라는 가능성을 시사하고 있으므로 글의 내용과 일치한다.

④ 마지막 문장에서 Eisenhowerb 목적에 우선순위를 매겨 수단에 연결했다고 설명했으므로 글의 내용과 일치한다.

[해석]

미국은 아마도 이번 세기의 두 번째 10년 동안 전략적 규제를 겪게 될 것이다. 단기적인 국방 예산 확충도 위기를 맞을 가능성이 있지만, 지속적인 증가는 아예 불가능해 보인다. 그러므로 미국의 군사적 미래는 더 적은 예산으로 임시변통하는 것이다. 그것은 잠재적 경쟁자들의 군비 확장 속도를 따라가지 못할 것이다. 러시아와 중국은 21세기의 첫 10년 동안 군비를 거의 두 배로 늘렸고, 경제 활황을 등에 업고 두 번째 10년 동안 이러한 성장률을 지속할 태세다. 이것이 미국의 군사적 패권에 위협을 제기하는 것은 아니지만, 그 경쟁자들은 미국의 우월성을 와해시키기 위해 자신들의 재정적 이점을 이용할 것이다. 게다가 적자 감소에 대한 압력은 당장 필요한 것들보다 미래에 대처하는 국방 투자에 부정적 영향을 미칠 가능성이 있다. 그러므로 미국은 1980년대처럼 경제력이 군비 확장에 동의할 수 있다는 가정에 근거한 방식보다는 오히려 약간은 1950년대 Dwight Eisenhower의 방식으로 목적들에 우선순위를 매겨 그것들을 수단에 연결하는 전략을 수립해야 할지도 모른다.

① 미국이 지속적으로 국방 예산을 증가시킬 것임은 의문의 여지가 없다.

② 러시아와 중국은 2000년에서 2010년까지 10년 동안 군비를 거의 두 배로 늘렸다.

③ 미국에서 적자 감소에 대한 압력은 향후 국방 투자를 부진하게 만들 것이다.

④ Eisenhowerh 목적들에 우선순위를 매겨 그것들을 수단에 연결시켰다.

[어휘]

strategic 전략적인 restraint 제한, 규제 sustained 지속된
out of the question 불가능한 make do with ~으로 임시 변통하다
keep pace with 따라가다 look set to ~할 태세다
buoyant 경기가 좋은, 부력이 있는 fiscal 재정의
disrupt 방해하다 superiority 우월, 우세 deficit 적자, 결손
reduction 감소, 축소 prioritize ~에 우선순위를 매기다
assumption 가정, 가설 underwrite (비용 부담에) 동의하다
sluggish 부진한

13. 정답 ②

해설

기본적인 미적 감각은 혼돈에서 두드러진 패턴을 인식하고 이해하고 즐기는 데서 얻는 즐거움이라는 내용의 주어진 글 다음에는, 이에 대한 구체적인 내용으로 나무에서 열매를, 풀에서 뱀을, 그리고 덤불 속에서 꽃을 식별해 낸다는 예시와 탐색과 인식을 즐길 수 있는 능력을 발달시켰다는 내용의 (A)가 이어지고, 나뭇잎에서 열매를, 풀에서 뱀을, 덤불 속에서 꽃을 식별하는 과정을 기하학적 패턴으로 설명하고, 이러한 패턴의 미묘한 놀라움을 좋아한다는 내용의 (A)가 온 다음, 패턴이 약간만 다양화되기를 바란다는 말로 미묘한 즐거움에 대한 부연 설명을 하는 (C)가 마지막에 이어지는 것이 자연스럽다. 따라서 ② (B)-(A)-(C)의 순서가 가장 적절하다.

[해석]

미학은 패턴, 질서, 그리고 대칭과 많은 관련이 있다. 가장 기본적인 미적 감각은 주변의 혼돈에서 두드러지는 패턴을 인식하고. 이해하고, 즐기는 데서 얻는 즐거움이다.

(B) 이것은 아마도 또 다른 진화적인 문제일 것이다. 우리는 나뭇잎에서 열매를, 풀에서 뱀을, 그리고 덤불 속에서 꽃을 식별할 뿐만 아니라 탐색과 인식을 즐길 수 있는 능력도 발달시켰다.

(A) 그래서 우리의 식량을 찾는 생활은 기하학적인 패턴에 대한 사랑의 토대가 될 수 있는데, 이는 마치 음악이, 심장 박동과 호흡과 분명 어떤 관련이 있는, 반복되는 주제와 리듬을 기반으로 하는 것과 같다. 이 모든 패턴에서,우리는 미묘한 놀라움을 좋아한다.

(C) 우리는 그 패턴이 체계적이지만 흥미로운 방식으로 약간만 다양화되기를 바란다. 단순하고 생각할 필요가 없는 반복은 모두 좋지만 주제에 대한 복잡하고, 절제된 변형이 훨씬 더 선호된다. 이러한 이유로 자동으로 반복되는 시퀀스를 만들도록 맞추어진 '키보드'와 '신시사이저' 음악은 아주 지루하고 따분하게 들린다.

[어휘]

aesthetics 미학 have much to do with ~와 관련이 많다
symmetry 대칭 stand out ~이 두드러지다 chaos 혼돈, 혼란
forage 식량을 찾다 career 경력 geometric 기하학적인
recurrent 반복되는 heartbeat 심장 박동 evolutionary 진화의
bush 덤불 mindless 생각할 필요가 없는 understated 절제된
variation 변형

14. 정답 ④

해설

주어진 문장은 소년이 광부가 의지하며 일할 불꽃을 만들어 내기 위해 디스크를 돌리면서 부싯돌 조각을 디스크에 부딪치게 함으로써 불꽃을 만들어 낸다는 내용이다. 이 문장의 뒤에는 이렇게 해서 생긴 불꽃에 대한 언급이 이어지는 것이 가장 자연스러우므로 주어진 문장은 ④에 들어가는 것이 가장 적절하다.

광부와 광산 주인들은 항상 양초를 대신할 수 있는 것을 찾고 있었다. 광부들의 초는 너무나 작았지만, 작은 초가 탄갱 안의 폭발성 가스의 점화를 막을지도 모른다고 생각되었기 때문에 그 대체품으로 여겨졌던 모든 것은 그 얇고 하나뿐인 양초보다도 빛을 덜 제공했다. 광부들이 지구 표면 아래 아주 멀리 떨어진 곳에서 의지하며 작업을 했던 조명이 얼마나 하찮고 변하기 쉬웠는지 상상하는 것은 지금으로서는 거의 생각도 할 수 없는 일이다. 한 장치인 부싯돌을 가는 기구는 소년들에게 (탄광의) 수직 통로를 따라 광부들과 동행해 내려갈 것을 요구했다. 각각의 소년은 (부싯돌을) 가는 기구를 사용했는데, 그것은 그의 다리에 묶여 있거나 그의 목에 매달려 있을 수도 있다. 그것은 작은 강철로 된 틀에 설치된 강철 디스크와 평톱니바퀴에 부착된 핸들로 만들어졌는데 그것이 디스크를 돌렸다. 소년은 광부가 의지하며 일할 일련의 불꽃을 만들어 내기 위해 디스크를 회전시키면서 부싯돌 조각을 잡아서 디스크에 부딪치게 했다. 불꽃은 보통 너무 차가워서 폭발 가스를 유발할 수 없었지만, 항상 그렇지는 않았다.

[어휘]

rotate 회전시키다 spark 불꽃 miner 광부 alternative 대안
exceedingly 과도하게 ignition 점화 solitary 혼자 있는
inconceivable 생각할 수 없는 slight 하찮은
shifting 변하기 쉬운 illumination 조명, 빛
flint mill 부싯돌 가는 기구 accompany 동행하다 strap 묶다
set off ~을 유발하다

15. 정답 ④

해설

기온과 폭력의 연관성에 관한 글이므로, 이산화탄소 배출의 증가가 지구 온난화의 원인이라는 내용은 글 전체의 흐름과 무관하다.

[해석]

모든 규모의 인구에서, 폭력적이고 공격적인 행동은 외부 기온과 관련하여 증가한다. 환경 심리학자 크레이그 앤더슨이 2001년에 이 이론을 제안했고 그때 이후로 그는 여러 도시에서 일어난 폭력 범죄의 비율을 비교함으로써 증거를 모을 수 있었다. 그는 기온이 한 인구가 또 다른 인구보다 더 폭력적인 행동을 보일지 아닐지에 대한 가장 믿을 만한 지표임을 발견했다. 그의 연구에 따르면, 높은 기온은 개인의 불편한 감정, 적개심, 그리고 타인을 향한 공격성을 증가시키고 이것은 결국 더 많은 폭력을 일으킨다. 앤더슨의 연구는 전문가들 사이에서 지구 온난화가 이러한 가장 기본적인 수준에서 사회에 어떻게 영향을 미칠 수 있는지에 대한 우려를 고조시켰다. 지구 온난화를 일으키는 요인들 중 하나는 이산화탄소 배출의 증가이다. 식량과 물 부족, 해안 지역 홍수, 그리고 격렬한 폭풍의 활성화 외에도, 더 따뜻한 행성 또한 폭력 범죄의 더 높은 평균 발생률을 의미할지도 모른다.

[어휘]

aggressive 공격적인 correlation 연관성, 상관관계
reliable 믿을 만한 indicator 지표 discomfort 불편
hostility 적개심 contribute 기부하다 coastal 해안의
incidence 발생

16. 정답 ③

해설

수술실에서 전신 마취 상태에 있는 환자가 자신에 대한 부정적인 의견을 인식하지 못하더라도 이후의 감정에 그 영향을 받을 수 있고, 100분의 10초 동안만 지속되는 사진의 화면 디스플레이를 본 것이 연구 피실험자들의 기억에 영향을 주었다는 내용의 글이다. 따라서 빈칸에 들어갈 말로는 ③ '우리의 두뇌에 인과적 입력에 대한 인식 없이 얻어진다.'가 가장 적절하다.

[해석]

우리가 알지 못하는 많은 일이 우리의 뇌에서 일어난다. 자율 신경계는 심박수, 혈압, 그리고 소화를 포함한 대부분의 신체 기능에 영향을 미치는, 뇌 속 깊은 곳의 작은 세포 집단에 의해 제어된다. 다른 무의식적인 사건들은 정신 활동과 더 직접적으로 연관되어 있다. 수술실에서 전신 마취 상태에 있는 환자에 대한 부정적인 의견은, 그 환자가 그 의견에 대한 인식을 표현하지 못하더라도, 이후의 환자의 감정에 영향을 미칠 수 있다. 오직 100분의 1초 동안만 지속되는 사진의 빠른 화면 디스플레이를 보는 연구 피실험자들은 이미지를 전혀 인식하지 못했다고 말한다. 하지만 나중의 시험에서, 이 똑같은 피실험자들은 더 큰 수집품에서 대상 사진을 선택하라는 요구를 받았을 때 우연을 훨씬 능가했는데, 그것은 사진이 피실험자의 인식 없이 기억에 영향을 미친다는 것을 보여 준다. 본질적으로 똑같은 과정이 우리 일상에서 반복된다. 우리의 지식, 기술, 경험, 그리고 선입견의 많은 부분은 우리의 두뇌에 인과적 입력에 대한 인식 없이 얻어진다.

① 어떻게 얻었는지와 관계없이 삭제된다
② 어울리는 것만 수용한다는 점에서 까다롭다
③ 우리의 두뇌에 인과적 입력에 대한 인식 없이 얻어진다
④ 우리가 생각하는 것에 따라서 다르게 해석될 수 있다

[어휘]

automatic nervous system 자율신경계
blood pressure 혈압 digestion 소화
be associated with ~와 연관되다 operating room 수술실
general anesthesia 전신 마취 awareness 인식
subject 피실험자 prejudice 선입견

17. 정답 ④

해설

사람들이 특정 자원이나 물품을 부족하다고 인식하면 그것을 아

껴서 사용하는 것이 아니라 자신의 몫을 챙기기 위해 그것을 더 많이 비축하게 되고 그 결과 그것의 사용이 급속하게 빨라진다는 내용의 글이다. 따라서 빈칸에 들어갈 말로는 ④ '단지 물건이 부족하다고 인식하는 것만으로도 그것에 대한 수요가 증가할 것이다'가 가장 적절하다.

[해석]

자원 고갈은 다른 사람들이 그것을 먼저 써 버릴 거라는 두려움에 의해 일어날 수 있다. Deborah는 어느 여름에 그녀의 남편이 있는 지질학 현장 캠프에서 캠프 요리사로서 일할 때 이런 종류의 비축을 경험했다. 그녀는 다양한 식품의 단체 사용을 예측하는 데 최선을 다했지만, 야생 지역에서 지낸 지 일주일이 안 되어서 핫초콜릿이 부족해지고 있다는 것을 그녀는 깨달았다. 그녀는 부족함이 다른 캠프 구성원들에게 알려졌을 때, 그것의 가치가 올라갈 것이고 그들이 그것을 사용하는 것에 더욱 주의하여 끝까지 그것을 조심해서 쓰기를 바랐다. 대신에, 부족함이 분명해지자마자, 남아 있는 핫초콜릿이 신속히 사라졌는데, 부족함이 명백하기 전에 핫초콜릿이 사용되던 것보다 훨씬 빨랐다. 분명히, 캠프 구성원들은 그것이 완전히 다 떨어지기 전에 자신들의 몫을 확실히 챙기고 싶었던 것이었다. 그녀 자신도 다소 비축하는 사람이 되어, Deborah는 초콜릿을 따로 챙겨서 특별한 경우에만 그것을 사용하여 그것이 지속되도록 하고 싶었다. 따라서 단지 물건이 부족하다고 인식하는 것만으로도 그것에 대한 수요가 증가할 것이다. 음식점 직원들은 초콜릿 트러플 케이크가 많이 남아 있지 않기 때문에 미리 주문을 받아야 한다는 것을 고객들에게 전략적으로 귀띔할 때 이 원칙을 사용하고, 그런 다음에 그들은 그 디저트를 기록적인 숫자로 판매한다.
① 대체재를 이용함으로써 자원의 부족은 예방될 수 있다
② 자원이 보다 빠르게 고갈될수록, 덜 선호된다
③ 단체에 속하는 것만으로도 이타적인 태도를 선택하게 한다
④ 단지 물건이 부족하다고 인식하는 것만으로도 그것에 대한 수요가 증가할 것이다

[어휘]

depletion 고갈 hoarding 비축, 사재기 geology 지질학
wilderness 야생 run low on ~이 부족하다 scarcity 부족
ration 조심해서 쓰다 remainder 남아 있는 것
run out 다 떨어지다 put away ~을 따로 챙기다
preorder 미리 주문하다 altruistic 이타적인 commodity 물건, 상품

18. 정답 ①

해설

(A) 더 튼튼한 물질로 만들기 위해 특정 물질들과 합성되는 경우가 있다고 언급한 다음에 나일론이 그 예시로 제시되고 있으므로 For example이 적절하다.
(B) 플라스틱의 단점으로 열에 약한 점이 제시된 후 분해가 잘 되지 않는다는 또 다른 단점을 열거하는 문장이므로

Furthermore가 적절하다.

[해석]

주변을 둘러보라, 그러면 당신은 플라스틱을 어디서나 발견할 것이다. 그것이 광범위한 제품군의 제조업자들이 선택하는 재료가 된 데에는 다양한 이유가 있다. 플라스틱의 주요 장점은 그것들이 강하면서도 가볍다는 것으로, 그 점이 금속과 같은 더 무거운 물질보다 플라스틱이 커다란 이점을 갖게 한다. 그것들은 또한 더 강력하게 만들어지기 위해서 특정 물질들과 결합될 수도 있다. 예를 들어, 나일론은 플라스틱과 유리를 결합시켜 만든 매우 내구성이 강한 직물이다. 그러나 플라스틱에는 몇몇 심각한 단점이 있다. 그것들은 열에 잘 견디지 못하며, 불에 타면 독성 화학 물질을 공기 중으로 배출한다. 게다가, 플라스틱은 쉽게 분해되지 않는다. 그 결과, 그것들은 부적절하게 폐기되면 환경 문제를 일으킬 수 있다.

[어휘]

lightweight 경량의 tough 단단한 fabric 직물 resist 저항하다
release 해방하다 break down 분해되다 dispose of ~을 처분하다

19. 정답 ④

해설

④ listen과 ask가 조동사 would에 병렬 연결되는 구조이므로 not to ask를 not ask로 고쳐 써야 한다.

[오답 분석]

① 앞에 사용된 동사 had가 사역 동사이고 주삿바늘이 삽입되는 것이므로 수동 관계가 성립되므로 과거 분사가 바르게 사용되었다.
② 선행사가 앞 문장이고, 콤마 뒤에 주격 관계 대명사 which가 바르게 사용되었다.
③ keep trying '계속해서 ~하다'가 바르게 사용되었다.

[해석]

나는 병원에서의 첫 환자들 중 한 분을 항상 기억할 것인데, 그는 루게릭병을 앓는 한 노인이었다. 그는 살아 있기 위해 인공 호흡 장치와 음식물 투입 장치를 필요로 했고, 그래서 그는 항상 팔에 주삿바늘이 꽂혀 있었다. 안타깝게도, 그는 자신의 근육 통제 능력을 거의 다 잃었다. 그는 말을 할 수 없었기에, 나는 그의 입 모양을 읽는 법을 배웠는데, 이것은 쉽지 않았다. 그러나 나는 계속해서 노력했고, 그도 포기하지 않았다. 얼마 후, 우리는 의사소통을 할 수 있게 되었다. 나는 그에게 나의 친구들이나 가족, 날씨에 대해 이야기하고는 했고, 그는 주로 듣고만 있었고 아무런 질문도 하지 않고는 했다. 나는 그가 죽었다는 소식을 들었을 때 울지 않을 수 없었다.

[어휘]

elderly 연장자의 feed 먹이다 insert 삽입하다
can't help+ing ~하지 않을 수 없다

20. 정답 ②

해설
② 키워가 '개량하는' 것이 아니라 '개량된' 것이므로 능동의 의미를 나타내는 현재 분사 modifying을 수동의 의미를 나타내는 과거 분사 modified로 고쳐야 한다.

[오답 분석]
① 콤마 뒤에 주격 관계 대명사 which가 바르게 쓰였다.
③ 전치사 of의 목적어로 명사나 동명사가 가능한데 뒤에 private gardens라는 명사가 이어지므로 동명사 형이 바르게 사용되었다.
④ 주어가 단수이므로 수는 맞고, 뒤에 전치사가 이어지므로 태 역시 바르게 쓰였다.

[해석]
키위는 달걀 크기 정도로, 작은 검정색 씨가 여러 줄 있는 밝은 녹색이나 금빛 과육을 가지고 있다. 키위는, 비타민 c가 풍부한 것으로 알려져 있는데, 중국 남동부가 원산지인 중국 다래가 개량된 것이다. 20세기 초반에 중국 다래 나무들은 개인 정원을 장식할 목적으로 뉴질랜드로 수입되었다. 그것들은 그 나무의 맛 좋은 열매 때문이 아니라 보기 좋은 외양 때문에 선택되었다. 훗날, 뉴질랜드의 과일 재배자들에 의해 그 과일은 크기와 맛, 내한(耐寒)성이 개량되었다. 털로 덮인 키위의 갈색 껍질이 날지 못하는 키위 새의 몸통을 닮았기 때문에 , 새로운 이름이 그 '새로운' 과일에 붙여졌다.
어휘

flesh 과육 abundance modify 변경하다
beautify 아름답게 하다 alter 바꾸다 furry 털로 덮인
flightless 날지 못하는 adopt 채택하다

Half Test 3. 정답 및 해설

1. 정답 ④

해설
문맥상 '자극하다'라는 의미가 적절하므로 prompt가 정답이 된다. prompt는 형용사로는 '즉각적인, 지체 없는'의 의미이지만, 동사로 사용되는 경우 '~을 촉발시키다'라는 의미가 된다.

[해석]
모스크바의 개입은 NATO(북대서양조약기구)을 자극해서 취약한 발트해 회원국들에게 특별한 관심을 집중시켰다.

[어휘]
annexation 개입 particular 특정한 vulnerable 취약한
torment 괴롭히다 plague 괴롭히다 animate 활력을 불어넣다

2. 정답 ①

해설
repercussion는 (어떤 사건이 초래한) 영향이라는 의미로 consequence와 같은 뜻을 가진다. aftermath는 '여파'라는 의미를 가지므로 정답이 될 수 있다.

[해석]
보사노바 리듬은 삼바와 같은 브라질의 다른 음악 형태에 상당한 영향을 미쳤다.

[어휘]
triviality 사소함 interference 개입 arbitration 중재

3. 정답 ①

해설
문맥상 양측의 의견을 '고려하다'의 의미가 맞으므로 take into consideration이 정답이다. be considerate of는 '다른 사람을 배려하는', take advantage of '~을 이용하다', set aside는 '한쪽으로 치워 놓다, 따로 떼어 놓다'의 의미이다.

[해석]
설득하기 위한 글을 쓸 때에는, 당신의 입장은 당신을 지지하는 견해와 당신을 반박하는 견해 모두를 고려해야 한다.

[어휘]
persuade 설득하다 view 견해 refute 반박하다

4. 정답 ④

해설
학생들이 시민 생활에 참여하도록 하는 데 대한 관심의 '부활'이 적절하므로 ④가 정답이 된다.

[해석]
현대 미국 교육의 상황에서 가장 긍정적인 점은 학생들이 시민 생활에 참여하도록 하는 데 대한 관심의 부활이다.

[어휘]
spot 점, 지점 contemporary 현대의 landscape 경치, 상황
engage 참여시키다 repression 억압 retrieval 회수
reticence 과묵함

5. 정답 ②

해설
라스베이거스에 여행을 가서 한몫 잡았다는 내용의 대화이다. 라스베이거스에 여행을 갔다는 내용이 선행되고 있으므로 주식

이나 복권은 적절하지 않고 빈칸 뒤에서 'How much did you win?'이라고 했으므로 돈을 주웠다는 ④도 적절하지 않다.

[해석]
A: 라스베이거스 여행은 어땠어?
B: 아주 좋았어. 호텔도 음식도 좋았는데 무엇보다 슬롯머신으로 한 몫 잡았지.
A: 근사하다. 정확히 얼마나 벌었어?
B: 라스베이거스 왕복 여행 경비를 빠질 정도로 벌었어.
A: 다음 번에 나도 꼭 데려가 줘.
B: 알겠어.
① 내 주식이 대박을 쳤어
② 슬롯 머신에서 한몫 잡았어
③ 복권에 당첨됐어
④ 길에서 큰돈을 주웠어

[어휘]
best of all 무엇보다도 round trip 왕복 여행
hit the jackpot 대박을 치다 make a killing 큰돈을 벌다
sweepstake 복권 pick up 줍다

6. 정답 ①

해설
소개팅을 했는데 상대방이 엉망이었다는 내용의 대화이다. B가 '그는 완전 패배자야.'라고 하고 A가 빈칸 뒤에서 '사진으로 봐서는 괜찮던데.'라고 했으므로 빈칸에는 '전혀 끌리지 않았니?'라는 ①이 적절하다. 여기서 strike는 '때리다'라는 의미가 아닌 '매력을 주다'라는 의미이다.

[해석]
A: 어제 소개팅 어땠어?
B: 묻지도 마. 완전 인생 패배자였어.
A: 전혀 끌리지 않았니? 사진으로 봐서는 괜찮던데.
B: 어제 이야기는 하기도 싫어.
A: 정말 끔찍했나 보네.
B: 최악이었어.
① 그가 전혀 끌리지 않니
② 너는 모든 것을 다 가질 수는 없어, 그렇지 않니
③ 그 레스토랑은 주인이 바뀌었어
④ 그가 그렇게 매력적이니

[어휘]
blind date 소개팅 loser 패배자 awful 끔찍한 charming 매력적인

7. 정답 ④

해설
④ 미래 완료 시제와 자주 함께 쓰이는 시간 표현 'next+시간 표현(next week)'이 왔고 '다음 주면 30년째 영업을 한 것이 된다'라는 이전에 시작된 일이 특정 미래 시점(next week)까지 완료될 것임을 표현하고 있으므로 미래완료 시제 will have been이 올바르게 쓰였다.

[오답 분석]
① '목성과 지구 사이의 거리는 일년 내내 다르다'라는 일반적 사실이나 진리를 표현하고 있으므로 과거 시제 varied를 현재 시제 varies로 고쳐야 한다.
② 조건을 나타내는 부사절(Even if~snow)에서는 미래를 나타내기 위해 미래 시제 대신 현재 시제를 써야 하므로 미래 시제 will snow를 현재 시제 snows로 고쳐야 한다.
③ '5분도 채 쉬지 않아서 수업이 시작했다'는 과거 완료 시제 관련 표현 '주어(He)+had not p.p.+before+주어(his class)+과거 동사(started)'의 '~하지도 않아 ~했다' 형태로 나타낼 수 있으므로 has not taken을 had not taken으로 고쳐야 한다.

[어휘]
Jupiter 목성 distance 거리 vary 다르다 throughout 내내
in business 영업을 하고 있는

8. 정답 ③

해설
③ that절을 목적어로 취하는 동사(say)가 능동태 문장으로 쓰이면 They say that this soft drink contains~sugar가 되는데, 이때 that절의 주어(this soft drink)가 문장의 주어로 가서 수동태가 되는 경우 '주어(This drink)+be p.p.(is said)+to 부정사(to contain)'의 형태가 되어야 한다. 따라서 is said containing을 is said to contain으로 고쳐야 한다.

[오답 분석]
① that절을 목적어로 갖는 동사(know)가 수동태가 되면 'It+be p.p.(is known)+that'의 형태로 쓰이므로 It is known that이 올바르게 쓰였다.
② 감정을 나타내는 동사(amuse)의 경우 주어가 감정의 원인이면 능동태를, 감정을 느끼는 주체이면 수동태를 써야 하는데, 주어 We가 즐거움을 느끼는 것이므로 수동태 were amused가 올바르게 쓰였다.
④ 동사 belong은 전치사(to) 없이 목적어(an orchestra)를 취할 수 없는 자동사이므로 belongs to가 올바르게 쓰였다.

[해석]
① 여성은 직장에서 남성만큼 능력이 있다고 일반적으로 알려져 있다.

② 우리는 공개 무대에서 공연하는 무용수들을 보고 즐거워했다.
③ 이 청량음료에는 과도한 양의 설탕이 들어 있다고 한다.
④ 그녀는 비발디의 곡을 연습하는 오케스트라에 속해 있다.

[어휘]

competent 능력이 있는 amuse 즐겁게 하다 contain 들어 있다
excessive 과도한 belong to ~에 속하다 works 작품

9. 정답 ④

해설
조동사 can에 동사 원형인 lead와 병렬 연결된 것이므로 ④ increasing은 동사 원형인 increase로 고쳐야 한다.

[해석]

신체는 당분을 두 가지 방법으로 사용한다. 세포 내에서 당분은 활동에 필요한 에너지를 공급하는 데 사용되거나 지방으로 저장된다. 지방은 이후에 운동과 같은 활동들을 위해서 신체가 에너지를 만들 필요가 있을 때 분해된다. 당분은 에너지원으로 쓰일 뿐만 아니라 뇌를 자극해서 '행복 호르몬'을 만들어 내는데, 이는 당신이 더 쾌활하다고 느끼게 한다. 이것이 과자나 사탕과 같은 단 음식이 그렇게 인기 있는 간식인 이유 중 하나이다. 그러나 당분이 든 음식은 주의해서 취급되어야 한다는 것을 기억하라. 지나친 당분은 치아를 썩게 하고 심장병을 일으킬 위험을 증가시킬 수 있다. 그러므로 섭취하는 당분의 양을 최소로 유지하려고 노력해야 한다.

[어휘]

cell 세포 fuel 연료를 공급하다 stimulate 자극하다
hormone 호르몬 sugary 당분이 든 caution 주의
decay 썩다, 충치 consume 소비하다, 먹다

10. 정답 ②

해설
오늘날 전일제 고용은 줄어들고 시간제나 계약직과 같은 다양한 형태의 고용이 증가하고 있으므로 더 이상 전통적인 정규직에 얽매이지 말고 다양한 형태의 일을 추구하는 유연함을 가지라는 내용의 글이다. 따라서 글의 주제로 가장 적절한 것은 ② '일자리에 대한 인식 전환의 필요성'이다.

[해석]

분야나 산업에 따라 다르지만, 대개 25~40퍼센트의 노동자들이 임시 고용직이거나 시간제 근로자, 혹은 계약직 노동자이며, 이러한 비전통적 역할에서의 고용은 증가하고 있는 반면, 전일제 고용은 감소하고 있다. 분명히 오늘날의 현명한 구직자라면 옛날 방식의 전일제 직업이 아닌 다양한 형태의 유급 직업을 구해야 한다. 그렇지만 전일제 직업이 여전히 가장 이상적인 것으로 생각되고 있어서, 수많은 구직자가 이러한 보다 유연한 전략을 제대로 활용하지 않고 있다. 많은 사람이 전통적인 직업 모델 외에는 어떠한 합리적인 선택도 받아들

이기를 거부한다. 그러나 이런 편협한 사람들은 감소하고 있는 '전통적인' 영구직의 공급을 두고 경쟁해야 할 것이다. 그보다 그들은 오늘날 생계를 제대로 유지하기 위해서는 좀 더 유연해야 하며 여러 형태의 일을 추구해야 한다는 것을 알아야 한다.
① 인기 있는 직장에 채용되는 방법
② 일자리에 대한 인식 전환의 필요성
③ 전통적 정규 직장을 추구하는 이유
④ 가장 원하는 직책을 얻는 전략들

[어휘]

temporarily 임시로 contract 계약(하다), (병에) 걸리다
shrink 감소하다, 줄어들다 ideal 이상적인 것
make use of ~을 활용(이용)하다 flexible 유연한
legitimacy 합리성, 타당성 narrow-minded 편협한, 속이 좁은
compete 경쟁하다 supply 공급하다 conventional 전통적인
permanent 영구적인 perception 인식 지각 deepen 악화되다

11. 정답 ③

해설
엔진이나 자체 동력원이 없는 롤러코스터가 에너지를 발생시키는 원리에 관한 내용이다.

[해석]

롤러코스터는 얼핏 보면 여객 열차와 꽤 유사해 보인다. 그것은 선로를 따라 이동하는 일련의 연결된 차량들로 구성된다. 그러나 여객 열차와 달리, 롤러코스터에는 엔진이나 자체 동력원이 없다. 출발하기 위해 롤러코스터는 첫 번째 고개로 끌어 올려진다. 이렇게 처음에 위로 올려지면 위치 에너지를 비축하게 된다. 더 높이 올라갈수록 중력이 그것을 끌어 내릴 수 있는 거리는 더 길어진다. 당신이 자전거를 타고 높은 언덕 꼭대기에 올라갈 때 이와 같은 현상을 경험하게 된다. 언덕을 올라가면서 쌓는 위치 에너지는 당신이 언덕을 내려가도록 하는 운동의 동적 에너지로 방출된다.
① 왜 롤러코스터가 위험하지 않은가
② 무엇이 롤러코스터를 재미있게 만드는가
③ 엔진 없이 어떻게 롤러코스터가 작동하는 가
④ 어떤 재료로 롤러코스터가 만들어지는가

[어휘]

at first glance 얼핏 보면 consist of ~로 구성되다
a series of 일련의 track 선로 power source 동력원
build up 축적하다 reserve 비축 gravity 중력
phenomenon 현상 release 방출하다 motion 운동

12. 정답 ③

해설
이메일을 읽은 다음, 그 전에 하고 있었던 일로 돌아가는 것이 원활하게 이루어지지 않기 때문에 이를 보완하고자 하는 해결책이

고안되었지만 그것도 온전한 해결책이 되지 않는다는 내용의 글이다. 따라서 글의 주제로는 ③ '일하는 중에 이메일을 읽는 것에 의해 생긴 문제를 해결하기 위한 노력'이 가장 적절하다.

[해석]

방해가 되는 부분은 방금 도착한 이메일 내용 을 읽는 데 소비된 시간이라기보다는 그 방해 전에 근로자가 하고 있었던 일로 되돌아가는 데 걸리는 시간이었다. 과속 방지턱의 경우에서처럼, 그것(귀찮은 것)은 방지턱 그 자체 때문에 속도를 늦추는 것이라기보다는 방지턱을 지난 후에 지속되는 효과, 즉 덜컹덜컹 흔들리며 속도가 줄어들거나 혹은 속도를 다시 올릴 필요성 때문이다. 이 메일이라고 알려진 괴물(Frankenstein)을 다루기 위해, 영향을 받은 회사들은 비영리의 '정보 과부하 연구 그룹'을 결성하여 해결책을 논의하였다. 그러나 이 그룹이 만나기 전부터, 몇 가지 접근법이 시도되고 있었다. IBM 엔지니어 Michael Davidson은 사용자가 '휴식하기' 링크를 클릭함으로써 화면이 흐려지면서 '산책을 하시오, 실제 작업을 마무리 하시오, 혹은 간식을 드시오. 우리는 15분 후에 돌아올 것입니다!'라는 메시지를 내보내는 'E-mail Addict'라는 기능을 고안했다. 산책을 하거나 간식을 먹는 것이 다른 이메일 메시지를 읽는 것보다 더 방해가 될 수 있다는 것을 인정하는 것은 없는 듯 보였다.
① 이메일 양을 줄이는 방법
② 작업의 흐름에서 의사소통의 중요성
③ 일하는 중에 이메일을 읽는 것에 의해 생긴 문제를 해결하기 위한 노력
④ 이메일을 대신할 대체적인 의사소통 장치

[어휘]

bothersome 귀찮은 interruption 방해 as with ~에서처럼 speed bump 과속 방지 턱 enduring 지속적인
deal with ~을 다루다 nonprofit 비영리의 feature 기능
display 나타내다 acknowledgment 인정 disruptive 방해하는
workflow 작업 흐름

13. 정답 ③

해설
③ 네 번째 문장의 and 이후에서 우울증을 앓는 많은 사람이 약의 복용에 관해 걱정한다고 설명했으므로 글의 내용과 일치한다.

[오답 분석]
① 첫 번째 문장에서 전화 상담이 우울증을 앓는 사람에게 도움이 되는지에 관해서 명확한 결론이 나지 않았다고 설명했으므로 글의 내용과 일치하지 않는다.
② 세 번째 문장에서 Jurgen Unutzer 박사는 우울증을 약으로 치료하려는 환자들에 관한 연구에 참여하지 않았다고 설명했으므로 글의 내용과 일치하지 않는다.
④ 다섯 번째 문장에서 항우울제 약을 복용하는 사람들의 40퍼센트가 첫 달 이내에 치료를 중단한다고 설명했으므로 글의 내용과 일치

하지 않는다.

[해석]

우울증을 가진 모든 사람에게 전화 상담이 동일하게 도움이 되는가에 대한 연구는 명확하지 않은 결과를 보여 주었다. 시애틀의 연구자들은 치료법을 찾으려 했던, 그리고 약을 먹기 시작할 의욕이 충분한 환자들에 주목했다. 이 연구에 관여하지 않은 워싱턴 대학의 정신과 의사인 Jurgen Unutzer 박사는 매년 우울증을 겪는 모든 미국인의 단지 4분의 1만이 약물 치료를 시도한다고 말했다. 그 나머지는 관심, 접근 기회, 흥미의 부족으로 인해 그렇게 하지 않는다고 정신과 의사들은 말한다. 그리고 우울증을 가진 많은 사람은 감정을 바꾸는 약을 먹는 것에 대해 걱정한다. 그러나 항우울제 치료를 시작하는 사람들의 40퍼센트가 첫 달 안에 중단하기 때문에 의사들은 전화를 강력한 협력자(보조 수단)로 고려해야 한다고 워싱턴의 정신과 의사이며 이 연구의 주 저자인 Gregory E. Simon 박사는 말했다. "이것은 우리가 치료에 접근하는 방식에 있어 중요한 변화를 보여 줍니다. 전화를 사용하는 것뿐 아니라 지속적이고, 주도적으로 사람들에게 다가가 그들이 있는 곳에서 그들을 찾아내기도 합니다."라고 Simon 박사는 말했다. "우울증은 낙담으로 정의됩니다. 매우 자주 그들은 당신에게 오지 않을 것입니다."
① 전화 상담은 우울증을 겪는 모든 사람에게 강한 긍정적인 영향이 있다는 것이 밝혀졌다.
② Jurgen Unutzer 박사가 우울증에 대한 약물 치료를 찾으려고 했던 환자들에 대한 연구를 수행했다.
③ 우울증을 가진 대다수의 사람은 그 병의 치료를 위해 약을 먹는 것을 주저한다.
④ 사람들 중 40퍼센트가 그들의 항우울제 치료 첫 달 이내에 극적인 개선을 보여 주었다.

[어휘]

phone counseling 전화 상담 depression 우울증
motivated 의욕이 있는 psychiatrist 정신과 의사
be involved in ~에 관련되다 awareness 의식 access 접근
wary 경계하는 anti-depressant 항우울제 ally 협력자
proactive 주도적인 reach out 접근하다 discouragement 낙담 be reluctant to 주저하다

14. 정답 ②

해설
기술 혁신은 잠재적 사용자의 마음에 불확실성을 만들기도 하고 줄이기도 한다는 내용의 주어진 글 다음에는, 주어진 글에서 먼저 언급된 불확실성 감소를 The former type of potential uncertainty reduction으로 받아 불확실성 감소를 설명하는 (B)가 와야 한다. 그 다음에는 개인이 혁신에 관해 배우게 된다는 (B)의 마지막 문장의 내용을 such information-seeking activities로 받아 혁신 결정 과정을 설명하는 (A)가 오고 연결사 Thus를 통해 혁신 결정 과정을 정리하는 (C)가 마지막에 오는 것이 자연 스럽다. 따라서 ② (B)-(A)-(C)의 순서가 가장 적절하다.

[해석]

기술 혁신은 잠재적 사용자의 마음에 그 예상되는 결과에 관한 일종의 불확실성을 만들어 낼 뿐만 아니라. 기술의 정보 기반에 의해 감소되는 또 다른 의미에서의 불확실성을 줄일 수 있는 기회를 보여 준다.

(B) 기술 혁신 자체에 포함된 정보에서 비롯된. 전자 유형의 잠재적 불확실성 감소는, 개인이 인지한 문제를 해결하는 데 있어서 혁신의 잠재적 효능을 보여 주는데, 이런 장점은 한 개인이 혁신에 관해 배우기 위해 노력을 기울이도록 동기를 부여한다.

(A) 일단 그러한 정보 추구 활동이 혁신의 예상 결과에 관한 불확실성을 개인이 감당할 수 있는 수준으로 감소시키면, 채택이나 거부에 관한 결정이 내려질 것이다. 만약 새로운 아이디어가 개인에 의해 사용된다면, 그것의 효과에 대한 추가적인 평가 정보가 획득된다.

(C) 따라서, 혁신 결정 과정은 본질적으로 혁신의 장점과 단점에 관한 불확실성을 감소시키도록 개인이 동기를 부여받는 정보 추구 및 정보 처리 활동이다.

[어휘]

technological innovation 기술 혁신 uncertainty 불확실성
base 기반 adopter 사용자 tolerable 감당할 수 있는
rejection 거부 evaluative 평가의 embody 구현하다
exert effort 노력을 기울이다

15. 정답 ②

해설
소유권을 증명하는 증서에 대한 정의를 설명하는 주어진 문장이 없으면, ②의 뒤 문장에서 them(deeds)이 가리키는 대상을 ②의 앞 문장에서 찾을 수가 없으므로 내용상 단절이 일어난다. 따라서 주어진 문장은 ②에 들어가는 것이 가장 적절하다.

[해석]

토지 소유의 특징은 역사적으로나 전 세계적으로 다양하다. 1841년 홍콩 섬이 영국에 넘겨졌을 때, 새로운 식민지의 토지 정책은 자유 보유권이 있는 토지로 구성되어 있지 않았다. 즉, 모든 땅은 왕실 소유지였고 사유지는 기간이 더 길거나 더 짧은 임대로 구성되었다. 자유보유권이 있는 토지는 개인이나 조직에 의해 사적으로 소유된 땅이다. (소유권) 증서는 한 개인이나 한 단체에서 다른 개인이나 다른 단체로의 자유보유 재산권의 이전을 기록하는 문서이고 법적 용어에 대한 이해를 필요로 한다. 비록 영국에서 지방의 기록 사무소가 많은 오래된 소유권) 증서를 보유하고는 있지만, 소유주의 사무 변호사, 은행 또는 주택 금융 조합이 보통 그것들을 보관한다. 건물 연구에 있어서 증서의 가치는 그것들이 소유권의 변화를 기록한다는 것이다. 게다가, 예를 들어, 특별한 기능을 가지고 있는 부동산은 보통 풍차나 창고라는 이름이 붙고, 부지의 크기와 그 경계가 주어진다. 이것들은 보통 지역 지리 또는 인근의 토지 소유자와 관련하여 정해진다.

[어휘]

deeds 증서 transfer 이전 property 부동산
terminology 용어 policy 정책 colony 식민지
crown land 왕실 소유의 토지 building society 주택 금융 조합
windmill 풍차 warehouse 창고 boundary 경계
with reference to ~와 관련하여 geography 지리
neighboring 인근의

16. 정답 ④

해설
우리의 생활 방식이 도시화되면서 각종 질병이 늘어나고 있는데 우리의 생활 방식, 식생활, 신체 운동 부족과 관련된 문제를 해결하는 것이 중요하다고 설명하고 있다. 이렇게 보면 질병을 모두 고칠 수 있는 만병통치약에 대한 설명은 이 글에 어울리지 않는다.

[해석]

인류 사회는 이제 더 도시화되었고 경제 활동도 거기에 비례하여 더 산업 기반적인 것이 되었다. 이러한 변화는 삶의 질과 건강에 대한 여러 가지 측면이 향상되었다는 점에서 혜택을 가져다 주었다. 이러한 혜택을 통해서 각 개인의 교류 방식과 여가 시간의 양, 음식 섭취와 신체 활동 수준 등에서 변화가 일어나게 되었다. 그러나 이러한 변화는 에너지 섭취와 소비 균형을 점점 더 어렵게 해서 결국 전 세계적으로 과체중과 비만 사례가 증가하고. 마침내 심혈관 질환과 당뇨병과 같은 만성, 비전염성 질병이 더욱 만연되도록 하고 말았다. 이러한 질병의 발병에 우리의 생활 방식과 식생활, 신체 운동 부족 등이 원인이 되었다는 것은 명백하다. 그러나, 이제껏 알려져 있지 않은 이들 질병 치료용 만병통치약이 곧 발견될 것으로 믿어지고 있다. 우리 모두는 이들 질병을 줄일 수 있는 조치가 성공하느냐 하는 것은 그 세 가지 요인을 제대로 균형 있게 할 수 있는가에 달려 있다는 점에 대해서 같은 의견을 갖고 있다. 이것은 또한 음식이 단순히 기본적인 영양을 제공한다는 것을 넘어서 건강과 안녕에 긍정적인 영향을 줄 수 있도록 하는 방법을 이해할 수 있게 해 준다.

[어휘]

proportionally 비례하여 in terms of ~에 있어서
individual 개인 interact 상호 작용하다 intake 섭취
expenditure 지출 overweight 과체중 obesity 비만
prevalence 유행, 횡행 chronic 만성적인
non-communicable 비전염성의 diabetes 당뇨병
inactivity 활동하지 않음 measure 조치
strike a balance 균형을 잡다 appreciation 이해 nutrition 영양

17. 정답 ②

해설
빈칸 바로 앞 문장에서 우리가 흔히 이야기하는 일반적인 재활

용은 더 심화된 재활용에 이르는 첫 단계인 것이라고 한 부분에서 다음에 이어질 내용에 대한 힌트를 얻어야 한다. 그런 관점에서 보면 ②가 답인 것을 알 수 있다.

[해석]

업사이클링은 다음에 사용하기 위해서 품질과 구조를 해치지 않고 물질을 재활용하는 것을 말한다. 업사이클링은 새로운 세대의 제품을 위한 공급원으로써 활용해야 할 새 재료를 준비해야 할 필요성을 감소시켜 준다. 어떤 사람들은 타이어로 지갑을 만든다든지 철선 감개를 활용하여 테이블을 만드는 것 같은 일을 "업사이클링"의 예라고 이야기를 한다. 이러한 것들은 사실 재활용의 예일 뿐이다. 이러한 재료들은 어느 것도 그 원공급 과정으로 되돌아가지 않는다. 이들은 그저 그 과정을 좀 더 연장시켜 줄 뿐이다. 업사이클링은 우리가 지향해야 할 진정한 의미의 순환 과정을 의미하는 것이다. 그저 그런 목표를 지향한다는 것 자체가 또 하나의 중요한 발걸음이라고 할 수 있을 것이다. 기본적인 계획 단계부터 우리가 만드는 제품이 끝내는 쓰레기 매립지에 버려지지 않게 하겠다는 목표를 가지고 시작한다면 우리들이 만드는 제품은 모두 다 엄청나게 바뀌게 될 것이다. 나는 일반적인 재활용이 시간 낭비라든지 칭찬할 만한 것이 못 된다는 말을 하는 것이 아니다. 오히려, 일반적인 재활용은 폐기물 관리에 대한 더 종합적이고 지속 가능한 해결책에 이르기 위한 첫 단계라고 할 수 있다. 그것이 궁극적으로는 생산해야 할 새로운 재료의 양을 줄여줄 것이기 때문이다.
① 새로운 물질을 찾아내서 제품의 공급원을 확보하는 데 도움을 준다.
② 생산해야 할 새로운 재료의 양을 줄여 준다.
③ 우리가 원공급 과정으로 되돌아가는 것이 얼마나 어려운지 깨닫게 해 준다.
④ 새로운 기술 공학으로 전 순환 과정을 엄청나게 변화시켜 준다.

[어휘]

upcycling 업사이클링, 창조적 재활용 degrade 훼손하다
 composition 구조 practice 관행, 습관 virgin 처음의
harvest 모으다, 획득하다 feedstock 공급원 wire spool 철선 감개
aim towards ~쪽을 지향하다 drastically 급격하게
landfill 쓰레기 매립지 comprehensive 종합적인
sustainable 지속 가능한 secure 확보하다

18. 정답 ④

해설

이 글은 처음부터 줄곧 해양 소음 문제와 그것이 동물들에게 끼치는 영향에 대하여 이야기하고 있다. 따라서 해당 연구 보고서에서 연구자들이 주장하는 내용도 이 문제에 관한 것이 되어야 할 것이다.

[해석]

과학자들이 해양 생물들을 소음 공해로부터 보호하기 위하여 더 강력한 규제를 요구하고 있다. Frontiers in Ecology and the Environment의 최근 연구보고서에서 과학자들은 선적 작업과 지진 조사와 같은 활동으로 인해서 발생하는 과도한 해양 소음 문제를 해결하기 위한 행동이 필요하다고 주장하고 있는데, 이는 이러한 활동에서 압축 공기총(에어 건 또는 공기 해머)을 발사해서 생기는 큰 음파를 활용하여 해저를 탐사하고 자연 자원을 찾아내기 때문이다. 우리는 그 연구에 참여한 두 저자에게 왜 이 문제가 해결이 시급한 문제인지 물었다.

Douglas: 한 가지 문제는 동물들이 청력이 손상된다는 것이다. 청력 손상은 과도하게 큰 소리 때문에 생기기도 하고 낮은 정도의 소음이라도 오랜 기간 노출되는 데서 생기기도 한다. 또한, 압축 공기총을 발사해서 생기는 반향음이 배경 소음 수준을 상승시켜서 동물들의 의사소통과 방향 관련 신호를 탐지하지 못하게 할 수도 있다. 가장 큰 문제는 스트레스이다. 장기간에 걸쳐 스트레스를 겪는 것은 정말 해로운 것으로 생리학적인 그리고 번식과 관련된 문제를 야기한다. 우리는 해양 동물들이 스트레스에 얼마나 민감한 지에 대해서는 아직 많이 알지 못하고 있다.

Howard: 연구 결과에 대해서는 문서 작업을 하고 있지만, 이러한 영향이 각 동물 개체나 동물 전체에 대해서 장기적으로 무엇을 의미하는지에 대해서는 모르는 것이 많다.
① 과학자들의 하락한 사기
② 해양 동물들의 문제들
③ 과도한 해수 오염
④ 과도한 해양 소음 문제

[어휘]

regulation 규제 marine 해양의 wildlife 야생 생물 pollution 공해
frontier 개척자, 전선 ecology 생태 argue 주장하다
tackle 다루다 shipping 선적, 해운업 seismic 지진의
pulse 파동 compressed 압축된 explore 탐험하다 sea floor 해저
urgent 시급한 mask 저지하다 a navigation 항해, 항법
signal 신호 detrimental 해로운 physiological 생리학적인
reproductive 번식의

19. 정답 ②

해설

② learn이 쓰일 수 있는 경우는, 앞의 are known과 and로 연결된 병렬 구조를 이루는 경우인데, 그러면 learn them 뒤에 접속사 없이 one usually로 시작되는 이어지는 비문이 된다. 그러므로 learn 앞의 and는 두 개의 절을 연결하는 접속사이다. 따라서 and 다음의 learn them은 and 뒤의 절에서 문맥상 목적의 의미를 나타내도록 to learn them으로 고쳐야 한다.

[오답 분석]

① 동사 do를 수식하고 있으므로 부사 effectively 는 어법상 맞다.
③ 선행사가 없고 are referred의 주어가 없는 불완전한 문장에서 need의 목적어 역할을 하는 절을 이끌어야 하므로 선행사를 포함한 관계 대명사 what은 어법상 맞다.
④ 등위 접속사 and로 연결되어 maintaining과 함께 병렬 구조를

이루어서 in의 목적어로 쓰이는 동명사 developing은 어법상 맞다.

[해석]

대부분의 조직은 그 안에서 일하는 사람들이 자신들의 일을 효율적으로 할 수 있게 하는 특정한 능력을 갖추기를 요구한다. 예를 들어, 사진작가는 각각 다른 카메라 설정과 조명이 자신들이 찍고 있는 사진에 어떻게 영향을 미치는지 이해해야 하고, 컴퓨터 프로그래머들은 프로그래밍 언어의 사용 방법을 알고 있어야 한다. 이러한 능력은 하드 스킬 또는 기술적 스킬로 알려져 있고, 그것을 배우기 위해서 사람들은 보통 어떤 종류의 교육 프로그램에 등록하는데, 즉 거기서 그들은 교실 교육과 종종 실용적인 훈련도 받는다. 그러나 어떤 직업에서든 일을 하기 위해서는 (흔히 '인생 스킬'이라고 불리는) '소프트 스킬'이라는 것을 또한 필요로 한다. (기술적 스킬과 같은) 하드 스킬과는 대조적으로 소프트 스킬은 직원의 성격 발달에 큰 영향을 미친다. 오늘날 조직은 직원들의 전문성 신장이 손님, 고객, 공급자, 동료들과의 관계를 유지하고, 성공적인 사업을 발전시키는 데 중요한 역할을 한다는 것을 인식하고 있다. 그러나 소프트 스킬은 하드 스킬 또는 기술적 스킬의 대체물이 아니다. 사실, 그것(소프트 스킬)은 하드 스킬을 보완하고, 하드 스킬을 갖춘 사람들의 잠재력을 드러내는 데 도움이 된다.

[어휘]

setting 설정
hard skill 하드 스킬(소프트웨어 사용 능력과 같은 기술적 능력)
enroll in ~에 등록하다 instruction 교육 occupation 직업
be referred to as ~로 불리다
soft skills 소프트 스킬(소통 능력과 같은 실생활 능력)
as opposed to ~와 대조적으로 recognize 인식하다
replacement 대체 complementary 보완하는
unlock 드러내다 potential 잠재력 equipped with ~을 갖춘

20. 정답 ②

해설

What이 이끄는 명사절은 What에 해당하는 주요 문장 성분 중 하나가 없는 불완전한 절이어야 하는데, 본문에서는 What 뒤에 수동태가 쓰인 완전한 절이 이어진다. 같은 문장의 but 뒤에 이어지는 절의 진주어 부분에 how가 이끄는 명사절(부싯돌의 역할을 얼마나 자연스럽게 알아챘는지)이 있고, but 앞의 절에도 의미상 그 대구가 되는 '부싯돌의 효과적인 특성이 어떻게 처음 발견되었는지'가 주어로 쓰이는 것이 자연스러우므로 명사절을 이끄는 What을 How로 고쳐야 한다.

[오답 분석]

① 문맥상 칼의 기원이 부싯돌과 흑요석에 있었던 것이 지금 생각하는 것(is thought)보다 앞선 시제를 나타내므로 완료 부정사 to have had는 어법상 맞다.
③ 현재 분사 walking은 앞의 명사 someone을 수식하므로 어법상 맞다.

④ 주어 the connection과 동사 make가 수동의 관계이고 문맥상 과거이므로 was made는 어법상 맞다.

[해석]

칼은 부싯돌과 흑요석으로 만들어진 조각이 그것의 기원이었던 것으로 여겨지는데, 그것은 그 깨진 모서리가 매우 날카로워서 채소와 동물의 살과 같은 것들을 긁고, 꿰뚫고, 그리고 잘라 내기에 적합할 수 있는 매우 딱딱한 돌멩이와 바위이다. 부싯돌의 효과적인 특성이 어떻게 처음 발견되었는지는 추측의 여지가 있으나, 초기 남녀가 자신의 손과 손가락은 할 수 없는 일을 깨진 견본이 할 수 있다는 것을 얼마나 자연스럽게 알아차렸는지 상상하기는 쉽다. 예를 들어, 그러한 발견은 들판 위를 맨발로 걷고 부싯돌 조각에 발을 베는 사람에게 일어날 수 있었을 것이다. 일단 사고와 의도 사이의 연결이 이루어지면, 다른 뾰족한 부싯돌 조각을 찾는 것은 덜 혁신적인 문제였을 것이다. 그것들을 풍부하게 찾지 못한 초기 혁신자들은 아마도 떨어지는 바위가 자연히 부서지는 것을 알아챈 후에, 기초적인 세게 치기를 했을 것이다.

[어휘]

origin 기원 flint 부싯돌 edge 가장자리 scrape 긁다
pierce 뚫다 property 속성 fractured 골절된 specimen 견본
barefoot 맨발 abundance 풍부 rudiment 기본, 초보
knap 세게 치다

Half Test 4. 정답 및 해설

1. 정답 ②

해설

strenuous는 strength '힘'에서 파생된 단어로 '몹시 힘든'이라는 의미이다. 따라서 arduous(힘든), tough, demanding, formidable 등이 될 수 있다.

[해석]

대부분의 위대한 업적은 끈질기고 힘든 일을 통해서 달성된다.

[어휘]

achievement 업적 persistent 끈질긴
manageable 감당할 수 있는 concise 간결한
exclusive 독점적인, 전용의

2. 정답 ②

해설

stringent는 (법률, 규정) '엄중한'이나 (재정적 조건) '긴박한, 절

박한'의 의미이다. 이 문장에서 뒤에 나오는 명사인 국제 기준을 수식하는 형용사이므로 '엄중한'의 의미가 맞다. 동의어로는 rigorous, strict, tight rigid, severe 등이 있다.

[해석]

정부는 배출 기준을 더 엄중한 국제적 기준에 맞출 수 있다.

[어휘]

emission 배기가스 in line with ~에 맞추어
slack 느슨한, 늘어진 transient 일시적인 tedious 지루한

3. 정답 ③

해설

문맥상 앞에 '강조되다'라는 의미와 반대되는 단어가 사용되어야 한다. 그리고 표면적인 현실주의 아래와 어울리는 흐름이 되어야 하므로 '가라앉은'의 의미를 가지는 submerged가 정답이 된다. merged는 '어우러진, 합병된'의 의미이고, emerge는 자동사로 '모습을 드러내다'라는 뜻이다. 그리고 immerse는 '~에 담그다, 몰두하다'라는 뜻을 가진다.

[해석]

피노키오는 이런 요소들이 어떻게 표면적 현실주의 아래로 가라앉기보다는 강조되는지를 보여 주는 좋은 예이다.

[어휘]

element 요소 emphasize 강조하다 surface 표면
realism 현실주의

4. 정답 ④

해설

점성술이 성격을 설명할 수 있다는 것은 증명될 수 없으며, 이는 과학적 연구로 증명될 수 있는 사실이 아니라 해석의 문제이기 때문이다.

[해석]

사이비 과학인 점성술을 진짜 과학인 천문학과 혼동해서는 안 된다. 사실 점성술은 여러 세대 동안 과학적 사고에 있어서 골칫거리였다. 학문적으로 보이는 책 더미와 행성의 위치에 관한 복잡한 도표들을 가지고 진정한 과학으로 위장한 채, 점성술은 개인의 성격을 설명할 수 있다고 주장한다. 점성술은 그의 주장을 고수해 왔지만 어떠한 과학적 연구도 이러한 주장을 증명할 수는 없었다. 실제로 그렇게 하려는 시도는 그 주장이 얼마나 공허한지를 증명했을 뿐이다. 특정한 별자리에 태어나는 것이 누군가를 '창의적'이거나 '목표 지향적'으로 만든다는 주장은 실제로 검증할 수가 없는데, 이는 그러한 성향의 존재가 주로 해석의 문제이기 때문이다.

[어휘]

confuse 혼동하다 so-called 소위 astrology 점성술
authentic 진정한 astronomy 천문학
a thorn in the(one's) side 걱정(고통)의 원인 disguise 변장시키다
planetary 행성의 assertion 단언 sign 신호
goal-oriented 목표 지향적인 persistence 고집
faithfulness 충실함 responsibility 책임감 interpretation 해석

5. 정답 ④

해설

'현금으로 지불해야 하나요?'라는 질문에 '할부로 지불할 수 있어요.'라고 답하므로 어색한 대화가 된다.

[해석]

① A: 이 수학 문제 좀 도와줘, 이해가 안 돼.
　 B: 어디 볼까. 여기 곱셈하는 걸 빼먹었구나.
② A: 이 이쁜 목걸이 어디서 샀어?
　 B: 내가 얼마 줬는지 상상도 못할걸.
③ A: $9.99! 재고 정리 세일을 하더라고.
　 B: 말도 안 돼! 거저 주었네!
④ A: 현금으로 지불해야 하나요?
　 B: 예, 할부로 지불할 수 있어요.

[어휘]

math 수학 figure out 이해하다 multiply 곱하다 gorgeous 우아한
necklace 목걸이 clearance sale 재고 정리 세일
a real steal 완전 공짜 in cash 현금으로 in installments 할부로

6. 정답 ④

해설

④ 동사 give는 두 개의 목적어를 '간접 목적어(her)+직접 목적어(scholarship money)'의 순서로 취하는 4형식 동사이므로 수동태가 되어 직접 목적어가 주어로 간 경우 수동태 동사(was given) 뒤에 '전치사+간접 목적어(to her)'가 와야 하므로 her를 to her로 고쳐야 한다.

[오답 분석]

① to 부정사를 목적격 보어로 취하는 5형식 동사(ask)가 수 동태가 되면 목적격 보어(to arrive)는 수동태 동사(was asked) 뒤에 그대로 남아야 하므로 was asked to arrive가 올바르게 쓰였다.
② to 부정사를 목적격 보어로 취하는 5형식 동사(find)가 수동태가 되면 목적격 보어(to be defective)는 수동태 동사 (was found) 뒤에 그대로 남아야 하므로 was found~to be defective?가 올바르게 쓰였다.
③ 동사 give는 두 개의 목적어를 '간접 목적어(her assistant)+직접 목적어(the task)'의 순서로 취하는 4형식 동사이므로 수동태가 되

어 간접 목적어가 주어로 간 경우 수동태 동사(was given) 뒤에 직접 목적어(the task)가 그대로 남아야 하므로 was given the task 가 올바르게 쓰였다.

[어휘]

venue 행사장 surveillance 감시 security guard 보안 요원
subordinate 부하 직원 defective 결함이 있는 scholarship 장학금

7. 정답 ③

해설
빈칸 뒤에 '사람들 앞에서 연설할 때마다'라는 내용이 제시되어 있으므로 빈칸에는 '긴장되다'라는 내용이 가장 적절하다.

[해석]

A: 스티브, 지금 뭐 하니?
B: 웅변 수업 시간에 발표할 스피치를 준비 중이야.
A: 너 그 수업 수강하는지 지금까지 몰랐어.
B: 선택의 여지가 없었어. 사람들 앞에서만 서면 너무 떨려서 완전히 긴장하거든.
A: 수업이 많이 도움이 되니?
B: 도움이 된 것 같아. 이제 사람들 앞에 나서는 게 조금은 편해졌어.

[어휘]

get cold feet 너무 떨려서 발이 얼어붙듯이 긴장되다
comfortable 편안하다 break the ice 분위기를 띄우다
off hand 즉석에서 nervous 긴장한

8. 정답 ③

해설
③ 문맥상 '의사들은 존경받는다'라는 의미가 되어야 자연스러우므로 look up(올려다보다)이 아닌 look up to(존경하다)가 쓰여야 한다. '자동사+부사+전치사(look up to)' 형태의 동사구가 수동태가 되면, 동사구의 부사(up)와 전치사(to) 모두 수동태 동사(are looked) 뒤에 그대로 남아야 하므로 are looked up을 are looked up to로 고쳐야 한다.

[오답 분석]

① '타동사+명사+전치사(take advantage of)' 형태의 동사구가 수동태가 되면 동사구의 명사(advantage)와 전치사(of) 모두 수동태 동사(are taken) 뒤에 그대로 남아야 하므로 are~taken advantage of가 올바르게 쓰였다.
② that절을 목적어로 갖는 동사(say)가 수동태가 되면 'It+be p.p.(is said)+that'의 형태로 쓰이므로 It is said that~이 올바르게 쓰였다. ④ 감정을 나타내는 동사(excite)의 경우 주어가 감정의 원인이면 능동태를, 감정을 느끼는 주체이면 수동태를 써야 하는데, 주어 New Year's Eve가 '신년 전야는 흥미진진하다'라는 의미로 감정의 원인이므로 능동태 New Year's Eve is always exciting이 올

바르게 쓰였다.

[해석]

① 외국 관광객들은 욕심 많은 택시 운전사에 의해서 빈번이 이용당한다.
② 개미들은 바닥에 남겨진 음식 부스러기 때문에 집으로 이끌린다고 한다.
③ 의료 전문가들은 환자들을 치료하고 그들의 목숨을 구하기 때문에 사람들에게 존경받는다.
④ 자정에 종을 치는 것 때문에 신년 전야는 늘 우리에게 흥미진진하다.

[어휘]

take advantage of ~을 이용하다 greedy 욕심 많은 ant 개미
attract 끌어들이다 look up to 존경하다 bell 종 midnight 자정

9. 정답 ④

해설
나이가 들면 뇌 기능이 저하된다는 통념과는 달리, 노년에도 새로운 뇌세포와 신경세포가 생성되고, 이로써 손상을 입은 뇌 부위도 재생될 수 있다는 내용의 글이다. 따라서 제목으로 가장 적절한 것은 ④ '새로운 뇌세포는 평생 만들어진다'이다.

[해석]

우리는 나이가 들면서 뇌세포 구조와 기능에 점진적인 저하가 발생한다고 생각했었다. 그러나 그러한 널리 퍼진 가정은 틀린 것으로 판명됐다. 새로운 신경세포가 나이 든 동물의 뇌에서 생성된다는 점이 밝혀졌으며, 우리는 나이 든 뇌의 이러한 놀라운 특성이 어떻게 조작될 수 있는지에 대해 점점 더 많이 알아 가고 있다. 예를 들어, 낮은 수준의 규칙적인 운동은 기억을 처리하는 뇌 구조인 해마의 새로운 신경세포를 상당히 생성해 주는 것으로 밝혀졌다. 게다가 새로운 연구에서는 나이 든 사람의 눈의 특정 신경세포가 새로운 과정을 성장시킬 수 있음이 밝혀졌다. 우리는 평생 동안 닳거나 손상을 입은 뇌의 부위를 재생시킬 수 있을 것이며, 이는 현재 노인이라고 여겨지는 사람들에게 새로워진 능력을 제공할 것이다.
① 항노화에 관한 통념과 사실
② 당신의 신경세포가 당신이 얼마나 잘 나이 들지를 결정한다
③ 당신의 인지 기능이 나이가 들면서 쇠퇴하는 이유
④ 새로운 뇌세포는 평생 만들어진다

[어휘]

progressive 점진적인 deterioration 저하, 퇴보, 악화
assumption 가정, 추정 generate 생성하다, 발생시키다
property 특성, 속성 manipulate 조작하다
significantly 상당히 크게 be capable of ~할 수 있다
wear out 닳다, 낡다, 해지다 in the course of ~동안
renew 새롭게 하다 folks 사람들 myth 사회적 통념

cognitive 인지와 인식의   decline 쇠퇴하다

10. 정답 ②

해설
기상 위성에 주로 사용되는 두 가지 감지기의 역할과 활용에 대한 글이므로, 주제로는 ② '기상 위성의 탐지 장비'가 가장 적절하다.

[해석]
오늘날의 발달한 기상 위성들 덕분에, 일기 예보관들은 태풍과 허리케인 같은 커다란 일기계를 관찰할 수 있다. 보통 이러한 위성들은 두 종류의 감지기를 사용한다. 첫 번째는 영상기라고 불린다. 카메라처럼, 그것은 반사된 빛을 사용하여 지구의 영상들을 만든다. 지구의 다양한 표면들은 각각 다른 방식으로 태양빛을 반사하기 때문에, 그것들은 영상에서 인식되고 구별될 수 있다. 예를 들어, 물은 빛을 거의 반사하지 않으며 따라서 검은색으로 나타난다. 기상 위성에서 발견되는 두 번째 종류의 감지기는 적외선 탐지기라고 불린다. 이것은 적외선 스펙트럼을 사용하여 물체의 온도를 감지한다. 온도는 에너지 방출량과 직접적으로 관련되어 있기 때문에, 탐지기는 다양한 지구의 표면으로부터 방출되고 있는 에너지의 양을 측정할 수 있다. 이 정보는 좀 더 정확한 일기 예보를 하고 온실가스가 대기에 미치는 영향을 측정하는 데에도 사용될 수 있다.
① 서로 다른 종류의 인공위성의 사용
② 기상 위성의 탐지 장비
③ 온실가스가 대기에 미치는 영향
④ 커다란 기후 시스템을 예측하는 어려움

[어휘]
weather satellite 기상 위성 sensor 감지기 reflect 반사하다 recognize 알아보다 show up 나타나다 infrared 적외선의 emission 방출 radiate (빛, 에너지 등을) 방출하다 detect 발견하다, 탐지하다

11. 정답 ①

해설
경영의 성공 여부는 다른 사람들 앞에서 자신의 생각을 말하는 능력에 의해 결정되며 언어적, 그리고 비언어적 의사소통 능력이 한 사람의 성격을 이루는 중요한 측면이므로, 의사소통 능력을 기르기 위한 여러 가지 훈련 강좌가 많아졌다는 내용의 글이다. 따라서 글의 주제로는 ① '의사소통 기술을 위한 훈련 강좌의 증가'가 가장 적절하다.

[해석]
오늘날, 의사소통은 유행어가 되었다. 따라서 편지, 메모, 그리고 보고서 쓰기, 세미나 및 집단 토론에 참여하기, 인터뷰하기, 프레젠테이션하기 등의 기술을 개발하는 것을 목표로 한 훈련에 많은 중점

이 주어지고 있다. 사업의 세계에서, 경영의 성공은 주로 다른 사람들 앞에서 자신의 생각을 제시할 수 있는 능력에 의해 결정된다. 사실, 언어적 (문어적/구어적), 그리고 비언어적 (몸짓 언어) 의사소통 능력은 한 사람의 성격의 중요한 측면이다. 실제로, 많은 상급 기관은 모든 수준의 학부 및 대학원 교육에서 경영학과 졸업생들을 위해 추가적으로 제공하는 자료로 전문화된 인성 개발 프로그램에 의사소통을 통합해 왔다. 거의 모든 대학교에는 비즈니스 의사소통, 인적 의사소통, 또는 조직적 의사소통의 공식 강좌가 있다. 게다가, 모든 수준의 간부와 관료를 위해 특별히 고안된 훈련 강좌와 연수회가 있다.
① 의사소통 기술을 위한 훈련 강좌의 증가
② 의사소통 능력을 개선하는 데 있어서의 어려움
③ 공식적이고 비공식적인 의사소통의 차이
④ 모든 수준의 인격 발달에 요구되는 과정들

[어휘]
accordingly 따라서 managerial 경영의 verbal 언어의 competence 능력 advanced 상급의 institution 기관, 제도 incorporate 통합하다 graduate 졸업생 undergraduate 학부생 postgraduate 대학원생 executive 간부 bureaucrat 관료

12. 정답 ④

해설
④ 마지막에서 두 번째 문장에서 공인된 학생증을 소지해야 여름 학기 동안 운동 및 오락 시설을 이용할 수 있다고 했으므로 글의 내용과 일치한다.

[오답 분석]
① 세 번째 문장에 영화와 콘서트 일정은 매주 수요일마다 공지된다고 했으므로 글의 내용과 일치하지 않는다.
② 다섯 번째 문장에 구내식당은 주 중 오전 7시에 운영한다고 했고 여섯 번째 문장에서 도서관은 정상 근무 시간을 유지할 거라고 하였으므로 글의 내용과 일치하지 않는다.
③ 네 번째 문장을 통해 학교 버스가 30분마다 운행될 예정이라고 하였으므로 글의 내용과 일치하지 않는다.

[해석]
9주간의 여름 학기 동안 대학 공동체를 위한 서비스들은 수정된 일정을 따를 것입니다. 학교 버스, 구내식당, 양호실과 여가 및 운동 시설들의 여름 학기 시간들에 대한 구체적 변경 사항들은 구내식당 외부의 게시판에 공고될 것입니다. 매주 영화와 콘서트 일정은 마무리 짓는 중이며, 수요일마다 구내식당 외부에 게시될 것입니다. 학교 버스는 30분마다 대강당을 출발해 교내 노선을 따라 정규 정차 지점들에 모두 정차할 것입니다. 구내식당은 주중 아침 7시부터 저녁 7시까지 아침, 점심, 이른 저녁 식사를 제공하고, 주말에는 정오부터 저녁 7시까지 제공할 예정입니다. 도서관은 주 중에는 정상 근무 시간을 유지하지만, 토요일과 일요일에는 더 짧은 시간인 정오부터 저녁 7시까지만 유지할 예정입니다. 도서관 대출 서비스와 여가, 운동, 오

락 시설을 이용하고 싶은 모든 학생은 공인된 여름 학기 학생증을 가지고 있어야 합니다. 이번 공고는 학생 신문 다음 호에도 공지될 예정입니다.
① 영화와 콘서트 일정은 한 달에 두 번씩 공지될 예정이다.
② 주중에는 구내식당과 도서관이 정오에 열 것이다.
③ 학교 버스는 한 시간마다 운행되어 정규 정차 지점들에 모두 정차할 것이다.
④ 여름 학기 동안 운동 및 오락 시설들을 이용하기 위해서는 유효한 학생증이 필요하다.

[어휘]

session 학기 revise 수정하다 infirmary 양호실
bulletin board 게시판 finalize 마무리 짓다
regular stop 정규 정차 지점 authorized 공인된
identification card 신분증 valid 유효한

13. 정답 ③

해설

경제 위기로 인해 직업을 잃은 사람들이 취업 대신 학교로 돌아간다는 내용의 주어진 글 다음에, 이에 부응하기 위한 대학교와 정부의 노력에 대해 서술한 (B)가 오고, 학교로 돌아가는 것이 재취업을 보장하는 것은 아님을 지적한 (A)가 온 뒤, 이에 대비하기 위한 조언인 (C)의 순서로 이어지는 것이 흐름상 자연스럽다.

[해석]

요즘 경제 위기로 인해 직업을 잃은 많은 사람이 취업 시장을 떠나 학교로 돌아가고 있다. (B) 이러한 새로운 학생들의 요구를 충족시키기 위해, 일부 대학교는 전문화된 강좌를 제공하고 있다. 이러한 강좌를 제공하는 학교들과 그 강좌에 등록하는 학생들 모두를 지원하기 위해 많은 정부 프로그램이 설계되었다.
(A) 그러나 단순히 학교로 돌아가 새로운 학위를 취득하는 것이 이 사람들이 그 후에 직업을 구할 수 있다는 것을 보장하지는 않는다. 학교로 돌아가는 것은 모험이며, 막대한 시간, 돈, 그리고 노력의 투자를 수반한다.
(C) 그러므로 공부할 과목을 선택하기 전에, 어느 정도 심도 있는 조사를 하는 것이 중요하다. 학교로 돌아갈 가능성이 있는 학생들은 그들이 종사하고 싶은 업계와 그 업계의 미래 고용 전망에 대해 그들이 알아낼 수 있는 모든 것을 알아 두어야 한다.

[어휘]

financial 경제적인 crisis 위기 ensure 보장하다 risk 위험, 모험
significant 중요한 meet 충족시키다 enroll 등록하다
potential 가능성 있는 prospect 전망

14. 정답 ②

해설

Meyerbeer의 음악을 대단히 싫어한 Mendelssohn의 음악적 특징을 서술하는 주어진 글 다음에는, on the contrary로 그와 반대되는 Meyerbeer의 음악적 특징을 언급하며 두 사람의 외모가 닮았다는 (B)가 이어지며, (B)의 마지막 내용인 두 사람의 유사점에 대해 부연 설명을 이어 가는 (A)가 와야 한다. 마지막으로 Mendelssohn이 Meyerbeer와 닮았다는 것에 격분하여 머리를 짧게 깎았다는 일화를 소개하는 (C)가 오는 것이 자연스럽다. 따라서 ② (B)-(A)-(C)의 순서가 가장 적절하다.

[해석]

Mendelssohn은 Meyerbeer의 음악에 대단히 큰 반감을 가지고 있었다. Mendelssohn의 음악은 그저 쇼를 위해 시도되는 효과들이 전혀 없는, 정제되고, 우아하고, 그리고 학구적인 것이었다.
(B) 반면에, Meyerbeer의 음악은 좋은 것을 많이 담고 있고 특히 기악 편성에서 효과적이지만, 노골적인 것을, 주로 선정적인 기미가 보이는 것을 많이 가지고 있었다. 하지만 두 사람 모두 여러 가지 점에서 개인적으로 유사 하다.
(A) 두 사람은 유대인 혈통이고 히브리인의 얼굴 생김새를 물려받았다. 즉 두 사람 모두 체구가 호리호리했고, 그들은 똑같은 방식으로 머리를 꾸미는 데 익숙해 있었다. Meyerbeer의 음악에 대해 Mendelssohn이 지녔던 반감은 Meyerbeer 자신에게까지 어느 정도 확대되었고, 그의 친구 중 어느 누군가가 그의 외모가 그 혐오하는 작곡가와 닮았다고 놀릴 경우에 Mendelssohn의 혐오감은 대단히 컸다.
(C) 한번은 파리에서, 그의 개인적인 외모와 Meyerbeer의 외모가 비슷한 것에 대해 몇 가지 온화한 농담을 듣게 된 후에, Mendelssohn은 서둘러 이발사에게 달려가 유사함을 없애기 위해 머리카락을 짧게 깎았다.

[어휘]

polished 정제된 descent 혈통 inherit 물려받다
Hebrew 히브리인(의) slender 호리호리한 build (사람의) 체구
be accustomed to ~에 익숙해 있다 disgust 혐오(감)
tease 놀리다 resemblance 유사(함) detest 혐오하다
instrumentation 기악 편성 savor of ~한 기미가 있다
sensational 선정적인 be subject to ~에 처하다, ~을 당하다
good-natured 온화한 barber 이발사 clip 깎다 dispel 없애다

15. 정답 ①

해설

이 글에서 필자는 사람들마다 다양한 의견을 가지고 있고, 각자 자신의 견해가 확정된 것인 양 생각하는 민주주의 사회에 살면서 어떻게 우리가 자신의 고정 관념 같은 것을 이성적으로 수정해 갈 수 있는 것인 가에 대한 자신의 생각을 진술하고 있다. 이 글의 전체적인 흐름으로 볼 때에 But that's not true(그러나 그

것은 사실이 아니다) 같은 문장이 강력한 힌트가 될 수 있다. 글을 주의 깊게 읽으면 이 문장 앞뒤 어딘가에 주어진 문장이 들어갈 수 있다는 판단을 할 수 있을 것이다.

[해석]

민주주의 사회에서는 삶은 옳고 그름, 정의의 불의에 대한 이견으로 가득하다. 어떤 사람들은 낙태 권리를 찬성하고 어떤 사람들은 그것을 살인이라고 생각하기도 한다. 어떤 이들은 공정하기 위해서는 가난한 사람들을 돕기 위해서 세금을 부과해야 한다고 믿는 반면에 어떤 이들은 그것이 불공정하다고 믿는다. 우리는 우리의 도덕적 확신이 이성적 범위 너머에 있고 완전히 고정된 것이라고 생각하기 쉽다. 그러나 그것은 사실이 아니다. 그렇다면 우리는 이러한 상충적 가치에 대하여 이성적으로 길을 헤쳐 나갈 수 있을까? 우선 시작할 수 있는 방법은 어떤 어려운 도덕적 질문에 부딪쳤을 때 도덕적 성찰이 어떻게 자연스럽게 나타나는지 알아보는 것이다. 우리는 우리가 해야 할 올바른 일에 대하여 어떤 견해나 확신으로 시작한다. 그러고 나서 우리는 우리의 확신에 대한 이성적 판단을 성찰하고 그것이 바탕을 두고 있는 원칙을 찾아내고자 한다. 그때, 원칙이 흔들리게 하는 상황을 만나면 우리는 혼란에 빠지게 된다. 다시, 우리는 우리가 해야 할 옳은 일에 대한 판단을 수정하거나 우리가 처음에 지지했던 원칙을 재고하게 될 것이다. 우리가 새로운 상황을 만나게 되면 우리는 우리의 판단과 원칙 사이를 왔다 갔다 하면서 상호 비교하며 그 내용을 고쳐 가게 되는 것이다.

[어휘]

tempt 유혹하다 conviction 확신 reason 이성 favor 선호하다
abortion 낙태 fairness 공정성 conflicting 상충하는, 모순되는
reflection 성찰, 반성 emerge 나타나다 confusion 혼란
revise 수정하다 judgment 판단 initially 처음에
espouse 지지하다 back and forth 앞뒤로

16. 정답 ④

해설

이 글에서 필자는 전체적으로 전 지구적 문제를 해결하는 데 개별 국가가 아니라 세계 모든 나라가 공동의 노력을 기울여야 하는 시대가 되었다는 것을 설명하고 있다. 그런 관점에서 ④는 다른 문장과 정반대로 진술하고 있다.

[해석]

21세기가 되면서, 국가주의는 빠르게 설 자리를 잃고 있다. 어떤 특정 국가의 국민이 아니라 모든 인류가 다 정치적 권위를 가진 정당한 당사자라고 믿는 사람들이 점점 더 많아지고 있다. 만년설이 녹고 있는 것과 같은 본질적으로 세계 문제가 나타나면서 개별 국가가 가지고 있던 모든 정통성이 줄어들고 있는 것이다. 어떤 주권 국가도 혼자서 지구 온난화 문제를 극복할 수 없을 것이다. 세계 모든 국가는 자신들의 독립성을 빠르게 잃어 가고 있는 것이다. 모든 국가 중 어느 국가도 독립적인 경제 정책을 시행하거나, 마음 내키는 대로 전쟁

을 선언하고 수행하거나, 심지어는 자국의 내부 문제조차도 자신들의 판단대로 실행하지 못하는 것이 사실이다. 전 세계를 통틀어서, 점점 더 많은 정치 지도자가 자국과 자국민에게 충실하라는 요청을 받고 있다. 세계적 기업과 비정부 기구의 간섭과 전 세계 여론의 감독을 받게 되는 국가가 점점 더 늘어나고 있다. 각국은 이제 재무적 행동, 환경 정책과 정의에 대한 세계적 표준을 따라야만 하는 것이다.

[어휘]

unfold 펼쳐지다 lose ground 지반을 잃다 humankind 인류
legitimate 합법의 authority 권위 particular 특별한
appearance 출현, 모습 melt 녹다 ice cap 만년설
a nibble away 갉아 먹다 legitimacy 정통성 sovereign 주권의
execute 집행하다 declare 선언하다
wage (전쟁 등을) 수행하다 as one pleases 좋을 대로
affair 문제 interference 간섭 supervision 감독
be obliged to ~해야만 하다 conform to ~과 일치시키다

17. 정답 ③

해설

용어의 유래가 이야기를 꾸며 내는 사람에게서 비롯되었으며, 환자들이 잘 알고 있는 병의 증상을 유발해 다른 사람의 관심을 얻는다는 내용에 비추어 볼 때. 빈칸에는 'inducing'이 가장 적절하다.

[해석]

뮌하우젠 증후군으로 알려진 정신 질환을 앓고 있는 사람들은 증상들을 유발함으로써 신체적으로 아픈 척한다. 이 질환의 이름은 18세기 독일 귀족인 뮌하우젠 남작에게서 유래하는데, 그는 그의 일생에 관한 터무니없이 불가능한 이야기들을 지어냈다고 전해졌다. 이 질환을 가지고 있는 사람들의 최종 목표는 그들을 치료하려고 시도하는 의료진으로부터 관심과 동정을 얻는 것이라고 여겨진다. 그들은 때때로 그들이 앓고 있다고 주장하는 병에 관하여 매우 박식해서, 오랜 기간 동안 의사들을 속일 수 있어 비용이 많이 드는 의료 절차와 입원을 야기한다. 뮌하우젠 증후군을 앓는 사람들은 환자 역할에서 가장 편안함을 느끼는데, 그것이 심리적 욕구를 채워 주는 듯하기 때문이다. 그들 중 많은 사람이 어린 시절 동안 정신적 외상을 경험했거나, 그들에게 충분한 애정을 주지 않은 가정에서 자랐다.

① 거절함
② 무시함
③ 유발함
④ 숨김

[어휘]

psychological 정신적인, 심리적인 condition 상태, 질환
symptom 증상 fantastically 환상적으로 ultimate 궁극적인
sympathy 동정 personnel 인원 treat 다루다, 치료하다
knowledgeable 아는 것이 많은 deceive 속이다

costly 많은 돈이 드는 procedure 절차
apparently ~인 것처럼 보이는 trauma 정신적 외상
sufficient 충분한 affection 애정 reject 거부하다
induce 유발하다 conceal 감추다 suppress 진압하다

18. 정답 ③

해설
대체 역사는 역사의 어느 시점을 실제 역사와 다르게 상상하여
이야기를 풀어 나가는 일종의 공상 과학 소설이므로, 빈칸에는
'역사가 (실제와) 다른 방향으로 진행된' 세계를 묘사한다는 내용
이 적절하다.

[해석]
대체 역사는 역사가 다른 방향으로 진행된 세계를 묘사한다. 다시 말
하자면 대체 역사는 역사 소설과 유사한 일종의 공상 과학 소설이다.
그 소설은 어떤 허구의 역사적 사건이 발생할 때까지 우리의 세계와
동일한 세계를 묘사한다. 이 시점에서, 세계는 대체 역사를 가진 상
상의 세계가 된다. 대체 역사는 로마 제국이 결코 몰락하지 않은 세
계를 묘사할 수 있다. 그것들은 몇몇 기술이 실제로 일어난 것보다
역사상 훨씬 더 일찍 도입된 것에 대해서 쓸 수도 있다. 예를 들어,
컴퓨터가 빅토리아 시대에 발명되었다면 어떻게 되었을까? 많은 독
자는 이러한 이야기가 상상력을 자극하고 역사에 있어서의 원인과
결과라는 현상을 고찰하기 때문에 흥미롭다고 생각한다.
① 역사는 스스로 반복한다
② 기술이 개선되었다
③ 역사가 다른 방향으로 진행된
④ 다른 쪽이 전쟁을 이겼다

[어휘]
alternative 대안의 identical 동일한 fantasy 상상, 공상
empire 제국 stimulate 자극하다 examine 검사하다, 고찰하다
cause and effect 원인과 결과

19. 정답 ④

해설
④ are weak 부분은 앞의 ③에서 이어지는 내용으로 the
consistency with which you are~assessments까지가 주부
이고, 주어가 the consistency이므로 consistency에 맞추어 동
사는 are가 아니라 is로 써야 한다.

[오답 분석]
①에서는 전체적으로 '~에 기초를 둔 인성 평가'라고 표현해야 하는
부분이므로 과거 분사 based로 표현한 것이 맞다.
②는 내용상 '~하는 것으로 추산된다'라는 뜻이므로 수동태가 바르
게 쓰였다.
③에서는 전치사+관계 대명사(with which) 이하 repeated

assessments까지가 선행사 the consistency를 수식하며 with
which의 which는 내용상 선행사 consistency와 연결되어 '일관성
있게'라는 의미를 가지게 되므로 반드시 전치사 with와 함께 써야 한
다.

[해석]
MBTI 검사는 Carl Gustav Jung의 이론에 기초한 인성 평가 도구이
다. 현 표준 MBTI 표본은 네 가지 주요 이분법에 따라 제시되는 외
향성과 내향성, 감각과 직관, 사고와 감정, 인식과 판단과 같은 선호
사항과 경향 관련 아흔세 개의 질문으로 되어 있다. 250만 명 이상
이 매년 이 검사를 받고 있는 것으로 추산된다. MBTI 검사가 왜 이
렇게 대단히 인기가 있을까? 신뢰도와 타당도 때문에 MBTI 검사가
인기가 있는 것인가? 아마도 아닐 것 같다. ESFJ와 같은 4글자 코드
는 4가지 선호도에 따른 2진법적 득점에 따른 열여섯 개의 "유형(타
입)" 중 하나이다. 문제는 당신이 반복 평가에서 똑같은 프로필 점수
를 일관되게 받을 가능성이 낮다는 것이다. 다른 말로 하면, 이 검사
는 신뢰도가 부족해서 당신이 받은 네 글자 프로필은 검사할 때마다
바뀔 가능성이 크다. MBTI 검사가 타당도와 관련해서는 적당하지만
그렇다고 특별하지는 않고 다른 인성 검사같이 광범위한 연구 기반
을 가지고 있는 것은 아니다.

[어휘]
personality 인성 assessment 평가 instrument 도구
tendency 경향 dichotomy 이분법 extraversion 외향성
introversion 내향성 intuit 직관하다 perceive 인식하다
judge 판단하다 extraordinarily 특별히, 유별나게
reliability 신뢰도 validity 타당도 profile 프로필, 평판
particular 특별한 shift 바뀌다 with respect to ~에 관하여
adequate 적당한 exceptional 예외적인 extensive 광범위한

20. 정답 ④

해설
④ 동명사 expressing의 목적어가 와야 하고, that절 안의
convey의 목적어가 없는 상황이다. 또한 wherever은 문맥상으
로도 자연스럽지 않으므로 복합 관계 대명사 whatever로 고쳐
야 한다.

[오답 분석]
① 'A도 B도 아닌'의 의미인 (neither A nor B) 구문이 쓰였으므로
nor는 어법상 맞다.
② 주어(the poem)와 동사(is written)가 있는 완전한 문장이고, 선
행사 the words가 있으므로 in which는 어법상 맞다.
③ it은 가주어이고, to write 이하가 진주어이므로 to write은 어법
상 맞다.

[해석]
음악은 경이로운 세상을 나타내지도, 그것에 대해 진술을 하지도 않
기 때문에, 그것은 그림과 언어 모두를 우회한다. 우리가 그림을 볼

때, 외부 세계에 있는 유형 물체로 그림이 존재한다는 사실은 우리 자신과 예술가가 표현하고 있는 근본적인 생각 사이의 매개자 역할을 한다. 우리가 시를 읽을 때, 그 시에 쓰인 단어도 비슷하게 역할을 한다. 화가는 당연히 그림으로 그가 표현해야 할 것을 표현해야 하고, 시인은 단어로 그가 표현해야 할 것을 표현해야 하기 때문에, 매개자로서 그림과 단어에 대해 글을 쓰는 것은 어리석은 것처럼 보일 수도 있다. 그러나 만약 우리가 그림이 화가가 우리에게 전달하고자 하는 어떤 것에 대한 표현임을 고려한다면 그리고 또한 언어가 본질적으로 은유적임을 우리가 받아들인다면, 매체가 메시지와 동일하지 않고, 어떤 의미에서 그것을 왜곡하거나 그것을 불완전하게 제시할 수도 있음을 우리는 인식할 수 있다. 물론, 이것이 예술가들이 자신들이 만들어 낸 것에 결코 만족하지 않으나, 자신들이 전달하고 싶은 것이면 무엇이든지 그것을 표현할 훨씬 더 완벽한 방법을 찾기 위해 할 수 없이 계속 노력해야만 하는 이유이다.

[어휘]
phenomenal 경이적인 statement 진술 bypass 우회하다
pictorial 그림의 existence 존재 tangible 유형의
by definition 당연히, 그 자체로 intrinsically 본질적으로
appreciate 인식하다 medium 매체 identical with ~와 동일한
distort 왜곡하다 be compelled to 할 수 없이 ~하다
strive 노력하다

Half Test 5. 정답 및 해설

1. 정답 ③

해설
surmount는 '어려움 등을 극복하다'라는 의미로 overcome, get over, beat, conquer 등이 동의어로 사용될 수 있다.

[해석]
스트레스 없는 삶은 아무런 도전 거리도, 즉 극복할 어려움도, 당신의 지혜를 갈고 닦거나 재능을 향상시킬 이유도 주지 않는다.

[어휘]
stress-free 스트레스 없는 challenge 도전 과제
sharpen 갈고 닦다 wit 지혜 ability 능력 revoke 취소하다
replenish 보충하다 encounter 직면하다

2. 정답 ③

해설
'be susceptible to+명사'는 '~에 민감한', '예민한'의 의미도 있지만, '~될 수 있는, ~에 취약한'의 의미를 가진다. 동의어로는

subject, vulnerable 등이 있다.

[해석]
지구 온난화는 바다의 기온을 올려서 해운대를 상어의 출몰에 취약하게 만든다.

[어휘]
shark visit 상어의 출몰 responsive 반응하는
receptive 수용적인 resistant 저항하는

3. 정답 ③

해설
go through는 '(계약) 성사하다' 또는 '(과정)을 거치다, 통과하다'라는 의미를 가진다. 이 문장에서는 목적어로 a factory process가 제시되어 있으므로 '거치다, 통과하다'라는 의미로 사용이 된 것이고 동의어는 pass through가 된다.

[해석]
공장의 과정을 거치는 식품들은 색, 향, 질감의 많은 부분을 잃는다.

[어휘]
flavor 맛 come up with (생각) 제안하다
put up with 참다, 견디다 come across 직면하다

4. 정답 ③

해설
뒤에 제시된 village를 수식하는 형용사가 나와야 한다. 문맥상 '잘 알려지지 않은'의 의미를 가지는 obscure가 가장 적절하다. affluent와 opulent는 '부유한'의 의미로 앞에 제시된 the poor와 의미가 상충이 되어서 소거해야 한다.

[해석]
이 잘 알려져 있지 않은 마을에는 가난하고 무력한 사람들에게 그녀가 평생 동안 헌신한 이후에조차도 많은 쟁점이 여전히 남아 있다.

[어휘]
issue 문제 lifelong 평생 동안의 devotion 헌신
the helpless 무력한 사람들 ubiquitous 도처에 있는, 편재하는
affluent 부유한 opulent 부유한

5. 정답 ④

해설
친구가 취업 인터뷰를 가는 중이라고 말하니 빈칸에는 응원하는 말이 들어가는 게 자연스럽다. 'I'll keep my fingers crossed for you(잘 되기를 기대해 줄게)'가 정답이다.

[해석]

A: 로렌, 오늘 멋지게 보이는데, 무슨 일이니?

B: 새 직장 인터뷰하러 가는 길이야.

A: 정말. 잘 되기를 기대해 줄게.

B: 나는 이 일을 얻기를 정말 갈망해.

A: 잘될 거야. 결과가 어떻게 되는지 알려 줘.

① 정신 차려

② 그게 가능하다고 생각해?

③ 진정해

④ 잘 되기를 기대해 줄게

[어휘]

occasion 행위, 행사, 일 on one's way to ~하러 가는 길이다

be eager to ~을 갈망하다 turn out 결과가 ~되다

6. 정답 ③

해설

'도와드릴까요?'라는 질문의 답변으로 Yes, I'd like to(네, 그러고 싶어요)는 어색한 대화이다. I'd appreciate it if you could(그렇게 해 주면 감사드려요)라는 답변이 적절하다.

[해석]

① A: 가게가 언제 문 닫나요?

　 B: 15분 후에요.

② A: 지금 바빠. 왜냐하면 한 시간 후에 발표를 해야 해.

　 B: 행운을 빌어.

③ A: 뭐 도와드릴까요?

　 B: 그렇게 할게요.

④ A: 언제 축구 보러 가는 게 어때?

　 B: 좋아요. 날짜를 말하세요.

7. 정답 ④

해설

④ '거짓말을 했을 리가 없다'는 과거의 일에 대한 추측을 나타내는 couldn't have p.p.(~했을 리가 없다)를 사용하여 나타낼 수 있으므로 couldn't have lied가 올바르게 쓰였다.

[오답 분석]

① 조동사처럼 쓰이는 표현 dare to(감히 ~하다) 뒤에는 동사 원형이 와야 하므로 동명사 doing을 동사 원형 do로 고쳐야 한다.

② 앞에 나온 일반 동사(dislike)를 대신하는 do 동사는 자신이 속한 절의 주어(I)에 수 일치시켜야 하므로 3인칭 단수 동사 does를 1인칭 동사 do로 고쳐야 한다.

③ 주절에 제안을 나타내는 동사(propose)가 나오면 종속절에는 '(should+동사원형)'이 와야 하므로 3인칭 단수형 동사 is를 should

be 또는 동사 원형 be로 고쳐야 한다.

[어휘]

harshly 불쾌하게 rewrite 다시 쓰다 approval 승인

honest 정직한

8. 정답 ②

해설

② if절에 if가 생략되어 동사 should가 주어(investors) 앞으로 온 가정법 미래 Should investors find가 왔으므로, 주절에도 가정법 미래를 만드는 '주어+will/can/may/would/should/could/might+동사 원형'의 형태가 와야 한다. 따라서 they will put up이 올바르게 쓰였다.

[오답 분석]

① 주어(The professor)와 동사가 '교수가 ~하려고 한다'라는 분석은 의미의 능동 관계이므로, 수동태 is intended를 능동태 intends로 고쳐야 한다.

③ if절에 현재 상황을 반대로 가정하는 가정법 과거 'if+주어+과거 동사' 형태인 if cities had가 왔으므로 주절에도 가정법 과거를 만드는 '주어+would/should/could/might+동사 원형'의 형태가 와야 한다. 따라서 would have improved를 would improve로 고쳐야 한다. ④ 주격 관계절(who is~degrees)의 동사는 선행사(people)에 수 일치시켜야 한다. 선행사가 복수 명사이므로 단수 be동사 is를 복수 be 동사 are로 고쳐야 한다.

[해석]

① 그 대학원 재무 관리의 교수는 교육 과정을 수정하려고 한다.

② 투자자들이 그 제안이 설득력이 있다고 생각한다면, 그들은 그것에 투자하기 위해 돈을 내놓을 것이다.

③ 대부분의 주민은 만약 도시의 대기 오염이 적으면, 그들의 정신 건강이 호전될 것이라고 생각한다.

④ 온라인 강의는 상근직으로 일하는 사람들이 학사 학위를 얻는 것을 가능하게 한다.

[어휘]

financial management 재무 관리 intend to 의도하다

curriculum 교육 과정 compelling 설득력 있는

put up (돈을) 내놓다 resident 주민 permit 가능하게 하다

full-time 상근(직)의 degree 학위

9. 정답 ③

해설

③ 지문에 지구는 물이 지구를 푸르게 보이게 하므로 파란색으로 보인다고 했으므로 맞는 진술이다.

[오답 분석]

① 두 행성 모두 파란색으로 보인다.

② 지구가 금성보다 약간 크다고 했으므로 지구의 직경이 금성의 직경보다 길다.

④ 두 행성 모두 육지를 가지고 있다.

[해석]

금성과 지구는 몇 가지 유사한 점을 공유하고 있기에 두 행성은 종종 '쌍둥이 행성'이라고 불려 왔다. 이 둘은 크기와 색상에서 비슷하다. 두 행성의 직경은 대략 650km 정도밖에 차이가 나지 않는데, 지구가 금성보다 약간 크다. 또한 이 둘은 모두 파란색으로 보이는데, 물이 지구를 푸르게 보이게 하는 반면, 금성의 대기의 상층 구름들이 금성을 희고 푸른 행성으로 보이게 한다. 이 둘은 모두 육지를 가진 행성이며 이는 그것들이 '단단하다'는 것을 의미하지만, 그것들의 대기는 매우 다르다. 금성의 대기는 지구의 대기보다 밀도가 90배 높은데 이는 금성이 태양계의 육지 행성 중에 가장 밀도가 높은 대기를 가지고 있음을 의미한다. 언뜻 보기에는 이 두 행성이 매우 비슷하게 보이지만 더 자세히 들여다보면 비슷한 점보다 차이점이 더 많다.

[어휘]

similarity 유사점 diameter 직경 roughly 대략
terrestrial 육지의 solid 단단한 dense 밀집한, 농후한
at first sight 언뜻 보기에 in detail 상세하게, 자세하게

10. 정답 ③

해설

개인의 취향과 사회적 배경에 따라 음악의 선호도가 달라질 수 있다는 주어진 글의 내용에 대해 (B)의 for instance에서 예를 들어 부연 설명하고 있다. (C)는 이러한 사실에 대한 반론으로 (However, ~) 익숙하지 않은 음악도 이해하려고 노력하면 즐길 수 있다고 한 뒤, 마지막 (A)에서 그러한 노력이 가지는 의미를 정리하고 있다. 따라서 정답은 ③이다.

[해석]

활기가 넘치고 활동적인 음악 문화는 삶을 풍요롭게 해 주고, 주변 사람 모두에게 삶을 더 짜릿하고 흥미롭게, 그리고 의미 있게 만들어 준다. 아름다움은 그것을 보는 사람의 눈에만 있는 것이 아니라 귀에도 있으며, 노래나 한 편의 기악곡을 즐기는 것은 어느 정도 듣는 사람의 개인적 취향과 사회적 배경에 달렸다.

(B) 예를 들어. 평범한 서양인에게 동아시아의 전통 음악은 그 표현 방식이 매우 낯설어서 아마도 이상하게 들릴 것이고 심지어 듣기가 불편할 정도로 어려울 수 있다.

(C) 그러나 음악적 관습에 대한 자신의 선입견을 내려놓고 익숙하지 않은 음악적 맥락을 이해하려고 노력할 수 있는 사람들은 그러한 음악이 더 다가가기 쉽고 즐겁다고 생각하게 될 것이다.

(A) '다른 것'에 대해 귀와 마음의 눈을 열어서 사람들은 새로운 다른 문화와 더 잘 관계를 맺고 상호 작용할 수 있다.

[어휘]

vibrant 활기 넘치는, 선명한
enrich 풍요롭게 하다, 부유하게 만들다 beholder 보는 사람
to a certain extent 어느 정도까지는 다소
engage with (이해심을 갖고) ~와 관계를 맺다 mode 방식
set aside 제쳐 놓다 preconception 선입견
convention 관습, 관례
accessible 접근하기 쉬운, 이해하기 쉬운

11. 정답 ①

해설

대량으로 싸게 판매되는 상품들이 실제로는 과소비를 조장하여 더 많은 돈을 쓰게 한다는 내용의 글이므로 제목으로는 ① '대량으로 싸게 판매되는 물건에 대한 착각'이 적절하다.

[해석]

최근 몇 년간 대량으로 제품을 판매하는 상점들이 인기를 끌게 되었다. 예를 들어, 당신은 대량 제품을 취급하는 상점에서 상자당 30센트가 할인된 가격으로 시리얼 20상자가 들어 있는 상자를 구매할 수 있을지도 모른다. 구매자들은 대량으로 사는 것이 돈을 절약하는 방법이라고 믿기 때문에 때때로 일 년에 100달러에 달하는 상점 회비를 낸다. 그러나 정말 그럴까? 당신은 시리얼 20상자에 대해 상자당 30센트를 절약할지는 모르지만 스스로에게 물어봐야 한다. 만약 그것이 대량으로 제공되지 않는다면 그 모든 시리얼을 사고 싶을까? 그리고 그것이 상하기 전에 그것을 모두 먹을 수 있을까? 많은 경우에 이 질문들에 대한 대답은 "아니요"이다. 이것은 대량 구매가 실제로는 돈이 더 많이 든다는 것을 의미하는데 당신이 그렇지 않았다면 구매했을 상품들보다 더 많은 상품을 구매하는 것이기 때문이다.

① 대량으로 싸게 판매되는 물건에 대한 착각

② 대량 구매로 돈을 절약하는 방법

③ 대량 매장에서 속지 않는 방법

④ 대량 매장: 쇼핑객을 위한 합리적인 선택

[어휘]

bulk 큰 규모 case 상자 membership fee 회비
consume 소비하다 go bad 상하다 in effect 사실상
illusion 착각, 오해 bargain 싼 물건 deceive 속이다
reasonable 합리적인

12. 정답 ④

해설

임신 중이나 출산 후의 우울증을 제대로 치료하지 않을 경우 초래될 수 있는 위험성에 관한 글이다.

[해석]

대부분의 여성에게 임신은 기대에 찬 기쁨의 시간인 것 같아 보이지

만, 적지 않은 수가 보통 수준에서부터 심각한 수준의 우울증을 겪는다. 이런 여성들은 출산 전의 건강 관리를 더 소홀히 하는 경향이 있다. 그들은 검진 예약을 놓치거나, 일부는 우울증에서 벗어나고자 술이나 담배에 의존하기도 하는데, 이런 것들은 태아에게 손상을 입힐 수 있다. 임신 중에 치료되지 않은 우울증은 더 높은 비율의 유산, 사산, 조산, 저체중아와 관련지어져 왔다. 건강하지 못한 임신으로 인해 작게 태어난 아기들은 성인이 되어서 고혈압과 심장병에 걸릴 위험이 더 크다. 마지막으로 출산 후의 우울증은 여성에게서 아이가 새로 태어난 기쁨을 빼앗아 가며 아기를 키우고 돌보는 능력을 심하게 손상시킬 수 있다.

① 임신의 기쁨
② 분만 후 관리의 중요성
③ 임신한 여성들을 위협하는 질병들
④ 임신 중 우울증의 위험

[어휘]

pregnancy 임신, 임신 기간 expectant 기대하는
significant 중대한 minority 소수 moderate 보통의
severe 심한 overlook 간과하다 turn to ~에 의존하다
tackle (문제 등을) 다루다 untreated 치료를 받고 있지 않은
miscarriage 유산 stillbirth 사산 premature delivery 조산
high blood pressure 고혈압 rob A of B A에게서 B를 빼앗다
impair 해치다 nurse 양육하다 infant 유아
post-delivery care 산후 조리 threaten 위협하다

13. 정답 ③

해설
③ 세 번째와 네 번째 문장에 기록된 역사의 시작 이전에 치료 물질로 식물을 사용했다고 나와 있으므로 일치함을 알 수 있다.

[오답 분석]
① 일곱 번째 문장에서 19세기에 약초의 인기가 양약의 발달로 가라앉았다고 설명하나 현재의 상황에 대해서는 언급되지 않았다.
② 여덟 번째 문장부터 열두 번째 문장을 통해 과학자들이 약초를 사용하는 다양한 형태를 연구하고 있음을 알 수 있으므로 불일치한다.
④ 다섯 번째 문장에서 중세에 대부분의 가정이 집에서 약초를 재배했다고 했지만 현재에 대해서는 언급이 없으므로 불일치한다.

[해석]
약초 이용 또는 약초로 만든 약은 의학적 목적을 위한 식물의 사용과 이런 쓰임에 대한 연구를 의미한다. 인간 역사의 오랜 기간을 통해 식물은 의학적 치료에 기초가 되어 왔다. 기록된 역사의 시작 이전에 살던 사회들이 식물을 약으로 사용했다. 프랑스에서 발견된 Lascaux 동굴 벽화는 식물을 치료 물질로 묘사한다. 중세 동안 대부분의 가정에서 집에서 약초를 재배했다. 약초에 대한 지식은 구전으로 세대에서 세대로 전해졌다. 그러나 19세기 양약의 발전과 함께 약초의 인기는 가라앉았다. 그러나 현대 의학은 여전히 많은 식물에서 유래한 화합물을 실험으로 검증된 의약품의 기초 재료로 이용한다. 세

계보건기구(WHO)는 세계 인구의 약 80퍼센트가 치료의 재료로 약초 치료법을 이용한다고 추정한다. 약초는 오늘날 다양한 형태로 이용 가능하다. 그것들은 신선한 상태나 건조된 상태로 얻어지며, 정제 형태로 포장된다. 그것들은 또한 캡슐 형태로, 차로, 연고로, 기름으로 사용될 수 있다. 약초의들은 전체론적 치료의 특성 때문에 많은 식물을 기반으로 한 의약품보다 이런 제조법을 추천하기도 한다.

① 약초 치료법은 양약을 처방하는 의사들에게 환영을 받지 못한다.
② 오늘날 과학자들은 약초를 어떻게 취할까를 연구하고 있지 않다.
③ 선사 시대의 사람들은 약초를 기반으로 한 치료법으로 질병을 치료했다.
④ 집에서 약초를 기르는 것은 전 세계적으로 인기를 얻고 있다.

[어휘]

herbalism 약초 이용 herbal medicine 약초로 만든 약
agent 물질 pass down 전해 주다 subside 가라앉다
compound 화합물 pharmaceutical drug 의약품
herbal remedy 약초 치료법 ointment 연고 formula 제조법
holistic 전체론적 (치료의) practice (의사, 변호사 등으로) 하다
prehistoric age 선사 시대 ailment 질병

14. 정답 ③

해설
연애를 반대하는 부모를 둔 소년과 소녀가 부모의 말을 따르겠냐는 질문을 던지는 주어진 글 다음에. 이 질문에 대한 답을 하며 로미오와 줄리엣 효과를 소개하는 (B)가 오고, 그 이름의 유래와 다르게 이 효과가 이성 관계 외에도 작용한다는 설명의 (C)가 이어진 후 , 이러한 상황에 대한 예시를 제시하는 (A)가 오는 것이 자연스럽다.

[해석]
서로 데이트하는 것을 부모들이 금지하는 십대의 소년과 소녀를 상상해 보라. 그 소년과 소녀는 그들 부모의 지시를 따를 것인가?
(B) 한 심리학적 관점에 따르면, 그들은 십중팔구 그렇게 하지 않을 것이다. 오히려 그러한 금지는 함께 있고자 하는 그 커플의 욕망을 증가시킬 뿐일 것이다. 이것은 금지된 사랑에 관한 셰익스피어의 비극적인 이야기에서 이름을 따온 로미오와 줄리엣 효과로 알려져 있다.
(C) 이 효과의 이름이 문학 작품의 가장 유명한 연인 둘의 이름에서 차용되었다는 사실에도 불구하고, 이것은 이성 관계에만 국한되지 않는다. 실제로 우리는 사회의 많은 다른 분야에서 작용하는 로미오와 줄리엣 효과를 볼 수 있다.
(A) 예를 들어, 특정 유형의 정치적 연설을 금지하는 법은 종종 더 많은 사람이 불법으로 정해진 것에 참여하도록 만든다. 따라서 이 이론에 따르면, 권위자가 개인의 자유에 제한을 둘 때마다 그러한 제한에 도전하려는 강력한 충동이 있을 것이다.

[어휘]

forbid 금지하다 obey 따르다 prohibit 금지하다 authority 권위

limitation 제한 urge 재촉하다, 충동 psychological 심리학적인
perspective 관점 tragic 비극의 confine 제한하다
observe 보다, 관찰하다 at work 작용하여

15. 정답 ③

해설

주어진 문장은 올빼미가 신비한 힘은 없지만 뛰어난 사냥꾼임을
나타내는데, ③ 뒤에서 올빼미가 신비한 힘 대신 가지고 있는 사
냥 능력을 서술하고 있으므로 주어진 문장은 ③에 오는 것이 적
절하다.

[해석]

수천 년간 사람들은 올빼미가 동물이라기보다는 신에 가깝다고 믿
었다. 심지어 오늘날에도 올빼미는 지혜, 마법, 힘을 나타내는 데 사
용되고 있지만, 사실 올빼미는 다른 새들보다 더 신적이지는 않다.
비범한 지능을 나타내는 것으로 여겨지는 커다랗고 둥근 머리와 정
면을 향한 큰 눈은 단순히 그들이 작은 동물들을 사냥하는 것을 돕도
록 발달된 자연적인 적응에 불과하다. 비록 신비한 힘은 없을지라도
올빼미는 다른 맹금들을 능가하는 기술을 가진 강력한 사냥꾼이다.
올빼미들의 날카로운 감각은 그들이 잠재적 먹잇감을 포착하지 못
하는 일이 좀처럼 없도록 한다. 게다가 소리 없이 날 수 있는 능력은
이미 늦었을 때에서야 비로소 먹잇감이 자신이 공격당하리라는 것
을 눈치챈다는 것을 의미한다.

[어휘]

owl 올빼미 mystical 신비한 surpass 능가하다 bird of prey 맹금
signify 나타내다 divine 신성의 adaptation 적응
acute 예리한, 날카로운 ensure 보장하다 potential 잠재적인

16. 정답 ①

해설

직장에서의 변화 속도가 대단히 빠른 상황에서 '각 기관의 급선
무는 직원들에 대한 기술 재교육'인 점을 지적하는 문장이 들어
갈 곳을 찾는 문제이므로 재교육의 필요성이 제시된 다음에 어
떻게 재교육을 시켜야 할 것인가를 설명하는 부분 앞에 주어진
문장이 들어가야 한다는 점에 착안하면 답을 찾을 수 있다.

[해석]

직장에서의 변화 속도가 더 이상 빠를 수 없을 만큼 빠르다. 지난
해 세계경제포럼은 '4차산업 혁명을 위한 직원 대상 기술 재교육 촉
진'이라는 백서에서 전체 산업에 걸쳐 직장에서 필요한 기술의 대
략 35%가 몇 년 내로 바뀔 것이라고 예측했다. 뒤처지지 않기 위해
서 각 기관은 직원들에 대한 기술 재교육을 개선해야만 한다는 것이
다. 그들은 직원들이 지속적으로 자신들의 역량을 최대한 개발할 수
있도록 하는 방식으로 기술 재교육 방법을 개선해야 한다. 그들은 매
일 매일 학습과 개발이 이루어지는 기관을 만드는 데 초점을 두어야
한다. 선임 지도자와 관리자들은 모범을 보여야 하며 지속적인 학습
과 개발 그리고 그에 대한 정기적 관찰을 해 나가야 한다. 학습자들
또한 자신의 능력이 배가되고 있다고 느껴야 하고, 학습 방법에 대한
설계에 관여하면서 학습 과정을 만들어 가는 데 도움을 줄 수 있다고
느껴야 한다. 직원들이 이러한 과정의 중심에 있을 수 있게 함으로써
직원들이 자신의 발전에 대하여 주인 의식을 갖게 할 수 있다. 그렇
게 해서, 각 기관은 효과가 있는 것과 없는 것을 평가하여 시대의 추
세와 함께 발전하며 직원들이 하는 일에 장기적인 도움이 될 수 있는
학습을 제공할 수 있게 되는 것이다.

[어휘]

left behind 뒤처지다 get better 개선하다 reskill 재교육하다
workforce 직원, 노동력 pace 속도 workplace 직장
whitepaper 백서 accelerate 가속시키다 revolution 혁명
project 예상하다 scope 규모, 범위 capability 능력
on an ongoing basis 지속적으로 focus on ~에 초점을 두다
embed 장착하다 senior leader 선임 지도자
champion 옹호하다 continual 계속적인 monitor 감시하다
empowered 능력이 향상된 engaged in ~에 관여하는

17. 정답 ④

해설

원자재 외에 추가로 들어가는 비용들에 대해 언급하면서 상품의
소비자 가격이 높게 책정되는 여러 가지 요인을 설명하고 있는
글이므로 정부가 사치품에 세금을 더 부과하는 것을 고려하고
있다는 내용은 흐름에 맞지 않는다.

[해석]

당신이 백화점에서 쇼핑을 하다가 $50인 향수 한 병을 발견한다고
가정해 보라. 당신의 처음 생각은 백화점이 아주 적은 양의 물과 섞
인 알코올과 기름에 대해 너무 많이 (값을) 청구하고 있다는 것일지
도 모른다. 그러나 당신은 이 가격이 원자재의 비용뿐만 아니라 다양
한 추가 비용도 반영한다는 것을 고려해야 한다. 우선 첫째로, 백화
점은 판매대 뒤에 있는 판매원의 급여를 지불하고 있다. 그리고 향수
제조업자는 향기 자체보다 그것의 화려한 병에 더 많은 비용을 들였
을지도 모른다. 따라서, 정부는 여론을 반영하여 사치품들에 더 많은
세금을 부과하는 것을 고려 중에 있다. 또한, 그 회사가 그 제품을 광
고하고 운송하는 데 얼마나 많은 돈을 쓰는지에 대해 생각해 보라.

어휘

perfume 향수 initial 처음의 charge 청구하다
raw material 원자재 manufacturer 제조업자 fancy 화려한
fragrance 향기 impose 부과하다 transport 운송하다

18. 정답 ④

해설

이 글은 (예시+주제)의 구조로, 제시된 예를 통해서 주제문의 빈

칸에 들어갈 몽구스 사회가 가진 '특성'을 추론해야 한다. 몽구스 사회에서 아픈 몽구스가 생기면 나머지 몽구스들이 그의 먹이나 잠자리에 편의를 봐주고 호의를 베푼다는 예들은 몽구스 사회가 가진 ④ '동정심'을 보여 준다고 할 수 있다.

[해석]

자신의 책 Mongoose Watch를 쓰려고 동물 행동을 연구하는 동안, 영국의 동물 행동학자 Anne Rasa는 난쟁이 몽구스 한 마리가 만성 신장 질환으로 병들었을 때, 동료들에게서 다르게 대우를 받는 것을 발견하고는 깜짝 놀랐다. 다른 몽구스들은 몽구스 사회 서열 속에서의 그(병에 걸린 몽구스)의 지위를 감안했을 때, 보통 때 먹었을 것보다 병에 걸린 동물(몽구스)이 훨씬 더 일찍 먹을 수 있도록 허용했다. Rasa에게 정말 놀라웠던 것은, 지배하는 위치에 있는 수컷이 먹고 있던 음식의 똑같은 부분을 한 입 먹는 것까지도 그 아픈 몽구스에게 허용되었다는 것인데, 그것은 보통 때는 결코 일어나지 않을 일이었다. 병에 걸린 그 몽구스가 기어오르는 능력을 잃었을 때, 몽구스 집단 전체는 상자와 같은 높은 물체 위에서 자는 것에 대한 확실한 선호를 포기했다. 대신, 그들은 모두 아픈 그 친구와 함께 바닥에서 잠을 자는 것을 택했다. 이러한 예들은 몽구스 '사회'가 동정심을 갖고 있음을 보여 준다.

① 창의성
② 자제심
③ 흥미
④ 동정심

[어휘]

dwarf 난쟁이 chronic 만성적인 kidney 신장 peer 동료
rank 지위 to A's astonishment A에게 놀랍게도 bite 한 입
dominant 지배적인 entire 전체의
decided 명확하고 확실한, 결정적인 preference 선호
elevate 올리다 opt 선택하다

19. 정답 ④

해설

빈칸 문장으로 보아 '무엇'에 관한 중요한 의문을 제기할 수 있는지를 찾아야 한다. 현대 예술가들이 자신들의 견해를 전자적 형태로 제시해 왔는데, 이 자료들은 삭제가 될(be deleted) 가능성이 있고 내구성(endurance)이 확실하지 않으므로 ④ '미래에 현대 예술 기록들의 이용 가능성'에 의문이 든다는 내용이 되는 것이 가장 적절하다.

[해석]

현대의 예술가들은 강의. 인터뷰, 에세이, 그리고 다양한 새로운 형식으로 자신들의 견해를 제시해 왔다. 이메일, 문자와 음성 메시지, 그리고 다른 가상의 공개 토론장이 편지와 일지를 거의 대체해 버렸다. 많은 예술가가 블로그, 채팅, 그리고 요즘에는 몇몇 소셜 미디어 계정을 가진 세련된 웹 사이트를 가지고 있다. 이런 새로운 가능성들은 전문가들만이 아니라 청중들도 정보를 제공을 받고 예술가들과

의 의미 있는 대화에 참여할 수 있게 해 준다. 그러나 이런 흥미로운 전자 플랫폼에는 잠재적 보안 문제가 있다. 유형의 문서와는 달리, 이메일과 다른 전자적 문자, 시각, 그리고 청각 자료는 삭제될 수도 있고, (실제로) 자주 삭제된다. 심지어 그것들이 저장되어 있을 때도, 시간이 경과한 이후의 디지털 매체의 내구성은 여전히 알려져 있지 않다. 이것은 미래에 현대 예술 기록들의 이용 가능성에 관한 중요한 의문을 제기한다.

① 예술의 진정한 정의에 대해 합의하는 것의 어려움
② 언제 현대 예술이 전통 예술로 바뀌는지
③ 예술이 의미를 제공할 의무가 있어야 하는지
④ 미래에 현대 예술 기록들의 이용 가능성

[어휘]

contemporary 현대의 novel 새로운, 소설 format 형식
virtual 가상의, 사실상의 public forum 공개 토론장 all but 거의
sophisticated 세련된 account 계정 specialist 전문가, 전공자
engage in ~에 참여하다 tangible 유형의 endurance 내구성
raise (문제를) 제기하다 conventional 전통적인
be obligated to ~할 의무가 있다 availability 이용 가능성
consciously 의식적으로

20. 정답 ④

해설

④에서는 관계 대명사 that 이하 절이 선행사 a dozen pigs를 수식하며, 따라서 breed는 '길러진(사육된)'의 뜻을 갖도록 수동태로 표현하여 were bred로 고쳐 써야 한다.

[오답 분석]

①은 the only way to replace~is with donor organs로 연결되어 '할 수 있는 유일한 방법은 ~을 가지고 하는 것 이다'라는 뜻이다.
②는 to find a good biological match with a donor에서 보는 것과 같이 a good match with로 연결되는 것이므로 이상이 없다.
③에서는 putting~through rigorous tests로 이어져서 '엄정하게 시험하다'의 뜻을 갖게 된다.

[해석]

실험실에서 인간의 조직을 만들어 내는 일은 항상 과학적 현실이 아니라 공상 과학이었지만, 이제 강력한 유전 공학 기술이 이것을 곧 바꿔 놓게 될 것이다. 대개, 병이 들거나 약해진 심장과 폐, 콩팥, 간을 교체하는 유일한 방법은 기증자의 기관을 활용하는 것이다. 그런데, 지금 너무나 많은 사람이 생물학적으로 잘 맞는 기증자를 기다리며 애써 찾고 있다. 이러한 부족 사태에 대한 희망적인 해결책으로 연구자들은 기관 재생에 CRISPR이라는 DNA 편집 도구를 정밀하게 시험해 오고 있다. 지난 8월에, 하버드 의학 대학의 과학자들은 그동안 인간의 장기 이식용으로 쓸 수 없게 만드는 바이러스에 감염되지 않은 상태로 길러 낸 열두 마리도 넘는 돼지를 생산했다. 돼지 게놈에는 감염병과 또 어떤 조직까지 좀 더 퍼지면 암까지 유발할 수 있는 바이러스 유전자가 들어 있는 경우가 종종 있다. 과학자들은 이

러한 바이러스 유전자를 돼지 DNA에서 떼어 내는 데 CRISPR을 사용하였다. DNA를 편집하는 다른 방법이 있기는 하지만, 2012년에 개발된 이 CRISPR 활용 방법이 유전자를 자르거나, 붙이거나 복사하고 옮기는 데 월등히 정밀한 분자(생물학적) 도구이다.

[어휘]

sci-fact 과학적 사실(현실) genetic technology 유전 공학
diseased 병든 failing 쇠약해진 lung 폐 kidney 콩팥 liver 간
donor 기증자 organ 기관 biological 생물학적인
promising 유망한, 가능성 높은 shortage 부족 rigorous 엄격한
regeneration 재생 generate 생산하다 transplant 이식
gene 유전자 infection 감염 snip out 싹둑 잘라 내다
viral 바이러스의 precise 정밀한 molecular 분자의

Half Test 6. 정답 및 해설

1. 정답 ①

해설
outrage는 '격분, 분노'라는 의미를 지니는 명사로 유의어로는 resentment, indignation, rage, fury 등이 있다.

[해석]
높은 가격은 격분으로부터 경탄에 이르는 반응과 함께 매스컴의 보도를 끌어모은다.

[어휘]
attract 관심이나 주의를 끌다 coverage 보도
range from A to B A에서부터 B에 이르다 admiration 경탄
disgrace 수치 insult 모욕 humiliation 굴욕

2. 정답 ②

해설
rampant는 '만연하는, 횡행하는, 걷잡을 수 없이 자라는, 무성한'의 의미를 가지는 형용사로 유의어로는 prevalent, widespread, uncontrolled 등이 있다.

[해석]
법의 광범위한 경시는 정치인들과 경찰력에 만연한 부패 또한 초래했다.

[어휘]
widespread 광범위한 disrespect 경시 generate 만들다
corruption 부패 police forces 경찰력 profuse 많은, 다량의
servile 비굴한, 굽실거리는 lucrative 수익성이 있는

3. 정답 ③

해설
문맥상 '외국의 언어가 남측의 일상 생활에 침투하다'라는 의미이므로 permeate가 가장 적절하다.

[해석]
공개적으로 외국의 언어가 일상 생활에 침투하는 것을 방치하는 점에 대해서 북측에서 남측을 비난하는 것은 이번이 처음은 아니다.

[어휘]
criticize 비난하다 penetrate 관통하다 expose 노출하다
stimulate 자극하다

4. 정답 ①

해설
bring about의 목적어 자리에 들어갈 수 있는 명사가 와야 하고, 문맥상 balance(균형)가 적절하다.

[해석]
대부분의 사람에게 놀라운 일이지만, 전 세계에는 500개 이상의 활화산이 있으며, 그중 10개 이상이 매일 폭발하고 있다. 화산 폭발은 대기 오염을 상당히 가중시킨다. 하지만, 화산에 의한 오염은 자연이 지구의 유기체와, 땅과 물 같은 지구의 구성 요소들 사이의 균형을 가져오는 한 방법의 일부다. 가장 놀라운 화산 폭발은 1991년 6월에 필리핀의 피나투보산에서 발생했다. 엄청난 양의 황산 가스가 대기 중으로 분출되었다. 그 직접적인 영향으로 지구가 상당히 냉각되었는데, 그 영향이 너무 커서 온실 효과로 인한 지구 온난화가 실제로 둔화되었다.

[어휘]
volcano 화산 erupt 폭발하다 substantially 두드러지게
organism 유기체, 생물 element 요소
measurable 측정할 수 있는 breakdown 실패
disharmony 부조화

5. 정답 ③

해설
아침 식사를 주문하는 상황에서 빈칸 뒤에 Sunny-side up(흰자만 살짝 익힌 것)이 제시되므로 빈칸에는 '계란을 어떻게 드릴까요?'가 적절하다.

[해석]
A: 아침 식사로 콘티넨털 아니면 아메리칸 어느 쪽을 원하세요.
B: 아메리칸으로 하겠습니다.
A: 계란은 어떻게 해 드릴까요?
B: 한쪽만 익혀 주세요.

① 커피 드릴까요
② 조금 더 드릴까요
③ 계란은 어떻게 해 드릴까요
④ 스테이크 어떻게 해 드릴까요

6. 정답 ③

해설
③ '마치 기억하는 것처럼 행동한다'는 현재 상황을 반대로 가정하는 as if 가정법을 사용하여 '주어(He)+동사(acts)+as if+주어(he)+과거 동사(remembered)'로 나타낼 수 있으므로 He acts as if he remembered her가 올바르게 쓰였다.

[오답 분석]
① '예방 접종이 없었더라면'은 과거 상황을 반대로 가정하고 있고, 주절에 과거 상황을 반대로 가정하는 가정법 과거 완료 '주어+would+have p.p.' 형태인 thousands~would have been이 왔으므로 if절에도 가정법 과거 완료 구문 Had it not been for가 와야 한다. 따라서 Were it not for를 Had it not been for로 고쳐야 한다.
② '극심한 교통량을 예상했더라면'은 과거 상황을 반대로 가정하고 있고, if절에 if가 생략되어 조동사 had가 주어(he) 앞으로 온 가정법 과거 완료(had he anticipated?)가 왔으므로 주절에도 가정법 과거 완료를 만드는 '주어+would/should/could/might+have p.p.'의 형태가 와야 한다. 따라서 would be를 would have been으로 고쳐야 한다.
④ '내가 그렇게 바쁘지 않다면'은 현재 상황을 반대로 가정하고 있고, if절에 현재 상황을 반대로 가정하는 가정법 과거 'if+주어+과거 동사' 형태인 if I were가 왔으므로 주절에도 가정법 과거를 만드는 '주어+would/should/could/might+동사 원형'의 형태가 와야 한다. 따라서 could have spent를 could spend로 고쳐야 한다.

[어휘]
vaccination 예방 접종 infect 감염시키다 anticipate 예상하다
rush hour 교통 혼잡 시간대

7. 정답 ④

해설
'이것 좀 옮겨 주실래요? 제가 손이 부족해요.'라는 질문에 '물론이죠, 당장 양도해 드릴게요.'는 어울리는 않는 답변이다.

[해석]
① A: 자정이 다 됐어. 정말 피곤해요.
B: 이 보고서는 오늘 밤 그냥 그대로 둡시다.
② A: 이거 확실하게 처리할 수 있나요?
B: 걱정 마세요. 식은 죽 먹기입니다.
③ A: 몸이 어디 안 좋으세요?

B: 감기가 오는 것 같아요.
④ A: 이것 좀 옮겨 주실래요? 제가 손이 부족해요.
B: 물론이죠, 당장 양도해 드릴게요.

[어휘]
midnight 자정 handle 처리하다 a piece of cake 식은 죽 먹기
come down with ~에 걸리다

8. 정답 ②

해설
② 동사 convince는 to 부정사를 목적격 보어로 취하는 동사이므로 to 부정사 to reconsider가 목적격 보어로 올바르게 쓰였다.

[오답 분석]
① 문맥상 '그 학생은 이해할 만큼 충분히 영리하다'라는 의미가 되어야 자연스러운데, '~하기에 충분히 ~하다'라는 to 부정사 관용 표현은 'enough to'를 써서 나타낼 수 있으므로 enough figuring out을 enough to figure out으로 고쳐야 한다.
③ 동사 help는 원형 부정사와 to 부정사를 모두 목적격 보어로 취할 수 있는 준사역 동사이므로 동명사 finding을 원형 부정사 find 또는 to 부정사 to find로 고쳐야 한다.
④ 동사 plan은 to 부정사를 목적어로 취하는 동사이므로 동명사 attending을 to 부정사 to attend로 고쳐야 한다.

[해석]
① 그 학생은 자신의 과제를 혼자서 이해할 만큼 충분히 영리하다.
② 그는 이사하기로 한 나의 결정을 재고해 보라고 설득했다.
③ 선생님은 학생이 답을 찾는 것을 도왔다.
④ 나는 오늘 밤 기념 파티에 참석하려 했지만, 다른 급한 일이 생겼다.

[어휘]
figure out ~을 이해하다 convince 설득하다
reconsider 재고하다 decision 결정 anniversary 기념일
come up 생기다 urgent 긴급한

9. 정답 ④

해설
주어진 문장의 This는 앞에 나온 내용을 가리키는 것으로, 앞에 나온 일과 개인 생활을 제로섬으로 설명하고 있으므로. ④에 들어가는 것이 가장 적절하다.

[해석]
우리 중 많은 사람은 목적이 무엇인지를 알아내려고 애쓴다. 우리가 아는 것은 단지, 우리가 막연하게 불만족스럽고, 아마도 우리 자신이 무엇을 해야 할지에 대해 대체로 아무 생각이 없으며, 마틴 루터 킹

같은 강한 개인적인 목적 의식을 가지고 있었다고 알고 있는 사람들은 우리와는 완전히 그리고 상당히 다르다는 것뿐이다. 우리는 의심과 불안에 시달리며, 열 살 때부터 자신들의 삶에서 무엇을 하고 싶은지를 알고 있었던 친구들과 스스로를 비교한다. 많은 사람은 자신이 유일하게 의지할 수 있는 것은 '일과 개인 생활'에서 균형을 만들려고 노력하는 것이라고 생각하고 있다. 이것은 일과 개인 생활은 제로섬 전쟁에서 시소를 타고 있다는 것을 암시하는데, 더 많이 일한다는 것은 더 적은 개인 생활을 함축한다. 이것은 파이의 크기가 한정되어 있다고 생각하는 사고방식으로, 일에 전념하는 파이가 많으면 많을수록, 개인 생활에 전념하는 파이가 줄어들게 된다. 대신에 여러분의 목적 의식이 강해짐에 따라 파이의 크기가 더 커지게 되는 일과 개인 생활의 통합을 여러분이 이룰 수 있는지를 상상해 보라.

[어휘]

mindset 마음가짐, 사고방식 struggle 분투하다
vaguely 희미하게 profoundly 심오하게 plague 괴롭히다
implication 함축, 암시 attain 얻다 intensify 강화하다

10. 정답 ④

해설

주어진 문장은 이것이 공공 부문 기관들에게 입찰을 할 것을 요구했다는 내용이므로 의무적 경쟁 입찰이 생겼다는 글 다음에 그리고 그것의 예시가 오는 문장 앞인 ④에 들어가는 것이 가장 적절하다.

[해석]

공공 부문의 산업과 용역은 다양한 형태의 사유화를 통해 시장으로 되돌려졌다. 그 가장 단순한 형태는 사적인 개인들에게 공기업을 파는 것이었는데 Yergin과 Stanislaw에 의하면, 90만 명의 노동자를 고용한 46개의 주요 산업체에 해당하는, 국영 기업의 3분의 2가 1992년까지 이런 식으로 매각되었다고 한다. 지자체의 공공 주택 세입자들이 자신들이 살던 부동산을 살 수 있는 권한을 부여받았을 때, 공공 부문 주택의 대량 매도도 있었다. 또 다른 형태는 '의무적 경쟁 입찰'이었다. 이것은 공공 부문 기관들로 하여금 그들이 제공하는 서비스를 민간인들에게 경쟁 입찰을 시키고, 가장 경쟁력이 있는 가격(을 제시한 사람)에게 계약을 주게 했다. 예를 들어, 1983년에 모든 구역의 보건 당국은 청소, 빨래, 그리고 음식 제공 서비스를 제공하기 위해 경쟁 입찰을 도입해야 했다. 기존의 '사내' 서비스 제공자는 계약을 따낼 수도 있었지만, 그렇게 하려면 개인 회사처럼 행동해야만 한다.

[어휘]

public sector 공공 부문 private tender 지면 경쟁 계약
bid 입찰 privatization 사유화 amount to ~에 달하다
tenant 세입자 compulsory 강제적인 authorities 당국

11. 정답 ④

해설

글의 전반부에는 권력에 대한 대중들의 감정이 부정적이라는 것, 즉 어떤 이유로 민주주의 정치 시스템이 권력을 견제하는지가 주로 서술되고 있고, 후반부에는 권력 집중을 막는 제도적 장치로 미국 헌법의 예가 소개되고 있다. 따라서 주제로 가장 적절한 것은 ④ '민주주의 국가들이 권력 남용을 막는 이유와 방법'이다.

[해석]

많은 사람이, 권력이 그것을 가장 적극적으로 추구하는 사람들에게는 주어지지 말아야 한다고 느낀다. 권력과 권력을 추구하는 사람들에 대한 이러한 일반적인 반감 때문에 Rosabeth Moss Kanter는 "권력을 가진 사람은 그것을 부인하고, 권력을 원하는 사람은 그것을 갈망하는 것처럼 보이고 싶어 하지 않으며, 권력의 음모에 관여하는 사람은 비밀리에 가담한다."라고 쓰고 있다. 권력과 권력을 가진 사람들에 대한 우리의 감정을 고려하면, 민주주의 정치 시스템이 권력에 대한 견제 방안을 가지고 있는 것은 놀랍지 않다. 이 시스템들은 또한 권력이 절대적이 되거나 극소수 사람의 손에 집중되는 것을 방지하는 방식으로 권력을 분배하는 방안들을 구체적으로 명시하고 있다. 미국의 건국자들은 이 문제를 두고 의견 충돌을 일으켰다. 그들의 헌법상의 해결책은? 정부의 한 기관에 권력이 집중되는 것을 막으면서 다수의 권력으로부터 소수의 이익을 보장하는 메커니즘을 확립하는 것이었다. 미국 헌법의 권리장전은 (정부가) 아무리 강력하더라도 정부가 축소할 수 없는 개인의 권리를 구체적으로 명시함으로써 권력을 견제한다.

① 평화적이고 민주적인 권력 이양의 필요성
② 권력 투쟁을 해결하려는 정치적 노력의 역사
③ 사회에서 사람들의 권력 갈망의 결과
④ 민주주의 국가들이 권력 남용을 막는 이유와 방법

[어휘]

withhold 주지 않다 antipathy 반감, 혐오감
given ~을 고려하면 democratic 민주주의의 check 견제
specify 구체적으로 명시하다 distribute 분배하다
clash over ~에 대해 충돌하다 constitutional 헌법의
mechanism 구조, 기계 장치 branch 지국, 분점
Bill of Rights 권리 장전 shift 이동 consequence 결과

12. 정답 ④

해설

첫 번째 문장에서 복제를 통해 같은 사람을 여럿 만들 수 있을 것이라는 생각이 틀렸음을 지적한 뒤 유전자를 완벽하게 복제하더라도 개인의 미래 또한 같을 수는 없다는 것을 쌍둥이를 예로 들며 설명하고 있다. 따라서 이 글의 제목으로 가장 적절한 것은 ④ '인간 복제에 대한 오해'이다.

[해석]

치료용의 생물 복제를 통해 우리가 예컨대 여러 명의 David Beckham으로 이뤄진 축구팀이나 여러 명의 Martin Luther King이 참가하는 평화 운동, 혹은 여러 명의 J. K. Rowling이 일하는 출판사를 만들어 낼 수 있다고 생각하는 것은 간단히 말해서 완전히 잘못된 생각이다. 문제는, 우리가 한 개인의 유전자 구성을 완전히 복제할 수 있다 하더라도 그 개인의 미래는 여전히 예견할 수 없다는 데 있다. 같은 가정과 학교에서 쌍둥이로 자라났지만 재능이나 호불호는 여전히 매우 다른 수천 명의 일란성 쌍둥이를 보기만 해도 똑같은 유전자가 똑같은 인생을 만들지 않음을 알 수 있다. 점점 더 정교해진 연구는 우리가 유전자 작용에 대해 더 잘 알게 될수록 맞춤형 인간을 생산하기가 불가능하다는 것이 더 명확해짐을 보여 주고 있다.

① 어떻게 인간이 복제되는가
② 인간 복제의 이점
③ 일란성 쌍둥이와 인간 복제
④ 인간 복제에 대한 오해

[어휘]

therapeutic 치료용의 cloning 생물 복제
publishing house 출판사 genetic 유전의 makeup 구성
identical twins 일란성 쌍둥이 talent 재능, 소질
likes and dislikes 호불호 increasingly 점점 더, 더욱더
sophisticated 정교한 function 작용, 기능 obvious 분명한
made-to-order 맞춤의 misconception 오해

13. 정답 ②

해설
② 마지막 문장에서 라라미 요새의 제2조약은 궁극적으로 충돌을 완화하기 위해 맺어진 조약이라고 했으므로 글의 내용과 일치하지 않는다.

[오답 분석]
① 두 번째 문장에서 Crazy Horse는 백인 개척자들을 향한 영웅적 행위와 용감한 저항으로 전설이 되었다고 언급하고 있으므로 글의 내용과 일치한다.
③ 일곱 번째 문장에 Crazy Horse가 Fetterman 대위가 이끈 병사 80명 군대의 대학살에 참여했다고 나와 있으므로 글의 내용과 일치한다.
④ 여섯 번째 문장에 몬태나주(洲)의 금광 지대에 접근하려고 도로를 세우려는 정부의 계획에 반대했다고 나와 있으므로 글의 내용과 일치한다.

[해석]
Crazy Horse는 모든 미국 원주민 지도자 중에서 가장 유명한 지도자 중 하나였다. 국토를 넓히려는 백인 개척자들을 향한 그의 영웅적 행위와 용감한 저항은 전설이 되었다. 그의 본명으로 말한다면, Tasunkewitko는 수족의 Oglala 부족 추장이었다. 그는 대략 1865

년부터 1877년 그가 사망하기까지 Great Plains의 북부에 있는 수족 영토로 들어오는 백인들의 침입을 반항적으로 쫓아냈다. 그의 용기는 그가 서부 영웅 이야기에 영구히 위치하도록 보장했다. 초기의 소규모 전투들은 1865년에 몬 태나주 금광 지대에 접근하려고 도로를 세우려는 정부의 계획에 반대하는 것이 포함되었다. 그 후 와이오밍주에서 그는 1866년에 William J. Fetterman 대위가 이끈 병사 80명 군대의 대학살과 1867년의 Wagon Box Fight에 참여했다. 그러한 충돌을 완화시키려는 시도에서 1868년에 Second Treaty of Fort Laramie(라라미 요새의 제2조약)에 의해 지역 부족을 위한 보호 구역이 세워졌지만 Crazy Horse는 이런 제한 밖에서 사냥 원정을 계속 이끌었다.

① Crazy Horse는 백인 개척자들에 의한 공격에 대한 그의 맹렬한 저항으로 잘 알려져 있다.
② Crazy Horse는 라라미 요새의 제2조약에 의해 일어난 충돌을 완화하려 시도했다.
③ Crazy Horse는 Fetterman 대위의 병사들을 죽이는 데 역할을 했다.
④ Crazy Horse는 몬태나주 금광 지역을 향한 도로 건설에 대항해 싸웠다.

[어휘]

exploit 위업 resistance 저항 open up 넓히다
Sioux 수족(아메리카 원주민의 한 종족) defiantly 도전적으로
incursion 침입, 유입 ensure 반드시 ~하게 하다 saga 무용담
skirmish 작은 접전 massacre 학살(하다) defuse 완화시키다
expedition 탐험 fierce 격렬한 aggression 공격

14. 정답 ①

해설
주어진 글 뒤에는 앞서 언급된 과정에서(in the progress) 부모들이 자녀 교육에 과도한 열성을 보이게 될 수 있음을 언급한 (A)가 이어지는 것이 적절하다. 다음으로는 예를 들어(for example) 설명하는 (C)가 오고, 부모가 적극적으로 나서는 (C)와는 대조적으로(On the other hand) 부모가 아이의 학습을 돕지 않는 경우에 빚어질 수 있는 결과를 언급하는 (B)가 마지막에 오는 것이 자연스럽다. 따라서 정답은 ① 'A)-(C)-(B)'이다.

[해석]
갓 부모가 된 모든 이는 자신의 아기가 개개의 새 기술을 숙련해 나가는 표시들을 기쁘고 자랑스럽게 지켜본다. (아기가 한) 첫 번째 말, 첫 걸음마, 읽기나 쓰기 능력을 보여 주는 첫 징조 같은 것들 말이다.
(A) 그 진행 과정에서 느끼는 기쁨 때문에 부모들은 아기에게 너무 일찍 너무 많은 것을 배우게 하려고 서두르고 싶어질지도 모른다. 하지만 발달을 서두르는 것은 아이들을 과도하게 조바심을 내게 하고 성과 중심적으로 만들 수 있다.
(C) 예를 들어, 부모가 너무 일찍 아기에게 글씨를 쓰거나 그림을 그리게 적극적으로 장려하면, 아기는 부모를 기쁘게 하기 위해 너무 열

162

심히 노력하다가 연필을 제대로 잡는 것조차 못하는 시기에 실패감에 시달릴 수 있다.

(B) 반면. 아이들이 부모로부터의 칭찬과 더불어 나이에 적합하고 (부모의) 지도를 받는 많은 활동을 하지 못하게 되면, 그들의 타고난 호기심과 용기를 잃게 될지도 모른다.

[어휘]

mastery 숙련 be tempted to R ~하고 싶어지다
rush 서두르다 overly 지나치게 anxious 조바심 내는
 performance 성과, 성적 oriented ~지향적인
deny 허락하지 않다 age-appropriate 나이에 적합한
combine A with B A와 B를 결합시키다

15. 정답 ③

해설

주어진 문장은 식물 위에 덮인 눈이 혹독한 추위로부터 식물을 보호한다는 내용이다. 눈 덮인 회양목의 예를 제시하는 (C)가 그 뒤에 오고, 식물뿐만 아니라 눈이 땅속에 사는 생물을 보호하기도 한다는 내용의 (A)가 그다음에 오는 것이 자연스럽다. (A)가 땅속에 사는 생명체를 죽일 수 있을 만큼 겨울 기온이 낮게 떨어진다는 내용으로 끝나므로, 눈이 이러한 것을 예방한다는 내용의 (B)가 그 뒤에 와야 한다. 따라서 정답은 ④ 'C)-(A)-(B)'이다.

[해석]

연약한 부분이 극심한 추위로 인해 죽게 될 식물들은 공기가 채워진 덮인 눈 덕분에 혹독한 날씨로부터 차단되면 종종 살아남게 된다.

(C) 예를 들어, 눈이 내려 회양목을 덮는다면 정원사는 그것을 털어 내고 싶을 수도 있다. 그러나 회양목 위에 덮인 눈을 그대로 두는 게 더 현명하다. 그렇지 않으면, 공기와 바람의 극심한 기온이 쉽사리 그것(회양목)을 죽일 수 있다.

(A) 게다가, 덮인 눈은 무수히 많은 수의 곤충, 벌레, 달팽이 그리고 땅속의 다른 많은 작은 생물체를 보호한다. 겨울의 대기 온도는 지표 바로 아래 살고 있는 수많은 유기체를 죽일 수 있을 만큼 쉽사리 낮게 떨어질 수 있다.

(B) 그러나 눈이 이것을 막아 준다. 지표와 쌓인 눈의 바닥 사이에 보존된 공기층은 단열재로 작용하여 그 아래 생물체가 얼어 죽는 것을 막을 만큼 충분한 온기를 유지한다.

[어휘]

tender 부드러운, 연한 insulate 고립시키다 격리하다
severe 심한, 맹렬한 blanket 전면을 덮는 것
untold 셀 수 없는, 막대한 creature 생물 plunge 추락하다
organism 유기체, 생물 surface 표면 layer 층, 겹
preserve 보존하다, 간직하다 beneath ~의 바로 밑에
be tempted to R ~하고 싶어지다

16. 정답 ④

해설

주어진 문장은 새로운 환경에 적응하기 위한 인간의 변화를 나타내므로 인간이 원숭이들과 달리 땅 위라는 새로운 곳에서 살기 시작했음을 이야기하는 문장 뒤인 ④에 오는 것이 적절하다.

[해석]

하나의 종이 별개의 두 종으로 점차 발달할 때, 이것은 분지 진화라고 알려져 있다. 이는 일반적으로 특정 개체군이 그 종의 나머지와는 다른 환경에서 서식할 때 일어나는데, 시간이 갈수록 그것은 그 서식지의 독특한 요구를 충족시키도록 변화한다. 분지 진화가 일어나는 방법의 한 예로, 원숭이와 인간의 발의 극명한 차이점들을 생각해 보라. 인간과 원숭이가 한때는 단일종이었지만, 원숭이들은 계속 나무에서 움직이는 데 그들의 시간의 대부분을 보낸 반면에, 인간은 땅위에서 살기 시작했다. 이 새로운 환경에 적응하기 위해 인간은 직립 보행을 시작했다. 시간이 흘러, 인간의 발은 걷거나 뛸 때 더 나은 속도와 균형을 감안하여 변화했다. 원숭이와 공통의 조상을 공유함에도 불구하고, 인간들이 살던 서식지는 그들로 하여금 다른 신체적 특징을 발달시키도록 요구했다.

[어휘]

adapt to ~에 적응하다 walk upright 직립 보행하다
gradually 점차적으로 distinct 뚜렷이 다른, 별개의
population 인구 inhabit 살다, 서식하다 unique 유일무이한
habitat 서식지 swing 흔들다 allow for ~을 감안하다
common 흔한 ancestor 조상

17. 정답 ③

해설

격한 감정 상태에서 겪은 사건의 사소한 것까지 생생하게 기억할 수 있는 이유는 그때 뇌가 화학적 변화를 겪기 때문임을 설명하는 내용의 글이다. 반면에 ③은 긴장 완화 기법에 관한 내용이므로 글의 흐름과 무관하다.

[해석]

격한 감정 상태에서 경험한 사건들은 기억하기 더 쉽다. 화재를 겪은 소녀는 작은 것, 이를테면 자신이 그때 입고 있었던 드레스의 무늬를 생생하게 기억할지 모른다. 기억이 강화된 것은 사건 그 자체에 대한 감정 때문이 아니라 충격적인 사건이 일어날 때 뇌가 화학적 변화를 겪는다는 사실 때문이다. 긴장 완화 기법은 뇌가 격한 감정을 완화하고, 두려움을 유발하는 자극을 (사건) 현장의 사소한 일처럼 다루도록 도와준다. 사람이 매우 감정이 격한 상태일 때, 뇌는 특별한 호르몬을 방출하는데, 이것은 신경을 유난히 (모든 일에) 수용적으로 만들어서 가장 사소한 사항까지도 기록될 수 있게 한다. 감정적으로 격한 경험의 기억에 사소한 일들이 양적으로 유난히 많은 것은 이러한 경험들이 상기될 때마다 시간이 천천히 지나간다고 느끼는 것을 설명해 줄지도 모른다.

[어휘]

vivid 생생한, 선명한 heightened 강화된, 고조된
chemical 화학적인 neutralize 완화(중화)하다
stimulus 자극 nerve 신경 exceptionally 유난히
receptive 수용적인 insignificant 사소한 intense 격렬한
account for 설명하다 recall 상기하다

18. 정답 ④

해설

세렌디피티가 과학 분야에서 종종 일어나며 상당한 기여를 한다는 것이 글의 요지이므로, 빈칸에는 ④가 가장 적절하다.

[해석]

때때로 발명가들은 그들이 실제로 얻고자 했던 것이 아닌, 유익한 무언가를 우연히 발견할 수도 있다. 이런 종류의 발견은 '세렌디피티'로 알려져 있다. 이런 식으로 발견을 하는 발명가들 일부는 그 결과가 우연한 것이었다고 인정하지만, 어떤 사람들은 그것을 은폐하려고 한다. 하지만 사실 세렌디피티는 과학적인 발견과 발명의 주요한 구성 요소이다. 예를 들어, 전자레인지는 한 과학자가 자신이 연구 중이던 전파가 주머니에 들어 있던 막대 사탕을 녹게 했다는 것을 발견했을 때 발명되었다. 이와 같은 일들 때문에, 과학자들은 우연한 사건들에 대해 열린 마음을 갖는 경향이 있다. 따라서 우연한 발견들은 대개 과학자가 선택한 전공 분야 내에서 일어난다.
① 과학자들은 그들의 발견이 우연히 이루어 진 것일 때 절대 인정하지 않을 것이다.
② 우연한 발견이 과학에서만 일어난다고 가정하는 것은 잘못된 것이다.
③ 과학자들은 세렌디피티를 실험의 결과를 검증하는 방법으로 사용한다.
④ 세렌디피티는 과학적인 발견과 발명의 주요한 구성 요소이다.

[어휘]

stumble upon ~을 우연히 발견하다 beneficial 유익한
occurrence 발생, 사건 serendipity 우연히 발견하는 능력
accidental 우연한 cover up 숨기다, 은폐하다 radar wave 전파
component 구성 요소, 성분

19. 정답 ①

해설

출판업자. 작가, 비평가, 독자 모두가 공모하여 출판업자는 작가가 쓴 책을 출판하고, 비평가는 문학이라고 판정하며 평론을 쓰고, 독자는 그 책을 읽으면서 소설(문학 작품)이라는 사실을 증명하며 영향력을 발휘한다는 내용의 글이다. 따라서 빈칸에 들어갈 말로는 ① '한 문학 작품의 존재'가 가장 적절하다.

[해석]

출판업자는 작가와 공모하여 작가가 쓴 것을 출판하기로 한다. 작가는 그 자신이 그 책을 썼고 다른 작가로부터 그 소재를 훔치지 않았다고 맹세한다. 그 출판업자는 카탈로그에 문학으로 확인되는 일련의 책들 속에 그 작품을 출판한다. 그 다음 비평가는 그 책을 읽고 그것이 정말로 문학이라고 판정하면서 그 공모에 합세한다. 그 비평가는 그것에 대한 평론을 쓰고, 그것을 개인적인 경험과 가치에 따라서 '좋은' 또는 '나쁜' 문학으로 판정한다. 만약 그가 훌륭한 비평가라면, 그 비평가는 문체, 구성, 언어의 사용, 심리적 통찰력, 사회적 문제들의 반영, 줄거리(구성) 등을 고려한다. 이 평론을 읽는 독자는 그다음 그 책을 살 마음이 생기고 그것이 지역 서점에서 '문학' 또는 '소설'이라는 이름으로 서가에 꽂혀 있는 것을 발견한다. 책 표지의 설명은 그것이 소설이라는 사실을 확인시켜 준다. 그 다음 독자는 그 책을 읽고 교육을 통하여 소설을 읽는 데 적합하다고 학습된 여러 가지 사고의 방식으로 그것(책)의 영향력을 발휘한다. 만약 그 작품이 '훌륭하다'고 생각되면, 그것은 친구에게 추천된다. 따라서 모든 이해관계인들은 한 문학 작품의 존재를 증명하기 위해 공모해 왔다.

[어휘]

conspire 공모하다 swear 맹세하다
identify 확인하다, 인지하다 reflection 반영, 반사
and the like 등등, 그 밖의 같은 것 prompt 자극하다
shelve 서가에 꽂다 bring to bear on ~에 발휘하다
hardship 고초, 고난

20. 정답 ②

해설

②에서는 international trips to take each year 부분이 "매년 이루어지는 국제 여행 건수"의 뜻이 되어야 하므로 to take가 아니라 과거 분사 taken을 써야 한다.

[오답 분석]

①은 현재 완료 진행형으로 최근 추세를 가리키는 내용이므로 문제가 없다.
③은 'so+동사+주어(~도 역시 그렇다)' 구문이다.
④에서는 range from 이하가 to subsidized airline fuel로 연결되어 '범위가 ~에서부터 ~에까지 이르다'의 뜻으로 쓰였다.

[해석]

"과잉 관광"이라는 용어가 이제 여행 업계에서만 쓰는 말이 아니라 일반 생활 용어가 되어 가고 있다. 이 현상은 전 세계적인 것이며 최근에 여행객들이 가 보고 싶은 지역 목록에 상대적으로 새롭게 등장하고 있는 날씨가 차갑고 물가가 비싼 아이슬란드에서까지도 일어나고 있다. 이 과잉 관광의 홍수가 앞으로 당신이 사는 지역에도 조만간 도달하게 될 것이다. 전 세계적으로 매년 이루어지는 여행 건수가 1950년에 2천 5백만 건에서 2017년에는 13억 건으로 늘어났다. 그렇지만 이들 여행객들이 방문하는 장소는 늘 같은 규모인 채로 그대로 있다. 이와 같이 급증하는 여행 건수가 자연과 문화적 보고에

현실적인 위협이 되고 있다. 취약한 지역이 손상되고 있는 것이 문제이다. 지역민들의 문화가 파괴되는 것 또한 그렇다. 방문객들은 기대에 못 미치는 경험을 하게 된다. 관광 산업 규모가 이처럼 커진 것은 보도에 따르면 각국 국경을 넘는 일이 쉬워진 것과 값싸게 각 지역으로 이동하는 것에서부터 항공 연료 지원금과 에어비앤비에 이르기까지 다양하다. 그러나 좀 더 깊이 들여다보면 세 가지 아주 강력한 현상이 자리하고 있는 것을 발견하게 된다. 먼저, 세계 인구는 1950년 이래 거의 세 배가 되었다. 두 번째로 2022년까지 세계 중산층이 42억 명에 이를 것으로 예상되는 가운데 물질적 풍요로움이 훨씬 더 빠르게 이루어지고 있다. 세 번째로는 기술 공학적 변화가 여행을 혁명적으로 바꿔 놓고 있다.

[어휘]

overtourism 과잉 관광 jargon 전문 용어
mainstream 주류, 대세 phenomenon 현상 chilly 차가운
newcomer 신참자 pose 가하다, 야기하다 threat 위협
treasure 보물 wear and tear 손상, 마모 fragile 취약한
disruption 붕괴, 파열 degraded 품위 없는 surge 급증
reportedly 보도에 따르면 border 국경, 경계 carrier 운송 수단
subsidized 보조금을 받는 fuel 연료 trend 추세, 경향
triple 세 배가 되다 affluence 풍부
revolutionize 혁명을 일으키다

Half Test 7. 정답 및 해설

1. 정답 ②

해설
pinnacle은 '정점, 절정' 또는 '건물 지붕 위에 장식용으로 세운 작은 첨탑'을 의미하고, 유의어로는 summit, top, peak, zenith, vertex 등이 있다.

[해석]
그 마라토너는 그녀의 달리기 경력의 정점이 그녀의 40회 생일 이후에까지 도달되지 못할 것임을 깨닫지 못했다.

[어휘]
realize 깨닫다 career 경력 altitude 고도 critical point 임계점
halfway 중간

2. 정답 ①

해설
consecutive는 '연달아, 잇달아'라는 의미를 가지는 형용사로 유의어로는 successive, in succession, in a row 등이 있다.

[해석]
한때 훌륭한 타자였던 그는 두 연속하는 시즌 동안 타격이 부진했다.

[어휘]
subsequent 후속하는 alternate 번갈아
persistent 끈질긴, 집요한

3. 정답 ①

해설
all but는 부사로 사용되어서 '거의'라는 의미를 가지므로 유의어로는 almost나 nearly 등이 될 수 있다.

[해석]
지난 1년여 동안 중동의 많은 장난감 가게에서는 바비 인형이 거의 자취를 감췄다.

[어휘]
doll 인형 disappear 사라지다 shelve 선반
simultaneously 동시에 by accident 우연히
on purpose 의도적으로

4. 정답 ③

해설
고대 사람들에 대한 고고학적 조사가 농작지의 관개 시설에 대한 정보를 산출한 것이므로 irritation(관개)가 정답이 된다.

[해석]
고대 민족에 대한 고고학적인 연구는 그들의 농작지의 관개 시설에 대한 정보를 산출했다.

[어휘]
archaeological 고고학적인 ancient 고대의 yield 산출하다
farmland 농작지 irritation 짜증 heredity 유전
inundation 범람, 침수

5. 정답 ③

해설
A가 '500달러 주고 산 중고차가 똥차였어.'라고 말하는데 B가 '벌써 수리하러 카 센터에 세 번이나 갔어.'라고 대답하는 것은 적절하지 않다. 이 말은 B의 답변이 중간에 생략되고 A가 뒤이어 하는 말로 적절하다.

[해석]
① A: 회사 경영에 있어서 가장 중요한 것이 무엇이라고 생각하세요?
B: 무엇보다 회사 수익성이 좋아야 한다고 생각합니다.

② A: 주식 투자 한번 해 보고 싶어. 재미 있을 것 같아.
 B: 재미? 수천 달러 잃어 보면 그런 소리 못할걸.
③ A: 내가 500달러 주고 산 중고차는 정말 똥차였어.
 B: 벌써 수리하러 카센터에 세 번이나 갔어.
④ A: 정말 긴장돼. 파티에 처음 가 보는 거야.
 B: 그냥 편안하게 즐겨.

[어휘]

management 경영 bottom line 수익성
stock trading 주식 거래 lemon 똥차

6. 정답 ④

해설

④ 제시된 문장의 '너무 정신이 팔려서 알 수 없었다(몰랐다)'는
to 부정사 관용 표현 'too~to~(너무 ~해서 ~할 수 없다)'를 사용
하여 나타낼 수 있으므로, so distracted를 too distracted로 고
쳐야 한다.

[오답 분석]

① 제한을 나타내는 부사구(Only after the meeting)가 강조되
어 문장의 맨 앞에 나오면 주어와 조동사가 도치되어 '조동사(did)+
주어(he)+동사(recognize)'의 어순이 되므로 Only after the
meeting did he recognize가 올바르게 쓰였다.
② 주장을 나타내는 동사(insist)가 주절에 나오면, 종속절에는
'(should+동사 원형)'이 와야 하는데, 문맥상 that절의 주어(a
bridge)와 동사가 '다리가 건설되다'라는 의미의 수동 관계이므로
수동태(should) be constructed가 올바르게 쓰였다.
③ as~as 사이에 명사구가 올 경우 'as+형용사(difficult)+a(n)+명
사(task)+as'의 어순이 되어야 하므로 As difficult a task as가 올바
르게 쓰였다.

[어휘]

minister 장관 recognize 알아차리다, 인지하다
governor 주지사 crisis 위기 minister 장관
construct 건설하다 do one's best 최선을 다하다

7. 정답 ②

해설

빈칸 바로 앞 지문에서 가격이 문제라는 내용이 있으므로 빈칸
에는 '좀 깎아 주실 수 있나요?'가 적절하다.

[해석]

A: 도와드릴까요?
B: 네, 이 스웨터가 마음에 들어요. 아내한테 잘 어울릴 것 같아요.
A: 잘 고르셨어요. 들고 계신 스웨터는 저희 가게 히트 상품이에요.
B: 근데 가격이 좀 문제네요. 좀 깎아 주실 수 있나요?
A: 죄송하지만 더 이상 할인은 불가능 합니다. 이미 30% 할인된 상

품이에요.
① 바가지 씌우지 마세요
② 좀 깎아 주실 수 있나요
③ 다른 저렴한 대안이 없나요
④ 다른 사이즈로 보여 주실 수 있나요

[어휘]

mark down 할인하다 rip off 바가지 씌우다
come down 가격을 내리다 alternative 대안

8. 정답 ②

해설

② 인성을 나타내는 형용사(stupid)가 to 부정사 앞에 쓰일 경우
to 부정사의 의미상 주어는 'for+명사'가 아니라 'of+명사'로 써
야 하므로 stupid of him to attempt가 올바르게 쓰였다.

[오답 분석]

① to 부정사의 의미상 주어는 'for+대명사의 목적격'의 형태로 분
석해 to 앞에 써야 하므로 to reconsider for him을 for him to
reconsider로 고쳐야 한다.
③ 수식을 받는 명사 birds와 분사가 '새들이 날다'라는 의미의 능동
관계이므로 과거 분사 flown을 현재 분사 flying으로 고쳐야 한다.
④ 동명사(being)의 부정형은 동명사 앞에 not이 와야 하므로 being
not을 not being으로 고쳐야 한다.

[해석]

① 그가 박사 학위를 따기 위해 유학할 기회를 다시 생각하기에는 이
미 너무 늦었다.
② Mark가 안전 장비 없이 복잡한 자전거 묘기를 선보이려 시도한
것은 어리석었다.
③ 인공 조명은 나는 새들을 혼란스럽게 할 수 있으며, 그것들이 길
을 잃게 한다.
④ 그는 과제의 마감 시간을 맞추지 못한 것에 화났다.

[어휘]

reconsider 재고하다 opportunity 기회 overseas 해외로
attempt to ~하려고 시도하다 complicated 복잡한 safety 안전
artificial 인공의 confuse 혼란시키다 upset 화난
deadline 기한, 마감 시간

9. 정답 ③

해설

첫 문장에서 '미국의 베트남 전쟁 개입'에 대해 언급하고, ①은
전쟁 후에 제네바협정을 통해 베트남이 분단되었다는 내용, ②
는 공산주의 영향을 두려워한 미국이 남베트남에 병력을 배치했
다는 내용, ④는 그 폭력의 결과로 많은 시민이 죽임을 당했다는
내용으로 첫 문장과 관련이 있다. 그러나 ③은 '베트남 국민의 일

상을 기록하기 위한 미국 기자와 사진작가의 베트남 방문'이라는 내용으로, 첫 문장의 내용과 관련이 없으므로 ③이 정답이다.

[해석]
베트남 전쟁에 개입한 것은 미국의 가장 수치스러운 행동 중 하나로 여겨지며, 마땅히 그렇다. 프랑스에 의해 식민지화되고 일본에게 점령을 당한 후, 베트남은 1954년에 마침내 독립을 하게 되었다. 같은 해의 제네바협정은 응오딘지엠을 남쪽의 지도자로, 호치민을 북쪽의 공산당 지도자로 하여 북위 17도선을 따라 베트남을 분단하였다. 호치민의 공산주의 영향이 남베트남에 퍼지고 그 후에 아시아 전역으로 퍼져 나갈 것을 두려워하여, 미국은 위협을 끝내기 위해 남베트남에 50만 명이 넘는 병력을 배치했다. 많은 미국 기자와 사진작가가 베트남 국민의 일상 생활을 기록하기 위해 베트남으로 갔다. 1954년부터 1970년까지, 그 폭력 행위의 결과로 수십만 명의 시민이 죽임을 당했다. 인명 손실에 더하여, 그 전쟁은 사회 복지와 사회 기반 시설을 위한 기금을 축소하며 미국에 수십억 달러의 비용이 들게 했다.

[어휘]
involvement 개입 shameful 수치스러운
colonize 식민지화하다 occupy 점령하다, 차지하다
agreement 협정, 동의 parallel 위도선
deploy (군대를) 배치하다 document 기록하다, 문서
diminish 축소하다, 줄이다 infrastructure 사회 기반 시설

10. 정답 ②

해설
7만 년 전에 다른 인간들로부터 떨어져 나와 고립되어 살았던 것으로 알려진 피그미족이 실제로는 다른 인간들로부터 물려받은 유전자가 있었다고 했으므로, 빈칸에 들어갈 말로 가장 적절한 것은 ②이다.

[해석]
아카족은 인류의 가장 오래된 부족 가운데 하나인 피그미족으로, 약 7만 년 전에 다른 인간들로부터 떨어져 나와, 지금은 중앙아프리카의 카메룬에 살고 있다. 동시에, 모든 비아프리카계 인간들의 조상들인, 아프리카 북동부 지역에 있었던 사람들은, 아프리카를 출발해서 아라비아 반도에 다다르고 있었다. 한편, 피그미족들은 아프리카의 적도 우림 지역에서 살아가는 데에 전문가들이 되었고, 오랫동안 그들은 유전적으로 다른 사람들과는 고립되어 있었다고 여겨졌다. 하지만 최근 연구에 의하면, 피그미족들의 기록에는 아직까지 알려지지 않은 매우 초기의 다른 인간 개체군으로부터 물려받은 조각이 포함되어 있다. 이종 교배가 일어났던 시점에, 이 신비한 개체군은 피그미족과는 유전적으로 너무나 달라서, 그들은 아마 사람 속에 속한 다른 종을 구성했던 듯하다. 피그미들은 약 4만 년 전에 이 고대인들과 이종 교배를 했음에 틀림없다. 비록 우리가 그들에 대한 화석 기록은 가지고 있지 않지만, 그들은 자신들의 흔적을 피그미의 유전자에 남겼다.

① 폭발
② 이종 교배
③ 이주
④ 멸종

[어휘]
tribe 부족 humanity 인류 population 인구, 개체수
ancestor 조상 set off 떨어져서 나오다 equatorial 적도의
rainforest 열대 우림 genetically 유전적으로 isolate 고립시키다
inherit 물려받다 constitute 구성하다 ancient 고대의
fossil 화석의 imprint 각인시키다

11. 정답 ④

해설
프랑스의 식민지였던 아이티가 혁명을 통해 최초의 라틴 아메리카 독립국이자 세계 최초로 흑인이 이끄는 국가라는 독특한 지위를 얻게 된 과정을 설명하고 있는 글이다

[해석]
유럽인들이 17세기와 18세기 동안 카리브해 지역을 식민지로 만들었을 때, 그들은 수십만 명의 아프리카인들을 노예 노동자로 섬에 데려왔다. 오늘날의 아이티인 프랑스의 생 도맹그는 이 노예 무역 식민지들 중에서 단연코 가장 많은 이득을 보았다. 그것의 거대한 커피와 설탕 농장들은 막대한 양의 부를 창출했다. 그러나, 이 모든 부는 프랑스 농장주들의 수중에 남아 있었다. 한편, 10 대 1의 비율로 그들보다 수가 더 많았던 흑인 노예는 비참한 삶을 살았다. 그들은 고된 노동에 대한 어떠한 보수도 받지 못했고 명령에 불복종한다는 이유로 잔인하게 맞았다. 이 부당한 대우에 대한 그들의 커져가는 분노는 1791년에 아이티 혁명을 초래했다. 15년 간의 반란은 이전 노예 계급에 의해 주도된 자유롭고 독립적인 아이티 선언으로 끝이 났다. 이것은 아이티를 식민지 건설의 시작 이래로 유럽으로부터 독립을 쟁취한 최초의 라틴 아메리카 국가이자 세계 최초로 흑인이 이끄는 국가가 되도록 만들었다.
① 카리브해에서의 노예들의 끔찍한 생활
② 프랑스 식민지로부터의 엄청난 이윤
③ 카리브해 국가들에서 어떤 작물이 가장 잘 자라는가
④ 아이티가 어떻게 프랑스 식민지에서 독립 국가가 되었는가

[어휘]
colonize 식민지로 만들다 colonization 식민지화 laborer 노동자
by far 훨씬 profitable 수익성이 있는 massive 거대한
plantation 농장 generate 발생시키다 meanwhile 한편
outnumber ~보다 수가 더 많다 miserable 비참한
cruelly 잔인하게 beat 때리다 disobey 불복종하다
treatment 대우 result in ~을 야기하다 revolution 혁명
uprising 반란 declaration 선언 independent 독립된, 독립적인

12. 정답 ④

해설
곤충에 대한 저항력을 높이거나 수확을 극대화하기 위해 작물을 유전적으로 변형해서 우리의 면역 체계가 이러한 식품들을 외래 침입자로 생각하고 원치 않는 알레르기나 신진대사 반응 등을 야기할 가능성을 높인다는 내용의 글이다. 따라서 글의 주제로는 ④ '유전자 변형 식품에 의해 야기된 면역 체계의 혼란'이 가장 적절하다.

해석
우리가 재배하는 많은 작물, 특히 옥수수, 콩, 그리고 밀은 곤충에 대한 저항력을 높이고 수확을 극대화하기 위해 유전적으로 변형되거나 이종 교배가 되어 왔다. 불행하게도, 이러한 외견상 사소한 유전자 변화는 우리의 면역 체계가 이 단백질을 식품이라기보다 외래 침입자로 볼 정도로 우리의 식품을 바꾸어 놓는다. 미국에서 쓰이는 대부분의 콩은 유전적으로 변형되며, 콩은 많은 식품의 첨가물이다. 게다가, 몇몇 곡물 작물은 그것들의 알레르기 잠재성을 증가시키는 방법으로 결합되었다. 예를 들어, 옥수수는 성장을 향상하기 위해 땅콩 유전자를 접합했다. 그리고 많은 식품이 감미료로 옥수수 시럽을 넣어 만들어지므로 아이들은 어린 나이에 땅콩에, 그것도 유전자가 변형된 형태의 땅콩에 노출되고 있다. 미국인들이 이용하는 주요 곡류인 밀은 최근 수십 년간 이종 교배에 의해 너무 급격하게 바뀌어 밀의 현재 형태는 많은 사람에게 원치 않는 알레르기나 신진대사 반응을 야기할 수 있다. 우리의 면역 체계는 이러한 변형된 식품에 알레르기가 생기도록 스스로를 조정할 가능성이 더 높다.
① 환경에 안전하지 않은 유전적으로 변형된 식품들
② 유전적으로 변형된 식품을 시장에 가져오는 문제점들
③ 유전적으로 변형된 식품이 소화 체계에 미치는 영향
④ 유전자 변형 식품에 의해 야기된 면역 체계의 혼란

어휘
crop 작물 genetically 유전적으로 modify 변형하다
crossbreed 이종 교배하다 seemingly 외견상으로
alter 바꾸다, 변경하다 immune system 면역 체계
invader 침입자 additive 첨가물, 첨가제
enhance 향상하다, 높이다 sweetener 감미료 at that 그것도
drastically 급격하게, 극적으로 metabolic 신진대사의
program 조정하다 biodiversity 생물 다양성

13. 정답 ①

해설
① 세 번째 문장에서 베를린 올림픽(The 1936 Game)이 최초로 텔레비전으로 방송되었으며, 그 다음 문장에서 25개의 텔레비전 시청실이 Greater Berlin 지역에 설치되었다고 하였으므로 글의 내용과 일치한다.

[오답 분석]
② 다섯 번째 문장에서 Marjorie Gestring이 미국인이라고 하였으므로(Marjorie Gestring of the US) 글의 내용과 일치하지 않는다.
③ 일곱 번째 문장에서 Inge Sorensen의 동메달이 그녀를 개인 종목 사상 최연소 메달리스트가 되게 했다고 하였으므로 글의 내용과 일치하지 않는다.
④ 첫 번째 문장에서 Adolf Hitler가 아리아 인종의 우월성에 대한 자신의 이론을 증명하기 위해 올림픽을 이용하려 했던 시도가 실패했다고 했고, 그 증거로 두 번째 문장에서 이 올림픽에서 가장 인기 있었던 선수가 아리아 민족이 아닌 아프리카계 미국인인 Jesse Owen이었다고 하였으므로 글의 내용과 일치하지 않는다.

해석
베를린 올림픽은 아리아 인종의 우월성에 대한 자신의 이론을 증명하기 위해 올림픽을 이용하려던 Adolf Hitler의 실패한 시도로 가장 잘 기억된다. 밝혀진 것처럼 그 올림픽의 가장 인기 있던 영웅은 단거리 선수이자 멀리뛰기 선수인 아프리카계 미국인 Jesse Owens였는데, 그는 100m, 200m, 400m 계주, 그리고 멀리뛰기에서 4개의 금메달을 땄다. 1936년의 올림픽은 텔레비전으로 방송된 최초의 대회였다. 25개의 텔레비전 시청실이 Greater Berlin 지역에 설치되어 지역 주민들이 무료로 경기를 관람할 수 있게 했다. 13세의 미국인 Marjorie Gestring은 스프링보드 다이빙에서 금메달을 땄다. 그녀는 하계 올림픽 역사상 최연소 여성 금메달리스트로 남아 있다. 덴마크의 12세 Inge Sorensen은 200m 평영에서 동메달을 따면서 그녀를 개인 종목 사상 최연소 메달리스트로 만들었다. 농구, 카누, 그리고 필드 핸드볼 모두 첫선을 보였다. 베를린 올림픽은 또한 성화 봉송을 도입한 최초의 대회가 되었는데, 불이 붙여진 횃불은 그리스의 올림피아에서 현재의 경기 장소로 운반된다.
① 베를린 올림픽은 텔레비전으로 방송된 최초의 대회였고, 텔레비전 시청실들은 Greater Berlin 지역에 설치되었다.
② 캐나다 선수인 Marjorie Gestring은 올림픽 역사상 최연소 여성 금메달리스트였다.
③ 덴마크의 Inge Sorensen은 200m 평영에서 동메달을 땄는데, 이것이 그녀를 올림픽 역사상 최연소 메달리스트로 만들었다.
④ Jesse Owens는 아리아 민족의 우수성에 대한 이론을 증명하기 위해 Hitler의 1936년 올림픽 이용이 시도되었다는 증거였다.

어휘
attempt 시도 prove 입증하다 theory 이론, 학설
Aryan 아리아인 racial 인종 superiority 우월
turn out 밝혀지다 sprinter 단거리 선수
long jumper 멀리뛰기 선수 relay 계주
be broadcast 방송을 타다 set up 설치하다
springboard diving 스프링보드 다이빙 breaststroke 평영
make one's first appearance 처음 선보이다 torch 횃불

14. 정답 ③

해설

주어진 글의 현재의 수렵 채집인들이 필요로 하는 면적을 Such spacing(이러한 간격)으로 받으며 인간 집단이 30~40명 정도로 이루어졌다는 고고학적 기록을 제시하는 (B)가 이어지고, 이런 작은 집단은 매우 오랜 기간 인구가 증가하지 않도록 출생률과 사망률을 맞추었고, 그 외에 집단 분할과 다른 지역으로의 이주 등 집단 크기 유지 방법을 언급하는 (C)가 이어져야 한다. 마지막으로 (C)의 집단 크기 유지 방법을 these strategies(이러한 전략들)로 받으며 이 전략들이 문제로 이어져 인간을 체계적인 농업으로 이끌었다는 내용의 (A)가 이어져야 글의 흐름이 자연스럽다. 따라서 ③ (B)-(C)-(A)의 순서가 가장 적절하다.

[해석]

사냥과 채집 생활 방식은 크고 밀집하게 무리를 이루는 인간 개체에 도움이 되지 않는다. 최초의 인류가 살았던 아프리카의 대초원에서, 현재의 수렵 채집인들은 그들 지역의 주변 환경에서 적절한 음식물을 얻기 위해 1인당 평균 약 1평방 마일을 필요로 한다.
(B) 이러한 간격은 인류가 작고 넓게 흩어진 집단으로 살 것을 요구하는데, 이것은 고고학적 기록에 의해 뒷받침되는 원칙이다. 고대 해안 어촌을 제외하고, 대부분의 고고학적 발견은 인간 집단이 고작 30명에서 40명이라는 것을 알려 준다.
(C) 이러한 작은 집단을 유지하기 위해서, 고대의 수렵 채집인들은 매우 오랜 기간 동안 인구 증가를 0으로 유지 했어야 했는데, 어떻게든 그들의 출생률과 그들의 사망률의 균형을 맞추었거나 그렇지 않으면, 그들은 이후 집단 분할과 다른 지역으로의 이주를 통해 증가하는 인구를 다루었음에 틀림없다.
(A) 그러나 우리는 이러한 전략들이 매우 오랫동안 지속되어 왔더라도 문제가 없는 것은 아니었다는 점을 주목해야 한다. 실제로, 그러한 문제들이 결국 인간을 체계적인 농업으로 몰고 갔을지도 모른다.

[어휘]

conducive to ~에 도움이 되는 densely 밀집하여
clustered 무리를 이루는 savanna 대초원
adequate 적절한 persist 지속되다 systematic 체계적인
spacing 간격, 행간 scattered 흩어진
archaeological 고고학적인 with the exception of ~을 제외하고
no more than 고작 forager 수렵 채집인

15. 정답 ③

해설

주어진 문장은 사람들과 자연이 에버글레이즈에서 물을 빼내는 데 합심하고 있다는 내용이며 ③ 이후에 이에 대한 구체적인 예가 제시되고 있으므로 , 주어진 문장은 ③에 들어가는 것이 가장 적절하다.

[해석]

에버글레이즈 지역은 플로리다주(州) 남부에서만 발견되는 거대한 참억새 늪지대를 특징으로 하는 아열대 습지이다. 물은 이 독특한 환경에 필수적이다. 이 지역은 오키초비 호수가 수천 년 넘게 범람하면서 형성되었다. 이런 연례적인 범람은 늘 이 습지에 다양한 식물과 동물을 부양하는 데 필요한 신선한 물을 공급했다. 불행히도 사람들과 자연이 에버글레이즈에서 소중한 물을 빼내는 데 합심하고 있다. 예를 들어, 마이애미 강, 리틀 강, 뉴 강이 모두 그 지역에서 많은 물을 제거한다. 하지만 더 안 좋은 것은 지난 세기에 지어진 댐과 운하들로, 그것들이 매년 일어나는 범람을 막기 때문이다. 이러한 범람이 없으면 에버글레이즈는 생존할 수 없다. 개간과 복구 사업들이 이 독특한 생태계를 살리려는 희망으로 시작되었다.

[어휘]

unite 연합하다 subtropical 아열대의 wetland 습지대
feature ~을 특색으로 삼다 vast 거대한, 광대한
marshland 늪지대, 습지대 vital 필수적인 canal 운하, 수로
restoration 복구, 복원, 회복 ecosystem 생태계

16. 정답 ④

해설

주어진 문장 앞에는 선수가 실내 경기를 포기할 정도로 심각한 제약이 나와야 하는데 ④의 앞부분에 굴곡이 심하고 레인 폭이 좁은 200m 실내 트랙에 대한 진술이 나와 있고 ④의 뒷부분에는 '이는 안쪽 레인이 불리하기 때문이다'라는 진술이 나오므로 주어진 문장은 ④에 위치해야 한다. 주어진 문장에서 such a severe restriction은 ④의 앞부분에 있는 '굴곡이 심하고 레인 폭이 좁은 트랙'을 지칭한다.

[해석]

여러분은 굴곡을 따라 전속력으로 달려야 하는 200미터 경기와 같은 트랙 경기에서 안쪽 레인을 갖는 것이 가장 좋은지 바깥쪽 레인을 갖는 것이 가장 좋은지 궁금하게 여긴 적이 있는가? 육상 선수들은 강한 선호를 가지고 있다. 키가 큰 주자들은 안쪽 레인의 더 심한 굴곡을 지나가는 것이 완만한 바깥쪽 레인의 굴곡에 비해 더 어렵다고 느낀다. 단거리 주자가, 트랙 둘레가 불과 200m밖에 되지 않아서 굴곡이 훨씬 더 심하고 레인 폭이 1.22m에서 1m로 줄어드는 실내에서 경주할 때, 그 상황은 훨씬 더 심각하다. 이것은 매우 심한 제약이어서 (경기 기록상으로 가장 느린 예선 통과자가 되어) 최종 결승에서 안쪽 레인을 배정받은 선수가 실내 선수권 대회의 최종 결승에 참가하지 않는 것이 흔한 일이 되었다. 이것은 안쪽 레인에서는 이길 가능성이 너무나 낮아지고 상당한 부상 위험이 있기 때문이었다. 그 결과 이 경기는 실내 선수권 대회의 경기 목록에서 대부분 사라졌다.

[어휘]

restriction 제약 athlete 운동선수, 육상 경기 선수
take part in ~에 참가하다 final 결승전 sprint 전력 질주하다
bend 굽이 preference 선호 gentle 완만한, 심하지 않은

width 폭 considerable 상당한

17. 정답 ④

해설

글의 전체적인 내용은 본인에게 친숙하게 느껴져서 흥미를 느끼지 못하는 것이, 그것이 친숙하지 않은 다른 사람에게는 낭만의 대상이 될 수 있다는 것을 설명하고 있다. 그런데 ④는 전체적인 내용과는 달리 뜬금없는 '여행객' 이야기가 나오고 문화적 측면에 대해 이야기하고 있으므로, 전체적인 글의 흐름에서 벗어남을 알 수 있다.

[해석]

북쪽 나라들의 거주자는 봄에 나무에 돋는 신선한 초록 잎들을 보면 황홀경에 빠진다. ① 사막 거주자는, 그와는 반대로, 무슨 계절이든 초록 나무들과 풀 그리고 흐르는 물에 대한 시를 쓴다. ② 그러나 울창한 식물에 의해 계속 둘러싸인 열대 지방의 거주자는, 초록 나무들에 대해 주목할 만하거나 흥미로운 아무것도 보지 못한다. 그리고 흐르는 물에 대해서는 더구나 관심이 적다. ③ 그는 왜 시인들이 그것들에 대해 시를 쓰느라 고생하는지 이해를 하지 못한다. ④ 자기 자신들을 외국 관습과 습관들에 너무나 성공적으로 적응시켜서 문화적 차이들의 장벽을 전혀 느끼지 않는 몇몇 여행객이 있다. 친숙함이 경시를 낳고, 흥분과 낭만을 찾는 사람들은 그것을 집에서, 코앞에서는 보지 못하고, 단지 멀리 떨어진 땅에서만 보는 것은 사실로 보인다.

[어휘]

dweller 거주자 go into raptures 황홀경에 빠지다
compose 구성하다, 만들다 poem 시 remarkable 주목할 만한
still less 더욱이 ~이 아니다 adapt to ~에 적응하다
custom 관습, 문화, 풍습 contempt 경시

18. 정답 ①

해설

빈칸은 연구의 결과에 해당하는 부분으로, 일상 생활의 불쾌한 경험들을 구체적으로 기록한 집단이 그렇지 않은 집단보다 신체 건강이 좋아졌다는 내용으로 보아 ① '신체 건강에 긍정적인 영향을 미친다'가 적절하다.

[해석]

최근의 한 연구는 개인의 일기에 고생과 역경에 대해 기록하는 것이 실제로 신체 건강에 긍정적인 영향을 미친다는 것을 보여 주었다. 연구원들은 병원 환자들을 두 집단으로 나누었다. 첫 번째 집단에는 그들이 매일 겪고 있는 모든 불쾌한 경험의 세부 내용들을 기록하라고 지시했고, 반면 두 번째 집단에는 단순히 일상의 사건들을 기록하도록 했다. 이 행동을 몇 달간 지속적으로 유지한 후 , 첫 번째 집단의 피실험자들은 그들의 전반적인 건강 면에서 두 번째 집단의 피실험

자들보다 두드러진 향상을 보였다. 연구자들에 의해 내려진 결론은 정신적인 충격에 대해 기록하는 것이 우리로 하여금 이러한 괴로운 사건들을 더 잘 받아들일 수 있게 해 주고, 그로 인해 스트레스의 수위를 낮추며 건강을 향상시킨다는 것이다.
① 신체 건강에 긍정적인 영향을 미친다
② 병원 환자들에게 표준적인 치료가 되었다
③ 환자들에게 그들의 정신적 충격이 큰 사건에 대해 말하도록 도움을 준다
④ 건강한 사람들보다는 아픈 사람들 사이에서 보다 일반적이다

[어휘]

adversity 역경 instruct 지시하다 request 요청하다
subject 피실험자 significantly 상당히, 두드러지게
draw (결론 등을) 내다 trauma 정신적 외상
traumatic 정신적 충격이 큰 disturbing 불안한, 불편한
thereby 그것에 의하여 impact 영향 treatment 치료

19. 정답 ③

해설

(A) 브로드웨이는 예술성이 있는 연극보다는 성공한 히트 연극을 무대에 올렸다고 했으므로 '상업적으로'라는 뜻의 commercially가 적절하다.
(B) 관객들이 기뻐했다는 내용이 앞에 있으므로 '번창하다'라는 뜻인 prospered가 적절하다.
(C) 문맥상 오프브로드웨이 연극도 결국 브로드웨이가 가졌던 여러 가지 어려움에 '직면했다'는 내용이 되어야 하므로 encountering이 적절하다.

[해석]

오프브로드웨이 연극은 브로드웨이의 상황에 대한 불만의 결과로 1950년대 뉴욕시에서 생겨났다. 그것의 설립자들은 브로드웨이가 예술성이 있는 연극보다는 위험성이 없고 상업적으로 성공적인 히트 연극을 제작하는 데 지나치게 관심을 갖고 있다고 생각했다. 오프브로드웨이 제작자들은 일거리를 찾지 못했던 극작가, 연출가, 그리고 배우들을 지원했다. 그들의 공연은 참신하고 독창적이었으며, 표의 가격도 저렴했다. 관객들은 그러한 예술적인 작품에 대한 알맞은 가격의 티켓에 기뻐했고, 오프브로드웨이 연극은 번창했다. 그러나 1960년대에 이르러서는 비용이 오르기 시작했으며 1970년대에 오프브로드웨이 연극은 브로드웨이와 동일한 많은 어려움에 직면하게 되었다. 오프브로드웨이 연극의 쇠퇴와 함께, 오프오프브로드웨이 연극이라고 불리는 실험적인 움직임이 전개되었다.

[어휘]

theater 극장 dissatisfaction 불만 founder 창설자
overly 지나치게, 몹시 artistic 예술의 assist 거들다
playwright 극작가 performer 배우 audience 청중
experimental 실험적인 commercially 상업적으로
conditionally 조건부로 decline 쇠퇴하다

prosper 번영하다, 번창하다 enclose ~을 에워싸다
encounter 직면하다

20. 정답 ④

해설
④번은 civil disobedience가 주어인 문장이므로 regarded가
아니라 is generally regarded라고 수동태 형식으로 표현해야
문법적으로 이상이 없게 된다.

[오답 분석]
①의 경우는 앞부분에 있는 to prosecute와 함께 병렬 구조를 이루
고 있는 부사적 용법의 to 부정사 구문(~하기 위하여)이다.
②에서는 necessarily가 '반드시,' '필연적으로'의 뜻으로 쓰였다.
③은 바로 앞에 있는 are와 연결되어 '대개 ~로 취급된다'라는 수동
태 구문이다.

[해석]
'시민 불복종'이라는 용어는 헨리 Henry David Thoreau가 그의 수
필에서 멕시코에서 전쟁을 수행하여 도망노예법을 집행하기 위해서
미국 정부가 시행한 주 인두세를 납부하기를 거절한다는 설명을 하
면서 만들었다. Thoreau는 영웅, 순교자, 애국자, 그리고 개혁가 같
은 소수의 사람만이 양심적으로 자신의 사회에 봉사하고 있고 그들
은 대부분 사회에 필연적으로 저항하고 있고 그래서 대개 사회에 대
한 적으로 취급되고 있다고 말하고 있다. 역사를 통틀어서 시민 불
복종 행동은 사회의 도덕 인자에 대한 재평가 작업에 도움을 주어 왔
다. 시민 불복종은 그것이 사회와 정부에 주는 영향력뿐만 아니라 잠
재적으로 정당화될 수 있는 법률 위반적 행위로 그것이 지니는 지위
에 상당히 중요한 몇 가지 특질을 가지고 있다. 시민 불복종은 일반
위법 행위나 호전적 행동과 강압적 폭력 행위보다는 도덕적으로 더
인정될 수 있는 것으로 여겨지고 있다. 이러한 특징에는 양심적 또는
원칙적 관점과 법이나 정책의 변화에 대한 소망 등이 포함된다.

[어휘]
coin 새로 만들어 내다 implement 시행하다
prosecute 수행하다 enforce 집행하다 fugitive 도망자
martyr 순교자 a patriot 애국자 reformer 개혁자
conscience 양심 conscientious 양심적인
necessarily 반드시 for the most part 거의, 대부분
treat A as B A를 B로 취급하다 reassessment 재평가
parameter 조건, 인자 feature 특질 status 신분, 지위
potentially 잠재적으로 justifiable 정당화될 수 있는
breach 위반, 침해 defensible 방어할 수 있는
offense 범죄, 위반 coercive 강압적인
principled 원칙에 기반을 둔 outlook 견해, 태도

Half Test 8. 정답 및 해설

1. 정답 ④

해설
plunge는 동사로는 '거꾸로 떨어지다, 급락하다'이고 명사로
는 '급락'이라는 의미이다. 유의어로는 nosedive, fall, drop,
tumble 등이 있다.

[해석]
가난 수준이 그렇게 감소한 것은 인류 역사에서 진정으로 가장 위대
한 성취 중 하나이다.

[어휘]
poverty 가난 achievement 업적 soar 치솟다 surge 급등하다
stagnation 정체

2. 정답 ①

해설
prolific은 형용사의 '다산의, 다작의'라는 의미일때는 유의어로
는 fertile(비옥한, 다산의), productive, fruitful 등이 되고, 지금
과 같이 '왕성한'의 의미를 가질 때에는 exuberant가 유의어가
된다.

[해석]
의회 지도자들은 정부의 왕성한 소비 습관을 멈추게 하기 위한 그들
의 방식의 배후에 있는 입법가들을 조정하기 위해 노력했다.

[어휘]
congressional 의회의 align 조정하다 lawmaker 입법가들
formula 방식 halt 멈추게 하다 fertile 비옥한 sterile 불모의
futile 헛된, 소용없는 exuberant 활기(생동감) 넘치는, 왕성한

3. 정답 ③

해설
뒤에 제시된 명사 freedom을 수식하는 형용사를 묻는 문제로,
보호 관찰이 '임시적인' 자유를 주는 것이므로 provisional이 정
답이 된다.

[해석]
보호 관찰이란 형사범으로 유죄 판결을 받은 사람의 선고를 유예하
여 그 사람에게 임시의 자유를 주는 것을 의미한다.

[어휘]
probation 보호 관찰 suspend 중단하다 sentence 형

convicted 기소된 criminal offence 형사 사건
permanent 영구 적인 transitional 과도기적인
immortal 불명의, 영속적인

4. 정답 ③

해설
흑사병의 창궐을 계기로 발생한 이로운 일들의 예가 빈칸 뒤에
서술되어 있으므로 빈칸에는 ③ '이로운'이 가장 적절하다.

[해석]
흑사병은 13세기와 14세기에 몇 차례에 걸쳐 유럽을 덮쳐, 유럽 대
륙 인구의 3분의 1 이상을 죽게 했다. 그 전염병은 유럽 사회에 엄청
난 변화를 일으켰는데, 그중 일부는 이로운 것이었다. 환자들의 고통
을 덜어 주는 데 대부분 실패했던, 의료 분야의 개혁이 한 예이다. 흑
사병이 창궐하던 중에 많은 의사가 죽거나 그냥 도망쳐 버렸다. 그
결과, 대부분의 대학에 의학 교수가 부족하게 되었다. 사람들은 새로
운 생각을 가지고 이 빈자리에 뛰어들었다. 게다가 일반인들이 의학
서적을 입수하고 스스로 건강을 챙기기 시작했다. 점차 더 많은 서적
이 라틴어 외의 언어로 나오기 시작하여, 누구나 의학 지식에 더 쉽
게 접근하게 되었다.

[어휘]
Black Plague 흑사병 outbreak 발발, 창궐
continent 대륙 epidemic 전염병 bring about ~을 야기하다
tremendous 엄청난 reform 개혁 profession 직업, 직종
relieve 없애 주다 vacancy 공석 take charge of ~을 책임지다
accessible 접근하기 쉬운 inevitable 피할 수 없는
insignificant 대수롭지 않은

5. 정답 ③

해설
'시카고로 가는 다음 비행기가 언제 있나요?'라는 질문에 '시카
고로 가는 데 대략 55분 걸립니다.'라는 어색한 대화이다.

[해석]
① A: 저 할머니에게 우리 아이들을 맡겨도 될까요?
   B: 진정해, 그분은 수년간 아이들을 돌봐 오셨어.
② A: 상사가 오늘 오후에 나를 보자고 해.
B: 뭐 때문에 보자고 하는지 알아?
③ A: 시카고로 가는 다음 비행기가 언제 있나요?
B: 시카고로 가는 데 대략 55분 걸립니다.
④ A: 나는 스카치 위스키에 얼음 넣어서 먹을래, 너는?
   B: 나도 같은 거.

[어휘]
on the rocks 얼음 넣어서

6. 정답 ①

해설
① 동사 try는 to 부정사와 동명사를 모두 목적어로 취할 수 있는
동사로, '~하려고 노력하다'라는 의미를 나타낼 때 to 부정사를
목적어로 취하므로 to 부정사 to speak이 올바르게 쓰였다.

[오답 분석]
② 동사 regret은 to 부정사와 동명사를 모두 목적어로 취할 수 있는
동사로, '~하게 되어 유감스럽게 생각하다'라는 의미를 나타낼 때 to
부정사를 목적어로 취하므로 동명사 announcing를 to 부정사인 to
announce로 고쳐야 한다.
③ 동사 forget은 to 부정사와 동명사를 모두 목적어로 취할 수 있는
동사로, '~한 것을 잊다'라는 과거의 의미를 나타낼 때 동명사를 목
적어로 취하므로 to 부정사 to brush를 동명사 brushing으로 고쳐
야 한다.
④ 동사 remember는 to 부정사와 동명사를 모두 목적어로 취할 수
있는 동사로, '~할 것을 기억하다'라는 미래의 의미를 나타낼 때 to
부정사를 목적어로 취하므로 동명사 having을 to 부정사 to have로
고쳐야 한다.

[어휘]
confidence 자신감 mayor 시장 competition 대회
regret 유감스럽게 생각하다, 후회하다 cancellation 취소
transfer 옮기다, 이동시키다

7. 정답 ②

해설
크리스마스 선물을 구매했냐는 질문에 구매하지 않았고, 빈칸
뒤에서 카드만 보낼 거라고 했으므로 빈칸에는 '올해는 주머니
사정이 안 좋아'라는 표현의 ②가 들어가는 것이 적절하다.

[해석]
A: 가족과 친구들 크리스마스 선물은 다 샀어?
B: 아니. 올해는 주머니 사정이 안 좋아 카드만 보내려고 해.
A: 무슨 일 있어?
B: 아니, 꿈에 그리던 자동차를 사 버렸거든. 어쩔 수가 없었어.
① 그들을 놀라게 해 줄 거야
② 올해는 주머니 사정이 안 좋아
③ 올해는 흑자야
④ 올해는 운이 안 좋았어

[어휘]
resist 저항하다 be short (자금) 부족하다 in the black 흑자이다
unlucky 불행한

8. 정답 ③

해설
불가산 명사인 물질 명사 soda(음료)는 앞에 단위 표현(a bottle of)을 붙여 세야 하므로 a complimentary bottle of soda가 올바르게 쓰였다.

[오답 분석]
① 명사 place는 '장소'라는 의미로 쓰일 때 가산 명사로 쓰이는데, 가산 명사는 단수일 때 부정 관사(a/an)와 함께 쓰이므로 new work environment를 a new work environment로 고쳐야 한다.
② 가산 명사(excuse)는 단수일 때 부정 관사(a/an)와 함께 쓰이므로 poor excuse를 a poor excuse로 고쳐야 한다.
④ 문맥상 '한 달에 한 번'이라는 의미가 되어야 자연스럽고, 부정 관사 a/an은 단수 가산 명사(month) 앞에서 '~당/~마다'라는 의미로 쓰이므로 once month를 once a month로 고쳐야 한다.

[해석]
① 직원들이 새로운 근무 환경에 적응하는 데는 몇 주가 걸릴 수도 있다.
② 누군가에게 화가 난다는 것은 싸움을 거는 것에 대한 궁색한 변명이다.
③ 식사하는 사람들은 버거 두 개를 주문하면 무료 음료 한 병을 받는다.
④ 그 잡지는 6개월 동안 한 달에 한 번 당신의 집으로 배달될 것이다.

[어휘]
employee 직원 adjust 적응하다 excuse 변명
pick a fight 싸움을 걸다 diner 식사하는 사람
complimentary 무료의

9. 정답 ④

해설
이어지는 글에서 사람이 더 많이 알수록 더 자신 있게 행동하고, 아는 것이 적으면 덜 자신 있게 행동한다는 것을 펑크가 난 타이어를 고치는 것보다 결혼 축사를 쓰는 능력에 자신감을 가진 사람의 예를 들어 설명하고 있으므로 빈칸에 들어갈 말로 ④가 가장 적절하다.

[해석]
우리는 왜 더 망설이는 의사들의 견해보다 확신에 찬 의사들의 견해를 더 신뢰하는 경향이 있을까? 우리가 어떤 주제에 대해서 더 많이 알 때, 우리는 그것에 대한 우리의 판단에 대해 더 확신하는 경향이 있다. 우리가 기술을 획득할 때 자신감은 커지지만, 우리의 과신은 줄어들게 된다. 잘 아는 사람들을 대할 때, 우리는 그들의 자신감이 높은지 낮은지를 판단할 수 있다. 누군가가 보여 주는 자신감의 범위를 알면, 여러분은 자신감을 그 사람의 지식에 대한 합리적인 예측

변수로 사용할 수 있는데, 여러분처럼, 사람들은 일반적으로 특정 주제에 대해 더 많이 알 때 더 자신 있게 행동하고, 그들이 덜 알 때 덜 자신 있게 행동한다. 예를 들어, 만일 여러분의 친한 친구가 펑크가 난 타이어를 수리하는 능력에 대해서보다 훌륭한 결혼식 축사를 쓰는 능력에 대해서 더 자신감이 있다는 것을 관찰하게 된다면, 여러분은 그가 차를 고치는 것보다는 신랑의 들러리가 되는 것을 더 잘한다고 합리적으로 추론할 수 있다.
① 그들의 과도한 자신감(확신)의 표시
② 그들의 좋은 성격의 상징
③ 상황을 이해하는 데 있어서의 전문적인 기술
④ 그 사람의 지식에 대한 합리적인 예측 변수

[어휘]
tent to R ~하는 경향이 있다 pronouncement 선언
confident 확신하다 hesitant 주저하는 judgement 판단
a wedding toast 결혼식 축사 fix 고치다 flat tire 펑크 난 타이어

10. 정답 ④

해설
영화에서는 작아진 사람들이 우리와 동일하게 물리학의 법칙을 경험하는 것처럼 나타나지만 실제로는 그렇지 않다. 비를 예로 들면, 비는 표면 장력 때문에 개미에게는 마치 물방울로 보인다는 것을 설명하고 있으므로, 빈칸에 들어갈 말로 가장 적절한 것은 ④이다.

[해석]
보통 우리는 물리학의 법칙들이 더 작은 수준으로 내려가도 변하지 않는다고 생각한다. 하지만 이것은 사실이 아니다. 〈애들이 줄었어요〉와 〈놀랍도록 줄어든 사나이〉 같은 영화에서, 우리는 작아진 사람들이 우리와 똑같은 방식으로 물리학의 법칙들을 경험하게 될 것이라는 잘못된 인상을 받는다. 예를 들면, 디즈니 영화의 한 장면에서, 우리의 작아진 영웅들은 폭풍우 속에서 개미를 탄다. 우리의 세계에서처럼, 빗방울은 땅에 떨어져 작은 웅덩이를 만든다. 하지만 사실상 빗방울들은 개미보다 더 클 수도 있다. 그래서 개미가 빗방울을 만나게 되면, 개미는 반원형의 거대한 물을 보게 될 것이다. 표면 장력이 물방울들을 함께 잡아 주는 그물 같은 역할을 하기 때문에, 이 물로 된 반구는 붕괴되지 않는다. 우리의 세계에서는, 물의 표면 장력이 너무나도 작아서 우리는 그것을 알아차리지 못한다. 하지만 개미의 기준에서 표면 장력은 비례적으로 너무나 커서, 그래서 비는 방울처럼 맺혀서 물방울이 된다.
① 비는 개미들이 움직이는 데 도움을 준다
② 그것은 개미들에게 긍정적으로 도움을 준다
③ 그 개미는 물웅덩이를 만난다
④ 비는 방울처럼 맺혀서 물방울이 된다

[어휘]
normally 정상적으로는 physics 물리학 scale 범위
mistaken 잘못된 impression 인상 miniature 축소물

rainstorm 폭풍우 ant 개미 raindrop 빗방울 puddle 물웅덩이
hemisphere 반구 collapse 붕괴하다 proportionately 비례해서

11. 정답 ②

해설
소장하기를 소망하던 가구를 우연히 발견한 상황이므로 ② '(너무 좋아서) 흥분한' 심경일 것이다.

[해석]
미첼 씨는 골동품을 수집했다. 그에게 그것은 취미 이상의 것이었다. 친구들이 정성을 들여 장식된 그의 집에 감탄할 때마다 그는 자신감에 가득 찼다. 어느 화창한 오후에 그는 노부부를 따라 이삿짐으로 가득한 집으로 들어가던 중이었다. 보통 이러한 이사 세일은 값싸고 현대적인 쓸모없는 물건밖에 없었지만, 미첼 씨가 운이 좋을 때도 가끔 있었다. 그는 구식의 주방을 둘러보았으나, 그 안에 있는 어느 것도 진짜로 30년 이상 된 것이 없었다. 거실도 별로 나을 게 없었다. 그러다가 그는 서재에서 멈췄다. 그의 눈이 커졌고 심장이 두근거리기 시작했다. 잠시 동안 그는 자신이 꿈을 꾸고 있을 지도 모른다고 생각했다. 그의 입술은 미소가 지어지기 시작했다. 그가 사진에서 보고 그의 수집품에 추가하고 싶었던 바로 그 스타일의, 진짜 장인이 만든 오크 나무 책장이 그의 앞에 있었다!
① 자랑스러운
② (너무 좋아서) 흥분한
③ 호기심 있는
④ 실망한

[어휘]
antique 골동품 admire 감탄하다
decorated 훌륭하게 꾸민, 장식된
glow with pride 자신감에 차 있다 junk 쓸모없는 물건
every once in a while 가끔 study 서재
widen 넓어지다, 커지다 pound 세게 치다 curve 곡선을 그리다
collection 수집품

12. 정답 ③

해설
최근 과학적인 연구를 통해 침술이 실제 효능이 있음이 증명되고 있다는 내용이다.

[해석]
한때 많은 서양 의료 전문가는 침술이 효과가 없다고 생각했지만, 침술이 여러 과학적인 근거를 가진 것으로 최근 밝혀졌다. 침술은 중국 사람들이 기라고 부르는 에너지가 신체를 따라 순환한다는 믿음에 바탕을 두고 있다. 기의 흐름이 막히면 불균형이 생기고 고통이나 질병을 초래하게 된다는 것이다. 침술사들은 신체의 특정 지점을 자극해 기의 적절한 균형과 흐름을 회복시켜 준다. 연구 결과에 따르면 침술은 엔도르핀이라 불리는, 자연적으로 생성된 모르핀 같은 물질을 방출하는 데 영향을 줄 수 있다고 한다. 침술은 또한 신경을 통해 통증 자극이 전달되는 것을 막음으로써 적어도 일시적으로 고통을 완화시켜 줄 수 있다. 침술 치료를 받는 환자들은 그들이 더 진정되는 것 같다고 말한다.
① 건강에서의 엔도르핀의 역할
② 다양한 종류의 대체 의학
③ 침술: 과학적인 승인을 얻기
④ 대체 의학 대 전통 의학

[어휘]
health professional 의료 종사자 acupuncture 침술
ineffective 비효율적인 be based on ~에 근거하다
circulate 순환시키다 block 막다 imbalance 불균형, 불안정
restore 복구하다 proper 적절한 substance 물질
endorphin 엔도르핀(진통 작용을 하는 호르몬)
hold back 제지하다 transmission 전달, 이송
impulse 충동 nerve 신경 alternative 대신의, 양자택일의
approval 동의 conventional 전통적인
skeptical 회의적인, 의심 많은

13. 정답 ②

해설
② 여덟 번째 문장에서 분양 아파트에 있어 월간 주택 담보 대출금은 2000년대 초 이래로 평탄하다고 하였으므로 글의 내용과 일치하지 않는다.

[오답 분석]
① 첫 번째 문장에서 주택 가격은 1990년 이래로 67퍼센트, 2006년 이래로 19퍼센트 상승해 왔지만, 두 번째 문장에서 이 기간 동안 이자율은 감소해 왔다고 하였으므로 글의 내용과 일치한다.
③ 두 번째 문장에서 이자율이 2006년 이래로 감소해 왔고 세 번째 문장에서 주택 담보 대출 금리 역시 계속 감소하다가 2006년에 7퍼센트로 떨어졌다고 하였으므로 글의 내용과 일치한다.
④ 마지막 문장에서 증가하는 월간 주거 비용을 감당할 수 없는 능력을 보여 주는 강력한 사례가 단독 주택이라고 하였으므로 정책 입안자들이 단독 주택에 더 많은 관심을 가져야 함을 추론할 수 있다는 것은 글의 내용과 일치한다.

[해석]
주택 가격은 1990년 이래로 67퍼센트, 2006년 이래로 19퍼센트만큼 상승해 왔다. 그러나 이자율은 이 기간 동안 감소해 왔다. 주택 담보 대출금 협정 금리는 1990년에 거의 13퍼센트에서 2006년에 7퍼센트로 떨어졌고 현재는 4퍼센트 미만이다. 최종 결론은 캐나다인들이 그들이 수십 년간 지불해 왔던 것과 동일한 월평균 주거 비용을 지불한다는 것이다. 가처분 소득 대비 주택 담보 대출금은 1990년 이래로 일반 평균과 같고 1990년대의 대부분 동안의 비율보다 낮다. 그러나 이 숫자들은 토론토와 벤쿠버의 실질적인 감당할 수 있는

능력 문제를 반영하지 않는다. 이 시장들을 이해하기 위해서는 정책 입안자들이 분양 아파트와 단독 주택을 구별할 필요가 있다. 두 시장에 있는 분양 아파트에 관하여 중간 소득 대비 중간 가격 정도의 주택에 대한 월간 주택 담보 대출금은 2000년대 초 이래로 평탄했다. 하지만 우리가 결국 상승하는 월간 주거 비용과 따라서 감당 능력이 없는 것의 더 강력한 사례를 목격할 수 있는 것이 단독 주택에서다. ① 주택 가격은 2000년대 중반에 이자율과 반비례했다. ② 세입자들은 2001년에 분양 아파트에 대해 너무 높은 주택 담보 대출금을 지불해야 했다. ③ 주택 담보 대출 금리와 이자율은 2006년에 비슷한 경향을 보였다. ④ 정책 입안자들이 정책을 만들면서 분양 아파트보다 단독 주택에 더 많은 관심을 가져야 한다는 것이 추론될 수 있다.

[어휘]

interest rate 이자율 conventional 협정의, 관례적인
mortgage 주택 담보 대출 net result 최종적인 결론
housing cost 주거 비용 mortgage payment 대출 상환금
relative to ~에 비례하여 disposable 처분 가능한
in line with ~와 일치하는 affordability 감당할 수 있는 비용
policy maker 정책 입안자 differentiate 구별하다
condominium 분양 아파트 median income 중간 소득
single-detached house 단독 주택 inversely 반비례하여
tenant 세입자 tendency 경향 infer 추론하다
policy-making 정책 결정

14. 정답 ②

해설

매체법이 명예훼손의 두 가지를 구별한다는 주어진 글 다음에는, 그 법을 다루는 명예훼손법의 특징을 언급하고. 미국의 명예훼손법이 크게 변했다는 내용의 (B)가 이어지며, 동시에 그 법이 복잡해졌다. 뉴스 매체를 대상으로 소송을 제기하는 가장 흔한 법적 불만이 명예훼손 소송이라고 말하는 (A)가 온 다음, Defense against these(이것에 대한 방어)로 시작하며 소송은 시간과 비용이 많이 들 수 있어서 권력자들에게 악용될 수 있다는 (C)가 마지막에 이어지는 것이 자연스럽다. 따라서 ② (B)-(A)-(C)의 순서가 가장 적절하다

[해석]

중상하는 진술은 공동체의 눈으로 볼 때는 개인의 명성을 해치는 것이다. 법은 중상(말로 하는 명예훼손)과 비방(글로 혹은 방송으로 하는 명예훼손)을 구별한다.
(B) 명예훼손법은 언론인과 다른 이들의 이익과 거짓되고 유해한 공격에 맞서 자신을 보호할 개인과 단체의 권리의 균형 맞추기를 시도한다. 미국의 명예훼손법은 1960년대 이후 상당히 바뀌어 공인을 비판할 수 있는 더 큰 자유를 언론인들에게 제공해 왔다.
(A) 동시에, 명예훼손법은 더 복잡해지기도 해서, 언론인들이 언제 안전한 곳에 있는지에 관한 계속되는 불확실성을 만들어 냈다. 명예

훼손 소송은 여전히 뉴스 매체를 상대로 제기되는 가장 흔한 법적 불만이다.
(C) 이것들에 대한 방어는 시간과 비용이 많이 들 수 있는데, 소송은 종종 큰 금전적 손해배상을 초래하고 자신의 잘못으로부터 주의를 돌리게 하고 비판자들의 입에 재갈을 물리기 위해 권력자들에 의해 악용될 수 있다. 이러한 문제들에도 불구하고, 명예훼손법을 개정하려는 시도는 부분적으로 뉴스(언론) 기관의 반대 때문에 거의 성공하지 못했다.

[어휘]

reputation 명성, 평판 in the eyes of ~의 눈으로 볼 때
distinguish 구별하다 ongoing 계속되는, 진행 중인
file (소송) 제기하다 injurious 유해한, 중상적인
significantly 상당히 criticize 비판하다 public figure 공인
time-consuming 많은 시간이 걸리는 monetary 금전적인
damage awards 손해배상 divert 돌리다
muzzle 재갈을 물리다 reform 개정하다, 개혁하다

15. 정답 ④

해설

마지막 문장은 언론인들에 대해 우리가 가지고 있는 신뢰를 언급하고 있고, ④의 앞 문장은 언론인들을 무조건적으로 신뢰하는 문제점을 지적하고 있으므로 Hence가 연결하는 인과 관계에서 논리적 단절이 일어나고 있다. 주어진 문장은 Nonetheless로 시작하여 언론인들의 긍정적인 모습을 언급하고 있으므로, 언론인과 관련된 문제점을 지적하는 문장 뒤, 그리고 긍정적인 모습과 인과 관계를 보여 주는 내용, 즉 언론인들에 대한 신뢰에 관해 언급한 문장 앞인 ④에 들어가는 것이 가장 적절하다.

[해석]

훌륭한 언론인에게는 왜 사람들이 특정한 방식으로 행동했는지, 즉 그들에게 있을 수 있는 감정, 동기, 그리고 의도에 대한 감각이 항상 있을 것이다. 공감적인 상상력을 발휘하는 것을 통해서 그(그녀)는 내부로부터 인물들을 이해할 수 있게 될 것이다. 이렇게 하여 훌륭한 기자는 장면, 소리, 그리고 미묘한 인간적 차이를 기술하는 것을 통해 그렇지 않다면 우리가 놓칠지도 모를 문제의 핵심으로 독자들을 이끌 수 있게 될 것이다. 하지만 이해하는 것을 동의와 혼동하지 않는 것은 중요하다. 언론인은 관련된 압박감과 동기를 파악하는 것을 통해서 왜 한 사람이 특정한 방식으로 행동했는지 이해하면서도 여전히 결과적으로 일어난 행동, 이를테면 부패를 그것이 부패였다는 이유로 합당하게 비난할 수 있을 것이다. 물론 문제들 중 하나는 우리가 언론인을 흔히 독자적인 확인 수단 없이 신뢰한다는 것이다. 그럼에도 불구하고, 우리가 훌륭한 언론에서 가치 있게 여기는 특성을 그들이 구현한다고 말할 수 있는 명확한 사례나 모범이 되는 보도들이 있다. 그래서 어렵거나 복잡한 문제가 결부될 때, 겉모습이 다루기 까다롭거나 현혹적인 경우에, 우리는 이 언론인들이 하는 말에 의지하는 경향이 있다.

[어휘]

exemplify 구현하다 property 특성 sympathetic 공감하는
take ~ to the heart of ~을 ~의 핵심으로 이끌다
nuance 미묘한 차이 assent 동의 grasp 파악하다
condemn 비난하다 resultant 결과적으로 일어난
corruption 부패, 타락 verification 확인, 입증
deceptive 현혹적인 look to ~에 의지하다

16. 정답 ②

해설
이 글은 주제와 정반대의 진술을 하는 유형에 해당한다. 힘든 일을 겪고 있는 상대방에게 '어떻게 지내?'라는 질문을 하지 않고, 다른 주제로 이야기하는 것이 오히려 위안을 줄 수 있다는 내용이다. 그런데 ②는 '어떻게 지내?'라는 질문의 장점을 이야기하며 다른 선택지들과 반대 입장을 취하므로 글의 흐름과 맞지 않다.

[해석]
사람들이 힘든 시기를 겪고 있을 때, 우리가 묻는 첫 번째 질문은 보통 "어떻게 지내?"라는 말이다. 왜냐하면 우리는 이것이 대화를 시작하게 하고, 우리가 신경 쓰고 있다는 사실을 보여 줄 수 있는 방법이라고 생각하기 때문이다. 여기에 이것을 다르게 볼 수 있는 또 다른 방법이 있다: 만약 당신이 어려운 상황에 대처하고 있는 사람들에게 위안을 주려고 한다면, 당신이 "어떻게 지내?"라는 질문을 첫 번째 질문으로 하지 않은 것에 대해 그들은 감사하게 느낀다는 것이다. 이 질문은 사람들에게 용기를 줄 수 있는 힘을 지니고 있고, 이로부터 사람들은 위안을 얻을 수 있다. 그들이 이 힘든 경험을 통해서 얼마나 어려운 시기를 겪고 있는지를 다시 한번 설명하는 것으로부터 그들에게 약간의 위안을 주기 위해서, 그들의 일이나 가족 혹은 뭔든지 다른 것에 대해 물어라. 그들은 그들의 존재를 집어삼키고 있는 힘든 상황에 놓여 있는 단지 그러한 사람이 아닌, 전체의 개인들처럼 다뤄지기를 원한다. 아마도 얼마 동안 그들의 말을 경청하고 있으면, 당신은 그들이 어떻게 지내는지에 대해 물어볼 필요도 없을 것이다, 왜냐하면 그들은 자신의 방식으로 (그들의 상황을) 당신에게 전달했을 것이기 때문이다.

[어휘]

rough 거친 comfort 달래다, 위로, 편안함 deal with 처리하다
encourage 격려하다 relief 안도
get through 끝내다, 통과하다, 도달하다 challenging 도전적인

17. 정답 ②

해설
우주에 책 외에는 아무것도 없을 때까지 책이 계속 팽창하면 결국 그 책이 사라질 것이라고 했다. 이는 '한 가지 사물 외에 아무것도 존재하지 않는 상황이 되면 그 사물조차 사라질 것이다'라

는 뜻으로 하나의 사물이 존재하려면 그 사물 외에 다른 것이 존재해야 한다는 내용이 빈칸에 들어가야 적절하므로 정답은 ② '다른 것들도 존재해야 한다'이다.

[해석]
누군가가 당신에게 "사물이 존재하는 걸까?"라고 묻는다면 당신은 다음과 같은 말을 할지 모른다. "무슨 소리야? 당연히 사물은 존재하지! 네 주위를 둘러봐. 실재하고 물리적으로 만질 수 있는 것들이 어디에나 있어. 모든 것이 너와 나랑은 관계없이 (독립적으로) 존재하고 있어!" 그러나 만약 이 질문이 "어떤 하나의 사물, 즉 의자나 다른 물체가 존재하도록 하는 것이 무엇일까?"라면 어떻게 될까? 그 답을 찾을 수 있는 한 가지 방법은 특정한 사물, 예를 들어 책이 온 우주에 책 외에는 아무것도 없을 때까지 계속해서 팽창한다고 상상해 보는 것이다. 그것에 어떤 일이 일어날까? 그 책은 아마 사라질 것인데 온 우주에 그 책이 아닌 것은 아무것도 없기 때문이다. 이것은 실재에 대한 매우 기본적인 개념이다. 즉, 어떤 하나의 사물이 존재하기 위해서는 다른 것들도 존재해야 한다.
① 그 똑같은 것이 존재해서는 안 된다
② 다른 것들도 존재해야 한다
③ 우리는 그것에 적절한 이름을 지어 줘야 한다
④ 그것은 독특한 특징이 있어야 한다

[어휘]

physical 물리적인 tangible 만질 수 있는
independently of ~와 관계없이 specific 특정한, 뚜렷한
expand 팽창하다 concept 개념, 발상
distinctive 독특한, 뚜렷이 구별되는

18. 정답 ①

해설
빈칸 이후에 실제 시간이 조정되더라도 체내 생체 시계는 이에 적응하지 못한다(it seems~not adjust)라고 한 후, 이에 대한 연구 결과의 예를 나열하며 논지를 뒷받침하고 있다. 마지막 문장에서 신체 시간과 실제 시간이 다를 때 인체에 미칠 수 있는 부정적 영향을 언급하고 있으므로 빈칸에 가장 적절한 것은 ① '의도하지 않은 건강상의 결과를 일으킬 수 있다'이다.

[해석]
전 세계적으로 일광 절약 시간제(=서머타임제)는 에너지를 절약하는 한 가지 방법으로 오랫동안 장려되어 왔다. 그 제도가 실제로 에너지를 절약하는지 아닌지는 여러 논란의 여지가 있지만, 여러 연구에서 1시간의 조정이 의도하지 않은 건강상의 결과를 일으킬 수 있다는 것이 정말 확실해 보인다. 시계가 1시간 빨라지거나 늦춰져도 체내 생체 시계, 즉 그 주변 환경과 조화를 이루기 위해 일광을 이용하는 신체의 24시간 주기 리듬은 적응하지 않는 듯 보인다. 예를 들면 55,000명의 사람이 참가한 한 연구에서 과학자들은, 피실험자들이 휴무일에 일광절약시가 아니라 표준시에 자는 경향이 있다는 것을 발견했다. 그리고 그들이 잠에서 깨어나는 시간은 동트는 시간이

계절에 의해 서서히 바뀜에 따라 달라졌다. 다른 연구들에서 과학자들은, 봄철에 사람들이 가장 활발히 움직이는 지수가 실제 시계보다는 체내 시계와 더 일치한다는 것을 발견했다. 연구들은 체내 시간과 시계가 나타내는 시간 사이의 이러한 괴리가 제대로 쉬지 못함, 수면 장애, 부족한 수면 시간을 초래할 수 있음을 시사한다.
① 의도하지 않은 건강상의 결과를 일으킬 수 있다
② 우리의 체내 생체 시계가 재조정되는 것과 관련이 있다
③ 확실히 하루를 더 건강하게 시작하는 방법이다
④ 수면 장애가 있는 사람들에게 유익한 효과가 있다

[어휘]

daylight saving time 일광절약시간제, 서머타임제
a matter of debate 논란의 여지가 있는 문제 adjustment 조정
internal 내부의 in tune with ~와 조화를 이루어
subject 피실험자 peak 최고조(의) disconnect 괴리, 단절
result in (어떤 결과를) 가져오다 restlessness 제대로 쉬지 못함
disruption 방해, 중단 unintended 의도하지 않은
disorder 장애, 이상

19. 정답 ③

해설

(A) 다른 사람들이 같은 범죄를 저지르는 것을 '막기' 위해 잔혹하고 공개적으로 처벌한 것이므로 deter가 적절하다.
(B) 18세기에 체벌의 사용에 대해 이의가 제기되기 시작하여 19세기에 급격히 '감소한 것'이므로 declined가 적절하다.
(C) 체벌의 사용을 규제하는 법률이 '도입'된 것이므로 introduction이 적절하다.

[해석]

체벌의 역사적 기원은 분명하지 않지만, 그것은 많은 고대 문명에서 사용되었다고 알려져 있다. 그 당시에, 그것은 종종 매우 잔혹한 방법으로 일반 대중들이 다 보는 데서 행해졌다. 이것은 다른 사람들이 같은 범죄를 저지르는 것을 막기 위함이었다. 18세기에, 철학자들과 법률 개혁가들은 응징보다는 교화가 형사 사법제도의 목적이 되어야 한다고 주장하며, 체벌의 사용에 대해 이의를 제기하기 시작했다. 이 때문에, 19세기까지, 유럽과 북미에서의 체벌의 사용은 급격히 감소했다. 영국에서는, 사형 당한 일부 범죄자가 겪은 끔찍한 죽음이 여론을 체벌에 반대하도록 바꾸었다. 결국 이것은 많은 나라에서 체벌의 사용을 규제하는 엄격한 법률의 도입으로 이어졌다.

[어휘]

corporal punishment 체벌 exceedingly 극도로, 대단히
cruel 잔혹한, 잔인한 in full view 다 보는 데서
commit 저지르다, 범하다 legal 법률의 reformer 개혁가 question
이의를 제기하다 reformation 교화, 개선
retribution 응징, 징벌 criminal justice system 형사 사법제도
sharply 급격히 execute 처형하다 strict 엄격한
regulate 규제하다 deter 그만두게 하다 defer 연기하다, 미루다

descend 내려가다, 내려오다 decline 감소하다 reduction 축소

20. 정답 ③

해설

③ 동사 order는 목적격 보어로 to 부정사를 취하므로 finding은 to find로 고쳐야 한다. 'order+O+to~R ~가 ~하도록 명령하다'

[오답 분석]

① require는 목적격 보어 자리에 to 부정사를 수반하므로 바르게 쓰였다.
② was라는 동사의 주어 자리에 사용되는 명사절 접속사로 whoever(누구든지)가 바르게 쓰였다.
④ 주절 동사에 would가 사용되고 있으므로 가정법 과거 구문이다. 따라서 if절에 과거 동사가 바르게 사용되었다.

[해석]

오늘날 향신료는 특별하지 않은 것처럼 보일지 모르지만, 그것들이 은이나 금만큼 귀중하게 여겨지던 때가 있었다. 우리가 그것들을 얻는 데는 별다른 노력이 필요하지 않지만, 15세기 유럽에서는 상황이 전혀 달랐다. 향신료가 재배되는 이국 땅에 이르는 것은 결코 쉬운 일이 아니었지만, 그렇게 한 사람이라면 누구나 엄청난 부와 권력을 보장받았다. 이를 잘 알고 있었기에, 포르투갈의 왕은 1497년에 탐험가인 바스코 다 가마를 불러 그에게 다양한 향신료의 주산지인 인도로 가는 가장 짧은 가능한 경로를 찾으라고 명령했다. 만약 다 가마가 임무를 완수한다면 이는 포르투갈인들에게 엄청난 부를 의미할 것임을 왕은 알고 있었다. 많은 노력 끝에 다 가마는 인도로 가는 가장 짧은 경로를 정말로 발견해, 포르투갈을 세계에서 가장 강력한 국가 중의 하나로 바꾸어 놓았다.

[어휘]

valuable 값비싼 cultivate 경작하다, 재배하다 assure 보증하다
summon 소환하다, 호출하다 principal 주요한
accomplish 완수하다,해내다
transform A into B A를 B로 전환시키다

Half Test 9. 정답 및 해설

1. 정답 ①

해설

pathological은 '병적인, 병에 의한'의 의미로 유의어로는 morbid, diseased 등이 있다.

일부 과학자들은 이 인종이 분명히 유전적인 장애나 병리학적 장애에 의해 기형적으로 변한 피그미족일 것이라고 주장했다.

[어휘]

argue 주장하다 species 종 nothing more than 단지
(only) deformed 기형으로 변형된 genetic 유전적인
disorder 장애 physiological 생리학적인
psychological 심리적인 mental 정신적인

2. 정답 ①

해설

이 문장에서 go는 불완전 자동사로 뒤에 형용사가 수반되어야 하고, 의미는 '~게 되다'이다. 문맥상 장기간 고립되면 '미치게 되다'가 적절하므로 deranged가 정답이다.

[해석]

어떤 큰 앵무새들은 장기간 고립을 당하면 심지어 미치는 것처럼 보일 것이다.

[어휘]

parrot 앵무새 go insane 미치게 되다
subject ~에 종속시키다, 당하게 하다 isolation 고립
deranged 제정신이 아닌, 미친 sober 정신이 또렷한
vigil 경계하는 alert 기민한, 정신이 초롱초롱한

3. 정답 ②

해설

all spin and no substance는 '빛 좋은 개살구'라는 표현이므로 뒤에는 항상 '돈이 궁핍했다'라는 단어가 들어가는 것이 적절하다.

[해석]

TV에 나오는 인기 연예인이라는 명성은 빛 좋은 개살구에 불과했고 그는 늘 돈이 궁했다.

[어휘]

celebrity 유명인사 in need of ~가 부족한, 궁핍한,
in charge of ~을 담당하는 in favor of ~을 찬성하는
in pursuit of ~을 추구하는

4. 정답 ③

해설

갈등을 '화해'의 정신으로 해결해야 한다는 의미이므로 reconciliation이 가장 적절하다.

[해석]

우리는 갈등을 화해의 정신으로 해결하려고 노력해야 하고 항상 다른 사람의 이익을 염두에 두어야 한다.

[어휘]

resolve 해결하다 conflict 갈등 keep in mind 명심하다
competition 경쟁 philanthropy 박애주의 humanity 인류애

5. 정답 ①

해설

조심해야 하는 문제이다. Do you have the time?은 '시간 있으세요?'가 아니라 '몇 시인가요?'라는 질문이다. 따라서 'I don't have a watch on'과 같은 답변이 나와야 한다.

[해석]

① A: 지금 몇 시인 줄 아세요?
  B: 물론, 나는 항상 너를 위해 시간을 낼 수 있어.
② A: 이메일을 얼마나 자주 확인하나요?
B: 아마 3시간에 한 번요.
③ A: 지하철이 얼마나 자주 운행되나요?
B: 매 5분마다요.
④ A: 저녁 외식할까요?
  B: 좋아요, 어디로 가죠?

6. 정답 ①

해설

은행에서 지폐를 잔돈으로 바꾸는 상황의 대화이다. 뒷부분에 1달러짜리 20장으로 바꿔 달라고 했으므로 빈칸에는 'you could break the bill(지폐를 잔돈으로 바꾸다)'가 적절하다.

[해석]

A: 도와드릴까요?
B: 네, 혹시 이 지폐를 잔돈으로 바꿔 주실 수 있으세요.
A: 그럼요, 어떻게 드릴까요?
B: 1달러짜리 20장으로 바꿔 주시면 감사하겠습니다.
A: 더 도와드릴 건 없을까요?
B: 네 감사합니다. 그게 다예요.
① 지폐를 잔돈으로 바꾸다
② 환불을 해 주다
③ 특별 할인 요금을 적용해 주다
④ 임금 인상을 해 주다

[어휘]

wonder 궁금해하다 bill 지폐
break the bill 지폐를 잔돈으로 바꾸다
issue a refund 환불해 주다 special rates 특별 할인 요금

raise 임금 인상

7. 정답 ④

해설

④ '다양한 소프트웨어'는 부정 관사 관련 숙어 표현 a variety of(다양한)를 사용하여 나타낼 수 있으므로 Variety of를 A variety of로 고쳐야 한다.

[오답 분석]

① 명사 room은 '자리, 공간'이라는 의미로 쓰일 때 불가산 명사이므로 앞에 부정관사(a/an)가 오거나 복수형으로 쓰일 수 없으므로 room이 올바르게 쓰였다.

② 동사 feel은 주격 보어를 취하는 동사이다. 보어 자리에는 명사나 형용사 역할을 하는 것이 올 수 있으므로 과거 분사 stressed?가 올바르게 쓰였다. 또한, 명사 time(times)은 '시 대'라는 의미로 쓰일 때 가산 명사이므로 복수형 times가 올바르게 쓰였다.

③ 주어 자리에 복수 명사 The results가 왔으므로 복수 동사 were가 올바르게 쓰였다. 주어와 동사 사이의 수식어 거품(of the general election)은 동사의 수 결정에 영향 을 주지 않는다. 또한, 감정을 나타내는 동사(disappoint) 의 경우 주어가 감정의 원인이면 현재 분사를, 감정을 느끼는 주체이면 과거 분사를 써야 하는데, 주어 The results of the presidential election이 '대통령 선거의 결과가 실망스럽게 하다'라는 의미로 감정의 원인이므로 현재 분사 disappointing이 올바르게 쓰였다.

[어휘]

attendee 참석자 realize 깨닫다, 알아차리다
general election 총선거 alter 고치다, 수정하다

8. 정답 ①

해설

① '대부분(의)'이라는 의미로 대명사나 형용사로 쓰일 수 있는 most가 대명사로 쓰여 most of the homes가 올바르게 쓰였다.

[오답 분석]

② 명사(age) 앞에서 소유의 의미를 나타내기 위해서는 소유격 대명사가 와야 하므로 목적격 대명사 it을 소유격 대명사 its로 고쳐야 한다.

③ 대명사가 지시하는 명사(the dog)가 단수이므로 단수 명사가 와야 한다. 따라서 복수 대명사 them을 단수 대명사 it으로 고쳐야 한다.

④ 형용사 no는 명사 앞에 와야 하므로 no를 '아무 ~도 ~않다'라는 의미로 혼자 명사 자리에 쓰이는 부정 대명사 none으로 고쳐야 한다.

[해석]

① 그 폭설은 반도에 있는 가정의 대부분에서 전력이 끊어지게 했다.

② 그의 자동차는 10년 이상 동안 부드럽게 작동했었지만, 마모의 흔적을 보여 주기 시작했다

③ 그 가족은 그 개를 아파트에 데리고 있을 수 없어서 입양을 보냈다.

④ 나는 네 명의 형이 있지만, 그중 아무도 가까이 살지 않는다.

[어휘]

peninsula 반도 electricity 전기 function 작동하다
smoothly 부드럽게 wear and tear 마 adoption 입양
nearby 가까이에

9. 정답 ④

해설

㉠의 앞에서는 지능에 대한 이야기가 나오지만, 뒤에서는 이성에 대한 이야기가 이어진다. 지능은 생존을 위한 것이지만, 이성은 표면 아래에 숨겨진 진실, 핵심을 이해하기 위한 것이라고 설명한다. 따라서 ㉠에는 '반면에'를 의미하는 on the other hand가 적절하다.

㉡의 앞에서는 이성의 기능이 육체적 목적이 아니라 정신적, 영적인 목적이라고 설명한다. 그러나 ㉡의 뒤에서는 이성은 예측을 위해 필요하고 예측은 육체적 생존을 위해 필요하다고 말하므로, 결국 이성 역시 육체적 목적과 연결되어 있다는 내용이다. 따라서 역접의 연결어인 However가 가장 적합하다.

[해석]

침팬지는 ― 두 개의 막대기 중 어느 것도 바나나를 획득하기에 충분히 길지 않기 때문에 그 일을 하기 위해 그 둘을 연결하면서 ― 지능을 사용한다. 우리가 평소 하던 일을 하면서 일을 어떻게 처리할지 '궁리할' 때, 우리도 모두 그렇다(지능을 사용한다). 이런 의미에서 지능은 사물들을 있는 그대로 당연하게 여기면서 그것들을 교묘하게 조종하려는 목적을 가진 결합을 만드는 것이다; 지능은 생물학적 생존을 돕는다고 여겨진다. ㉠ 반면에 이성은 이해를 목표로 한다; 이성은 우리를 둘러싼 현실의 본질인 핵심을 파악하기 위해 표면 아래에 있는 것이 무엇인지를 알아내려 한다. 이성은 기능이 없는 것은 아니지만, 그 기능은 육체적 존재를 발전시키는 것이라기보다는 정신적이고 영적인 존재를 발전시키는 것이다. 하지만 사생활과 사회생활에 있어서 종종 (예측이 표면 아래에서 작용하는 힘의 인식에 종종 의존한다는 점을 고려하면) 이성은 예측을 하기 위해 필요하고, 예측은 육체적 생존을 위해서도 가끔 필수적이다.

[어휘]

go about one's business 하던 일을 계속하다
take ~ for granted ~을 당연한 것이라 여기다
facilitate 가능하게 하다 manipulation 교묘한 조종, 속임수
in the service of ~에 도움이 되도록 reason 이성
aim at ~을 목표로 삼다 beneath 아래에 kernel 알맹이, 핵심

essence 본질 not A as much as B A라기보다 B이다
further 발전시키다 underneath 밑에

10. 정답 ④

[해설]
④ the behavioral domain은 기록되어지는 것이므로 charting
을 (being) charted로 고쳐야 한다.

[오답 분석]
① did는 대동사로 conceived를 대신하므로 어법상 맞다.
② which의 선행사는 the means이며 by가 있어야 관계절 내에서
by the means의 의미로 쓰일 수 있으므로 (전치사+관계 대명사)
형태인 by which는 어법상 맞다.
③ Curran이 주어인 문장의 동사가 와야 하고, 문맥상 과거에 발생
한 일이므로 argued는 어법상 맞다.

[해석]
몇몇 이론가는 사회성 기술에 대한 정의를 행동 영역에 국한해 왔다.
Rinn과 Markle은 그것을 Wilkinson과 Canter가 했던 것처럼 언어
적이고 비언어적인 행동의 목록으로 생각했다. 그들은 "언어적 행동
과 비언어적 행동은 사람들이 다른 사람들과 의사소통하는 수단이
고 그것들은 사회성 기술의 기본 요소들을 구성한다"라고 말했다.
정의와 관련된 문제를 논의할 때 Curran은 사회적 기술의 구성은 운
동 근육의 행동으로 제한되어야 한다고 주장했다. 그는 자신의 주장
의 근거를 행동적 영역이 여전히 기록되고 있으며 이러한 과제는 다
른 영역으로 분석을 확대하기 전에 완성되어야 한다는 사실에 근거
하고 있다. 그러나, 행동주의에 대한 이러한 강조는, 행동을 결정하
고 의사소통 과정을 이해하는 데 있어 인간의 수행 능력의 다른 측
면, 즉 인식과 감정을 중요한 것으로 간주하는 사회성 기술 분야의
연구, 이론 및 실천에 참여하는 사람 중 많은 이에게 받아들여지지
않을 것이다.

[어휘]
domain 영역 conceive 생각하다, 품다
repertoire (한 사람이 할 수 있는) 목록, 모든 것 verbal 언어적인
element 요소 construct 구성, 복합 개념 motoric 운동 근육의
chart 기록하다 involve 참여시키다 aspect 측면
performance 수행(능력) cognition 인식, 인지

11. 정답 ③

[해설]
천재들이 자신들의 창조성을 어떻게 드러내게 되는지 설명하는
글이다. 그들은 영감을 받으면 장시간 집중하는 사이사이에 반
드시 정체기를 가지며, 이 정체기는 생각을 발효시키는 단계로
창조적 과정에 꼭 필요하다고 설명하고 있다. 따라서 정답은 ③

'천재들이 창조성을 드러내는 방법'이다.

[해석]
천재의 한 가지 특징은 고도의 집중력이며, 그것은 종종 순환하는 방
식으로 표현된다. 다시 말해, 천재의 성격은 때로 양극단을 통합시키
는 것처럼 보인다. 즉, 영감을 받으면 천재는 해결책이 자신의 머릿
속에서 아직 생생한 동안에 그것을 실현하기 위해 하루에 스무 시간
을 일할지도 모른다. 이러한 강도 높은 활동 기간들은 명백한 정체기
인 것처럼 보이지만 실제로는 발효의 시간들(아이디어가 숙성되는
시간들) 사이사이에 흩어져 있는 경향이 있는데, 이것은 창조적인 과
정에 필요한 부분이다. 천재들은 아이디어들을 구체화할 여지를 만
들 필요성을 이해하는데, 그 이유는 창조성이 외적 상황이 아닌 적절
한 내적 상황에서 생기기 때문이다. 그러한 단계는 완전히 (주의가)
산만한 상태에 의해 자주 이루어지는데, 우리는 모두 고속도로에서
교통 체증 속에 앉아 있는 동안 복잡한 문제들에 대한 해답을 찾아낸
사람들에 관한 이야기들을 알고 있다.
① 창의적인 아이디어에 지속적으로 집중하는 것의 이점
② 환경이 개인의 독창성에 미치는 영향
③ 천재들이 창조성을 드러내는 방법
④ 천재들에게 짜임새 있는 휴식 기간의 중요성

[어휘]
intensity 집중, 전념 cyclic 순환하는
incorporate 통합시키다 polar 양극의
extreme 극단(적인 상태) scatter 흐트러뜨리다
interval 간격 apparent 명백한 fermentation 발효
crystallize 구체화하다 circumstance 상황
distraction 주의 산만 freeway 고속도로
consistent 지속적인, 끊임없는 ingenuity 독창성
concentration 집중

12. 정답 ③

[해설]
초기 이슬람의 건축 양식이 복잡한 문양의 장식을 통해 신성함
을 추구했다는 내용의 글이다. 따라서 글의 제목으로 가장 적절
한 것은 ③ '신성함: 초기 이슬람 예술의 디자인의 동인'이 가장
적절하다.

[해석]
초기 이슬람 건축가들과 예술가들은 그들 종교의 주장에 대한 물질
적인 뒷받침과 증거를 제공하는 웅장한 물리적 배경을 만들어 내기
위해 노력했다. 신이 모든 앎의 원천이라고 주장하는 이슬람교는 신
성한 요소로의 수학적 법칙을 특히 강조했다. 우아하고 복잡한 기하
학적 구성은 신의 무한한 지혜를 암시하는 것으로 생각되었고, 이슬
람교의 장인들은 사원과 집의 벽을 이런 무늬의 반복되는 연속으로
뒤덮었다. 깔개나 유리잔의 정말 기분 좋게 복잡한 이런 장식이 홀의
내부를 완전히 뒤덮으면 그것은 거의 환각 경험을 만들어 낸다. 재미
없고 실용적인 일상의 물건들만 보는 데 익숙한 눈이라도, 그런 홀

안에서라면 일상과 전혀 관련이 없는 세계를 상상할 수 있었을 것이다. 그러한 정교하면서도 놀랍도록 복잡한 장식은 속세의 제약이 없는 정신, 인간의 결점으로 변질되지 않은 더 고귀한 존재, 그래서 완전히 복종할 가치가 있는 신의 작품처럼 보였다.

① 이슬람 예술에서의 세속성과 신성
② 모스크 건축물이 주는 심리적 효과
③ 신성함: 초기 이슬람 예술의 디자인의 동인
④ 이슬람 역사에서의 순수 수학과 기하학

[어휘]

Islamic 이슬람교의 architect 건축가
strive to R ~하려고 노력하다 backdrop (주위) 배경
divine 신성한 elegant 우아한 geometry 기하학적 배열
imply 암시하다 infinite 무한한 Muslim 이슬람교도
artisan 장인 mosque 이슬람교 사원
sequence (일련의) 계속 ornamentation 장식
intricate 복잡한 accustomed to A A에 익숙한
dull 재미없는 association 관련 delicate 섬세한
extraordinarily 놀랍도록 earthly 속세의
uncorrupted 타락하지 않은 failing 결점 surrender 굴복하다
domestic 집안의

여겨졌다. 비행 문제에 대한 해결책은 이러한 불평등을 야기한 구조의 개혁 안에 있는 것으로 보였다. 더 급진적인 치안판사들에게 해답은 사회를 정비하는 것이 아니라 아동들이 법원에 의해서 취급을 받는 방식을 개혁하는 것이었다.

① 일부 판사의 관점에서는 법정이 아동들에게 더 나은 대우를 하는 것이 비행을 억제하는 데 도움이 될 수 있었다.
② 사회복지사들은 정통적인 견해에 대한 지지자들에 속했다.
③ 결핍이 있는 양육 방식은 비행의 원인 중 하나로 여겨졌다.
④ 1948년 아동법은 체벌의 이점을 강조했다.

[어휘]

juvenile 청소년의 justice system 사법 제도 undergo 겪다
significant 중대한 philosophical 철학적인
cling to ~을 고수하다 corporal punishment 체벌
reclaim 갱생시키다 rehabilitate 사회 복귀를 돕다
orthodox 정통의 draw upon ~에 의지하다
social worker 사회복지사 delinquency 비행, 범죄
matrix (성장, 발달하는) 기반, 모체 inequality 불평등
deficient 결핍이 있는 reformation 개혁
radical 급진적인 magistrate 치안판사 overhaul 정비하다
curb 억제하다 proponent 지지자 accentuate 강조하다

13. 정답 ④

해설
④ 두 번째 문장에서 체벌의 이점에 대한 낡은 관점을 고수하는 사람들이 있다는 것이 언급되기는 했지만, 1948년 아동법은 법을 어긴 아동의 갱생과 사회 복귀에 관한 견해를 정립시키는 계기가 되었다고 했으므로 글의 내용과 일치하지 않는다.

[오답 분석]
① 마지막 문장에서 일부 판사들, 즉 급진적인 치안 판사들은 아이들이 법원에서 취급을 받는 방식을 개혁하는 것에 비행 문제에 대한 답이 있을 것이라고 보았다고 했으므로 글의 내용과 일치한다.
② 세 번째 문장에서 범죄 아동의 갱생을 강조하는 정통적 견해는 영국과 미국 도시 빈민가의 사회복지사들에 의해 영향을 받았다고 했으므로 글의 내용과 일치한다.
③ 네 번째 문장에서 구조적 불평등과 더불어 결핍이 있는 양육 방식이 존재하는 사회적 기반의 일부가 비행이라고 했으므로 글의 내용과 일치한다.

[해석]
영국의 청소년 사법 제도는 20세기 초에 중대한 철학적 변화를 겪었다. 체벌의 이점에 관해 낡은 생각을 고수했던 사람들이 많았지만, 법을 어긴 아동들을 갱생시켜서 사회로 복귀시켜야 한다는 견해는 1948년 아동법이 통과되면서 정통적인 견해가 되었다. 이 접근법은 영국과 미국 도시의 빈민가에 있는 사회복지사들과 새로운 사회학 및 의학 분야에 있는 연구자들의 관점에 의존했다. 비행은 구조적 불평등과 결핍이 있는 양육 방식에서 초래되는 사회적 기반의 일부로

14. 정답 ③

해설
제1차 세계대전 때 면 붕대의 대용품으로 셀루코튼이 만들어졌다는 주어진 글 다음에, 전쟁 후 셀루코튼의 재고를 처리하기 위해 신제품을 개발했다는 (B)가 오고, 여성을 대상으로 한 신제품의 또 다른 용도에 대해 쓴 소비자들의 편지를 받았다는 내용의 (A)로 이어져 구체적으로 그 용도(남편들이 그것을 코를 푸는 데 사용한다는 것)를 서술한 (C)가 오는 것이 자연스럽다.

[해석]
1914년 제1차 세계대전 중, 군인들은 면 붕대가 필요했으나 미국에 면이 충분치 않았다. 킴벌리-클라크사는 면의 대용품으로 셀루코튼을 만들었는데, 이는 매우 성공적이었다.
(B) 1918년에 전쟁이 끝났을 때, 회사에는 그 신소재의 재고가 많이 남았다. 그래서 킴벌리-클라크사의 개발자들은 제품의 새로운 용도를 생각해 냈다. 그것이 클리넥스 커치프였다.
(A) 그들은 여성들이 화장을 지울 때 그 제품을 사용하도록 권장하는 광고를 했다. 그러나 킴벌리-클라크사 직원들은 그들의 신제품의 또 다른 용도에 대한 편지를 받고는 놀랐다.
(C) 많은 여성이 그들의 남편이 그 티슈에 코를 풀고 있다고 편지에 썼다. 남성들은 그 티슈를 손수건보다 선호했다. 손수건과 달리 그것들은 한 번 쓰고 버릴 수 있어서 남성들이 좋아했던 것이다.

[어휘]
cotton 면 bandage 붕대 substitute 대용품 remove 제거하다
material 재료 leftover 남은 것 come up with ~을 생각해 내다

정답 및 해설 181

kerchief 스카프 blow one's nose 코를 풀다
disposable 일회용의

15. 정답 ④

해설

주어진 글은 검사 및 검사 표준 자료의 기준에 대한 추가적인 내용, 즉 검사 및 검사 표준 자료가 10년이 넘지 말아야 한다는 시간 기준에 관한 내용이므로, 주어진 글 앞에는 검사 기준에 관한 내용이, 뒤에는 검사 시간에 관한 내용이 있어야 한다. 따라서 ④의 앞 문장은 검사 기준에 대한 예시를 언급하고 ④의 뒤 문장은 In other words로 시작하여 검사 시간과 관련된 기준을 언급하고 있으므로 주어진 문장은 ④에 들어가는 것이 가장 적절하다.

[해석]

검사 표준화에는 일관된 시행 방법을 개발하고 검사 중 아동의 표본이 되는 점수에 관한 표준 데이터를 수집하는 과정이 포함된다. 평가자가 표준 집단에 비례하여 특정 유아의 위치를 결정하는 것은 바로 이 표준 자료에 의해서이다. 그러나 주어진 검사의 표준화 및 표준 표본이 검사 이용자가 평가하기로 계획한 유아의 유형을 나타내는지 여부를 결정하는 것은 검사 이용자의 책임이다. 몇몇 검사는 특정 도시나 주 또는 특정 경제 상태의 아동과 같이 매우 특정한 아동 개체군을 기준으로 한다. 다른 지역 또는 경제적 배경의 유아에 대한 이 검사에서 도출된 표준 점수를, 그것(표준 점수)의 일반화를 정당화할 구체적인 경험적 증거 없이 사용하는 것은 일반적으로 권장되지 않는다. 더욱이, 신뢰할 수 있는 결과를 도출하기 위해서는, 세대 간 검사 점수의 점진적 증가와 보조를 맞추기 위해 검사(및 표준 자료)의 나이는 약 10년이 넘지 않아야 한다. 다시 말해서, 극도로 시대에 뒤처진 기준들은 필요한 서비스에 있어서 유아의 자격을 잘못 빼앗는 결과로 이어질 수도 있는 부풀려진 점수를 흔히 도출한다.

[어휘]

yield 도출하다, 산출하다 normative 표준의
keep pace with ~와 보조를 맞추다 escalation 점진적 증가
standardization 표준화 consistent 일관된
administration 시행행 typical 표본이 되는
relative to ~와 비례하여 be representative of ~을 나타내다
assess 평가하다 norm 기준으로 하다 locality 지역
empirical 경험적인 grossly 극도로 outdated 시대에 뒤진 inflate 부풀리다 erroneously 잘못되게
disqualify ~의 자격을 빼앗다

16. 정답 ④

해설

글에서는 Bob Marley라는 인물을 소개한 후, Bob Marley 재단에 대해 설명하고 있다. 그런데 ④는 갑자기 NGO의 정의를 서술하고 있어 글의 흐름상 어색하다.

[해석]

밥 말리는 레게를 국제적으로 유명하게 만드는 것을 도왔던 자메이카의 대표적인 음악가 중 한 명이었다. 그의 가사는 신에 대한 찬사에서부터 정치적인 논평에 이르기까지 사려 깊었다. 그가 죽은 후, 비영리 자선 단체인 밥 말리 재단은 리타 말리와 말리 가족이 사회 변화에 대한 지지로 그의 종합적인 사회 발전 비전을 실현하기 위해 설립되었다. 이 재단은 이사회가 정한 기준을 충족하고 많은 프로젝트에 혜택을 주기 위해 파트너십을 통해 지원을 구하는 비영리 단체와 NGO를 지원한다. ④ NGO는 어떤 정부의 참여도 없이 법조인이 만든 조직을 지칭하는 것으로 널리 받아들여진 용어이다. 그리고 그 재단은 가난하게 사는 사람들에게 필요한 지원을 한다.

[어휘]

leading 가장 중요한, 선두적인 internationally 국제적으로
lyric 서정시의 thoughtful 생각에 잠긴, 사려 깊은 praise 찬사
non-profit charitable organization 비영리 자선 단체
fulfill 다하다, 이행하다 comprehensive 포괄적인
advocacy 지지 criteria 규준 poverty 가난

17. 정답 ①

해설

서양 의사들이 주목하고 있는 전인적 의학의 핵심은 신체 건강과 마음 상태의 상호 관계성이므로 빈칸에는 ① '몸과 마음은 분리될 수 없다'가 적절하다.

[해석]

서양의 의사들은 전통적인 치료사들이 항상 숙지하고 있었던 사실을 마침내 배우고 있는데, 그것은 바로 몸과 마음은 분리될 수 없다는 것이다. 서구에서는 최근까지, 몸을 치료하기 위해 (내과) 의사를, 마음을 치료하기 위해 정신과 의사를, 그리고 영혼을 치유하기 위해 성직자를 찾아 갔다. 그러나 이제 서양의 의학계는 전인적 의학에 더 많은 관심을 기울이는데, 이는 인간의 마음 상태가 신체 건강에 영향을 미칠 수 있고, 그 반대도 가능하다고 믿는다. 전인적 의학에 대한 인식이 매우 널리 퍼져서 세계 보건 기구는 심지어 그들의 권고사항을 변경했다. 세계보건기구는 현재 어떤 경우에는 의사들이 처방약과 함께 전통적인 치료법을 사용하는 것을 고려한다면 더 큰 성공을 거둘지도 모른다고 말하고 있다.

[어휘]

healer 치료자, 의사 physician (내과) 의사
consult 진찰받다 psychiatrist 정신과 의사 priest 성직자
wellness 건강 vice versa 거꾸로 recognition 인식
World Health Organization 세계보건기구 state 진술하다
therapy 요법, 치료 alongside ~와 함께 prescription 처방전
inseparable 분리할 수 없는

18. 정답 ②

해설

빈칸이 있는 문장을 통해 빈칸에 뇌의 측면 분화 없이 좌뇌나 우뇌의 한쪽이 지배하는 오리 새끼들이 어떠한지에 대한 내용이 나와야 적절하다는 것을 알 수 있다. 빈칸 앞 문장에서 약하게 좌뇌나 우뇌의 한쪽이 지배하는 오리 새끼들은 매 모형이 나타나지 않았을 때는 곡식의 낟알과 조약돌을 구별하는 것을 학습하는 데 어려움을 겪지 않았으나, 매가 머리 위로 '날았을' 때는 빈번하게 그것을 감지하지 못했고 곡식의 낟알을 쪼아 먹는 것을 학습하는 데 훨씬 느렸다고 했으므로, 뇌의 측면 분화 없이 약하게 좌뇌나 우뇌의 한쪽이 지배하는 오리 새끼들은 '두 가지 일을 동시에 처리할 수 없었다'라고 한 ②번이 정답이다.

[해석]

약 10년 전에, 신경과학자 Lesley J. Rogers는 그녀가 배아들을 그것들이 부화되기 전에 빛이나 어둠에 노출시키면, 오리 새끼들의 뇌 두 쪽이 시각 처리를 위해 그들의 분화를 발달시킬지 말지 즉, 오리 새끼들이 약하게 또는 강하게 좌뇌나 우뇌의 한쪽에 의해 지배되는 뇌를 가지고 부화하는지 아닌지를 통제할 수 있을 것이라는 점을 발견했다. 그 후에 Rogers는 보통으로 그리고 강하게 좌뇌와 우뇌의 한쪽에 의해 지배되는 오리 새끼들을 약하게 좌뇌나 우뇌의 한쪽에 의해 지배되는 새끼 새들과 두 가지 과제에 대해서 비교를 했다. 한 가지 과제는 곡식의 낟알을 작은 조약돌에서 분류하는 것이었다(일반적으로 좌반구를 위한 일), 다른 한 가지 과제는 오리 새끼들의 위를 지나가는 포식자 모형(매의 모양으로 도려낸 그림)에 반응하는 것이었다(일반적으로 우반구를 위한 일), 약하게 좌뇌나 우뇌의 한쪽에 의해 지배되는 오리 새끼들은 매 모형이 나타나지 않았을 때, 곡식의 낟알을 조약돌에서 구별하는 것을 학습하는 데 어려움을 겪지 않았다. 그러나 매가 머리 위로 '날았을' 때, 그들은 빈번하게 그것을 감지하지 못했으며, 조약돌 대신에 곡식의 낟알을 쪼아 먹는 것을 학습하는 데 보통의 오리 새끼들보다 훨씬 더 느렸다. 즉, 뇌의 측면 분화 없이, 약하게 좌뇌와 우뇌의 한쪽이 지배하는 오리 새끼들은 두 가지 일을 동시에 처리할 수 없었다.
① 그들의 뇌가 평균 크기의 절반 정도라는 것을 보여 주었다
② 두 가지 일을 동시에 처리할 수 없었다
③ 과제를 완료하기 위해서 우뇌를 더 활성화시켰다
④ 그들의 시력을 회복시킨 것이 관찰되었다

[어휘]

neuroscientist 신경과학자 embryo 배아, 태아
hatch 부화하다 duckling 오리 새끼
specialization 분화, 전문화 visual processing 시각 처리
lateralize 좌뇌나 우뇌의 한쪽이 지배하다 grain 낟알, 곡물
pebble 조약돌 hemisphere 반구 predator 포식자
overhead 머리 위로 detect 감지하다 peck 쪼아 먹다, 쪼다
lateral 측면의 attend to ~을 처리하다, 돌보다
simultaneously 동시에 activate 활성화시키다, 작동시키다

19. 정답 ④

해설

이 글은 복잡한 사물이나 시스템을 향상시키는 방법이 일부러 고장을 내는 것이라고 하면서 실패에 대해 인내심을 가지라고 이야기하고 있다. 이러한 맥락에서 마지막 문장의 부정적인 결과, 즉 고장이나 실패는 '피할' 것이 아니라 성공을 얻기 위해 '받아들여야' 하는 것이므로 ④의 preventing을 embracing 등으로 고쳐야 한다.

[해석]

사물, 특히 복잡한 사물을 보다 좋게 만들기 위해 그것을 고장 내야 한다는 관련된 생각이 실패를 받아들인다는 생각 속에 포함되어 있다. 보통 복잡한 시스템을 향상시키는 유일한 방법은 그것을 강제로 다양한 방식으로 실패하게 함으로써 그 시스템의 한계를 시험하는 것이다. 소프트웨어는, 우리가 만드는 가장 복잡한 물건 중에 하나인데, 일반적으로 그것을 고장 내는 방법을 체계적으로 찾아내도록 기술자를 고용함으로써 품질을 검사를 받는다. 마찬가지로, 고장 난 복잡한 장치를 수리하는 한 가지 방법은 실제 기능 장애가 있는 곳의 정확한 위치를 찾아내기 위해 그 장치의 다양한 기능에 의도적으로 부정적인 결과(일시적인 고장)를 억지로 생기게 하는 것이다. 과학자가 외부인을 흔히 당황하게 하는 실패에 인내심을 갖고 있는 것과 마찬가지로, 훌륭한 기술자는 때로는 기술자가 아닌 사람을 놀라게 하는, 물건을 고장 내는 일들을 존중한다. 그러나 부정적인 결과를 방지하는(받아들이는) 습관은 성공을 얻는 가장 근본적인 비결 중 하나이다.

[어휘]

embrace 받아들이다 notion 생각
force A to R A를 ~하게 강제(강요)하다
systematically 체계적으로 crash (컴퓨터를) 고장 내다
complicated 복잡한 temporary 일시적인
locate ~의 정확한 위치를 찾아내다 trick 비결, 속임수

20. 정답 ②

해설

② 단수 명사인 a large sign을 선행사로 하는 주격 관계 대명사절의 동사이므로 inform은 수를 일치시켜 informs로 고쳐야 한다.

[오답 분석]

① 분사 구문으로 주절 주어가 들어가는 것이므로 현재 분사가 바르게 사용되었다.
③ 앞에 주어가 running~, making~, and taking~과 같이 여러 가지가 열거되고 있으므로 동사의 수는 복수가 맞고, 태 역시 '금지되는 것'이므로 수동태가 맞게 사용되었다.
④ neither A nor B에서 A와 B가 과거 분사형으로 병치되고 있다.

루브르 박물관에 들어서면 당신은 모든 방문객에게 뛰어다니거나, 휴대 전화를 사용하거나, 큰 소리를 내거나, 플래시를 터뜨려 사진을 찍는 것이 모두 엄격히 금지되어 있다는 것을 알리는 다양한 언어로 쓰여진 커다란 표지판을 보게 될 것이다. 나는 공식적으로 보이는 이 표지판으로 인해 고무되었지만, 이러한 규칙들이 지켜지지도 않을뿐더러 강제되지도 않는다는 것을 발견하고는, 유명한 박물관으로의 최근 여행에 몹시 실망하였다. 나는 다빈치의 걸작인 〈모나리자〉를 자세히 보고 싶었지만, 불행하게도 그것은 위대한 작품에 대한 예의를 전혀 보여 주지 않는 시끄러운 군중에게 둘러싸여 있었다. 휴대 전화 울리는 소리가 내 귀를 가득 채웠고, 카메라의 플래시들로 인해 잠시 눈이 안 보였다. 그러는 동안 내내 박물관 경비원들은 마치 아무것도 잘못된 게 없다는 듯이 멍하니 옆에 서 있었다.

[어휘]

strictly 엄하게, 엄격하게 prohibit 금지하다
sorely 심하게, 몹시 enforce 시행하다, 강요하다
get a good look 자세히 보다 temporarily 일시적으로
all the while 그동안 내내 idly 하는 일 없이, 멍하니

Half Test 10. 정답 및 해설

1. 정답 ②

해설
inquisitive는 '호기심 많은'의 의미로 유의어로는 curious, intrigued 등이 있다.

[해석]
초등학교를 즉석 방문하는 동안 부시 대통령은 호기심 많은 학생으로부터 다양한 질문을 받았다.

[어휘]
impromptu 즉석의 field (질문 등을) 받아 넘기다, 처리하다
meddlesome 간섭하기를 좋아하는 scrupulous 꼼꼼한, 세심한
innocuous 악의 없는, 무해한

2. 정답 ③

해설
insolvent는 '지급 불능의, 파산의'의 의미를 가지고, 유의어로는 bankrupt, defaulting, liquidated 등이 있다.

[해석]
영국은 엄밀히 따지면 지불할 수 없고, 상황을 바로잡을 유일한 방법은 정부 지출을 크게 줄이는 것이다.

[어휘]
technically 기술적으로 impose 부과하다 cuts 삭감
expenditure 지출 impoverished 빈곤한 incompetent 무능한
being in the black 흑자 상태의

3. 정답 ①

해설
뒤에 제시된 명사 feat(솜씨)를 수식할 수 있는 형용사가 와야 한다. 첨단 기술이 민첩한 솜씨로 데이터 조작을 가능하게 하는 것이므로 nimble이 가장 적절하다.

[해석]
사생활에 대한 가장 중요한 첨단 기술의 위협은 컴퓨터인데, 그것은 민첩한 솜씨로 데이터 조작을 가능하게 한다.

[어휘]
threat 위협 feat 솜씨 manipulation 조작, 작동
awkward 어색한 clumsy 어설픈 delicate 연약한, 섬세한

4. 정답 ④

해설
빈칸의 앞부분에서는 법 체제가 평등과 최선의 이익을 위한다는 일반적인 관념이 있다고 말하고 있으며, 빈칸 뒷부분에서는 법 체제의 불공정성에 대해 언급하고 있으므로 성문법에만 기반을 두는 것은 오해를 불러 일으킬 수 있다는 내용이 적절하다.

[해석]
한 국가의 법 체제는 시민들의 민주적 참여를 통해 만들어진다. 실제로 그럴까? 많은 사람이 법은 시민들을 평등하게 대우하며, 사회의 최선의 이익에 이바지한다고 생각한다. 그리고 헌법만 읽어 보면 이것이 사실인 듯하게 보일 것이다. 하지만 성문법에 초점을 맞추는 것은 오해의 소지가 있다. 법 체제가 공정하고 공평한 것처럼 보이지만, 이것이 정말 사실인가를 밝혀내기 위해 우리는 실제 적용되는 법과 법률 기관이 실제로 어떻게 직무를 수행하는지를 고찰할 필요가 있다. 우리가 그렇게 하면, 실제로 법률 기관은 가난하고 약한 사람들보다 부유하고 권력이 있는 사람들 편에서 불공평하게 직무를 수행한다는 것이 명백해진다.

[어휘]
legal 법률의 democratic 민주적인 participation 참여
citizen 시민 assume 사실이라고 생각하다 constitution 헌법
just 정당한 in action 실행되는 authority 당국
apparent 명백한 trivial 사소한 intensive 집중적인

misleading 오해하게 하는 ambiguous 애매모호한

5. 정답 ②

해설

영화 보러 가자는 제안에 대해 생각해 보겠다는 답변이 나오는 것이 적절하다. 뒤에도 내일 알려 준다는 내용이 이어지고 있으므로 'Let me sleep on it(고민해 볼게)'가 정답이 된다.

[해석]

A: 내일 저녁 영화 보러 갈래?
B: 흠…. 잘 모르겠어. 한번 생각해 볼게.
A: 그러지 말고, 내일 가자.
B: 하지만 나는 다음 날 매우 중요한 시험이 있어.
A: 너는 항상 시험 잘 보는 거 알고 있다.
① 낮잠 자다
② 생각해 보다
③ 하루 쉬다
④ 티켓을 예약하다

[어휘]

nap 낮잠 take a day off 하루 쉬다 reserve 예약하다

6. 정답 ②

해설

② ~thing으로 끝나는 명사(something)는 형용사(cheap yet tasty)가 뒤에서 수식하므로 cheap yet tasty something을 something cheap yet tasty로 고쳐야 한다.

[오답 분석]

① 형용사(beneficial)를 앞에서 수식하는 것은 부사이므로 부사 highly가 올바르게 쓰였다.
③ '날씨가 훨씬 더 추워질 것이다'는 비교급과 비교급을 강조하는 강조 부사를 사용하여 나타낼 수 있다. 비교급 표현은 '형용사의 비교급(colder)'의 형태로 나타낼 수 있고 비교급을 강조하기 위해 강조 부사 much가 비교급 표현 앞에 올 수 있으므로 the weather will get much colder가 올바르게 쓰였다.
④ '수사+하이픈(-)+단위 표현(five-year-old)'이 명사(nephew)를 수식하는 형용사로 사용되는 경우, 단위 표현은 반드시 단수형이 되어야 하므로 five-year-old가 올바르게 쓰였다.

[어휘]

nuts 견과류 beneficial 유익한, 이로운 nutrient 영양소
tasty 맛있는 protein 단백질 predict 예측하다 nephew 조카

7. 정답 ②

해설

자주 연락하라는 엄마에 말에 대한 대답이다. 그리고 빈칸 뒤로 '일주일에 한 번 전화할게요'라고 했으므로 빈칸에는 'I'll keep you posted(새로운 소식이 있으면 알려 주겠다)'가 정답이 된다.

[해석]

A: Jack, 학교 생활은 별일 없니?
B: 네, 엄마. 다 좋아요.
B: 얘야, 조심하고 자주 편지해라.
A: 네 걱정 마세요. 새로운 소식이 있으면 계속 알려드릴게요.
B: 일주일에 한 번은 꼭 전화한다고 약속해라.
A: 네, 사랑해요!
① 꼭 들릴게요
② 새로운 소식이 있으면 알려드릴게요
③ 반드시 사본을 보내 드릴게요
④ 꼭 진찰 받을게요

[어휘]

stop by 들리다 definitely 분명히 copy 사본
make sure 확실하게 하다 medical attention 진료

8. 정답 ①

해설

① '~에 관하여'는 전치사 'with(in) regard to'로 쓸 수 있으므로 With regard of를 With regard to 또는 In regard to로 고쳐야 한다.

[오답 분석]

② 문맥상 '배달 노동자로 일을 했었다'라는 의미가 되어야 자연스러운데, '~로서'는 자격이나 기능을 나타내는 전치사 as를 사용하여 나타낼 수 있으므로 as a bartender가 올바르게 쓰였고, 시점을 나타내는 표현(beginning) 앞에 와서 '~전에'를 나타내는 전치사 prior to가 올바르게 쓰였다.
③ 전치사(For) 뒤에는 명사 역할을 하는 것이 와야 하므로 전치사 For 뒤에 명사절(when would you~an appointment, which physician)을 이끄는 의문사 when, which가 올바르게 쓰였다.
④ '전치사+관계 대명사'에서 전치사는 선행사 또는 관계절의 동사에 따라 결정되는데, 문맥상 '내가 그 빵집에서 빵을 산다'라는 의미가 되어야 자연스러우므로, 전치사 from(~에서) 이 관계 대명사 which 앞에 와서 from which가 올바르게 쓰였다.

[해석]

① 그 부동산 자본소득세법에 관해서 대부분의 사람은 지지하지 않는다.
② 그는 대학원에 들어가기 전에 배달 노동자로 일을 했다.

③ 언제, 그리고 어느 의사로 진료 예약을 하고 싶으신가요?
④ 금요일마다, 나는 내가 빵을 사는 빵집에 방문한다.

[어휘]

real estate 부동산 capital income 자본소득(양도소득)
supportive 지지하는 graduate school 대학원
physician 내과 의사 unusual 흔치 않은

9. 정답 ②

해설

② 농장에 거주하는 미국 시민 인구가 1920년대부터 20세기 말엽까지 계속 떨어졌다는 의미이므로, 대과거에 시작되어 그 이후의 과거의 특정 시점까지 계속됨을 나타내는 과거 완료 시제를 쓰는 것이 어법상 맞다. 따라서 has dropped를 had dropped로 고쳐야 한다.

[오답 분석]

① 문장의 동사 have changed를 수식하여 '상당히 변호하였다'의 의미를 나타내므로 부사 considerably는 어법상 맞다.
③ 동사 find의 목적어(rural areas) 뒤에 쓰인 목적격 보어에 해당하므로 형용사 attractive는 어법상 맞다.
④ the proportion of older people이 문장의 주어이고 is가 동사이므로, 현재 분사구인 living in rural areas가 주어를 수식하는 구조가 되므로 능동 의미의 현재 분사 living은 어법상 맞다.

[해석]

시골 지역과 도시 지역의 주민 인구 통계는 지난 100년간 상당히 변화하였다. 1920년대에 는 모든 미국 시민 중 거의 3분의 1 정도가 농장에 살았지만, 이 숫자는 20세기 말엽에 2퍼센트로 떨어졌다. 노령자들은 여전히 시골 지역이 살기에 매력적이라는 것을 알아서, 65세 이상 노령자들의 약 19퍼센트가 대도시가 아닌 지역에 살고 있다. 따라서, 시골 지역 사회의 상당 비율이 노령자들로 구성된다. 2000년에, 도시 인구의 11.9퍼센트와 비교해 볼 때, 시골 지역에 사는 약 14퍼센트의 사람이 65세 이상이었다. 나라의 일부 지역에서는, 시골 지역에 사는 노령자의 비율이 매우 높다. 예를 들면, 2008년에 North Dakota주 McIntosh County 인구의 36퍼센트가 65세 이상이었다. 이 County는 주요 도시로부터 약 70마일 떨어져 있다. 이러한 인구 동태의 변화는 노령화 이외에도, 젊은이들의 인구 유출과 퇴직하는 노령자들의 인구 유입을 포함한 여러 요인에 기인한다.

[어휘]

population 주민, 인구 demographics 인구 통계
considerably 상당히 approximately 약, 대략적으로
nonmetropolitan 대도시가 아닌 proportion 비율
dynamics 동태, 역학 out-migration 인구 유출
in-migration 인구 유입 retire 퇴직하다

10. 정답 ③

해설

(A) enable은 목적격 보어로 to 부정사를 취하므로 to purchase가 적절하다. enable A to R는 'A가 ~할 수 있게 하다'라는 의미이다.
(B) 콤마 앞에 주어(Ford)+동사(pioneered)+목적어(the development~methods) 형태의 완전한 절이 오므로 (B) 이하는 부사구 역할을 하는 분사 구문이 되어야 한다. 주어인 Ford가 조립 라인을 도입한 것이므로 the assembly line을 목적어로 취할 수 있는 현재분사 introducing이 알맞다.
(C) 뒤에 주어(Fordism)+동사(would reverse)+목적어(the downturn) 형태의 완전한 절이므로 자신이 이끄는 명사절 안에서 주어, 목적어, 보어 역할을 하는 what은 올 수 없다. 문맥상 '희망=포디즘이 경기 침체를 뒤집을 것'이란 뜻이므로, the hope와 동격인 명사절을 이끄는 접속사 that이 알맞다.

[해석]

미국에서 '포디즘'은 노동자들이 자동차와 같이 자신들의 노동으로 생산한 제품을 구매할 수 있게 해 주는 높은 임금을 통해 폭넓은 번영과 높은 기업 이익이 달성될 수 있다고 생각하는 경제 원리이다. 포디즘은 1910년경에 자동차 산업에서 Henry Ford가 거둔 성공의 결과로 만들어진 단어이다. Ford는 대량 생산 방법을 발전시키는 데 선도적인 역할을 했으며, 1913년에 이르러 조립 라인을 도입했다. 그는 상대적으로 저렴한 Model T 자동차를 1000만 대나 팔아 엄청난 돈을 벌었고, 그의 직원들은 세계에서 가장 많은 임금을 받는 공장 노동자들이 되었다. 좀 더 넓은 관점에서 포디즘은 능률 증진 운동의 일부였으며, 그것은 미국의 진보 시대를 특징지었다. 대공황이 시작됐을 때 미국의 정책은 포디즘이 경기 침체를 뒤집을 것이라는 희망을 품고 높은 임금을 유지하는 것이었다.

[어휘]

prosperity 번영 coin (신조어 등을) 만들어 내다, 동전
pioneer 개척하다 mass production 대량 생산
assembly line (대량 생산의) 조립 라인
relatively 상대적으로, 비교적 vast 막대한 fortune 부
perspective 관점, 견해 progressive 진보적인 era 시대
the Great Depression (1929년 미국에서 시작된) 세계 대공황
reverse 뒤집다, 반대로 하다 downturn (경기의) 침체

11. 정답 ④

해설

미국인들은 경제가 다수의 독립적인 생산자들로 구성되어 있다고 배우지만, 실제로는 기업 농업의 성장과 함께 식품 산업 대기업이 미국 식량 산업의 거의 대부분을 통제하고 있다는 내용이다. 따라서 글의 제목으로 ④ '대기업에 대한 미국 농업 경제의 의존'이 가장 적절하다.

[해석]

미국인들은 경제가 다수의 독립적인 생산자들 로 이루어져 있다고 배운다. Bank of America가 캘리포니아 농지에 수백만 달러의 지분을 가지고 있고, Cal Pak과 Safeway가 들판에서 슈퍼마켓까지 모든 수준에서 운영되고 있는 시대에, 우리는 '농부'를 사업가와 별개의 세력으로 지칭한다. 더 큰 기업형 농업 회사들은 이제 미국의 모든 농지의 절반 이상을 통제한다. 모든 식품 회사 중단 1퍼센트가 텔레비전에서 식품 광고를 완전히 독점하는 동안, (식품) 산업 모든 자산의 80퍼센트를, 수익의 90퍼센트에 가까운 부분을 통제한다. 불과 세 회사가 전국 유제품의 60~70퍼센트를 통제한다. 여섯 개의 다국적 기업이 세계 시장에 출하되는 모든 곡물의 90퍼센트를 취급한다. 이 집중화된 식품 산업은 미국의 성공 이야기, 즉 대기업의 성공 이야기를 대변한다. 독립적인 가족 농장은 더 깊은 빚더미에 빠지거나 완전히 파산한다. 1980년까지, 전체 농장 빚은 1600억 달러로 순 농장 수입의 8배였다. 1985년까지 농업 빚은 2350억 달러를 넘어섰다. 기업형 농업의 성장과 함께, 지역의 식량 자급자족은 사실상 졌다. 예를 들어, 북동부는 그곳 식량의 70퍼센트 이상을 다른 지역에서 수입한다. 미국에서 식량을 재배하는 데 드는 2달러당 또 다른 1달러가 그것을 옮기는 데 쓰인다. 거대 기업형 농업 농장은 집약적인 줄뿌림 작물 재배와, 화학 분사와 인공 비료의 많은 사용에 의존하는데, 그것들 모두는 엄청난 침식을 일으키고 물 공급에 부담을 준다. 자급할 수 있는 나라의 능력은 위태로워지고 있는데, 매년 더 많은 땅이 대규모, 단기 수익을 내는 상업적인 농업에 의해 침식되기 때문이다.

① 식품 산업이 환경에 미치는 부정적인 영향
② 미국에서 농가 빚 증가의 결과
③ 미국에서의 독립 농가의 흥망성쇠
④ 대기업에 대한 미국 농업 경제의 의존

[어휘]

a wide array of 다수의 interest 세력, 영향력 stake 지분
agribusiness 기업 농업 corporation 회사 asset 자산
profit 수익, 이익 go out of business 파산하다
net (돈의 액수에 대해) 순(純) regional 지역의
self-sufficiency 자급자족 intensive 집약적인
row crop 줄뿌림 작물 chemical spraying 화학 분사, 약제 살포
artificial fertilizer 인공 비료 erosion 침식, 약호
place a strain on ~에 부담을 주다

12. 정답 ④

해설

④ 첫 번째 문장에서 100퍼센트 과일 주스를 포함해서 당분 함유 음료를 마시는 것이 암에 걸릴 위험과 전반적으로 관련이 있다고 말하고, 네 번째 문장에서 당분이 함유된 음료에 당분을 추가하지 않은 과일 주스도 포함된다고 한 후에 실험 결과 당분이 함유된 음료를 정기적으로 소비한 사람들 사이에서 암이 진단되는 결과가 나타났다고 했으므로 글의 내용과 일치하지 않는다.

[오답 분석]

① 첫 번째 문장에서 과일 주스를 포함한 당분이 함유된 음료를 마시는 것과 암의 위험과 전반적으로 관련이 있다고 했으므로 글의 내용과 일치한다.
② 세 번째 문장에서 연구자들은 5년 동안 연구 참여자들을 추적하여 그들의 당분이 함유된 음료와 인공 감미료 음료의 섭취를 추적 관찰했다고 했으므로 글의 내용과 일치한다.
③ 네 번째 문장에서 당분이 함유된 음료를 5퍼센트 이상의 당분이 포함된 음료라고 정의했다고 했으므로 글의 내용과 일치한다.

[해석]

수요일에 발표된 한 연구에서 소르본파리시대학교의 연구진들은 100퍼센트 과일 주스를 포함한 당분이 함유된 음료수의 소비는 "전반적인 암의 위험과 상당히 관련이 있다"라고 말했다 다이어트 탄산음료와 같은 인공 감미료 음료들은 암의 위험 증가와 관련이 없다는 것을 그들은 발견했다. 이 보고서의 저자들은 101,257명의 성인을 5년의 기간 동안 추적했으며, 그들의 당분이 함유된 음료와 인공 감미료 음료의 섭취를 추적 관찰했다. 당분이 함유된 음료는 5퍼센트 이상의 당분이 포함된 음료로 정의되었으며, 거기에는 당분을 추가하지 않은 과일 주스를 포함했다. 이 연구 기간 동안 참가자들 사이에서 2,193건의 암이 진단되었는데 이는 1,000명당 약 22건과 같은 것이다. 그런 경우의 대부분은 당분이 함유된 음료를 정기적으로 소비한 사람들 사이에서 나타났다.

① 오렌지 주스와 같은 당분이 함유된 음료는 암에 걸릴 위험성을 증가시킬 수도 있다.
② 연구자들은 연구 참여자들의 당분이 함유된 음료와 인공 감미료 음료의 섭취를 5년 동안 기록했다.
③ 연구자들은 당분이 함유된 음료를 5퍼센트 이상의 당분이 포함된 음료라고 정의했다.
④ 당분을 추가하지 않은 오렌지 주스를 장기간 소비하는 것은 암에 걸릴 기회를 줄일 수도 있다.

[어휘]

consumption 소비 sugary 당분의, 설탕의 soft drink 음료수
significantly 상당히
artificially-sweetened 인공 감미료 soda 탄산음료, 소다수
monitor 추적 관찰하다 intake 섭취 beverage 음료
diagnose 진단하다 equivalent ~와 같은 것, 상당물
contract 걸리다

13. 정답 ③

해설

인생에서 일어나는 사건과 개인의 성격이 행복에 영향을 주는 정도를 알아보는 연구가 있었다는 주어진 글 다음에 영향을 주는 정도를 구체적으로 설명하는 (C)가 이어지고, 같은 종류의 일이 같은 사람에게 반복적으로 일어난다는 (C)의 마지막 문장의 내용에 대해 운이 좋은 사람과 그렇지 못한 사람의 경우를 들어 설명하고 있는 (A)가 이어져야 한다. 다음으로 (A)의 마

지막 문장에 언급된 연구자들의 틀린 가정(성격과 인생에서 일어나는 사건이 행복에 별개로 영향을 미칠 것이다)을 대신하여 (Instead) 실제로 얻어진 연구 결과(성격 자체가 사람들에게 일어난 것에 가장 강력한 영향을 미친다)가 언급되는 (B)가 이어져야 하므로, 정답은 ④ '(C)-(A)-(B)'이다.

[해석]

한 연구에서, 연구자들은 어떻게 인생의 사건들과 성격이 사람들의 행복에 영향을 주는지 알아보기 위해 수년 동안 빅토리아주(州) 주민들을 인터뷰했다. 그들은 사람의 성격과 그들에게 일어난 일을 비교하여, 그것들이 안녕과 행복에 영향을 주는 정도를 알고 싶어 했다. (C) 이를테면, 성격이 행복에서 40퍼센트를 차지할 수도 있고, 반면에 인생의 사건들이 60퍼센트를 차지할 수도 있었다. 그렇지 않으면 아마도 성격이 더 중요하다고 밝혀질 수도 있었다. 연구가 진행되자, 같은 종류의 일이 반복해서 같은 사람에게 계속 발생한다는 것이 명백해졌다. (A) 운이 좋은 사람은 계속해서 운이 좋았다. 마찬가지로, 관계 불화와 실직과 같은 나쁜 경험을 많이 겪은 사람은 나쁜 일에 연달아 직면하는 것처럼 보였다. 성격과 인생의 사건들이 행복에 별개로 영향을 미칠 것이라는 그 연구자들의 가정은 틀렸다. (B) 대신, 성격 그 자체가 사람들에게 발생한 일에 가장 강력한 영향을 미쳤다. 낙관주의자들은 긍정적인 경험을 더 많이 한 반면, 비관주의자들은 부정적인 경험을 더 많이 했다.

[어휘]

resident 주민, 거주자 personality 성격, 인격 extent 성도
versus ~와 비교하여, ~대(對) likewise 마찬가지로
breakup 불화 assumption 가정, 추정
separate 별개의, 분리하다 optimist 낙관주의자
account for 차지하다 whereas 반면에
alternatively 그렇지 않으면

14. 정답 ②

해설

주어진 문장은 은행이 그들에게 대출을 해 주는 것을 꺼린다는 내용으로 ② 앞에 있는 첫 번째 어려움으로 제시된 자금 확보에 대한 구체적인 설명이므로, ②에 오는 것이 적절하다.

[해석]

미국에서 소규모 기업들의 창업과 성공을 막는 몇 가지 현재의 경제적 환경들이 있다. 한 가지는 예비 기업가들이 자금을 확보하려 할 때 겪는 어려움이다. 은행들은 그들 자신의 이익을 보호하기 때문에 그들(예비 기업가들)에게 대출을 해 주기를 꺼린다. 사업 아이디어를 자금원으로 바꿀 수 있는 능력을 아직 입증하지 못한 누군가에게 대출을 해 줄 때, 대출금이 상환되지 않을 가능성이 있다. 게다가, 연방 세법은 소규모 기업들에게 제공하는 것보다 대기업들에게 훨씬 더 큰 세금 혜택을 제공한다. 최근 경기 침체의 결과로 줄어든 소비자 지출은 소규모 기업들이 직면하는 또 다른 장애물이다. 그러나 미국 노동 인구의 대다수가 소규모 기업들에 의해 고용된다는 것이 간과되어서는 안 된다. 미국이 세계에서 경제적 우위를 유지하기를 원한다면, 경제의 이러한 부문이 번창하는 것을 더 수월하게 해야만 한다.

[어휘]

loan 대출 economic 경제의 discourage 막다, 방해하다
prospective 장래의, 미래의 entrepreneur 기업가
secure funds 자금을 확보하다 demonstrate 입증하다
capital 자본 repay 갚다, 상환하다 tax code 세법
corporation 기업 recession 경기 침체 ignore 무시하다 workforce
노동 인구 dominance 우세 sector 부문, 분야
thrive 번창하다

15. 정답 ④

해설

이 글은 자유주의 일반에 관해 설명한다. 즉, 자유주의는 개인의 자유와 권리, 기회의 평등을 강조하고, 자유주의 정부는 다양한 형태의 정책을 제시하지만 사상과 언론의 자유, 정부 권력의 제한, 시장 경제 등의 가치를 지지한다는 공통점이 있으며, 자유주의 사회는 개인의 삶과 자유, 재산에 대한 권리에 부합하게 조직되어야 한다는 것이다. 그런데 ④는 캐나다의 자유당에 대한 설명으로 글의 흐름에 맞지 않다.

[해석]

자유주의는 개인의 자유를 가장 중요한 정치적인 목표로 여기고 개인의 권리와 기회의 동등을 강조하는 광범위한 정치 철학들을 포함한다. 비록 대부분의 자유주의자는 정부가 권리를 보호할 필요가 있다고 주장하겠지만, 다양한 자유주의 형태는 매우 다양한 정책을 제시할지도 모른다. 그러나 그들은 확장된 사상의 자유와 언론의 자유, 정부 권력의 제한, 법규의 적용, 시장 경제 그리고 투명하고 민주적인 정부 시스템을 포함한 많은 원칙에 대한 지지에 의해 일반적으로 연합된다. 유사한 개념인 자유지상주의처럼, 자유주의는 사회가 특정한 불변의 그리고 불가침의 인권, 특히 삶, 자유, 그리고 재산에 대한 권리에 잘 들어맞게 조직되어야 한다고 믿는다. 하지만 통칭 Grits로 알려진 캐나다의 자유당은 이 나라에서 가장 오래된 연방 정당이다. 그것은 또한 전통이 어떤 고유의 가치를 가지지 않고 사회적 관행이 인간애라는 더 큰 이익을 위해 계속적으로 조정되어야 한다고 생각한다.

[어휘]

Liberalism 자유주의, 진보주의 spectrum 범위, 스펙트럼
application 적용, 응용 Libertarianism 지상주의
in accordance with ~잘 들어맞게, ~에 따라
inviolable 침범할 수 없는, 불가침의 colloquially 구어체로
inherent 고유의 humanity 인간애

16. 정답 ②

해설

음파를 전기로 전환해 주는 기술을 이용해 대화 또는 혼잡한 도로에서 발생하는 소리를 에너지원으로 이용할 수 있다(Not only~noisiest roads)고 했으므로 수다스러운 사람들이 ② '전 세계의 차세대 재생 에너지의 원천이 될 수도 있다.'라는 내용이 들어가는 것이 문맥상 적절하다.

[해석]

미래에는 수다스러운 사람들이 전 세계의 차세대 재생 에너지의 원천이 될 수도 있다. 한국의 과학자들은 칼라민 로션의 주성분을 음파를 전기로 전환해 주는 미세한 물질로 바꾸었다. 연구진들은 스피커가 전파를 소리로 바꾸어 주듯이, 소리를 전력 자원으로 바꾸는 그 반대의 과정도 가능하다고 설명했다. 그 연구는 소형 음향 패널의 제조 산업으로 이어질 수 있을 것이다. 전화 통화에서 (발생한) 에너지를 끌어 모은 후, 이 패널들은 그 사람이 통화하고 있던 휴대 전화를 포함해 모든 전자 기기를 충전하는 데 사용될 수 있다. 이 기술은 자가 충전하는 휴대 전화 개발에 사용될 수 있을 뿐만 아니라, 나라에서 가장 붐비고 소음이 심한 도로 위에 소리를 모으고 에너지를 발생시키는 거대한 패널을 설치함으로써 국가 전기 공급망에도 증가한 에너지를 제공해 줄 수 있을 것이다.
① 에너지 보존에 훨씬 더 많이 신경을 쓸 것이다
② 전 세계의 차세대 재생 에너지의 원천이 될 수도 있다
③ 국가의 최대 전기 사용자가 될 것이다
④ 연구진들이 통신 기술을 개발하는 데 도움을 줄 수 있을 것이다

[어휘]

chatty 수다스러운 ingredient 성분, 재료
convert A into B A를 B로 전환시키다 sound wave 음파
transform A into B A를 B로 변형시키다 electrical 전기의
lead to A A로 이어지다 manufacturing 제조업 panel 패널
charge 충전하다 device 장치, 기구 boost 증가
grid (전기, 가스) 공급망 placement 설치 generate 발생시키다
conservation 보존, 보호 renewable 재생 가능한
aid A in Ring A가 ~하도록 돕다 release (상품을) 출시(발표)하다
electronic 전자의

17. 정답 ③

해설

빈칸 뒤에서 과학적 가설의 사실 여부 확인이 현실적으로 불가능한 예시가 제시되었으므로 빈칸에는 ③ '옳다고 판명될 수 없다'가 가장 적절하다.

해석

이상하게 들릴지 모르지만, 과학적 가설의 대다수는 옳다고 판명될 수 없다! 이 간단한 가설을 예로 들어 보자. "같은 높이에서 떨어진 모든 물체는 동시에 땅에 부딪힐 것이다." 만약 이것이 틀린 가설이

라면, 그것이 옳지 않다는 것을 보여 주는 것은 꽤 쉬울 것이다. 그런데 만약 그것이 사실이라면, 당신은 어떻게 이것을 확실히 알 수 있겠는가? 그것이 '모든 두 물체'의 움직임을 설명하기 때문에, 당신은 존재하는 모든 물체의 조합을 실험해야 할 텐데, 이는 확실히 불가능한 일이다. 광범위한 실험을 통하여, 당신은 그 가설에 굉장한 자신감을 얻을 수 있겠지만, 그것이 확실한 사실이라고는 결코 확신할 수 없을 것이다. 당신이 실험한 그다음 한 쌍의 물체들은 그 가설과는 일치하지 않는 방식으로 움직일 가능성이 항상 있을 것이다.
① 간단한 사실들을 포함한다
② 완전히 거짓이다
③ 옳다고 판명될 수 없다
④ 과거에서 받아들여지지 않았다

[어휘]

majority of 다수의 hypothesis 가설 object 물건, 물체
false 틀린, 사실이 아닌 behavior 행동 combination 조합
in existence 현존하는 extensive 대규모의
absolute 완전한, 확실한 manner 방식
inconsistent 내용이 다른 involve 수반하다, 포함하다
completely 완전히 supernatural 초자연적인
phenomenon 현상

18. 정답 ②

해설

(A) 부모가 자녀의 야경증에 대해 걱정하는 것과는 달리 야경증 자체는 자녀에게 해롭지 않다는 내용이므로 Although 또는 While이 적절하다.
(B) 앞의 내용은 야경증의 해결책이 별로 없다는 내용이지만 뒤에 나오는 내용은 그럼에도 취할 수 있는 몇 가지 해결책을 제시하고 있으므로 However가 적절하다.

[해석]

심리학자들은 흔히 혼동되는 두 종류의 악몽을 구별해 왔다. 하나는 진정한 악몽으로, 이는 실제적이고 상세한 꿈이다. 다른 하나는 "야경증"으로, 보통 3세에서 5세의 아동인 수면자가 엄청난 공포에 질려 갑자기 소리를 지르고 때로는 잠든 상태로 걸어 다니는 원인이다. 이러한 일들은 부모에게는 걱정스러울 수도 있지만, 야경증 자체는 아이들에게 해롭지 않다. 아이가 열린 창문이나 발코니 근처에서 자지 않도록 하는 것 같은 몇 가지 예방 조치를 취하는 것 외에 그에 대해 할 수 있는 일은 거의 없다. 그러나, 야경증은 수면을 방해하는 원인들을 모두 없애고 일관된 취침 시각과 기상 시각을 유지하려고 노력함으로써 어느 정도 줄어들 수 있다.

[어휘]

identify 분간하다, 알아내다 category 범주, 종류
nightmare 악몽 actual 현실의, 실제의 detailed 상세한
fright 공포 sleepwalk 자면서 걸어 다니다
disturbing 방해하는 precaution 예방

정답 및 해설 189

somewhat 다소, 얼마간 eliminate 제거하다 disturbance 방해 consistent 일관된 routine 반복되는 일상

19. 정답 ④

해설
④ 등위 접속사 and로 인해 목적을 나타내는 부사 적용법의 to 부정사구인 to prevent~와 병렬 연결되고 있으므로 현재 분사 increasing은 to increase로 고쳐야 한다.

[오답 분석]
① of의 목적어 역할을 하는 명사절을 이끄므로 접속사 how는 어법 상 맞다.
② 뒤의 동사 transported를 수식하므로 부사 inadvertently는 어법 상 맞다.
③ 주어가 복수 The transportation costs이으로 복수 동사 were 는 어법상 맞다.

[해석]
잡초를 방제하는 이유 중 하나는 운송에 미치 는 영향을 줄이기 위함 이다. 열대 지방과 아열대 지방의 일부 강과 호수는 수생 잡초로 막 혀 있어서 그 위를 다니는 것이 거의 불가능하다. Ross와 Lembi는 잡초가 운송비에 어떻게 영향을 미치는지에 대한 흥미로운 예를 보 여 준다. 그들은 1969년과 1970년에 487,000톤의 야생 귀리 씨앗 이 1600만 톤의 곡물과 함께 부주의로 캐나다에서 미국으로 옮겨졌 다는 것을 보여 준다. 야생 귀리의 운송비는 2백만 달러로 추산되었 는데, 이 돈에는 오염을 제거하기 위해 그 곡물을 청소하는 데 드는 2백만 달러가 포함되지 않았다. 잡초는 고속 도로 교차로에서 사고 를 방지하기 위해 제거된다. 공항과 철도도 최대의 가시성이 유지될 수 있도록 표지판과 조명에 잡초가 없도록 관리한다. 송전선이 지나 가는 땅은 나무가 폭풍우 중에 송전선과 접촉할 경우의 정전을 방지 하고 쓰러진 송전선에 대한 접근성을 증가시키기 위해 크게 자라는 식물이 없도록 유지된다.

[어휘]
subtropics 아열대 지방 clog 막히게 하다, 방해하다
aquatic 수생의 oat 귀리 inadvertently 부주의로
estimate 추산하다, 산정하다 contamination 오염
intersection 교차로 free of ~이 없는 visibility 가시성
power line 송전선 right-of-way 공공 통행로, 용지(用地)
vegetation 식물 outage 정전 access 접근 down 쓰러뜨리다

20. 정답 ④

해설
④ which 이하가 완전한 절이므로 관계 대명사는 적절치 않다. so preoccupied에 대응하여 접속사 that을 쓰면 so~that~(너 무 ~해서 ~하다) 구문이 되어 적절하다.

[오답 분석]
① is는 주어 One에 대응되는 단수 동사이다. ② to be (sure)는 '~ 하기 위하여'라는 의미를 가지는 to 부정사구로 문맥상 적절하다. ③ that은 명사절을 이끄는 접속사이며, that절은 shows에 대한 목 적어 역할을 한다.

[해석]
당신이 느낄 수 있는 어떠한 수줍음 및 사회적 불안을 극복하는 가 장 빠른 방법 중의 하나는 상대방에게 질문한 후 그들의 진짜 감정과 관심을 이해하려고 노력하는 것이다. 그들이 말하는 동안 그들의 답 변을 잘 경청하라. 후속 질문을 하고 이해를 했는지 체크하라. 당신 이 이해했는지를 확실히 하기 위해 그들이 했던 말을 당신 자신의 언 어로 다시 반복하여 말해보라. 코치 Lou Holtz가 말하는 것처럼 "모 든 사람의 첫 번째 질문은 이것이다. 당신은 저에게 관심이 있으십니 까?" 경청은 당신이 정말로 관심이 있음을 보여 준다. 대부분의 사람 은 자기 자신과 자신의 삶의 세부 사항에 너무나 정신이 팔려 있어서 다른 사람들에게 거의 주의를 기울이지 않는다. 당신이 반대로 행동 하여 그들의 관심을 이해하려고 노력함으로써, 그들에게 질문하고 그들이 말할 때 그들의 말을 잘 들어 줌으로써 그들과 공감할 때, 그 들은 당신을 좋아하고 당신과 협력하기를 원할 것이다.

[어휘]
shyness 수줍음 follow-up 후속의 preoccupied 정신이 팔린
preoccupied ~에 정신이 팔린
pay attention to ~에 주의를 기울이다 empathize 공감하다
cooperate with ~와 협력하다

Half Test 11. 정답 및 해설

1. 정답 ④

해설
loquacious는 '말이 많은, 수다스러운'의 의미이고, 유의어로는 talkative, garrulous 등이 있다.

[해석]
그 장관은 소비자들이 어떻게 그들의 권리를 행사할 수 있는 지에 대 해 데일리 텔레그래프와 이야기할 때 훨씬 더 수다스러웠다.

[어휘]
minister 장관 exercise 행사하다 taciturn 과묵한
reticent 과묵한, 말을 잘 안 하는 ostentatious 과시하는

2. 정답 ④

해설

dispense with가 '~없이 지내다'라는 동사이다. 따라서 indispensable은 '없어서는 안 될, 필수불가결한'의 의미이고, 유의어로는 essential, vital, crucial 등이 있다.

[해석]

축구 선수로서 겸손하고, 겉보기에 요구가 많지 않은 이 공격수는 이제 토트넘에게 없어서는 안 될 존재가 되었다.

[어휘]

understated 겸손한 seemingly 겉으로는
undemanding 요구하지 않는 prominent 저명한
prerequisite 전제 조건 disposable 일회용의
vital 치명적으로 중요한

3. 정답 ②

해설

빈칸 앞에 완전한 문장이 제시되어 있고, 뒤에 명사절을 목적어로 받을 수 있는 전치사구가 필요하다. 문맥상 '누군지와 관계없이'이므로 irrespective of가 가장 적절하다.

[해석]

경찰권은 상대가 누구인지 상관없이 전문적이고 진실되고 사용되고 있다.

[어휘]

police power 경찰력 with integrity 진실되게
deal with ~을 다루다 in terms of ~의 측면에서
in conjunction with ~와 함께 in regard to ~에 관해서

4. 정답 ③

해설

뒤에 나온 명사 coral reefs를 수식하는 형용사가 와야 한다. 그리고 preserve의 대상이 되는 것이므로 '연약한'의 의미를 가지는 fragile이 적절하다.

[해석]

당신의 기부금으로 우리는 전 세계의 연약한 산호초를 보호할 수 있습니다.

[어휘]

donation 기부금 preserve 보호하다 coral reef 산호초
sturdy 견고한 robust 튼튼한 versatile 다용도의

5. 정답 ①

해설

사장님에 대해 불평하는 상황에서 But 이하에는 부정적인 내용이 와야 한다. stick one nose in everything은 '사사건건 간섭하다'이다.

[해석]

A: 나 우리 회사 사장님 더 이상 견딜 수 없어.
B: 무슨 일이야? 나는 좋은 분으로 알고 있는데.
A: 나도 처음에는 그렇게 생각했지. 근데 모든 일에 사사건건 참견해.
B: 참아. 좀 있으면 나아지겠지.
A: 나를 미치게 만들어.
① 그는 모든 일에 참견한다
② 그는 너무 많은 돈을 번다
③ 그는 냉철하고 근면하다
④ 그는 사업 확장을 계획하고 있다

[어휘]

stand 참다, 견디다 sober 냉철한 expand 확장하다

6. 정답 ④

해설

④ '위험한 상황에 대처하다'는 전치사 with와 함께 쓰이는 동사 cope을 사용하여 cope with(~에 대처하다)의 형태로 나타낼 수 있으므로 cope at을 cope with로 고쳐야 한다.

[오답 분석]

① 선행사 a car가 사물이고 관계절 내에서 동사 is의 주어 역할을 하므로, 사물을 가리키는 주격 관계 대명사 that이 올바르게 쓰였다. 또한, 명사(poor condition)를 수식하는 것은 형용사이므로, poor condition 앞에 형용사 such가 올바르게 쓰였다.
② '70퍼센트 이상 상승하다'는 전치사 by(~만큼)와 over(~이상의)를 사용하여 나타낼 수 있으므로 has risen by over 100percent가 올바르게 사용되었다.
③ '한 남자의 탐험에 관한 기사'는 전치사 on(~에 관하여)을 사용하여 나타낼 수 있으므로 an article on one man's exploration이 올바르게 쓰였다.

[어휘]

value 가치 rise 상승하다 feature 특징으로 하다, 특징
article 기사 exploration 탐험, 탐사 arctic 북극
firefighter 소방관 properly 제대로 extremely 극도로

7. 정답 ③

해설

③ 두 개의 주어(Volleyball과 soccer)가 접속사 and로 연결되면 복수 동사를 써야 하므로 단수 동사 is를 복수 동사 are로 고쳐야 한다.

[오답 분석]

① '수사+하이픈(-)+단위 표현'에서 단위 표현이 형용사로 사용되는 경우 반드시 단수형이 되어야 하므로 three-day가 올바르게 쓰였고, 3개의 단어는 'A, B+등위 접속사(and)+C' 형태로 연결해야 하므로 Thursday, Friday, and Saturday가 올바르게 쓰였다.
② 상관 접속사(as well as)는 단어와 단어를 대등하게 연결하는데, as well as 앞에 명사(journalists)가 왔으므로 as well as 뒤에도 명사 the event's attendees가 올바르게 쓰였다.
④ 접속사(for)는 결과 절을 대등하게 연결하는데, for 앞에 주어와 동사를 갖춘 절(They took~coats)이 왔으므로 for 뒤에도 주어와 동사를 갖춘 절 it was~colder가 올바르게 쓰였다.

[해석]

① 3일간의 북극곰 수영 대회는 목요일, 금요일 그리고 토요일에 열릴 것이다.
② 취재 허가증은 사진작가뿐만 아니라 행사의 기자들에게도 주어질 것이다.
③ 배구와 축구는 고등학교에서 가장 인기 있는 스포츠이다.
④ 벌써 점점 추워지고 있었기 때문에, 그들은 겨울 옷과 코트를 꺼냈다.

[어휘]

polar bear swim competition 북극곰 수영 대회
take place 열리다 press pass 취재 허가증 journalist 기자
photographer 시진작가 volleyball 배구

8. 정답 ②

해설

빈칸 뒤에 '죄송합니다. 신호를 못 본 것 같아요'가 제시되어 있으므로 빈칸에는 'You just drove through a stop sign(정지 신호를 무시하고 지나갔습니다)'가 적절하다.

[해석]

A: 안녕하십니까? 운전면허 좀 보여 주시죠.
B: 여기 있습니다. 제가 뭘 잘못했나요?
A: 바로 전 정지 신호를 무시하고 지나갔습니다.
B: 죄송합니다. 신호를 못 본 것 같아요. 이번 한 번만 눈감아 주실 수 없을까요. 이 길이 처음입니다.
A: 알겠습니다. 이번 한 번만 그냥 보내 드리죠. 하지만 다음부터는 조심하세요.
① 무단 횡단을 하셨습니다

② 정지 신호를 무시하고 지나갔습니다
③ 통행료를 안 냈습니다
④ 타이어가 펑크가 났습니다

[어휘]

ignore 무시하다, 눈감아 주다 jaywalk 무단횡단하다
drive through 무시하고 달리다 toll 통행료
have a flat tire 타이어가 펑크가 나다

9. 정답 ④

해설

작물을 심기 위해 잡초를 처리하는 데 많은 제초제가 사용되어 작물 생산 비용이 늘어나고, 또한 잡초가 수확용 기계에 감겨 장비 고장을 일으켜서 수확 작업을 방해하여 수확 시간을 길어지게 한다는 내용의 글이다. 따라서 글의 주제로는 '잡초로 인해 야기되는 생산비 증가와 비효율적인 수확'이 가장 적절하다.

[해석]

작물을 심기 위한 묘상을 준비하기 위해 밭을 갈고 일구는 동안 잡초가 제거된다. 미국 국립연구회의 보고에 따르면 옥수수, 면화, 콩, 그리고 감귤류를 심은 면적의 92~97%가 매년 제초제로 처리되고 있다고 한다. 게다가 미국 의 모든 감귤류 재배 면적의 87%와 감자와 채소 작물 재배 면적의 75%가 잡초 방제를 위해 화학적으로 처리된다. 미국 환경보호국에 따르면, 1999년 미국에서 농약 총 판매량의 60%가 제초제였다. 잡초 방제가 대부분의 작물 생산에 비용이 많이 드는 노력이라는 것에는 의심의 여지가 없다. 잡초는 또한 수확 작업을 방해하는데, 종종 수확을 더 비싸고 덜 효율적으로 만든다. 예를 들어, 잡초는 때로로 수확용 기계의 롤러나 실린더에 감겨서 장비 고장을 일으키고 수확 시간이 길어지게 한다. 수확기에 최대 50%의 효율성 손실과 20%의 수확량 손실이 잡초의 존재로 인해 발생할 수 있다.
① 잡초 종의 발생과 분포
② 유해한 잡초로부터 유익한 잡초를 구분하는 방법
③ 잡초를 통제하기 위해 화학적 도구를 근대화할 필요성
④ 잡초로 인해 야기되는 생산비 증가와 비효율적인 수확

[어휘]

plow 밭을 갈다 cultivation 경작 seedbed 묘상
acreage 면적, 토지 soybean 콩 citrus 감귤류
herbicide 제초제 weed control 잡초 방제 pesticide 농약
costly 비용이 많이 드는 endeavor 노력, 시도
interfere with ~을 방해하다 harvester 수확용 기계
breakdown 고장 yield 수확(량) beneficial 유익한
modernize 현대화하다 inefficient 비효율적인

10. 정답 ①

해설

구두 의사소통 능력은 조직의 계층의 사다리를 올라가 지도자가 되는 데 매우 중요하다는 내용의 글이다. 따라서 글의 주제로는 ① '조직의 지도자를 위한 구두 의사소통의 중요성'이 가장 적절하다.

[해석]

모든 사람은 효과적인 의사소통의 중요성이 모든 단계에서 중요하다는 것에 동의한다. 하지만 한 조직의 계층의 사다리를 올라갈수록, 좀 더 다양한 사람들과 의사소통하는 것의 중요성은 기하급수적으로 증가한다. 이 의사소통의 많은 부분은 구두로 그리고 지도자의 역할에 결정적인 여러 중요한 목적을 위해 이루어진다. 강한 대인 관계 구축에서부터, 정보 공유하기, 안내하기, 조언하기, 동기 부여하기, 그리고 영감을 주는 것까지, 말하기는 지도자를 위한 많은 목적에 기여한다. 이런 특정한 형태의 의사소통에서 자신의 능력을 구축하고 다듬는 것은, 한 분야에서 자신의 권위를 확립하는 것이든, 비전과 계획을 공유하는 것이든, 사람들을 아이디어나 계획으로 결집시키는 것이든, 또는 협조를 얻고 합의를 이루는 것이든, 지도자의 다양한 역할을 하는 데 큰 도움이 될 수 있다. 그러므로, 그것은 지도자와 지도자가 되기를 열망하는 모든 사람에게 있어 연마되어야 할 매우 가치 있는 기술이다. 사실, 우리가 알거나, 생각하거나, 또는 느끼는 모든 것을 문자 그대로 말로 나타냄으로써, 다른 모든 것을 완성하는 것은 바로 이런 능력이다.
① 조직의 지도자를 위한 구두 의사소통의 중요성
② 자신의 비전을 공유하는 것이 어떻게 지도자의 권위를 확립하는 데 도움을 주는가
③ 조직의 계층 사다리를 올라가는 데 있어서의 어려움
④ 직원들로 하여금 그들의 생각과 의견의 목소리를 낼 수 있는 자유를 허락하는 것

[어휘]

hierarchy 계층, 계급 orally 구두로, 말로
interpersonal relationship 대인 관계 polish 다듬다, 손질하다
go a long way 큰 도움이 되다 authority 권위 rally 결집시키다
initiative (새로운) 계획 consensus 의의 aspire 열망하다
literally 문자 그대로 give voice to ~을 말로 나타내다
voice 목소리를 내다

11. 정답 ④

해설

첫 번째 문단은 17세기에는 결정론이 과학적 사고를 지배했지만 19세기와 20세기에 이르러 개연론이 받아들여졌고, 그 결과로 자연 과학에서 주요한 발전들이 이루어졌다는 내용이고 두 번째 문단은 Heisenberg의 불확정성 원리를 소개하며 과학은 결정론적이지 않다는 점을 강조하고, 개연론적 사고가 자연 과학에서 많은 새로운 연구를 가능하게 하고 있다는 점을 언급하고 있

다. 따라서 글의 제목으로는 ④ '개연론적 관점으로 추진된 과학적 진보'가 가장 적절하다.

[해석]

17세기에, 뉴턴과 그의 운동 법칙이 과학적 사고를 너무나도 지배해서 자연 법칙은 은연중에 결정론적인 인과 예측을 만들어 내는 것으로 정의되었다. (이 사상은 결정론으로 불리며, 모든 사건이 한 사건 바로 직전에 모든 사건과 우주의 상태를 지배하는 법칙들의 필연적인 결과라고 주장한다.) 하지만, 19세기 즈음에 개연론적이고 통계적인 예측을 제공했던 과학 이론들이 꽤 받아들여질 수 있었다. (이러한 사고방식은 개연론으로 불리며, 확실성이 없을 때 개연성이 최선의 기준이라고 주장한다.) Jacob Bronowski가 The Common Sense of Science에서 강조했듯이, 이러한 진보는 과학적 사고에서 혁명을 필요로 했다. 그 결과, 19세기와 20세기에 자연 과학은 여러 개연론적 법칙의 발견과 더불어 주요한 진보들을 이루었는데, 그것은 Mendel의 유전 법칙, Maxwell, Calusius, 그리고 Boltzmann에 의해 개발된 기체 운동 이론, 그리고 Rutherford, Soddy, 그리고 von Schweidler에 의해 개발된 방사성 붕괴 법칙이었다. 이러한 결정론적 패러다임(특정 영역 시대의 지배적인 과학적 대상 파악 방법)으로부터 개연론적 패러다임으로의 이동은 Heisenberg의 불확정성 원리의 공식화에서 정점에 이르렀는데, 그것은 아원자 입자의 물리적 측정이 이루어질 수 있는 정확성에서의 한계를 진술한다. 기구 사용이 얼마나 정교한지와 관계없이 위치와 또는 운동량의 측정에는 본질적인 불확실성이 있다. 과학은 결정론적이지 않다. 모든 실험에는 얼마간의 오류가 있을 수밖에 없으며, 현상들은 흔히 무작위로 반응한다. 자연 과학에서 현재 이루어지고 있는 연구의 상당 부분은 결정론적 사고가 개연론적 사고를 대체되지 않았다면 가능하지 않을 것이다.
① 뉴턴: 개연론적 사고의 개척자
② 측정의 불확실성의 부정적인 영향
④ 개연론적 관점으로 추진된 과학적 진보
④ 개연론적 시간에 의해 이끌어진 과학적인 발전

[어휘]

dominate 지배하다 implicitly 은연중에
deterministic 결정론의 causal 인과의
probabilistic 개연론의 statistical 통계의
probability 개연성, 확률 criterion 기준 heredity 유전
kinetic 운동의 radioactive decay 방사성 붕괴
culminate 정점에 이르다 formulation 공식화
subatomic particle 아원자 입자 sophisticated 정교한
instrumentation 기구 사용 inherent 본질적인
momentum 운동량 subject ~의 지배를 받는
randomly 무작위로 pioneer 선구자

12. 정답 ④

해설

④ 지문의 하단에 자전거 선수들이 이동하는 빠른 속도에도 불

구하고 '투르 드 프랑스에서 경주자들의 사망은 드물다'라는 내용이 언급되므로 ④가 정답이다.

[오답 분석]
① 잡지 판매를 늘리기 위해 조직되었다.
② 두 차례의 세계대전 동안에는 일시 중단되었다.
③ 이틀간의 휴식을 포함한다.
⑤ 2000년 이후 사망한 세 명은 모두 관중이었다.

[해석]
투르 드 프랑스는 세계에서 가장 유명한 자전거 경주 대회이다. 그것은 1903년에 ≪엘 오토≫라는 잡지의 판매를 늘리기 위해 처음 조직되었다. 그 후로 두 차례의 세계대전 동안에만 중단되었을 뿐, 그것은 매년 개최되어 왔다. 그것은 단 이틀간만 쉬면서 21일에서 23일 동안 프랑스 전역을 자전거로 다니는 것으로 이루어진다. 자전거 선수들은 대략 총 3,500킬로미터의 거리를 이동하는데, 이는 파리, 알프스산맥, 그리고 프랑스 시골 지역에 있는 경로들을 포함한다. 누구나 상상할 수 있듯이, 이 대회는 선수들에게 고되다. 하지만 극도의 정신적, 신체적 피로와 자전거 선수들이 이동하는 빠른 속도에도 불구하고 투르 드 프랑스에서 경주자들의 사망은 드물다. 실제로, 2000년 이후 투르 드 프랑스에서 발생한 세 건의 사망은 관중들에게 일어났다.
① 그것은 자전거 판매를 증가시키기 위해 조직되었다
② 1903년 이래로 매년 열리고 있다
③ 대회 중에 휴식 일은 주어지지 않는다
④ 경주자들의 사망은 거의 없었다

[어휘]
competition 경쟁, 대회 suspend 매달다
consist ~이루어져 있다 roughly 대략, 거의 route 길, 경로
combination 조합 extreme 극도의 mental 정신의
physical 육체의 fatigue 피로 velocity 속도 spectator 관중

13. 정답 ③

해설
한국의 두뇌 유출 현상의 변화를 설명한 글이다. 먼저 주어진 글과 (B)의 앞부분에서는 30년 동안 경제적 요인 때문에 지적 자본이 높은 보수를 주는 나라로 흘러 들어갔다는 내용을 설명한 후에 (B)의 However 이하에서 다른 요인들을 언급하고 있다. 그중 하나인 한국의 유교에 관해 설명하는 (A), (C)의 순서를 결정하는 단서는 (A)의 처음에 나온 It이다. It은 (C)에서 처음 언급된 Confucianism을 가리킨다. 문맥상으로도 유교에 대한 일반적인 설명이 있은 후, 그것이 일자리를 결정하는 데 미친 영향을 언급하는 것이 자연스러우므로 ③ '(B)-(C)-(A)'의 순서가 적절하다.

[해석]
'두뇌 유출' 현상과 미국에서 박사 학위를 받은 한국 과학자와 기술자의 관계에 대한 30년간의 연구는 이러한 전문가들의 귀국 여부 결정에 있어서 경제적인 요인이 주요했다는 것을 보여 준다.
(B) 두뇌 유출 현상에서 지적 자본은 가장 높은 보수를 제공해 주는 나라로 흘러간다. 그러나 이 연구는 대안들 사이의 경제적 차이가 좁아지면, 다른 요인이 한국의 과학자와 기술자의 결정에서 더 중요하게 된다는 것을 발견했다.
(C) 특히, 이 연구는 유교적 가치가 중대한 영향을 주었다는 것을 시사한다. 유교는 한국 사회의 기반이 되는 고대 사상 체계이다.
(A) 이는 국가에 대한 충성과 의무를 강조하는데, 이것이 미국보다는 고국에서 일자리를 선택한 한국의 과학자와 기술자의 결정에 주요했다는 것이 발견되었다. 확실히 문화적 분석이 한국의 두뇌 유출 현상을 이해하는 데 필수적이다.

[어휘]
phenomenon 현상 drain 유출
Ph D(Doctor of Philosophy) 박사 학위 central 중요한
loyalty 충성 opt for ~을 선택하다 analysis 분석
intellectual 지적인, 지능의 capital 자본 alternative 대안
Confucian 유교의, 공자의 Confucianism 유교
underpin 지탱하다, 버팀목이 되다

14. 정답 ③

해설
요즘 작가들이 오래된 유명 작품들의 속편을 출판하는 것에 대해 반대하는 내용의 글로, 주어진 문장에서 언급한 '실상 그렇지 않은 예'가 ③ 바로 뒤 문장에 나오므로 주어진 문장은 ③에 들어가는 것이 자연스럽다.

[해석]
최근 출판사들 사이에서 걱정스러운 관행이 생겨났다. 그들은 요즘의 작가들을 고용하여 오래 전에 사망한 작가들의 소설의 속편을 쓰게 하고 있다. 속편은 원작과 원작의 등장인물을 토대로 쓰여지기 때문에, 독자로 하여금 원작과 같은 높은 질과 재미를 기대하게 만든다. 안타깝게도 실상은 그렇지가 않았다. 예를 들어, 어느 작가는 마가렛 미첼의 ≪바람과 함께 사라지다≫의 속편을 썼는데, 이는 조금도 원작만큼 훌륭하다고 여겨지지 않았다. 이러한 속편들은 단지 작가의 팬이나 작품의 팬들이 돈을 쓰게 하기 위해 쓰여진 것이 분명하다. 그러나 이 모방작들은 결코 원작에 미칠 수 없기 때문에 독자들은 실망할 수밖에 없다.

[어휘]
disturbing 어지럽히는, 불안하게 하는
contemporary 현대의 long-dead 죽은 지 오래된
original 원작의 solely 오직, 단지 imitation 모방

15. 정답 ②

해설
감자를 심는 법에 대한 글이다. 심는 씨앗으로는 작은 통감자나 큰 감자를 조각내서 심고, 조각에 최소 하나의 '감자 눈'이 포함되도록 하며, 어떤 간격으로, 어떤 깊이로 심는지, 서늘한 토양에서 자라는 감자의 재배 환경을 어떻게 형성해 주어야 하는지에 대한 내용을 차례로 서술하고 있다. 그런데 ②는 감자의 유래에 대한 설명을 하는 내용이므로 전반적인 흐름에 어색하다.

[해석]
감자는 정원에 심어진 최초의 채소들 중 하나이다. 모든 품종은 3월이나 4월 초에 심어질 수 있다. 감자는 "종자 조각"으로부터 시작된다. 이 종자 조각들은 작은 통감자이거나, 대략 2온스의 무게로 조각낸 감자들일 것이다. 감자 분포의 유전적 패턴은 감자가 아마도 대륙의 중서부 산악 지역에서 유래했다는 것을 나타낸다. 조각들을 자른 후 바로 심어라. 각 종자 조각에는 반드시 하나의 좋은 "감자 눈"이 있도록 하라. 종자 조각을 10에서 12인치 정도 간격을 두고 심어라. 1에서 3인치 깊이의 고랑을 만들어라. 열 사이에 24에서 36인치의 간격을 두어라. 이것은 토양에 그늘을 드리워 더운 날씨에 종자 조각을 서늘하게 유지하는 데 유용하다. 감자는 자라기 위해 서늘한 토양이 필요하다.

[어휘]
variety 품종, 종류 seed piece 종자 조각
ounce 온스, 무게 단위로 28.35그램
genetic 유전의, 유전학의 distribution 분배 indicate 나타내다
originate 비롯되다 mountainous 산악의 continent 대륙
eye (감자의) 눈, 싹 furrow 고랑 row 열, 줄
shade 그늘을 드리우다

16. 정답 ④

해설
사람들이 가십 잡지를 읽는 이유는 자신들이 스타들의 삶의 일부인 것처럼 중요하다고 느끼게 해 주기 때문이라고 했으므로 빈칸에는 ④ '잡지를 읽을 때 자신도 관련이 있다고 느낀다'가 들어가는 것이 적절하다.

[해석]
사람들은 유명인의 사생활에 대한 글을 읽는 것을 무척 좋아한다. (배우자에 대한) 부정, 파경, 범법 행위, 기타 사적인 사실들이 수백만 명의 관심을 끈다. 가십 잡지들은 독자들에게 유명인들의 사생활에 관한 최근 소식을 끊임없이 알려 준다. 그 소식 중 일부는 사실이지만, 많은 것은 전혀 근거 없는 소문일 뿐이다. 이러한 잡지들은 매우 인기가 있지만 사실 우리에게 유용한 어떤 것도 말해 주지 않는다. 그러면 사람들은 왜 그것들을 읽을까? 이는 그 잡지들이 읽는 이로 하여금 자신이 스타들의 비밀스러운 삶의 일부인 양 중요한 사람이라고 느끼게 해 주기 때문이다. 사람들은 이러한 잡지를 읽을 때 자신도 관련이 있다고 느낀다. 이 잡지들은 또한 그들이 일시적으로 그들의 평범한 삶을 뒤로 남겨 두고 떠나 할리우드의 일부가 되게 해 준다. 이 잡지들은 남 얘기를 하고 싶어하는 인간의 욕구에서 동력을 얻는다.
① 사람들은 가십을 피하는 경향이 있다
② 루머는 주로 진실로 판명된다
③ 이러한 잡지들은 사람들이 유명해지는 데 도움을 준다
④ 잡지를 읽을 때 자신도 관련이 있다고 느낀다

[어휘]
celebrity 유명 인사 unfaithfulness 불성실, 부정함
break-up 헤어짐, 파경 intimate 친밀한 gossip 소문, 험담 factual 사실에 근거한 feed off ~에서 얻다 urge 욕구, 충동
turn out ~인 것으로 드러나다

17. 정답 ③

해설
안절부절못하는 행동(fidgeting)은 상대방에게 신뢰감을 주지 못한다는 것이 글의 주된 내용이다. fidget의 의미를 모른다고 하더라도, Nixon이 대통령 후보 토론회에서 이마를 닦는 등의 불안해 하는 행동(nervous movement)을 한 것이 선거 패배의 원인이었다는 예시에서 빈칸에 들어갈 말이 ③ '쓸데없는 동작을 하지 않도록'임을 추론할 수 있다.

[해석]
보통 사람이 거짓말을 할 때 감정적으로 각성되어서 안절부절못하기 시작한다. 그러나 우리는 거짓말을 할 때뿐만 아니라 불편함을 느낄 때도 안절부절못한다. 하지만 안절부절못하는 모습은 보는 사람에게 무언가 옳지 않거나 당신이 무언가에 대해 거짓말을 하고 있다는 느낌을 주게 된다. 1960년 9월 25일 방송된 Richard Milhous Nixon과 John Fitzgerald Kennedy의 대통령 후보 텔레비전 토론회를 생각해 보라. 정치 전문가들은 카메라에 비친 이마 닦는 모습 등 Nixon의 불안해하는 움직임이 그를 선거에서 패배하게 했다고 추측한다. 만일 당신이 이야기하고 있는 것이 정말 중요하고 사람이 당신을 믿고 신뢰할 만하다고 여기길 원한다면 쓸데없는 동작을 하지 않도록 노력하라.
① 듣는 이의 기분을 간파하도록
② 진실한 감정을 드러내도록
③ 쓸데없는 동작을 하지 않도록
④ 당신이 잘 알고 있는 것에 대해 얘기하도록

[어휘]
arouse 각성시키다 fidget 안절부절못하다 observer 관찰자
broadcast 방송(방영)하다 speculate 추측하다, 깊이 생각하다
mop (땀 등을) 닦아 내다 count 중요하다 reliable 믿을 수 있는
trustworthy 신뢰할 수 있는 detect 간파하다, 탐지하다
reveal 드러내다, 누설하다

18. 정답 ④

해설
④는 공유 경제의 개념에 대한 이 글에서 Z 세대가 보기에 어떤 물건에 대한 소유권보다는 그 물건을 사용해서 얻는 경험의 가치를 더 중요시한다는 뜻이 되어야 하므로 more valuable이 아니라 less important 또는 less valuable 같은 표현을 써야 한다.

[오답 분석]
①에서는 내용상 '최근의 예'라는 뜻이 되어야 하므로 latest가 맞는 표현임을 알 수 있다.
②도 '엄청난 잠재력의 징조'라는 의미로 이어지는 것이기 때문에 이상이 없다.
③ 또한 문맥상 '사람들은 금방 우버나 에어비앤비를 생각한다'라는 뜻이므로 immediately를 써야 한다.

[해석]
공유 경제는 소비자들에 대한 인터넷의 가치를 보여 주는 최근의 예이다. 이 새로운 모델은 이제 규제자와 각 회사가 그러한 사실을 충분히 깨닫게 할 만큼 크고 파괴적이다. 그것은 공유 경제가 가지고 있는 엄청난 잠재력의 징조이기도하다. 이제 공유에 대하여 관심을 가질 때이다. "공유 경제"에 대하여 이야기하면 사람들은 모두 즉각 우버(Uber)와 에어비앤비(Airbnb)를 생각한다. 그러나 이 공유 경제는 아이들 세계를 정복해 가고 있어서 가까운 장래에 공유라는 말은 아이들 마음속에 새로이 "정상적"인 것이 될 것이다. 최근 세대별 동태학 센터의 연구에 따르면 Z 세대들은 공유 경제 서비스가 표준적인 형태의 서비스 형태라고 알고 있다. Z 세대는 이러한 공유 경제 서비스에 대하여 신뢰할 수 있는 근거가 될 여러 가지를 어떤 다른 세대보다 더 자세히 조사한다. Z 세대는 그들이 공유 서비스 제공자들이 믿을 수 있는 책임 보험에 들어 줄 것을 기대한다. 이러한 태도 변화의 또 다른 예로는 그들이 보기에 결과적으로 어떤 물건에 대한 소유권은 그 물건에 대한 그들의 경험보다 더 중요하는(→ 덜 중요한) 것이라는 사실이기도 하다.

[어휘]
emerging 떠오르는 disruptive 파괴적인 regulator 규제자
wake up to ~을 알아차리다 immense 거대한 potential 잠재력
immediately 즉시 conquer 정복하다
background check 신원 조회사 liability insurance 책임 보험
trustworthy 신뢰할 수 있는 shifting 변화하는 attitude 태도
as a consequence 결과적으로

19. 정답 ④

해설
④ 문장의 주어는 foods가 아니라 동명사구인 Eating foods이므로 동사를 단수형으로 써야 한다. 따라서 keep을 keeps로 고쳐야 한다.

[오답 분석]
① (전치사+관계 대명사) 다음에는 완전한 절이 와야 하는데, 뒤의 coexist가 완전 자동사이므로 in which는 어법상 맞다.
② they can be hard to eliminate는 it can be hard to eliminate them에서 to 부정사에 있는 동사 eliminate의 목적어 them을 주어 자리로 보낸 것이다. 따라서 여기서 to 부정사는 앞의 형용사 hard를 수식하는 부사적 용법으로 쓰였으므로 to eliminate는 어법상 맞다.
③ you think 다음에 접속사 that이 생략되었고 uncomfortable~cramps가 that이 이끄는 명사절의 주어이다. 따라서 형용사 uncomfortable이 뒤의 명사구 bloating or cramps를 수식하므로 uncomfortable은 어법상 맞다.

[해석]
만성 염증은 류머티즘성 관절염, 골다공증, 그리고 알츠하이머병과 같은, 만년에 발생하는 중병의 근본이다. 만성 염증은 염증, 조직 손상, 그리고 회복의 시도가 다양하게 결합되어 공존하는 장기간 지속되는 (몇 주 또는 몇 달) 염증이다. 그것을 어떻게 예방하는가? 만성 염증을 일으키는 음식, 특히 밀과 다른 곡물들을 피하라. 불행히도, 이 음식들은 서구식 식단의 기본이기 때문에 피하기가 어려울 수 있다. 고구마는 훌륭한 대용식이고 우리가 의지할 수 있는 음식 친구다. 또한, 신체에 귀를 기울여라. 흔히, 우리의 장이 반응하는 음식들은 너무 흔해서 우리는 식사 후에 불편한 부종이나 위경련을 정상이라고 생각한다. 적이 되는 음식 대신에 친구가 되는 음식을 항상 자기 주변에 두는 식단을 이용하라. 대항하지 않는 음식을 먹는 것은 우리의 소장을 최고의 상태가 되게 하여 좋은 영양분만을 흡수하고 나쁜 것을 물리치게 유지한다

[어휘]
chronic 만성의 inflammation 염증 foundation 근본, 기본
rheumatoid arthritis 류머티즘성 관절염 osteoporosis 골다공증
prolonged 장기의, 오래 끄는 duration 지속 기간
tissue injury 조직 손상 varying 다양한 eliminate 제거하다
substitute 대용물 gut 소화관 commonplace 흔한
bloating 붓는 것 cramps 위경련
surround yourself with ~을 자기 주변에 두다
intestine 장 tip-top 최고의, 최상의 absorb 흡수하다

20. 정답 ②

해설
랩 음악이 처음 나왔을 때 다들 회의적이었지만, 지금은 대중음악의 주류가 될 정도로 성장했다는 내용이다.

[해석]
1970년대 중반에 랩 음악이 처음 나왔을 때, 그것이 계속되리라 생각한 사람은 거의 없었다. 음악 평론가들은 그것이 진정한 음악이 아니라고 말했으며, 음반 회사들은 그것이 너무 흑인 중심적이라 백인 청중들이 받아들이기 어렵다고 느꼈고, 부모들은 최신의 일시적 유행으로 여겨 그것을 무시했다. 1992년 1월경, 래퍼들은 공식적으로

발표되는 200개의 최고 인기 앨범 목록에서 3위만큼 높이 올랐다. 다음 10년 동안, 랩 음악은 미국 대중문화에서 강력하고도 논쟁을 불러일으키는 세력이 되었다. 할렘과 남브롱크스의 거리에서부터 초라하게 시작해서, 랩 음악은 라디오, 뮤직 비디오, 토크쇼, 콘서트, 배우와 래퍼, 영화 음악과 광고뿐만 아니라 음악 CD를 통해 주류 대중 매체로 진출했다.

[어휘]

critic 평론가 cross over 넘다, 건너다 dismiss 해산시키다
fad 변덕 controversial 논쟁의 여지가 있는 force 힘, 세력
humble 겸손한 mainstream 주류의
soundtrack (판매용의) 영화 음악 advertising 광고 origin 기원

Half Test 12. 정답 및 해설

1. 정답 ②

해설

lethal은 '치명적인'이라는 의미의 형용사이고 유의어로는 deadly, fatal, terminal 등이 있다.

[해석]

치명적인 유전성 질병들이 드물 것으로 예상되겠지만, 놀랍게도 그것들은 그렇지 않다.

[어휘]

heredity 유전 rare 드문 surprisingly 놀랍게도
devastating 황폐화시키는 fatal 치명적인
inevitable 피할 수 없는 indigenous 토착의, 원산의

2. 정답 ②

해설

feasible은 '실행 가능한'의 의미를 가지는 형용사로 유의어로는 practicable, viable, workable, attainable 등이 있다.

[해석]

이것이 호감과 신뢰라고 할 수 있는 "국가 인지도" 향상이 실현 가능하도록 우리의 협력이 필요한 이유이다.

[어휘]

collaboration 협력 branding 인지도 likeability 호감도
credibility 신뢰도 impracticable 실행 불가능한
viable 독자 생존이 가능한, 실행 가능한 available 이용 가능한
elaborate 정교한

3. 정답 ②

해설

목적어로 음악적인 미학을 수반할 수 있는 동사는 contemplate(숙고하다)이다.

[해석]

청중들은 들으면서 음악적 미학을 숙고할 것으로 기대되었다.

[어휘]

audience 청중 aesthetics 미학 agonize 고민하다, 고뇌하다
endorse 승인하다, 지지하다
envisage 마음속에 그리다, 상상하다

4. 정답 ③

해설

일란성 쌍둥이와 이란성 쌍둥이를 대상으로 행복 수준에 대해 연구한 결과, 일란성 쌍둥이가 환경에 관계없이 비슷한 행복 수준을 보였으며, 사람들은 저마다 행복의 '설정값'을 타고나므로 다사다난한 일상에서 행복의 수준이 오르내려도 행복 수치는 결국 이 타고난 설정값으로 회귀한다는 내용의 글이다. 따라서 행복의 거의 절반을 설명하는 것은 ③ '유전적(genetic)' 요소임을 알 수 있다.

[해석]

David Lykken과 Auke Tellegen은 1,300쌍의 일란성 쌍둥이와 이란성 쌍둥이가 보고한 행복 수준을 검사했다. 일란성 쌍둥이들은 비슷한 행복 수준을 보고한 반면 이란성 쌍둥이들은 보고한 행복감에 있어서 더 큰 차이를 보였다. 이러한 결과는 쌍둥이들이 함께 양육된 가정에서뿐만 아니라 따로 떨어져 양육된 쌍둥이들에서도 발견되었다. 그들은 행복의 거의 절반은 유전적 요소로 설명될 수 있다는 결론을 내렸다. 나머지 절반은 인생의 매일의 상승과 하강으로 결정된다. 다시 말해서 모든 사람은 가정의 온도 조절 장치가 집 안에서 특정 온도를 유지하도록 설정되어 있는 것과 동일한 방식으로 행복에 대하여 특정 '설정값'을 가지고 태어난다. 비극과 즐거움이 당신의 행복 수준에 영향을 미칠지도 모른다. 그러나 문이나 창문을 열어서 찬 공기를 들인 후에 집의 온도가 온도 조절 장치의 설정값으로 돌아올 것처럼 결국 당신은 당신의 설정값으로 회귀할 것이다.

[어휘]

identical twins 일란성 쌍둥이 fraternal twins 이란성 쌍둥이
exhibit 보이다 variation 차이, 변화 well-being 행복
rear 양육하다 account for 설명하다 ups and downs 오르내림
set point 설정값 thermostat 온도 조절 장치
let in ~을 들어오게 하다

5. 정답 ④

해설

'이번 주 금요일에 파티를 열 거야.'라는 말에 대한 답변으로 '물론, 너는 항상 대환영이야.'라는 답은 적절하지 않다. A의 말에 대한 B의 답변, 예를 들어, '정말 재미있겠다' 등이 나온 후에 다시 A가 '너는 언제나 대환영이야.'라는 식으로 전개되어야 한다.

[해석]

① A: 오늘 영화 보러 갈래?
B: 좋아. 수업 끝나고 전화할까?
② A: 오늘 약속 못 지키겠다. 오늘 할아버지가 돌아가셨어.
  B: 저런! 유감이다. 어머니가 상심이 크시겠다.
③ A: 다 왔습니다. $40.50 나왔습니다.
  B: 고마워요. 여기 $50 있습니다. 잔돈은 필요 없습니다.
④ A: 이번 주 금요일에 파티 열 거야.
  B: 물론, 너는 항상 대환영이야.

[어휘]

appointment 약속 pass away 돌아가시다
heart broken 마음이 상한 change 잔돈
throw a party 파티를 열다

6. 정답 ①

해설

in the hot seat '곤경에 처한'이라는 표현이다. hot potato는 '뜨거운 감자(곤란한 문제)'라는 의미이고, hot under collar는 '화가 난', hot money는 '투기를 목적으로 이동하는 국제 단기 자금'을 의미한다.

[해석]

A: 젝이 회사에서 프리젠테이션한 이야기 들었어?
B: 아니 무슨 일 있어?
A: 프레젠테이션까지는 잘했는데, 끝나고 나서 사람들이 어려운 질문을 하기 시작했대.
B: 젝이 질문에 답변한다고 힘들었겠다.
A: 그래, 정말 곤란했을 거야.

[어휘]

have a hard time +ing ~에 힘든 시간을 보내다
for a while 한동안

7. 정답 ③

해설

③ '어느 것이 그의 것인지'는 의문 형용사 which(어느 것이 ~하는지)를 사용하여 나타낼 수 있으므로 which one was his가 올바르게 쓰였다.

[오답 분석]

① '필요한 것이 무엇이든'은 복합 관계 대명사 whatever(무엇이든)나 whichever(어느 것이든)를 사용하여 나타낼 수 있으므로 의문사 what을 복합 관계 대명사 whatever나 whichever로 고쳐야 한다.
② '구입할지 말지'는 불확실한 사실을 나타내는 명사절 접속사 whether(~인지 아닌지)로 나타낼 수 있으므로 how를 whether로 고쳐야 한다.
④ 완전한 절(he~this ancient tribe)을 이끌 수 있는 명사절 접속사는 that이므로 불완전한 절을 이끄는 명사절 접속사 what을 that으로 고쳐야 한다.

[어휘]

hospitable 친절한 reluctant 주저하는 imagine 상상하다
ancient 고대의 tribe 부족

8. 정답 ④

해설

④ 부사절(While~in society)은 '부사절 접속사+주어+동사'의 형태가 되어야 하므로 동사 reflect 앞에 주어 we가 와야 한다. 따라서 While reflect를 While we reflect로 고쳐야 한다. 반면, 접속사 뒤에 주어(we)를 생략하고 현재 분사 reflecting을 써서 분사 구문 형태인 (While) reflecting on the changes로도 쓸 수 있다.

[오답 분석]

① as가 '비록 ~이지만'이라는 의미의 양보를 나타내는 부사절 접속사로 쓰이고, 부사절 내의 보어(Talented)가 as 앞에 오면 '보어(Talented)+as+주어(she)+동사(is)'의 어순이 되어야 하므로, Talented as she is가 올바르게 쓰였다.
② 절(He~outside)과 절(his parents~to)을 연결하는 것은 접속사이고, 문맥상 '그의 부모님이 부탁했던 것처럼'이라는 의미가 되어야 자연스러우므로 접속사 like(~처럼)가 올바르게 쓰였다. 또한, 그가 쓰레기를 내다 버린 시점이 과거(took)이고, 그의 부모님이 쓰레기 버리는 것을 부탁한 시점은 그 이전에 발생한 일이 되어야 자연스러우므로, 과거 완료 시제 had asked가 올바르게 쓰였다.
③ 복합 관계 부사 however(아무리 ~일지라도)가 이끄는 절은 'however+형용사(frustrating)+주어(the task)+동사(is)'의 어순이 되어야 하므로 However frustrating the task is가 올바르게 쓰였다.

[해석]

① 비록 그녀는 재능이 있지만, 그 혐의자는 배심원들을 감동시킬 수 없었다.
② 그의 부모님이 부탁했던 대로, 그는 쓰레기를 밖에 내다 버렸다.
③ 그 일이 아무리 실망스럽다 해도, 책임감 있게 그리고 인내심을 가지고 그것을 다루는 것이 중요하다.
④ 우리는 사회의 변화를 반영하는 동시에, 과거의 실수로부터 배우고 그것들을 극복해야 한다.

[어휘]

talented 재능이 있는 suspect 혐의자 jury 배심원
impress 감동시키다 purchase 구입한 것
responsibly 책임감 있게 patience 인내심
reflect 반영하다, 나타내다 overcome 극복하다

9. 정답 ②

해설

지문 중간에서 천식이 있는 아이들에게 대기 오염의 감소는 호흡기 증상들의 감소와 항상 관련이 있었지만 천식이 없는 아이들에게는 그 연관성이 더 약했다고 했으므로, 천식이 있는 아이들은 천식이 없는 아이들보다 깨끗한 공기에 더 많이 영향을 받았다는 것을 알 수 있다. 따라서 ②가 지문의 내용과 일치한다.

[오답 분석]

① 미세한 미립자 물질의 감소가 호흡기 증상들의 32퍼센트 감소와 관련이 있었다고 했으므로, 높은 수준의 미세한 미립자 물질이 호흡기 증상들의 감소에 기여했다는 것은 지문의 내용과 반대이다.
③ 연구에서 부모들이 아이들의 기침과 가래 생성과 같은 증상들에 관해 정기적으로 업데이트했다고는 했지만, 정기적인 업데이트가 폐 질환을 감소시켰는지는 알 수 없다.
④ 천식이 있는 아이들 사이에서 대기 오염의 감소는 호흡기 증상들의 감소와 항상 관련이 있었다고 하며 호흡기 질환(천식)이 있는 아이들에 관한 자료를 언급하고 있으므로, 호흡기 질환이 있는 아이들에 관한 자료가 연구에서 제외되었다는 것은 지문의 내용과 반대이다.

[해석]

한 새로운 연구는 더 깨끗한 공기가 유년기의 폐 질환의 상당한 감소를 수반해 왔다고 발표한다. 그 연구는 매년, 오존, 이산화질소, 그리고 미립자 물질에 관한 자료를 사용했다. 부모들은 또한 아이들의 기침과 가래 생성과 같은 증상들에 관해 정기적인 업데이트를 제공했다. 천식이 있는 아이들 사이에서, 대기 오염의 감소는 호흡기 증상들의 감소와 항상 관련이 있었다. 예를 들어, 천식이 있는 아이들에게, 미세한 미립자 물질의 감소는 증상들의 32퍼센트 감소와 관련이 있었던 반면에, 오존의 낮은 수치는 (증상들의) 21퍼센트 감소와 관련이 있었다. 천식이 없는 아이들에게 그 연관성은 더 약했지만 여전히 중요했다. "분명히, 대기 오염 수준의 감소는 호흡기 건강의 향상으로 해석할 수 있습니다."라고 서던캘리포니아대학교의 예방의학부 교수인 Kiros Berhane가 말했다. "특히 천식이 있는 아이들의 부모에게, 이것은 매우 좋은 소식이지만 저희는 또한 천식이 없는 아이들에게서도 상당한 향상을 발견합니다."
① 높은 수준의 미세한 미립자 물질은 호흡기 증상들의 감소에 기여했다.
② 천식이 있는 아이들은 천식이 없는 아이들보다 깨끗한 공기에 더 많이 영향을 받았다.
③ 그 연구는 천식 환자들에 대한 정기적인 업데이트가 폐 질환을 감소시켰다고 보여 주었다.

④ 호흡기 질환이 있는 아이들에 관한 자료는 연구에서 제외되었다.

[어휘]

be accompanied by ~을 수반하다 childhood 유년기
nitrogen dioxide 이산화질소 particulate 미립자의
symptom 증상 cough 기침하다 phlegm 가래 asthma 천식
associated with ~와 관련된 respiratory 호흡기관의
association 연관성 translate 해석하다
preventive medicine 예방의학 contribute 기여하다
exclude 제외하다

10. 정답 ②

해설

반전 정서가 오랫동안 지속되어 온 감정이라고 설명하는 주어진 글 다음에, 제1차 세계대전에도 시민들 사이에 반전 정서가 있었다고 소개하는 (B)가 오고. 전쟁 반대자들이 반전 정서를 가지고 있었던 두 가지 이유를 설명한 (A)가 온 뒤, 전쟁 반대자들이 당대의 사람들에게는 멸시와 처벌을 받았지만 그들의 행동이 유의미했다고 평가하는 (C)가 오는 것이 자연스럽다.

[해석]

반전 정서는 현대적인 현상이 아니다. 전투되어 온 만큼 오랫동안 전쟁은 반대되어 왔다.
(B) 제1차 세계대전도 예외가 아니었다. 1914년 유럽의 극심한 민족주의에도 불구하고, 대륙 전역에 자국을 위해 싸우는 것을 꺼렸던 수천 명의 시민들이 있었다.
(A) 그들 중 "양심적 병역 거부자"라고 알려진 몇몇 사람은 전쟁의 폭력에 참여하는 것이 그들의 종교적 신념을 거스른다고 주장했다. 또 다른 사람들은 그것을 국제 사회주의의 대의명분과 반대되는 것으로 여겼는데, 국제 사회주의는 모든 국가의 노동자 계급이 연합해서 더 좋은 세상을 만들도록 장려했다.
(C) 싸우는 것을 거부하는 이러한 숭고한 이유들에도 불구하고, 반대자들은 소수였고, 다른 동료 시민들에게 멸시를 받았으며 심지어는 긴 징역형까지 받았다. 그러나 지금 제1차 세계대전 동안에 발생했던 비극적이고 무의미한 인명 손실을 돌아보면, 그 반대자들의 편을 들지 않기는 어렵다.

[어휘]

anti-war 반전의 sentiment 정서, 감정 phenomenon 현상
oppose 반대하다 conscientious 양심적인 objector 반대자
violence 폭력 religious 종교의 cause 원인, 대의명분
socialism 사회주의 unite 연합하다 exception 예외
intense 극심한 nationalism 민족주의 continent 대륙
scorn 경멸하다, 멸시하다 fellow 같은 처지에 있는
lengthy 긴 sentence 형벌 tragic 비극적인
side with ~의 편을 들다

11. 정답 ①

해설
① 임신 중에는 머리카락이 더 천천히 빠져서 평소보다 머리숱이 많아지는 것이며, 머리카락이 더 빨리 자라는 것은 아니다.

[해석]
임신 중에 머리숱이 더 많아지는 것은 흔한 일일까? 임신했을 때 머리숱은 분명 더 많아지지만, 이는 머리카락이 더 많이 나기 때문은 아니다. 다만 보통 때 그런 것보다 머리카락이 더 천천히 빠지는 것뿐이다. 일반적으로 당신 머리의 머리카락의 85~95퍼센트는 자라고 있지만 나머지 5~15퍼센트는 휴식기에 있다. 그 휴식기가 끝나면 이 머리카락들은 빠지고 새로 자라는 머리카락으로 대체된다. 보통 여성은 하루에 약 100가닥의 머리카락이 빠진다. 그러나 임신 중에는 임신하지 않았을 때보다 높은 에스트로겐 수치가 머리카락의 성장기를 더 길어지게 하고 당신의 머리카락은 덜 빠지게 된다. 또한 머리숱의 변화는 보통 머리카락이 긴 임산부들에게서 더 눈에 띈다.

[어휘]
thick 굵은, 머리숱이 많은 pregnant 임신한 pregnancy 임신
fall out 빠지다 replace 대체하다 noticeable 눈에 띄는

12. 정답 ③

해설
벌새 등의 부리가 너무 길어서 몸의 모든 부분을 다듬지 못한다는 내용의 주어진 글 다음에는, 그럼에도 그들이 갖고 있는 기생충의 양이, 적절한 부리를 가지고 있는 새들보다 많지 않은데, 그 이유는 그들이 기생충에 대응하는 전략을 가지고 있기 때문이라는 내용의 (C)가 이어지고, 그 전략을 소개하면서 발을 사용할 수 있다는 내용의 (A)가 온 다음, 발을 포함한 신체를 사용하는 전략의 한계를 보완하는 방법을 소개하는 (B)가 마지막에 이어지는 것이 자연스럽다. 따라서 ③ (C)-(A)-(B)의 순서가 가장 적절하다.

[해석]
큰부리새와 벌새의 부리는 그 새의 몸 크기 정도여서 몸의 모든 부분을 다듬는 데 사용하는 것은 불가능하다. 사실, 칼 모양인 벌새의 부리는 몸 전체 길이를 초과한다.
(C) 그럼에도 불구하고, 이 새들 위에 있는 기생충의 양은 다듬기에 더 적합한 크기와 모양의 부리를 가진 새들 속에 있는 것보다 더 많지는 않은데, 왜냐하면 그들은 자신의 부리의 한계점을 보완할 다른, 기생충에 대응하는 전략을 개발했기 때문이다.
(A) 체외 기생충을 제거하기 위해 그들은 나뭇가지와 같은 표면에 문지르거나 햇빛을 쬐거나 먼지로 목욕을 한다. 그들은 기생충을 제거하기 위한 긁기를 위해 발을 사용한다. 섭취에 의해서 또는 특정한 식물을 둥지에 둠으로써 하는 자가 치료도 체외 기생충 증가를 억제하기 위해 사용될 수 있다.
(B) 신체의 모든 부분에 (부리나 발이) 닿지 않는다면 부리와 발을 이

용해 스스로를 다듬는 것(자가 손질)이 자체의 한계를 가질 수 있지만. 이것 또한 극복될 수 있다. 사회 집단을 이뤄 사는 새들은 영장류 (집단에서)와 마찬가지로 상호 간에 다듬어 주는 일을 중요한 사회 활동으로 발달시켜 왔다.

[어휘]
toucan 큰부리새 hummingbird 벌새
sword-billed 칼 모양의 부리를 가진 sun 햇빛을 쬐다
parasite 기생충 self-medication 자가 치료 ingestion 섭취
build-up 증가 self-grooming 스스로 다듬기
auto-grooming 자가 손질 primate 영장류 load 양, 부담, 하중
antiparasite 기생충에 대응하는

13. 정답 ③

해설
주어진 문장이 In contrast(대조적으로)로 시작하면서 생산적 실패 그룹의 이야기를 전개하므로 주어진 문장 앞에는 직접 지도 그룹에 관한 내용이 있어야 한다. 직접 지도 그룹의 이야기는 ③ 앞에서 마무리되므로 주어진 문장은 ③에 위치해야 한다.

[해석]
최근 연구는 어려움과 실수를 도입하는 것이 교실에서 매우 효과적일 수 있다는 것을 보여 준다. 예를 들어, 교육학자인 Kapur와 Bielaczyc가 수행한 연구에서 학생들은 "생산적 실패" 그룹이나 "직접 지도" 그룹에 배정되었다. 직접 지도 그룹의 학생들은 복잡한 수학 문제에 관한 전형적인 수업을 끝마쳤다. 그 과정에서 교사는 학생들이 성공적으로 문제를 풀도록 도움을 주었다. 대조적으로, 생산적 실패 그룹의 학생들은 복잡한 문제를 받고 나서 그룹으로 동료 급우들과 함께 그 문제를 풀기 위해 노력했다. 문제는 매우 어려웠고 생산적 실패 그룹은 그 문제를 풀 수 없었다. 마지막 수업 시간에, 교사는 생산적 실패 그룹이 실패한 시도를 분석하는 것을 도와주었고 올바른 풀이 방법을 제공해 주었다. 최종 시험에서, 생산적 실패 그룹은 더 간단한 문제뿐 아니라 복잡한 문제 모두에서 직접 지도 그룹보다 더 좋은 성적을 거두었다.

[어휘]
productive 생산적인 fellow 동료, 친구 attempt 시도하다
educationalist 교육학자 assign 배정하다
complete 끝마치다 typical 전형적인 analyze 분석하다
score 점수를 받다 straightforward 간단한, 쉬운

14. 정답 ④

해설
첫번째 문장에서 미국인들은 민주적인 관점을 가지고 있어서 누구나 동등한 기회와 존중을 받아야 한다고 믿는다는 주제문이 제시되고, ①은 지나치게 소심하게 행동하는 것은 미국인들을 불편하게 만든다고 했으므로 관련이 있다. ② 미국인들 앞에서

친구들과 모국어로 말하는 것은 무례하게 여겨질 수 있다는 것도 관련이 있다. ③ 가끔씩 선의의 거짓말도 필요하다는 것도 지문의 내용과 관련이 있다. ④는 뒤에 나오는 지문에서 나이, 몸무게, 소득과 같은 부적절한 질문을 피하는 한, 미국인들은 자신들에게 관심을 가지는 것을 좋게 여긴다고 했으므로, 부적절한 질문을 하는 것에 대해 걱정할 필요가 없다는 것은 사실과 다른 내용이다.

[해석]

미국인들은 민주적인 관점을 가지고 있는데, 모든 사람이 동등한 기회와 동등한 존경을 받아야 한다는 강한 믿음이다. 아무도 특권을 받지 않고, 아무도 가치가 쓸모없지 않다. 매우 겸손하고 소심하게 행동하는 사람은 미국 친구들을 불편하게 만들 수 있다. 반면에, 마치 자신이 세상의 지배자처럼 행동하는 사람은 미국 친구들을 유지하는 데 어려움을 가질 것이다. 예의 바르지만 적극적인 태도가 사회적으로 수용 가능하다. 예를 들어, 미국인 친구 앞에서 당신의 모국어로 친구와 대화하는 것은 매우 무례한 것이다. 당신의 관계하는 사람과의 관계에서 어떤 위치에 있는지, 그녀의 눈을 똑바로 쳐다보고 당신의 감정을 이야기하라. 당신은 다른 사람이 듣기를 원하는 것을 말할 의무가 없다. 가끔 선의의 거짓말을 하고 당신이 좋아하지 않는 것에 대해 칭찬할 필요가 있다. 그러나 대부분, 당신은 당신의 솔직한 의견을 표현할 수 있고, 미국인들은 전혀 개의치 않는다. 또한 당신은 부적절한 질문을 하는 것에 대해 지나치게 걱정할 필요가 없다. 미국인들은 자신에 대해 말하는 것을 즐긴다. 그들에 대한 당신의 관심은 대부분의 미국 성인이 토론하기를 꺼리는 세 가지 주제 — 그들의 나이, 몸무게, 소득에 관한 것이 아니라면 좋은 태도로 여겨진다.

[어휘]

democratic 민주적인 outlook 관점
be entitled to ~에 자격이 되는 worthless 가치 없는
humbler 겸손한 timid 소심한 converse with ~와 대화하다
obligation 의무 compliment 칭찬하다 inappropriate 부적절한
subject 주제

15. 정답 ②

해설

미국의 휘발유 가격을 억제하기 위해 옥수수를 이용한 대체 에너지로 수요를 돌렸는데, 옥수수를 더 많이 재배하느라 밀을 덜 재배하게 되었고, 밀의 공급이 떨어짐에 따라 밀과 함께 쌀의 가격이 상승했으며, 이로 인해 아시아 지역의 식량 공급이 타격을 입게 되었다는 상황을 정리하면 ② '시장이 서로 대화한다'라고 표현할 수 있다.

[해석]

몇 년 전에 휘발유 가격이 갑자기 오르기 시작했다. 그 결과 많은 미국인의 경제 사정에 자리 잡은 (재정) 압박을 완화하라는 상당한 정치적 압력이 생겼다. 운전을 덜 하는 대신에 많은 사람은 더 높은 가격을 지불할 필요 없이 차량을 운전하는 자신의 삶의 방식을 지속하기를 원했다. 그래서 무슨 일이 일어났는지는 다음과 같다. 휘발유 가격이 상승함에 따라, 대체 연료에 대한 수요가 증가했다. 이러한 대체 연료에 대한 수요 증가는 에탄올이라 불리는 제품을 가지고 있던 옥수수 재배자들 사이에서 인기가 있었다. 에탄올을 더 낮은 비용으로 공급하기 위해, 옥수수 재배자들은 더 많은 보조금을 얻으려고 의회에 로비를 했다. 이는 더 많은 땅이 다른 작물, 즉 밀을 희생하고 옥수수 생산에 배치되는 결과를 가져왔다. 밀 공급이 감소하고 밀 가격이 오름에 따라, 대체 작물인 쌀의 가격도 올랐는데, 이제 쌀에 대한 수요가 더 많아졌기 때문이었다. 이는 쌀 가격이 남아시아와 동남아시아 사람들이 자신의 기본 주식을 공급할 수 없는 지점까지 상승하는 것으로 이어졌다. 기아가 재빨리 뒤따랐다. 사람들은 시장이 서로 대화한다는 사실을 간과했다.

① 판매자들이 가격을 통제할 수 있다
② 시장이 서로 대화한다
③ 기아가 예상치 못하게 발생한다
④ 기업들이 수익으로 동기를 부여받는다

[어휘]

alleviate 완화하다 squeeze 압박, 긴축
pocketbook 경제 사정, 지갑 vehicle 차량
alternative 대체 가능한 lobby 로비를 하다 Congress 의회
at the expense of ~을 희생하여 namely 즉, 다시 말해
substitute 대용품, 대체물 afford 제공하다, 여유가 되다
staple 주식 starvation 기아 overlook 간과하다
mobility 이동성

16. 정답 ①

해설

다이아몬드의 공급이 수요를 뛰어넘어 가격이 하락하자 로즈는 다이아몬드 공급을 줄여 희소하게 만듦으로써 가격을 상승시키고 시장을 통제하게 되었다는 내용이다.

[해석]

여러 해 동안, 남아프리카의 드비어스 기업은 세계의 다이아몬드 공급을 관리해 왔다. 그 기업은 이전에 다이아몬드 광부들에게 장비를 대여하는 회사를 운영했던 영국 사업가인 세실 로즈에 의해 1888년에 시작되었다. 새로운 다이아몬드 채굴 사업을 시작한 후에, 로즈는 그가 심각한 재정상의 딜레마에 직면해 있음을 깨달았다. 남아프리카의 다이아몬드 러시가 한창이어서, 다이아몬드 가격은 공급이 수요를 넘어서기 시작하면서 곤두박질치고 있었다. 그는 그의 제품(다이아몬드)의 가치를 높이고 수익을 확보할 수 있는 유일한 방법은 입수 가능한 다이아몬드의 수를 줄여서 그것을 희소하게 만드는 것이라고 판단했다. 드비어스 광산에서의 (다이아몬드) 생산량은 감소했고, 곧 그의 회사는 다이아몬드 시장을 엄격히 통제하는 독점권을 가지게 되었다.

① 그것들을 희소하게 만들다
② 가격을 낮추다
③ 사업체를 팔다

④ 수요를 줄이다

17. 정답 ②

해설

(A)의 앞부분에서 암 환자에게 치료법의 효과를 과장하는 돌팔이 의사들이 언급되고, 뒷부분에서 실체는 이와 다르다는 상반되는 내용이 전개되므로 However가 적절하다.
(B)의 앞부분에서 돌팔이 의사들의 엉터리 치료 현실을 설명하고, 뒷부분에서 그 결과를 보여 주고 있으므로 Consequently가 적절하다.

[해석]

암으로 진단받는 것은 충격적인 일이지만, 불행히도 어떤 사람들은 그 소식을 듣고 이성을 잃기도 한다. 어떤 치료법이 절실해져서 그들은 빠르고 고통 없는 치료를 약속하는 의심스러운 면허증을 가진 개업의인 돌팔이 의사들에게 의지한다. 그러나, 현실은 그들은 암에 대한 어떤 남모르는 치료법을 알지 못한다는 것이다. 이 돌팔이 의사들이 처방하는 치료법들은 효과가 없을 뿐만 아니라, 어떤 경우에는 비용이 매우 많이 들고 심지어 잠재적으로 위험할 수도 있다. 환자로부터 최대한 많은 돈을 받아 낸 후 돌팔이 의사는 그 사람(환자)이 건강하다고 단언하고는 쉽게 사라져 버릴 것이다. 따라서, 환자가 마침내 자신의 병이 여전히 존재한다는 것을 알았을 때, 그 돌팔이 의사는 오래 전에 사라져 버려 책임지워질 수 없을 것이다.

18. 정답 ②

해설

(A) 지각 동사 watch가 이끄는 5형식 문장에서 목적어인 니케이 지수가 떨어지는 것이므로 drop이 올바르다.
(B) 자신이 낸 손실을 상사에게 숨겨 왔다는 의미가 되어야 하므로 hidden이 적절하다.
(C) 뒤에 명사인 losses가 있으므로 such가 적절하다.

[해석]

1995년 2월 23일 목요일에, 싱가폴에 있는 Barson 증권사의 매니저였던 Nick Leeson은 일본의 주식 시장 지수인 Nikkei가 330포인트가 떨어진 것을 지켜보았다. 비록 그가 무슨 일이 일어나고 있었는 지를 안 유일한 사람이었지만, 그날 하루에 Barson 증권사는 그의 거래를 통해 1억 4300만 파운드를 잃었다. 이 손실은 Leeson이 그의 상사들에게 계속 숨겨 왔던 4억 7000만 파운드쯤 되는 초기 손실에 이은 것이었다. 그는 이 사기가 들통날 것을 알았고, 아내와 함께 보르네오의 북쪽 해안가의 은신처로 도망쳤다. Barson 증권사의 매니저들은, 싱가포르에서 사라져 버린 어마어마한 규모의 돈에 대해 의아해하며, 필사적으로 Leeson을 찾았다. 다음 날 아침이 되자, 런던에서 가장 오래된 상업 은행인 Barson Brothers는 너무나 큰 손실을 입어서 사실상 파산했다. Leeson은 프랑크푸르트에서 구속이 되었고. 금융법을 위반한 혐의로 싱가포르로 인도되어, 6년 6개월의 형을 살았다.

19. 정답 ④

해설

⑤번의 pushes the star away from itself는 pulls the star toward itself로 표현하여야 문맥상 의미가 맞다.

[오답 분석]

이 글은 블랙홀의 존재에 대하여 설명하는 글이다. ①에서는 빛이 빠져나갈 수 없는 어떤 물질이나 대상에 대한 설명이므로 escape가 맞다. 그리고 블랙홀은 아인슈타인의 상대성 이론을 통하여 이론적으로 예견된 것이라는 내용이므로 ②와 같이 predicted로 표현하여야 한다. 거대한 별이 죽으면 작은 핵을 남기고 그것이 블랙홀을 이루게 된다는 설명 부분이므로 ③과 같이 leaves behind를 쓰는 것이 글의 흐름에 맞다.

[해석]

빛이 빠져나갈 수 없을 만큼 거대하고 밀도 높은 어떤 물체가 우주에 있다는 생각은 수 세기 동안 있어 왔다. 아주 잘 알려진 것으로 아인슈타인의 일반 상대성 이론에 의해서 블랙홀의 존재가 예견되었다. 상대성 이론에서는 거대한 별이 사멸하게 되면 그 거대한 별은 뒤에 작고도 밀도가 높은 핵을 남긴다고 했다. (일반 상대성 이론) 방정식에서는, 만약 그 핵의 질량이 태양의 세 배가 넘으면 중력의 힘이 모든 다른 힘을 압도하고 결국 블랙홀을 만들게 된다고 하였다. 우리는 엑스레이, 빛, 또는 다른 형태의 전자기파 방사선을 추적할 수 있는 망원경으로 이 블랙홀들을 직접 관찰 할 수 없다. 그러나 우리는 근처 다른 물질에 미치는 블랙홀의 영향을 추적하여 그 블랙홀의 존재를 추론하고 연구할 수 있다. 예를 들어서 블랙홀이 어떤 성간 물질의 구름 속을 지나가게 되면, 그 블랙홀은 행성 간 가스 강착이라고 알려진 과정을 통해서 그 물질을 안으로 끌어들이게 될 것이다. 일반 별이 블랙홀 근처를 지나갈 때도 비슷한 과정이 일어나게 된다. 이 경우에는 블랙홀이 그 별을 자기 쪽에서 밀어내기(→ 자기 쪽으로 끌어당기기) 때문에 그 별을 갈라놓을 수 있다.

[어휘]

massive 거대한 dense 밀도가 높은 around 존재하여
a relativity 상대성 leave behind 남기다 remnant 나머지
core 핵, 핵심 equation 방정식 gravity 중력
overwhelm 압도하다 detect 추적하다 infer 추론하다
tear apart 떼어 놓다

20. 정답 ④

해설

의학, 보건 분야의 혁명과 함께 병원의 내외부적 건축 양식에도
혁명이 일어났다는 내용이므로 ④ '병원 외양의 변화'가 주제로
가장 적절하다.

[해석]

얼핏 보면 마이애미에 있는 침례교 병원의 응급 센터는 병원이라기
보다는 고급 호텔처럼 보인다. 아름답게 꾸며진 정원에서부터 멋있
게 장식된 로비까지, 그곳에 고통이나 피의 흔적은 전혀 없다. 수 세
기 동안 병원이라는 말은 고통과 죽음의 이미지를 떠올리게 했다. 그
러나 침례교 병원 응급 센터와 미국에 있는 여러 다른 새 병원 시설
들이 증명하듯, 이러한 이미지는 빠르게 변하고 있다. 1980년대에
새로운 도구와 사고방식, 그리고 생명을 연장하는 치료법에 의해 이
루어진 보건 분야의 혁명은 건축에서의 비슷한 혁명과 일치한다. 밋
밋한 흰색의 병원 인테리어는 이제 파스텔 톤의 벽과 우아하게 설계
된 병실들로 교체되고 있다.
① 병원의 새로운 기능
② 호텔 산업의 혁신
③ 호텔 건설의 변화
④ 병원 외양의 변화

[어휘]

at first glance 얼핏 보기에 emergency 응급 fancy 고급의
landscape 풍경 decorate 장식하다 facility 시설
revolution 혁명 prolong 연장하다, 늘이다 architecture 건축
plain 밋밋한, 장식 없는 replace 대체하다
pastel-colored 파스텔 톤의 elegantly 우아하게
innovation 혁신 appearance 모습, 외양

Half Test 13. 정답 및 해설

1. 정답 ②

해설

inadvertent는 '고의가 아닌, 의도하지 않은'의 의미로 유의어로
는 unintentional, unpremeditated, accidental 등이 있다.

[해석]

사무실 컴퓨터 사용자들은 실수로 엎지르는 일을 방지하기 위해 액
체를 키보드 주변에 두지 말라는 주의를 받는다.

[어휘]

liquid 액체 spill 엎지름 innocent 결백한
unpremeditated 사전에 계획되지 않는, 무심코,
intentional 의도적인 impromptu 즉흥적으로 한

2. 정답 ②

해설

infallible은 '결코 틀리지 않는, 실수하지 않는'의 의미로 유의어
로는 unerring, unfailing, impeccable, flawless, faultless 등
이 있다.

[해석]

법 집행 당국은 거짓말 탐지기가 기계이기 때문에 오류를 범하지 않
는다고 가정한다.

[어휘]

enforcement 집행 authorities 당국 assume 가정하다
lie detector 거짓말 탐지기 impartial 공정한
impeccable 흠이 없는 meticulous 꼼꼼한, 세심한
incessant 끊임 없는

3. 정답 ③

해설

뒤에 제시된 strong radio emissions을 목적어로 취할 수 있는
동사구가 와야 하므로 give off(열, 가스, 냄새를 발산하다)가 가
장 적절하다.

[해석]

이들은 일반적으로 강한 전파를 방출하기 때문에 전파 은하라고 불
린다.

[어휘]

galaxy 은하 emission 방출 break out (전쟁, 전염병) 발발하다
wipe out 일소하다 bring up (화제) 꺼내다

4. 정답 ①

해설

Despite로 연결되는 부분이 사망률의 감소라는 긍정의 의미가
제시되어 있으므로, 빈칸에는 생활 여건의 악화라는 부정적인

의미가 나와야 한다.

[해석]

사망률의 지속적인 감소에도 불구하고, 1980년대에 많은 국가에서 생활 여건의 악화가 일어났다.

[어휘]

consistent 지속적인 mortality rate 사망률 deterioration 악화
improvement 개선 corruption 부패
speculation 추측, 짐작, 투기

5. 정답 ④

해설

레스토랑에서 먼저 주문하라는 말에 대한 답변으로 '너한테 잘할게. 약속해!'는 적절하지 않다. make it up to는 원래 '~에게 맡기다'라는 의미를 가지나 뒤에 I promise가 있으므로 '너에게 잘할게.'라고 해석할 수 있다.

[해석]

① A: 엄마 저 영어 시험에서 A를 받았어요. 이제 새 자전거 사 주실 거지요?
B: 물론. 약속은 약속이니까.
② A: 해리랑 레이첼이 서로 사귄대.
B: 말도 안 돼! 난 걔들이 서로 싫어하는 줄 알았는데.
③ A: 기다리는 동안 마실 것 좀 가져다드릴까요?
B: 감사합니다. 커피 부탁해요.
④ A: 나 금방 올게. 먼저 주문해.
B: 너한테 잘할게. 약속해!

[어휘]

each other 서로서로(둘 사이) No way 절대 아냐
use some coffee 커피 마시다

6. 정답 ②

해설

② 선행사 the teenagers가 사람이므로 사람을 가리키는 관계 대명사가 와야 한다. '전치사+관계 대명사'에서 전치사는 선행사 또는 관계절의 동사에 따라 결정되는데, 관계절의 동사 give(had given)는 3형식으로 쓰일 때 'give+직접 목적어+전치사(to)+간접 목적어'의 형태를 취하므로 전치사 to가 사람을 나타내는 목적격 관계 대명사 whom 앞에 와서 to whom이 올바르게 쓰였다.

[오답 분석]

① '전치사+관계 대명사'에서 전치사는 선행사 또는 관계절의 동사에 따라 결정되는데, 관계절의 동사 wait(have been waiting)은 전

치사 for와 짝을 이루어 '~을 기다리다'라는 의미로 쓰이므로 전치사 to가 아닌 for가 관계 대명사 앞에 와야 한다. 따라서 to which를 for which로 고쳐야 한다.
③ 명사 the part를 수식하기 위해 형용사 역할을 하는 관계절이 와야 하므로, 명사절 접속사 what이 아닌 관계 대명사가 와야 한다. 선행사 the part가 사물이고, 관계절 내에서 동사 caused의 주어 역할을 하므로 명사절 접속사 what을 사물을 가리키는 주격 관계 대명사 which 또는 that으로 고쳐야 한다.
④ 관계절(who~meals)의 동사 자리에 '동사원형+~ing'의 형태는 올 수 없으므로 arranging을 동사 arranges로 고쳐야 한다.

[해석]

① 이 노래는 전 세계의 팬들이 오랫동안 기다려 온 영화이다.
② 그는 자신이 설문 조사를 한 십 대들의 답변을 검토했다.
③ 그들은 자동차 엔진에 문제를 일으킨 부분을 간신히 찾을 수 있었다.
④ 기내식을 준비하는 그 승무원은 곧 교체될 것이다

[어휘]

survey 설문조사 locate (~의 위치를) 찾아내다
manage to R 간신히 ~하다 flight attendant 승무원
arrange 준비하다 in-flight meal 기내식 replace 교체하다

7. 정답 ②

해설

② 5형식 문장의 어순은 '주어(she)+동사(considers)+목적어(Charles)+목적격 보어(a good friend)'가 되어야 하므로 considers a good friend Charles를 considers Charles a good friend로 고쳐야 한다.

[오답 분석]

① 복수 취급하는 수량 표현 A number of(수많은) 다음에는 복수 명사가 와야 하므로 복수 명사 people이 올바르게 쓰였다. 또한, 여러 품사가 함께 명사를 수식하는 경우 '관사(the)+부사(extremely)+형용사(colorful)+명사(parade)'의 어순이 되어야 하므로 the extremely colorful parade가 올바르게 쓰였다.
③ How 감탄문은 'How+형용사/부사+주어(the park)+동사(is)'의 형태로 쓰이는데, 이때 How 뒤가 형용사 자리인지 부사 자리인지는 동사에 따라 결정된다. be동사(is)는 주격 보어를 취하는 동사로 보어 자리에는 명사나 형용사 역할(lovely)을 하는 것이 올 수 있으므로 How lovely the park is가 올바르게 쓰였다.
④ ~one으로 끝나는 명사(anyone)는 형용사가 항상 뒤에서 수식하므로 anyone available이 올바르게 쓰였다.

[어휘]

amusement park 놀이공원 gather 모이다
separate 서로 다른, 분리된 lovely 사랑스러운, 아름다운

8. 정답 ①

해설

전화를 받지 않는 상황에서 헤어지기를 원하냐는 질문에 '오해 하지마.'라는 답변이 적절하다.

[해석]

A: 왜 전화에 답변 안 했니? 걱정 많이 했는데.
B: 미안해, 우리 둘 다 떨어져 있을 시간이 필요하다고 생각했어.
A: 무슨 의미이니? 나랑 헤어지기를 원하니?
B: 아니, 오해하지 마. 여전히 많이 사랑해, 하지만 혼자일 필요가 있고, 자아를 찾을 시간이 필요해.
① 오해하지 마
② 착각하지 마
③ 그 선을 절대 넘지 마
④ 우쭐해 하지 마

[어휘]

break up with ~와 헤어지다 delude 속이다 dare 감히 ~하다
cross the line 선을 넘다 flattered 우쭐해 하는

9. 정답 ④

해설

전문 사진사들이 극한 기상 조건에서도 사진을 찍는다는 내용인 주어진 글 다음에, 이러한 조건에 의해 발생되는 장비 손상을 나열한 (C)가 오고, 이러한 손상을 피하기 위해 사진사들이 고안한 방법이 설명된 (B)가 온 뒤, 결과적으로 완벽한 사진을 찍을 수 있게 된다는 (A)가 오는 것이 자연스럽다.

[해석]

전문 사진사들은 언제나 자연과 겨뤄 왔다. 더위, 습기, 먼지 그리고 추위가 여러 방식으로 촬영물과 장비를 망칠 수 있음에도 불구하고 그들은 가장 극한 기상 조건에서도 사진을 찍는다.
(C) 그러한 기상 조건에 의해 발생되는 피해는 셔터가 고장 나는 경우와 같이 때로는 즉시 눈에 띌 수 있다. 그러나 필름이 현상된 이후나 카메라의 부식 효과가 나타나기 시작할 때까지 감지할 수 없는 피해도 자주 있다.
(B) 재앙을 피하기 위해, 사진사들은 정교한 케이스부터 단순한 비닐봉지와 소풍용 아이스박스까지 자신의 장비를 보호할 수많은 방법을 고안해 냈다.
(A) 이러한 도구들로 무장하고서, 전문 사진사들은 극한 기상 조건으로 인한 최악의 결과를 피하고 완벽한 이미지를 포착할 수 있었다.

[어휘]

professional 전문가 humidity 습도 dust 먼지
equipment 장비 be armed with ~으로 무장하다 device 기구
consequence 결과 capture (사진 등으로) 기록하다
catastrophe 재앙, 재난 numerous 수많은

sophisticated 세련된 cooler 아이스박스
noticeable 눈에 잘 띄는 detect 감지하다 develop 현상하다
corrosion 부식

10. 정답 ④

해설

재정 악화에 따른 급격한 인구 감소에 대한 내용 다음인 ④에 이러한 인구 감소를 막기 위해 유바리시가 새로운 시도를 했다는 내용의 주어진 문장이 오는 것이 자연스럽다

[해석]

한때 석탄 산업이 번창했던 지역인 홋카이도의 유바리는, 이제 그 도시가 기능을 수행하기 위해 필요한 자금이 부족해진 것을 알게 되었다. 여러 해에 걸친 그 도시의 부채는 연간 예산의 13배에 이를 정도로 엄청나게 늘어났다. 그러나, 그 기간 동안 유바리는 대출을 받아 도시의 부채를 조용히 은폐했는데, 이는 그 도시의 재정적인 문제를 악화시켰다. 더 심각한 것은 생활 비용이 너무 높이 올라서 주민들은 결코 그곳에서 살 수가 없다는 것이었다. 인구는 결국 1960년의 12만 명에서 단 1만 명으로 감소하였다. 더 많은 시민이 떠나는 것을 막으려는 절박한 시도로, 그 도시는 관광 수입을 벌어들이기를 기대하며 호텔과 스키 휴양지와 같은 다양한 인기 시설에 투자했다. 그러나, 그러한 시도들은 도시의 안 좋은 이미지에 의해 성공하지 못했고, 시 정부가 그것의 재정상의 실패로부터 회생할 수 있을지 의심스러워 보인다.

[어휘]

revenue 수입 prosperous 번영하는 conceal 숨기다, 은폐하다
take out a loan 돈을 빌리다 compound 혼합물
simply (부정문에서) 전혀, 절대로
undermine 손상시키다, 훼손하다 disaster 참사, 재난

11. 정답 ④

해설

안전 장비에서 완충재로도 사용된다고 했으므로 ④가 정답이다.

[오답 분석]

① 가볍고 밀도가 낮은 고체이다.
② 투명한 파란색을 띠고 있다.
③ 처음에는 페인트 첨가제로 사용되었다.

[해석]

에어로겔은 존재한다고 알려진 가장 가볍고 가장 밀도가 낮은 고체이다. 이 물질은 흰색이 아닌 투명한 파란색이지만 스티로폼과 비슷하다. 대부분 공기로 이루어진 에어로겔은 자체 무게의 4,000배까지 가해지는 힘을 견딜 수 있는 능력을 가지고 있다. 그래서 당연히, 그것의 주된 용도 중 하나는 경량 건축 자재이다. 발견 이후 그것은 여러 용도로 사용되어 왔는데, 처음에는 페인트 첨가제로, 그리고 현

재는 주로 단열재로 사용되고 있다. 그것은 또한 우주 산업에서 내온 도성이 있는 창문에, 그리고 안전 장비에서 완충재로도 활용된다. 하지만 그것이 널리 쓰일 수 있기 전에, 그것의 생산비 절감이 필요하다.

[어휘]

density 밀도 solid 단단한, 고체
substance transparent 투명한 capacity 수용력
withstand 견디어 내다 apply 신청하다, 힘을 가하다
primary 주된 lightweight 가벼운, 경량의 additive 첨가제
thermal 열의 insulation 단열(재) utilize 활용하다
resistant 저항력 있는, ~에 잘 견디는
shock-absorbing 완충적인

12. 정답 ③

해설

이 글에서는 거짓 기억의 의미와 발생 원인에 대하여 개략적으로 설명하고 있다. 주어진 부분에서 우리는 우리의 기억에 대해서 상당히 자신 있게 생각하고 있다고 글을 시작한다. 그다음 글의 내용은 대체로 그런 확신과는 달리 우리의 기억은 상당히 부정확하다는 (B), 그리고 그 구체적인 내용 (C)와 발생 원인 (A)의 순서로 이어져야 한다. 그러므로 ③이 정답이다.

[해석]

우리는 자신들이 상당히 좋은 기억을 가지고 있다고 믿기를 좋아한다. 우리는 대개 우리 기억을 모든 순간을 세부적으로 정확하게 보전하는 카메라에 비유한다.
(B) 그러나, 서글픈 사실은 우리 기억은 때로 조야하게 윤색되거나 노골적으로 조작된 내용과 함께 맞추어진 콜라주와 같은 경우가 더 많다. 우리 기억은 오류에 놀랍도록 취약하며 미세한 암시나 거짓 기억이 촉발될 수도 있다. (C) 이러한 거짓 기억은 평범하고 중요하지 않은 일이나 사건에 대한 것이 대부분이다. 그러나 때로 이러한 거짓 기억들은 심각하거나 파괴적인 결과를 가져올 수도 있다. 왜 이러한 기억이 생기는 것일까?
(A) 그것은 우리의 부정확한 인식력과 관계가 많다. 때로 우리는 있지도 않은 사물을 보게 되거나 바로 우리 눈앞에 있는 명확한 사물을 못 보기도 한다. 또 때로 우리는 어떤 사건을 목격하기는 하는데 일어난 모든 일을 명확히 보지 못하는 경우도 있다. 그럴 때 우리는 마음속으로 실제 일어나지 않은 일에 대한 기억을 가지고 그 "빈 곳"을 채우려고 하게 된다.

[어휘]

reasonably 비교적 liken A to B A를 B에 비유하다
preserve 보존하다 in detail 세부적으로
have a lot to do with ~과 깊은 관계가 있다
inaccurate 부정확한 perception 인지(력), 감각
obvious 명확한 witness 목격하다 collage 콜라주
piece together 잘라 맞추다, 종합하다

crudely 조야하게 occasional 이따금씩의
embellishment 장식, 윤색 outright 노골적인
fabrication 위조 frighteningly 놀라울 정도로
susceptible 영향을 받기 쉬운 subtle 미묘한 trigger 촉발하다
fairly 꽤, 상당히 mundane 평범한 inconsequential 사소한
of no real consequence 진짜 중요하지 않은
devastating 파괴적인, 지독한

13. 정답 ④

해설

새로운 관광 활동 중 하나가 종교와 관련된 여행이라는 주어진 글 다음에는, 종교 여행의 대표적인 행선지를 예시로 제시하면서 종교 여행이 여행지의 여러 측면에 영향을 미친다고 언급하는 (C)가 이어지고, 종교 여행이 여행지에 미치는 경제적 영향과 사람들이 종교 여행에 나서는 이유를 제시하는 (B)가 온 다음, 앞에서 제시한 이유 때문에 해마다 수백만 명의 종교 관련 여행자가 발생한다는 내용의 (A)가 마지막에 이어지는 것이 자연스럽다. 따라서 ④ (C)-(B)-(A)의 순서가 가장 적절하다.

[해석]

관광 산업 활동은 현재 새로운 형태, 새로운 통찰력, 그리고 새로운 방법을 얻었다. 그것 중 하나는 신앙 또는 순례 여행에 기반을 둔 관광이다. 오늘날, 특히 문화적인 목적을 위해 이루어지는 여행에서, 종교는 주도적인 요소 중 하나이다.
(C) 예를 들어, 브라만교의 Benares, 이슬람 교의 Mecca와 Madinah, 기독교의 Jerusalem과 Ephesus는 순례 여행으로 인해 많은 관광객을 유치하는 종교적인 장소이다. 종교적인 목적을 위한 이 주요한 이동 행동은 여러 측면에서 지역, 국가, 그리고 행선지에 영향을 미친다.
(B) 특히, 이 움직임은 지속적으로 국제 수지 적자를 안고 있는 국가들에게 경제적인 기회를 창출한다. 이에 더하여, 종교 여행은 사람들에게 영적으로, 신체적으로, 정신적으로, 사회적으로, 그리고 정서적으로 깊은 인상을 준다. 따라서, 사람들은 그들이 속한 신앙의 성지를 방문하기를 열망한다.
(A) 이러한 이유로, 세계 여러 지역에서의 신앙 활동이 해마다 수백만 명의 사람을 유치해 왔다. 종교적인 건물, 제식, 축제, 영적이고 종교적인 행사는 관광객들의 행동에 영향을 미치고 사람들을 신앙 여행으로 이끄는 주요소들이다.

[어휘]

insight 통찰력 pilgrimage 순례 여행 religion 종교(a. religious)
annually 해마다 ritual 제식 spiritual 영적인
consistently 지속적으로
balance of payments deficit 국제수지 적자
impress 깊은 인상을 주다
attract ~을 유치하다, (주의, 흥미)를 끌다 migration 이동, 이주
destination 행선지, 목적지

14. 정답 ②

해설

잘 관리되고 책임감 있는 은행은 고객의 예금을 주택 담보 대출과 사업 대출 같은 장기 투자 형태로 지역 사회에 재유통시킨다는 내용의 주어진 문장이 없으면, ②의 뒤에 나오는 they가 가리키는 대상이 ②의 앞에 있는 their(a good many customers)와 같지 않아 내용상 단절이 일어난다. 주어진 문장의 well-managed, responsible banks를 가리키는 말을 they로 받으며 연결해야 하므로, 주어진 문장은 ②에 들어가는 것이 가장 적절하다.

[해석]

1930년대 초, 수천 개의 미국 은행이 대부분 무책임하거나 비윤리적인 금융 관행 때문에 파산해서 수십억 달러에 달하는 고객들의 돈을 잃었다. 놀랄 것도 없이, 다른 장소의 예금자들은 자신에게 똑같은 일이 일어날 수 있다는 두려움에 매우 초조해졌다. 임박한 은행 파산에 대한 소문은 흔했다. 어떤 경우에는 매우 많은 고객이 자신의 저축을 인출하려고 서둘렀는데, 그것은 재앙으로 판명된 조치였다. 잘 관리되고 책임감 있는 은행은 자신들의 예금을 금고에 가둬 둔 채로 두지 않고, 오히려 주택 담보 대출과 사업 대출 같은 장기 투자 형태로 지역 사회 전체에 걸쳐 이 돈을 재유통시킨다. 그 결과, 그들은 대규모 현금 인출에 대한 집중적인 요구를 충족시킬 수 없다. 계좌를 폐쇄하고 싶어 하는 예금주들의 이 무서운 쇄도는 그 전날 번성하고 지불이 능력 있는 그런 은행들조차 압도했다. 은행은 몇 시간만에 파산했고, 늦게 도착한 예금자들은 자신들이 평생 저축한 돈을 잃었다. 은행 고객들은 공황 상태에 빠져 무의식적으로 자신들의 처음에는 근거 없던 공포를 자신들도 모르게 진짜로 만들었다.

[어휘]

recirculate 재유통시키다 home mortgages 주택 담보 대출
business loans 사업 대출 go out of business 파산하다
unethical 비윤리적인 practice 관행 depositor 예금자
locale 장소 impending 임박한 failure 파산
disastrous 재앙의 withdrawal 인출 overwhelm 압도하다
panic 공황 상태 unwittingly 자신도 모르게 initially 처음에
unfounded 근거 없는

15. 정답 ②

해설

담배 제품에 대한 규제가 다른 소비재로 번지면서 전반적인 산업에 끼치는 영향에 대해 쓴 글이다. 담배 제품에서 시작하여 다른 제품에 대한 규제로 확장되어 도미노 효과가 나타나고 소비재 가격이 인상되는 등의 결과가 언급되었다. 하지만 ②는 담배 밀수와 공중 보건 개선에 대한 규제 실패라는 한정된 내용만 설명하므로 글 전체의 흐름상 어울리지 않는다.

[해석]

담배 제품에 대해 더 엄격해진 규제는 주류, 탄산음료 및 기타 소비재로 번졌는데, 이는 소비자의 선택권을 제한하고 상품을 더 비싸게 만들었다. 국가들은 과세, 그림을 이용한 건강 경고, 광고 및 판촉 금지를 포함해, 지난 40년 동안 담배 제품에 대해 더 많은 규제 조치를 취해 왔다. 규제 조치는 공중 보건을 개선하는 데 실패했고, 담배 밀수를 늘렸다. 먼저 담배에 규제를 적용하고 그 다음 다른 소비재에 규제를 적용하는 것은 다른 산업에 대해서 도미노 효과, 즉 "미끄러운 경사면"이라고 불리는 것을 만들어 냈다. 모든 상표, 로고, 브랜드 고유의 색상이 제거되는 규격화된 무광택 포장지가 미끄러운 경사면의 최극단에 있는데, 이는 결국 의도하지 않은 결과와 심각한 지적 재산권의 침해를 낳았다

[어휘]

regulation 규제 spill over ~로 번지다 restrict 제한하다
take measures 조치를 취하다 restrictive 규제의
taxation 과세 pictorial 그림을 이용한 prohibition 금지
public health 공중 보건 smuggle 밀수하다
domino effect 도미노 효과 slippery slope 미끄러운 경사면
trademark 상표 consequence 결과 infringement 침해, 위반
intellectual property right 지적 재산권

16. 정답 ①

해설

팀 기능 수행이 원만하게 이루어지려면 팀 구성원들이 정기적인 회의를 통해 중요한 정보를 공유하는 상호 작용이 일어나야 하는데, 이러한 상호 작용이 부족하면 여러 가지 부정적인 요인이 발생해 결국 팀 기능 수행의 비효율 내지는 손상으로 이어진다는 내용의 글이다. 따라서 빈칸에 들어갈 말로는 ① '불충분한 상호 작용의 산물'이 가장 적절하다.

[해석]

회의는 팀 기능 수행에 필수적이다. 정기적인 회의가 없으면, 공식적이고 비공식적인 중요 한 정보가 주어지지 않고, 현실과 맞지 않는 가정과 억측이 형성될 수 있다. 실제로, 형편없는 팀 회의라도 전혀 없는 것보다 더 좋다는 것이 연구 결과에 나타나는데, 왜냐하면 구성원들이 작은 비공식적인 쌍 또는 무리로 회의 전후, 그리고 심지어 회의가 진행되고 있는 중에도 정보를 교환하기 때문이다. 빈번한 상호 작용이 없으면, 팀 구성원들은 팀에게 무엇이 중요한지에 관해 그들의 견해가 나뉘기 시작하고 다른 팀 구성원들의 행동에 대한 인지와 기대가 점점 더 부정확해진다. 오해와 착오는 부조화와 갈등으로 이어진다. 이것은 결과적으로 팀 비효율성으로 이어진다. 원만하지 못한 관계, 부정적 성향, 그리고 의심은 불충분한 상호 작용의 산물이며 팀 기능 수행을 치명적으로 손상시킨다.
① 불충분한 상호 작용의 산물
② 빈번한 비난의 결과
③ 비현실적인 기대의 결과물

④ 비공식적인 의사소통의 결과물

[어휘]

withdraw 주지 않다, 보류하다 dyad 한 쌍, 2개 단위
interaction 상호 작용 diverge 나뉘다, 갈리다
inaccurate 부정확한 misapprehension 오해 coordination 조화
negativity 부정적 성향 suspicion 의심 fatally 치명적으로
undermine 손상시키다 insufficient 불충분한
side-effect 부작용 overload 고부하

17. 정답 ④

해설

오늘날 대학생들이 '어떤' 특징을 가지는지를 빈칸 뒤에 이어지는 설명에서 추론할 수 있다. 요즘 대학생들에게 중요한 것은 인생 철학이 아니라 돈을 많이 버는 것이며, 인문학보다 돈벌이에 도움이 되는 회계, 경영, 공학을 전공으로 훨씬 더 많이 선택한다는 내용에서 대학생들의 ④ '더 물질주의적이고 덜 비실용적인' 경향을 알 수 있다.

[해석]

17년의 기간에 걸쳐 매년 시행되어 188,000명이 넘는 학생들의 응답을 모은 한 조사에 따르면, 오늘날의 대학 신입생들은 이 조사가 행해진 17년 중 어느 때보다도 더 물질주의적이고 덜 비실용적이다. 오늘날 경제가 매우 불황인 것을 고려하면, 대부분의 학생이 진술한 주요 목표가 '돈을 가능한 한 많이 버는 것'이라는 점은 별로 놀랍지 않다. 의미 있는 인생 철학을 발전시키는 것이 자신에게 중요하다고 한 학생들은 여느 때보다 적었다. 그리고 요즘 가장 인기 있는 강좌는 문학이나 역사가 아니라 회계라는 사실이 뒤따른다. 교육이나 사회 복지 사업 분야에 관한 관심은 사상 최저이지만, 또한 놀랄 것도 없이, 경영 과정, 공학, 컴퓨터 공학 등록은 훨씬 더 높다.
① 더 인색하고 덜 낭비적
② 더 공정하고 덜 편파적
③ 더 본능적이고 덜 이성적인
④ 더 물질주의적이고 덜 비실용적

[어휘]

conduct 실시하다 over a period 기간에 걸쳐
in bad shape 불황인 objective 목표
indicate 내비치다, 시사하다 philosophy 철학
accounting 회계(학) social service 사회 복지 사업
an all-time low(high) 사상 최저 enrollment 등록
way (부사, 전치사를 강조하여) 훨씬, 아주 멀리 stingy 인색한
impartial 공정한 biased 편파적인 instinctive 본능적인
rational 이성적인 introverted 내성적인
materialistic 물질주의(자)의 impractical 비실용적인

18. 정답 ③

해설

가장 인지적인 활동인 말하기가 운동 신경적 행위라고 하면서 즉각적으로 후회할 말이 입에서 나온다는 말에 비추어 ③ slower는 faster가 되어야 한다.

[해석]

우리가 가지고 있는 가장 높은 인지 능력 가운데 하나가 언어라는 점을 생각해 보라. 말을 통해서 생각을 교환하는 것은 아마도 인간에게만 고유한 것이고, 의심할 여지 없이 우리로 하여금 예술, 역사, 철학, 과학과 같은 문화의 모든 주요한 요소를 지금까지 발전시키고 전달할 수 있게 해 주었다. 그리고 모든 두뇌 활동 중에서도 가장 인지적인 이 능력은 기본적으로 운동 신경의 행위인데 우리는 우리 가슴, 목, 혀, 입술에 있는 광대한 양의 근육을 통제하고 조정함으로써 말한다. 초현실주의 운동의 리더였던, Andre Breton은 언젠가 한번, 말의 속도는 생각의 속도보다 더 느리다(→ 더 빠르다)고 했다. 그렇다. 우리는 모두 즉각적으로 미안해 발언이 우리의 입 밖으로 빠져나가도록 한 적이 있었다는 점을 생각할 수 있다. 하지만 유머러스한 함의를 제쳐 두고, 잠깐 생각해 보면, 이건 확실히 사실이다. 우리는 대화 중간에 우리가 하는 말들에 대해서, 조금이라도, 오래 생각하지 않는데, 그것들은 그냥 "나간다." 뇌에 있는 아마도 높은 수준을 가졌으리라 추정되는 이 인지 도구는 모두 거의 반사적인 운동 신경의 행위로 끝난다.

[어휘]

cognitive 인지의 trappings (과시적인) 요소 motor 운동 신경의
coordinate 조정하다 surrealist movement 초현실주의 운동
utterance 발언 implication 함의, 암시
supposedly 아마도, 추정상 apparatus 기구 reflexive 반사적인

19. 정답 ②

해설

② During은 전치사로 뒤에는 명사가 와야 하는데 in uniform이 왔으므로, 절을 이끄는 접속사 While이 와야 한다. While 다음에 he was가 생략되어 있다.

[오답 분석]

① spend+시간+Ring의 형태가 바르게 쓰였다.
③ 선행사가 사람이고 뒤에 동사가 이어지고 있으므로 주격 관계 대명사 who가 바르게 사용되었다.
④ 선행사가 사물이고, 뒤에 주어+동사의 문장이 이어지고 있으므로 목적격 관계 대명사 that이 바르게 쓰였다.

[해석]

James Wilkinson은 미국독립혁명에서 싸웠지만, George Washington을 방해하는 데 많은 시간을 썼다. 전쟁 후에도, 그는 군 복무를 계속했다. 제복을 입고 있는 동안에, 그는 현기증이 날 정

도로 많은 부패한 거래와 밀실 음모에 연루되었다. 그는 특히 스페인의 왕에게 신세를 지고 있었는데, 스페인의 왕은 그에게 미국 국가 기밀들을 넘겨주는 대가로 돈을 지불했다. 스페인으로부터 6만 에이커의 땅을 주겠다는 약속에 대한 대가로, Wilkinson은 스페인에게 미국인들이 정착하기를 희망했던 거대한 서부 땅과 함께 미시시피 강의 통제권을 주겠다고 제안했다. 또 다른 경우, 그는 악명 높았던 Aaron Burr와 그들만의 나라를 만들기 위해서 서부의 땅의 주요한 지역을 떼어 버릴 것을 모의했다. Wilkinson은 심지어는 동료 미국 장교의 비밀 전투 계획들까지도 스페인에게 넘겨주었다. 하지만, 여하튼, 그는 영국에 의해 몇 번의 전투에서 패배했고, 제대한 1812년 전쟁 때까지 육군 소장으로 남아 있었다.

[어휘]
dizzying 어지럽게 만드는, 아찔한 under-the-table 비밀리의
conspire 음모를 꾸미다. 공모하다 conspiracy 음모, 모의
swath (낫으로) 베어 낸 한 구획 a lop (off) 쳐 내다, 줄이다
tract (넓은) 지역 major general (군대) 소장

20. 정답 ①

해설
인간의 공격적 성향이 생존 가능성을 향상시켜 주면서 결국 인간의 유전자 속에 남아 전해지게 되었을 것이고, 이러한 공격성이 영역권과 결부되면서 전쟁이 불가피할 것이라는 내용의 글이다. 즉, 전쟁이 인간의 유전자 속에 내재된 공격성에 기인한다는 것을 설명하는 글이므로 제목으로 가장 적절한 것은 ① '전쟁은 우리의 유전자 속에 있는가?'이다.

[해석]
몇몇 과학자들에 따르면, 인간은 전쟁의 존재에 대해 영장류 조상들에게 최소한 어느 정도는 감사해도 된다. 인류 진화의 초기 단계 동안, 공격적인 행동이 생존 가능성을 향상시키고, 증가하는 수의 개인의 유전자 속에 암호화되었을지도 모른다. 생태학자들과 사회생물학자들은 공격적 성향이 한 세대에서 다음 세대로 유전적으로 전해졌을지도 모른다고 믿는다. 이러한 견해의 가장 유명한 지지자 중 한 사람이 생태학자 Konrad Lorenz이다. 다른 생태학자들처럼 Lorenz는 그의 연구를 인간 이외 동물들의 행동으로 향해 왔다. 이 연구에서 그는 공격성이 하등동물들에게서 그렇듯이 인간에게도 본능이라고 결론지었다. Lorenz는 공격성을 영역권과 결부시킨다. 동물들이 자신의 둥지, 굴, 그리고 영역을 방어하는 것과 마찬가지로, 인간은 자신의 국가를 방어하기 위해 전쟁을 한다. 이러한 이론으로부터 전쟁이 타고난 욕구에서 생기기 때문에 그것(전쟁)은 아마 불가피할 것이라는 결론이 나온다.
① 전쟁은 우리의 유전자 속에 있는가?
② 평화의 황금 시대
③ 전쟁이 없는 세상을 상상해 보라
④ 공격성의 변화

[어휘]
primate 영장류 ancestor 조상 existence 존재 evolution 진화
aggressive 공격적인 odds 확률 encoded 암호화된
gene 유전자 ethologist 생태학자 sociobiologist 사회생물학자
tendency 경향 transmit 전달하다 instinct 본능
territoriality 영역권 burrow 굴 range 영역
stem from ~로부터 유래하다 inevitable 불가피한, 피할 수 없는

Half Test 14. 정답 및 해설

1. 정답 ①

해설
discrete은 '(같은 종류의 다른 것들과) 별개의'라는 의미를 가지고 유의어로는 separate, distinct, detached 등이 있다.

[해석]
우리는 들어오는 수백만 가지 부분 중 단지 하나의 별개의(개별적인) 정보의 흐름에만 초점을 맞춘다.

[어휘]
focus on 집중하다 come in 들어오다 separate 별개의
distinguished 뛰어난 outstanding 뛰어난
conspicuous 눈에 띄는

2. 정답 ①

해설
absurd는 '우스꽝스러운, 터무니 없는'이라는 의미를 가지고 유의어로는 ridiculous, silly, foolish, ludicrous, irrational 등이 있다.

[해석]
모든 청소년이 성인에 비해 판단력이 부족하다고 믿는 것은 불합리하다.

[어휘]
juvenile 청소년 judgement 판단력 compared to ~와 비교해서
ridiculous 우스꽝스러운 illogical 비논리적인
provocative 도발적인 subconscious 무의식적인
rational 합리적인

정답 및 해설 209

3. 정답 ③

해설

'~한 비율, 비중을 차지하다'라는 의미로 account for가 들어가야 적절하다.

[해석]

500인 미만 사업체가 미국의 민간 부분 채용의 절반 가량을 차지한다.

[어휘]

roughly 대략 private-sector 민간 부분 employment 채용
let alone ~는 말할 필요도 없이 make up for ~을 보상하다
pay off 빚을 청산하다, 성과를 올리다

4. 정답 ④

해설

신문에서 먼 나라의 비극적인 소식을 읽으면 슬픔을 느끼더라도 그 슬픔이 오래 지속되지는 않는데, 이는 동정심이 없어서가 아니라 비극적인 소식에 감정적으로 연결되는 개인적인 ④ '동일시(identification)' 과정이 일어나지 않았기 때문이라고 추론할 수 있다.

[해석]

부정적인 감정을 위한 핵심적 필요조건은 동일시이다. 이것은 당신이 일을 개인적으로 받아들인다는 것을 의미한다. 당신은 발생한 일을 당신에 대한 개인적인 공격으로 해석한다. 당신 자신을 부정적인 상황과 개인적으로 연관 지을 수 없다면, 당신은 그것에 대해 긍정적이든 부정적이든 어떠한 감정도 생성하는 데 어려움을 겪을 것이다. 신문에서 천 명의 사람(남성. 여성, 그리고 어린이)이 중국 북부에서 홍수에 휩쓸려 익사했다는 것을 신문에서 읽는다면, 당신은 어떤 슬픔을 느끼고 나서 십중팔구 거의 혹은 아무런 감정 없이 페이지를 휙 넘겨 다음 주제로 넘어갈 것이다. 당신이 (사고의) 영향을 받은 사람 중 누구도 알지 못하거나 심지어 세계의 그 지역에 관해 많이 알지 못하므로 당신은 그 비극과 동일시하지 않는다. 그 결과 당신은 그것에 대해 어떠한 부정적인 감정도 경험하지 않는다. 이것은 당신이 다른 누군가의 경험이나 아픔에 연민을 느끼지 못한다는 의미가 아니라, 당신이 감정적으로 관여하게 되지 않았음을 의미한다.
① 부인
② 기만
③ 성찰

[어휘]

requirement 필요조건 interpret 해석하다
associate A with B A를 B와 연관 짓다 generate 생성하다 drown 익사하다 sorrow 슬픔 flip 휙 넘기다
equate with ~와 동일시하다 compassion 연민, 동정심 involved 관여하는

5. 정답 ②

해설

빈칸 앞에 한 번만 더 말썽을 피우면 퇴학이라는 내용이 제시되므로 빈칸에는 keep one's nose clean(말썽 피우지 않다)가 들어가야 한다.

[해석]

A: 스티브는 다른 학생들을 괴롭혀서 두 번이나 정학을 당했어.
B: 한 번만 더 문제를 일으키면 퇴학이래.
A: 말썽 안 피우기 위해 노력해야 될 거야.
B: 스티브는 완전 골칫덩어리야.
A: 언제 정신 차리려냐?
① 빨리 빨리 서두르다
② 말썽 부리지 않다
③ 나의 일에 신경쓰지 않다
④ 책을 파다

[어휘]

be suspended 정학당하다 bully 괴롭히다
be kicked out of school 퇴학당하다
a pain in the neck 골칫거리 hit the book 책을 파다

6. 정답 ①

해설

①의 That will be the day는 If that happens, that will be the day I die(만약 그런 일이 일어난다면, 그날이 바로 마지막 날이 될 거야.)라는 의미를 함축하는 것으로 '절대 그럴 수 없다.'라는 표현이다.

[해석]

A: 난 걔한테 완전히 지쳤어.
B: 걔가 또 일을 망쳤어?
A: 이번에는 아예 회의에 참석도 안 했어.
B: 다시 한번 기회를 주지 그래? 다음 번에는 잘할 거야.
A: 절대 그럴 수 없어. 기회는 이미 충분히 주었어.
① 절대 그럴 수 없어
② 그를 보다 더 신뢰했어야 했어
③ 가능성이 희박하다
④ 올해 그게 가능할까?

[어휘]

be fed up with ~에 완전히 질리다, 지치다 screw up 망치다
show up 나타나다

7. 정답 ④

해설

④ '더 이상 걸어갈 필요가 없다'는 비교급 관련 표현 no longer(더 이상 ~않다)을 사용하여 나타낼 수 있으므로 I no longer need to walk가 올바르게 쓰였다.

[오답 분석]

① '장미만큼 예쁘다'는 원급 표현 'as+형용사의 원급+as'의 분석 형태로 나타낼 수 있으므로 비교급 prettier를 원급 pretty로 고쳐야 한다.

② '늦어도 토요일까지는'은 비교급 관련 표현 no later than(~까지는)을 사용하여 나타낼 수 있으므로 no sooner than(~하자마자 ~하다)을 no later than으로 고쳐야 한다.

③ '커피보다 많은 카페인'은 비교급 표현 'more+명사(caffeine)+than'(~보다 더 많은)의 형태로 나타낼 수 있으므로 less를 more로 고쳐야 한다.

[어휘]

weed 잡초 attend 참석하다 contain 함유하다

8. 정답 ②

해설

② 접속사(and)로 연결된 병치 구문에서는 같은 품사나 구조끼리 연결되어야 하는데, 문맥상 '농부는 ~가 ~는 것을 발견했고, 물의 양을 늘렸다'라는 의미가 되어야 자연스러우므로 and 뒤의 분사 increasing은 and 앞의 분사 withering이 아니라 동사 found와 병치 구조가 되어야 한다. 따라서 분사 increasing을 동사 increased로 고쳐야 한다.

[오답 분석]

① 부정을 나타내는 부사(Seldom)가 강조되어 문장의 맨 앞에 나오면 주어와 조동사가 도치되어 '조동사(did)+주어(she)+동사(know)'의 어순이 되므로 Seldom did she know가 올바르게 쓰였다.

③ 형용사 보어(Impressive)가 강조되어 문장의 맨 앞에 나오면 주어와 동사가 도치되어 '동사(was)+주어(the mural)'의 어순이 되므로 Impressive was the mural이 올바르게 쓰였다.

④ 장소나 위치 부사(There)가 강조되어 문장의 맨 앞에 나오면 주어와 동사가 도치되어 '동사(stands)+주어(the monument)'의 어순이 되므로 There stands the monument가 올바르게 쓰였다.

[해석]

① 그녀는 아버지가 자신에게 상당한 유산을 남겼다는 것을 거의 알지 못했다.

② 농부 지망생은 농작물이 시드는 것을 발견했고, 살수기에서 나오는 물의 양을 늘렸다.

③ 그 지역의 역사를 묘사한 공동묘지의 벽화는 인상적이었다.

④ 저기에 미술 박물관의 설립자에게 헌정된 기념비가 있다.

[어휘]

sizeable 상당한 inheritance 유산 crop 농작물 wither 시들다
impressive 인상적인 mural 벽화 cemetery 묘지
depict 묘사하다 region 지역 monument 기념비
dedicate 헌정하다, 바치다

9. 정답 ③

해설

주어진 문장은 '그렇다면 결과가 영향을 받는 다수의 사람에게 얼마나 유용한가로 도덕성이 결정된다.'라고 했으므로, 행위 공리주의가 행위의 효용성을 계산한다는 문장 뒤인 ③에 들어가는 것이 가장 적절하다.

[해석]

행위 공리주의에서는, 오직 단일 행동의 결말과 결과만이 고려된다. 그리고 어떤 행동은 그것이 최선의 (혹은 덜 나쁜) 결과를 최대 다수의 사람에게 만들어 낼 때 도덕적으로 옳은 것이라 여겨진다. 행위 공리주의는 각 개인들의 행동을 보고 그 행동이 취해질 때마다 효용을 계산한다. 그렇다면 도덕성은 (그 행동의) 영향을 받고 있는 가장 많은 사람에게 그 결과가 얼마나 유용한지에 따라 결정된다. 하지만, 행위 공리주의는 비판을 받는다. 행위 공리주의 하에서 어떤 사람의 행동의 결과를 완전히 안다는 것은 어려운 일로 증명될 수 있을 뿐만 아니라, 그 원칙 역시 비도덕적인 행위들이 정당화될 수 있도록 허용한다. 예를 들면, 두 나라 사이에 전쟁이 일어나고 그 전쟁이 숨어 있는 한 사람의 소재를 알아냄으로써 끝낼 수 있다면, 행위 공리주의는 아버지의 소재를 아는 그의 자식을 고문하는 것이 도덕적으로 정당화될 것이라고 주장한다.

[어휘]

morality 도덕성 utilitarianism 행위 공리주의
consequence 결과 deem ~로 여기다 utility 효용
criticism 비판, 비난 principle 원칙 immoral 비도덕적인
justify 정당화시키다 whereabouts 소재

10. 정답 ④

해설

첫 문장에서 '대부분 신분이 알려진 남성 영웅을 묘사하는 고대의 조각상'에 대해 언급하고, ①은 그 인물이 구별될 수 있는 요소, ②는 이러한 전통으로부터 이탈한 로댕의 〈생각하는 사람〉, ③은 〈생각하는 사람〉의 대상에 관한 추측에 관한 내용으로 첫 문장과 관련이 있다. 그러나 ④는 《신곡》에서의 단테의 여행이라는 내용으로, 첫 문장의 내용과 관련이 없으므로 ④가 정답이다.

[해석]

고대에 만들어진 대부분의 훌륭한 조각상은 알려진 신분을 가진 근

육질의 남성 영웅을 묘사한다. 그 정치적, 종교적, 학문적, 혹은 문화적인 인물은 흔히 그의 옷, 소품, 혹은 명문으로 구별될 수 있다. 로댕의 《생각하는 사람》은 이 식별 요소들 중 아무것도 존재하지 않는다는 점에서 이 전통으로부터의 이탈이었다. 일부 비평가와 예술 역사가는 그 조각상의 대상이 단테일 것이라고 믿는다. 《신곡》에서 단테는 지옥, 연옥, 천국을 여행한다. 하지만 로댕 자신은 그 인물을 시인, 사상가 그리고 심지어는 프랑스의 노동자들을 위한 상징으로 다양하게 묘사했다.

[어휘]

depict 묘사하다 muscular 근육질의 identity 신분, 신원
distinguishable 구별할 수 있는 prop 소품
inscription 명문, 비명 departure 이탈, 일탈
identifier 식별 요소 purgatory 연옥, 지옥 thinker 사상가
laborer 노동자

11. 정답 ④

해설
④ 카멜레온의 피부색이 서식지 환경에 맞춰지는 경우가 많아 사람들은 카멜레온이 주변 색에 따라 피부색을 바꾼다고 생각하지만 이것은 사실이 아니라고 했다.

[해석]

여러 가지 요소가 카멜레온의 색깔 변화에 기여한다. 카멜레온은 투명한 피부 밑에 여러 개의 세포층이 갖춰져 있다. 이 세포층들은 카멜레온이 (몸의) 색을 바꾸는 능력의 근원이다. 일부 세포층에는 색소가 들어 있는 반면 다른 세포층은 새로운 색깔을 만들어 낼 수 있도록 빛을 반사시킨다. 보통, 색의 변화는 20초 이내에 일어날 수 있다. 카멜레온은 초록색, 갈색, 회색의 세 가지 색 사이에서 변하는 경우가 가장 흔한데, 이 색들은 흔히 서식지의 배경색과 일치한다. 그래서 많은 사람이 카멜레온이 주변 환경과 맞추기 위해 색을 바꾼다고 믿는다. 하지만 이것은 사실이 아니다. 실제로는 빛, 기온, 감정 상태가 일반적으로 카멜레온의 색 변화를 유발한다.
① 카멜레온은 깨끗한 피부를 가지고 있다.
② 카멜레온은 피부 아래에 있는 세포층의 색소 때문에 색을 바꾼다.
③ 카멜레온은 주로 초록, 갈색, 그리고 회색으로 바꾼다.
④ 카멜레온은 주변 환경과 어울리게 하기 위해 그들의 피부색을 바꾼다.

[어휘]

factor 요소, 요인 contribute 기여하다
be equipped with ~이 갖춰져 있다 layer 층
transparent 투명한 occur 일어나다 habitat 서식지
emotional 감정적인 state 상태 bring about ~을 유발하다

12. 정답 ④

해설
주어진 글에서 제시된, 사람들이 화초에 물 주는 것을 종종 잊어버리는 문제점에 대한 해결책이 (C)에서 제시되고 있다. (C)의 a sensor를 (B)의 This sensing device로 받아 설명하고, (B)에서 설명되고 있는 메시지들을 (A)의 첫 부분의 Such messages로 받아 이 메시지들이 어떤 과정을 통해 사람들에게 전달되는지를 설명하는 것이 자연스럽다.

[해석]

집을 환하게 하고 산소를 생성하며, 우리가 숨쉬는 공기를 정화해 주는 등 실내 화초는 우리를 위해 많은 좋은 역할을 한다. 그러나 이 모든 것에도 불구하고, 우리는 규칙적으로 물을 주어 그것들을 돌보는 것을 종종 잊어버린다.
(C) 고맙게도 이제는 (물 주는 것을) 잘 잊어버리는 화초 주인들을 위한 해결책이 있다. 자주 물 주는 것을 필요로 하는 화초 화분들의 흙 속에 넣을 수 있는 감지 장치이다.
(B) 이 감지 장치는 휴대 전화나 인터넷으로 메시지를 보냄으로써 식물의 현재 상태에 관한 정보를 전달한다. 그것은 (물 주는 것을) 상기시키는 신호와 식물로부터 고맙다는 내용의 메시지, 그리고 심지어 물을 과하게 주었거나 덜 준 것에 대한 경고 메시지를 보낼 수 있다.
(A) 그러한 메시지들은 이 장치들이 전자파를 내보내 수분의 정도에 대한 데이터를 수집하고, 그것들을 최적의 수준과 비교하기 때문에 (전송) 가능하다. 그리고 나서 이 정보는 지역 네트워크로 보내지고, 메시지가 전송된다.

[어휘]

purify 정화하다 houseplant 실내 화분용 화초
water 물을 주다 emit 방사하다, 내뿜다 moisture 습기, 수분
optimal 최적의 transmit 보내다, 전달하다 convey 전달하다
reminder 상기시키는 조언, 암시, 신호

13. 정답 ③

해설
지도자급 인사와 실무자들에 대한 회사의 입장에 대한 설명을 시작으로 해서, 언뜻 지도자가 중요한 듯하지만, 실제로는 아래 실무자들의 역할이 중요하다는 점을 강조하고 있다. 그런 입장에서 글의 흐름을 정리하되 마지막에는 아래 실무자들이 갖추어야 할 덕목, 또는 가치관은 어떠해야 하는가에 대한 내용으로 마무리하면 글의 순서가 자연스럽다.

[해석]

오늘날 많은 회사에서 자신들의 사업을 위하여 소위 지도자들을 찾고 있다. 그러나 그들의 성공은 이들 지도자보다는 팔을 걷어붙이고 맡은 일을 다 해내는 아래 실무자들 덕인 경우가 종종 있다.
(B) 회사가 크든 작든 모든 회사에는 지도자보다는 아래 실무자가

더 많다. 많은 사람이 지도자 지위에 오르려고 노력하는 것은 당연하며, 그래서 실무자로 만족하고 마는 것은 때로 나쁜 것으로 취급되기도 한다.

(C) 그러나, 아래 실무자는 어떤 회사나 기관에서 아주 중요하다. 그들은 일을 맡아 마무리할 뿐만 아니라 전체적으로 지도자들을 지원한다. 그들은 감독자들이 가지고 있는 목표와 비전을 현실로 만들어 줄 뿐만 아니라 그 목표와 비전을 더욱 향상시키기 위하여 자신들의 창의적 의견을 더하기도 한다.

(A) 이 말은 아래 실무자들이 그냥 뒷자리만 차지하고 있어서는 안 된다는 뜻이다. 아래 실무자들이 가끔 지도자나 지도자로서의 역할을 할 경우가 있고, 그렇게 하는 데 꼭 승진이 필요한 것은 아니다. 그런 의미에서, 나는 아래 실무자들에게 가장 중요한 것은 자신의 역할을 받아들이고 맡은 일을 잘 마무리하는 데서 고귀함을 찾는 것이라고 생각한다.

[어휘]

seek for ~을 찾다 so-called 소위
take a back seat 뒷좌석에 앉다(후선으로 물러나다)
promotion 승진 embrace 받아들이다 nobility 고귀함
well done 잘 마무리된 understandably 당연히
strive for ~을 위해서 애쓰다 content ~하는 데 만족하다
treat 취급하다 matter 중요하다 as a whole 전체적으로
supervisor 감독자 input 의견, 조언

14. 정답 ③

해설

이 글의 요지가 '오늘날 세계 문제를 해결하고 삶의 질을 향상시키기 위해서는 과학 지식의 활용이 필요하며 이는 한 국가만의 노력이 아니라 국제적인 협력과 공동 노력을 통해서 가능하다. 그러나 각국의 과학 정책과 혁신에 대한 노력과 더불어 보다 강력한 사회 제도와 교육 제도가 필요하다'임을 이해할 수 있다면 주어진 문장이 ③번 위치에 들어가야 한다는 것을 알 수 있다.

[해석]

과학을 통한 지식과 이해가 오늘날의 심각한 경제적, 사회적, 환경적 도전에 대한 해결책을 찾고 지속 가능한 발전과 더 환경 친화적인 사회를 이루어 갈 수 있도록 해 준다. 어느 한 나라의 힘만으로 지속 가능한 발전을 이룰 수가 없기 때문에 국가 간 과학 분야 협력은 과학 지식뿐만 아니라 국제 평화 구축에도 기여한다. 우리는 국가의 과학 정책을 발전시키고 과학 관련 체계를 개혁하여 해당 국가 상황을 고려한 자신들의 역량을 증강시키기 위하여 과학, 기술, 혁신에 투자하려는 국가들을 지원하기 위해 여러 가지 방법으로 노력해야 한다. 그러나 이러한 것들만으로는 우리 사회가 전 인류의 삶의 질을 향상시키기 위한 능력을 갖게 하는 데 충분하지 않다. 우리는 더 강력한 사회 제도와 특별히 잘 갖추어진 교육 제도가 필요하다. 세계 각국이 자신들의 특정 문제를 해결하기 위한 해결책을 개발하고 국제 사회에서 자기 역할을 다하기 위해서는 모든 수준에서의 과학과 기술 교육이 강화되어야 할 필요가 있다. 인류가 좀 더 편안하고 지속 가능

한 지구 환경을 만들기 위해 필요한 지식을 갖춘 사회를 가져오기 위해서는 과학과 사회의 연계, 과학에 대한 대중적 이해, 그리고 모든 이의 더 적극적인 과학에 대한 참여가 필요하다.

[어휘]

empower 권한을 부여하다 enhance 개선하다
equip 갖추게 하다 acute 심각한 sustainable 지속 가능한
reform 개혁하다 take~into account ~을 고려하다
in particular 특히 engagement 참여 bring about 야기하다

15. 정답 ③

해설

주어진 문장은 한 사람이 상대방에게 장난을 치면 상대방도 맞대응하여 장난을 친다는 내용이므로, 두 사람 사이의 장난이 서로에 대한 친밀감을 강화한다는 내용의 문장 다음에 와야 하고, 서로 맞대응하며 장난을 치는 상황이 전개되면서 일어나는 결과(장난이 더 과격해지는 것)를 언급한 문장 앞에 와야 한다. 따라서 주어진 문장은 ③에 들어가는 것이 가장 적절하다.

[해석]

짓궂은 장난은 관계의 견고성을 간접적으로 증명하는 (혹은 시험하는) 방법이 될 수 있는데, 당사자들이 이 장난기 어린 불편함을 받아들일 수 있을 만큼 두 사람이 서로에 대해 좋게 느낀다는 것을 보여 준다. 만약 (장난의) 대상이 불쾌해 하면, 장난을 친 사람은 "그저 장난이었어."라고 말하고 정중하게 물러날 수 있다. 반면에, 만약 장난의 대상이 웃음으로 반응하면, 이 선의와 포용의 확인은 그들 사이에 더 큰 친밀감을 생성시킨다. 장난을 친 사람이 장난의 대상이 그런 것보다 짓궂은 장난을 더 즐기고 그것이 더 재미있다고 느끼므로, 장난의 대상은 보통 복수하기 위해 같은 식으로 대응할 필요성을 느낀다. 결과적으로 짓궂은 장난은 일종의 맞대응 게임이 될 수 있는데, 서로 상대방에게 칠 훨씬 더 과격한 장난을 생각해 내려고 노력한다. 참가자들이 그것을 계속해서 즐기는 한, 이 게임은 우정에 즐거움을 더해 준다. 하지만 짓궂은 장난이 두 사람 중 한 명에게 더 이상 즐겁지 않은 정도까지 확대될 수 있는 위험이 항상 있으며, 관계를 불안정하게 할 가능성이 있다.

[어휘]

practical joke 짓궂은 장난 typically 보통 in kind 같은 식으로
even the score 복수하다 demonstrate 증명하다
put up with 받아들이다, 참고 견디다 playful 장난스러운
inconvenience 불편 take offense 불쾌해하다
affirmation 확인 goodwill 선의 tolerance 포용
outrageous 과격한, 난폭한 escalate (서서히) 확대되다
destabilize 불안정하게 하다

정답 및 해설 213

16. 정답 ③

해설

첫 두 문장에서 독서의 네 가지 종류 중 정보 파악을 위한 독서법을 화두로 제시한 데 이어, ①, ②는 이 독서법이 주로 어떤 자료를 읽을 때 적용되는지, 이 독서법이 어떤 식으로 이루어지는지를 부연한다. 이어서 ④는 속독 수업이 이렇듯 정보 중심으로 내용을 빨리 파악하는 독서법에 도움을 줄 수 있다는 내용을 첨언한다. 한편 ③은 주제와 무관하게 은유와 단어 연상을 통해 감정의 궤적을 나타낼 수 있다는 내용을 다루므로 흐름상 가장 적절하지 않다.

[해석]

내가 보기에는 각각 독특한 방식과 목적을 가진 네 종류의 독서에 이름을 붙이는 것은 가능할 것 같다. 첫 번째는 정보를 얻기 위한 독서 — 무역, 정치, 또는 무언가를 성취하는 방법을 배우기 위한 독서이다. 우리는 이런 식으로 신문을 읽거나, 대부분의 교과서 또는 자전거를 조립하는 방법에 대한 설명서를 읽는다. 이러한 자료의 대부분을 가지고 독자는 페이지를 빨리 훑어보는 법을 배울 수 있고, 필요한 것을 찾아내고, 문장의 운율이나 은유의 구사와 같은 자신과 무관한 것을 무시한다. 우리는 또한 은유와 단어의 연상으로 감정의 궤적을 나타낸다. 속독 수업은 눈이 페이지를 가로질러 빠르게 건너뛰도록 훈련시켜 우리가 이러한 목적을 위해 읽는 데 도움을 줄 수 있다.
어휘

characteristic 특유의 accomplish 성취하다
assemble 조립하다 scan 훑어보다
come up with ~을 찾아내다 ignore 무시하다 irrelevant 무관한
rhythm 운율 metaphor 은유 register 나타내다
association 연상, 조합 speed reading 속독

17. 정답 ④

해설

빈칸 뒤에 나오는 초기 컴퓨터에 대한 연구의 예는 컴퓨터 화면에 나오는 텍스트 크기의 조정(컴퓨터 조작)과 그것을 보는 사람의 인지 작용 간의 관계를 바탕으로 컴퓨터 설계가 이루어졌다는 내용이다. 따라서 빈칸에 들어갈 말로는 ④ '컴퓨터 조작과 정상적인 인지 작용을 연결시키는 것'이 가장 적절하다.

[해석]

인간과 컴퓨터의 상호 작용이 개선될 수 있는 방법을 찾는 데 많은 관심이 집중되어 왔다. 컴퓨터가 아직 상대적으로 유아기에 있었던 초기 연구는 텍스트 보여 주기와 수단 및 단계 분석과 같은 다양한 요인에 초점을 맞추었다. 이러한 초기 연구들은 주로 컴퓨터 조작과 정상적인 인지 작용을 연결시키는 것에 관심이 있었는데, 그래서 컴퓨터가 사용자에게 더 친숙해질 수 있었다. 예를 들어, 초기 연구는 사람들이 읽고 있는 것을 이해하기 위해 일정한 양의 텍스트를 볼 필요가 있다는 명백한 증거를 제공했다. 화면이 너무 적은 텍스트를 보

여 주었을 때, 사람은 이전에 나왔던 내용을 충분히 기억할 수 없었다. 이것은 상당히 이해력이 더 좋지 않게 되는 결과를 초래했고, 사람들이 불필요하고 비용상 비효율적인 행동인 이전의 텍스트로 돌아가야 함을 의미했다. 이러한 초기 연구는 컴퓨터 설계, 예를 들어, 줌 기능과 같은 텍스트 크기의 수정에 상당한 영향을 미쳤다.
① 컴퓨터에 많은 응용 소프트웨어를 설치하는 것
② 사용자들이 컴퓨터를 쉽게 조립할 수 있도록 돕는 것
③ 사용되는 언어의 특징을 이해하는 것
④ 컴퓨터 조작과 정상적인 인지 작용을 연결시키는 것

[어휘]

relative 상대적인 infancy 유아기 means 수단 analysis 분석
display 보여 주기 sufficiently 충분히 comprehension 이해력
significant 상당한 modification 수정
application 응용 (프로그램) assemble 조립하다
figure out 파악하다 classify 분류하다

18. 정답 ③

해설

아이들은 쉽게 성공할 수 있다는 비현실적인 믿음을 갖고 학교를 그만두지만, 현실에서 성공은 결코 쉽게 거둘 수 없으며 반드시 오랜 노력의 결과로써만 얻을 수 있다는 내용의 글이다. 빈칸에는 부모들이 자녀들에게 가르쳐야 할 교훈이 들어가는데, 성공이 지금 원한다고 당장 이루어지는 것이 아니라 오랫동안 끈질긴 노력 끝에 온다는 점을 표현해야 한다. 따라서 빈칸에 들어갈 말로는 ③ '지연된 만족이 삶에서 중요한 현실임을'이 가장 적절하다.

[해석]

부모들은 그들의 자녀들에게 지연된 만족이 삶에서 중요한 현실임을 가르치고 있지 않다. 예컨대 교육을 한번 보라. 오늘날 너무나도 많은 아이가 훌륭한 교육이 이후의 삶에서 자신들에게 도움이 되리라는 것을 믿지 않아서 우리 학교에서 중퇴율이 어마어마하다. 배우, 음악가, 운동선수처럼, 그런 교육 없이도 성공을 이뤄 낸 사람들의 성공담들이 충분해서 아이들은 자신이 성공할 다음 사람이 될 거라고 믿는다. 그들은 보통 사람이 성공하는 데 정말로 무엇이 필요한지에 대한 현실적인 견해를 갖고 있지 않다. 그리고 현실에 부딪쳤을 때, 그들은 분노하게 되는데, 자신은 "당연히 성공해야 한다"라고 생각하기 때문이다. 아이들은 자신들이 "당연히" 좋은 직업, 즉 시급 15달러의 직업을 "가져야 한다"고 생각하며 고등학교를 나오지만, 현실은 그들이 아마도 최소 임금으로 시작할 필요가 있을 것이며, 아마도 성실히 일함으로써 그렇게 좋은 보수로 발전할 수 있을 것이라고 말한다. 따라서 부모들이여, 여러분의 자녀들에게 어린 나이(예컨대 서너 살) 때 네가 지금 그것을 원한다고 모든 것을 얻는 것이 아니며, 자주 기다려야 하거나 그것을 "벌어야" 할 수도 있다고 가르치기 시작하라.
① 직업은 급료를 위해서 선택되어서는 안 된다

② 삶의 예측 가능할 수 없음은 항상 흥미롭다
③ 지연된 만족이 삶에서 중요한 현실이다
④ 누군가가 그들의 문제를 해결하기 위해 항상 거기 있다

[어휘]

dropout 중퇴 make it 성공하다
owe (당연히) ~해야 한다고 생각하다
minimum wage 최소 임금 work up to ~로 발전하다
unpredictability 예측 불가능 gratification 만족

19. 정답 ③

해설

(A) 문맥상 '주장했다'라는 뜻의 claimed가 적절하다.
(B) 공기 중에 '노출되었다'라는 뜻의 exposed가 적절하다.
(C) 문맥상 방법을 '고안했다'라는 뜻이 되어야 하므로 devised
가 적절하다.

[해석]

루이 파스퇴르는 음식의 부패를 연구했던 19세기의 프랑스 화학자
였다. 다른 학자들이 음식의 부패가 자연적인 화학 변화에서 기인한
다고 주장했던 반면, 파스퇴르는 공기 중에 있는 미생물이 음식을 상
하게 한다고 믿었다. 그는 수프를 가열하여 그 안의 미생물을 죽인
후 밀폐함으로써 자신의 이론을 증명했다. 수프는 밀폐되어 있는 동
안에는 부패하지 않았지만, 다시 개봉되어 공기에 노출되자 부패했
다. 파스퇴르는 와인, 식초, 맥주가 부패하지 않게 하는 데 같은 원리
를 적용했다. 그의 방법은 아주 효과적이어서 영국은 아프리카와 인
도의 식민지로 맥주를 수송하기 시작했다. 후에 그는 같은 기술을 이
용해 우유를 저장했다. 오늘날 많은 유제품이 음식의 부패를 막는 방
법을 고안한 그 사람의 이름을 따서 '파스퇴르화된(저온 살균된)'이
라는 라벨을 달고 있다.

[어휘]

chemist 화학자 spoilage 부패 organism 유기체, 미생물
broth 국물, 묽은 수프 seal 봉하다, 밀봉하다 principle 원리
vinegar 식초 preserve 저장하다 label 라벨을 붙이다
pasteurize 저온 살균법을 행하다 exclaim 외치다, 소리치다
expose 노출시키다 extract 뽑아내다, 추출하다
devise 고안하다 revise 수정하다

20. 정답 ②

해설

나무가 그늘을 제공하여 물이 근처에 있도록 하기 때문에, 나무
들이 물을 얻기 위해 함께 모여 있다는 것이 이 글의 중심 내용이
다. 따 라서 ②는 little로 바뀌어야 한다,

[해석]

생태계를 자세히 조사하면, 우리는 뿌리가 증발을 줄이고 부분적인
습도를 높이는 한편으로, 나무들이 그늘을 제공함으로써 바로 근처
에 물이 존재하도록 장려하는 것을 알게 된다. 다시 말하면, 사용할
수 있는 물이 많이 있을 때(→ 거의 없을 때), 나무가 자랄 수 있는 유
일한 장소는 다른 나무들 옆이다. 이것이 물이 적을 때, 그렇지 않았
더라면 벌거벗은 풍경이었을 곳에서, 나무들이 작은 녹색 땅을 만드
는 이유이다. 그들은 생존하기 위해 근접해서 살아야 한다. 요컨
대, 나무가 많이 있으면 있을수록, 나무가 더 많아질 가능성이 있다.
역으로, 벌거벗은 지역은 극도로 건조하며 바람에 의해 풍화된다. 흙
을 묶을 수 있는 뿌리가 없어지자마자, 새로운 식물이 자라기 위해
필수적인 마지막 영양분까지 재빠르게 (바람에) 날려 가, 새싹이 자
라기가 훨씬 더 어렵게 된다.

[어휘]

vicinity 부근, 인근 evaporation 증발 patch 작은 땅
proximity 가까움 conversely 정반대로, 역으로
arid 매우 건조한 erode 풍화시키다 shoot 새싹, 어린 가지

Half Test 15강. 정답 및 해설

1. 정답 ①

해설

destitute는 '극빈한, 궁핍한'의 의미로 유의어로는
impoverished, penniless, indigent 등이 있다.

[해석]

국제적인 테러의 온상으로 변할 수 있기 때문에 우리는 빈곤한 국가
의 존재를 좌시해서는 안 된다.

[어휘]

existence 존재 turn into ~로 변하다 hotbed 온상
impoverished 궁핍한 dependent 의존적인
deserted 버림받은 desolate 황량한

2. 정답 ①

해설

detrimental은 '유해한, 해로운'의 의미를 가지고 유의어로는
harmful, damaging, injurious 등이 있다.

[해석]

박테리아는 종류와 효능에 따라 인간에게 해롭기도 하고 유익하기
도 한다.

정답 및 해설 215

[어휘]

helpful 이로운 depending on ~에 따라
specific 특정한 harmful 유해한 innoccuous 무해한
parasitic 기생하는 contagious 전염성의

3. 정답 ②

해설

주어 자리에 빈칸이 있으므로 명사가 와야 한다. 그리고 광선의 방향을 바꾸는 것은 reflection(굴절)이다.

[해석]

굴절은 물체로부터 나오는 광선의 방향을 바꾼다.

[어휘]

direction 방향 ray 광선 object 물체 migration 이주
detour 우회로 projection 투영

4. 정답 ②

해설

빈칸 뒤의 목적어가 '장기 형성을 위한 좀 더 특수화된 줄기세포'가 주어졌으므로 동사 자리에는 give rise to(만들어 내다)가 가장 적절하다.

[해석]

배아 줄기세포를 통해 장기 형성을 위한 좀 더 특수화된 줄기 세포를 만들어 낼 수 있다.

[어휘]

embryonic 배아의 stem cell 줄기세포 organ 장기
tear down 부수다 give rise to 만들어 내다
keep track of ~을 기록하다, 계속 파악하고 있다
take turns 번갈아 가면서 ~하다

5. 정답 ①

해설

①의 rough estimate는 '대략적인 견적'을 나타내는 말이다. 반면 raincheck 야구장에서 유래한 말인데, '우천 교환권, 또 다음 기회'를 의미한다.

[해석]

① A: 차를 수리해야 해요. 대략적인 견적 좀 내 주세요.
  B: 알겠어요. 다음 기회를 드릴게요.
② A: 이 사진 좀 봐. 가운데 있는 사람은 누구야?
  B: 우리 할머니가 나만 할 때 찍은 사진이야.
③ A: 지금 사귀는 사람 있나요?

B: 아니, 지금 만나는 사람 없어. 왜?
④ A: 오늘 아주 멋진데! 넥타이랑 와이셔츠가 잘 어울린다.
  B: 고마워, 오늘 결혼식에 초대받았거든.

[어휘]

at the moment 현재 go well with ~와 잘 어울리다

6. 정답 ①

해설

① '얼마나 피곤하든 상관없이'는 복합 관계 부사 however(얼마나 ~하든 상관없이)를 사용하여 나타낼 수 있는데, 복합 관계 부사 however는 'however+형용사(tired)+주어(he)+동사(is)'의 형태로 쓰이므로 However he is tired를 However tired he is 로 고쳐야 한다.

[오답 분석]

② '너무 비싸서 그녀가 살 수 없었다'는 to 부정사 관용 표현 'too~to'(너무 ~해서 ~할 수 없다)를 써서 나타낼 수 있으므로 too expensive for her to buy가 올바르게 쓰였다.
③ '(~와 ~는) 별개이다'는 'one thing~another'를 사용하여 나타낼 수 있으므로 It is one thing to talk~and another to go out~이 올바르게 쓰였다.
④ 분사 구문의 생략된 주어(you)와 분사가 '당신이 걷다'라는 의미의 능동 관계이므로 현재 분사 walking이 올바르게 쓰였다.

[어휘]

necklace 목걸이 hiking 등산 sedan 승용차
free diving 맨몸 다이빙 sharp 날카로운 shell 조개껍질

7. 정답 ①

해설

① 동명사구 관용 표현 'be committed to~ing(~에 전념하다)'에서 to는 전치사이므로 to 뒤에 동명사 raising이 와서 is committed to raising이 올바르게 쓰였다.

[오답 분석]

② 전치사(Without) 뒤에는 명사 역할을 하는 것이 와야 하므로 동사 educate를 명사 education 또는 동명사 being educated로 고쳐야 한다.
③ 명사(commitment) 앞에 올 수 있는 대명사는 소유격(our)이므로 '소유격+명사' 역할을 하는 소유 대명사 ours를 소유격 our로 고쳐야 한다.
④ 동사 stop은 '하는 것을 멈추다'라는 의미의 타동사로 쓰일 때 동명사를 목적어로 취하므로 to 부정사 to work를 동명사 working으로 고쳐야 한다.

[해석]

① 그 환경 단체는 새로운 캠페인을 출범하기 위한 기금을 모으는 데 전념한다.

② 교육 없이는, 사람들은 세계 시장에서 경쟁하기 위한 준비를 할 수 없을 것이다.

③ 최첨단 편의 시설을 제공하기 위한 우리의 약속은 단호하고 확실합니다.

④ 그는 비록 논문 준비로 바빴지만, 점심을 먹고 구내를 산책할 정도로 충분히 오랫동안 일하는 것을 멈추었다.

[어휘]

commit 전념하다 launch 출범하다 compete 경쟁하다
resolute 단호한, 확고한 reliable 확실한, 믿을 만한
state-of-the-art 최첨단의 amenities 편의 시설
take a stroll 산책하다 premises 구내 건물

---

8. 정답 ③

해설

빈칸 앞에 '상한 음식 먹은 거 있어?'라는 내용이 나오므로 빈칸에는 I had the runs(설사하다)가 적절하다. 그리고 미국인들은 '대변'을 bowl movement(장 운동)으로 완곡하게 표현한다.

[해석]

A: 너 오늘 별로 안 좋아 보인다. 무슨 일이야?

B: 밤새도록 화장실 들락거리느라 혼났어.

A: 상한 음식 먹은 거 있어?

B: 잘 모르겠어. 세 시간 연속 설사했어.

A: 아직 배가 아프니? 그러면 병원 가 보는 게 좋을 것 같아.

[어휘]

go bed 상하다 straight 연속으로 bowel 장 bowl 그릇
see a doctor 진찰을 받다

---

9. 정답 ②

해설

개인이 삶의 불안과 우울을 극복하기 위해서는 외부 환경과 상관없이 즐거움과 목적을 찾아야 한다고 했으므로, 빈칸에 들어갈 말로는 ② '독립적인'이 가장 적절하다.

[해석]

개인이 현대 삶의 불안과 우울을 극복하기 위해서는 더 이상 보상과 처벌이라는 관점에서만 반응하는 것을 하지 않을 정도로 사회적 환경으로부터 독립적이어야 한다. 이러한 완전한 자율성을 얻기 위해서는 자기 자신에게 보상하는 법을 배워야 한다. 외부 환경과 상관없이 즐거움과 목적을 찾는 능력을 길러야 한다. 이 도전은 들리는 것보다 쉬움과 동시에 어렵기도 하다. 그렇게 할 수 있는 능력이 각자 자신에게 달려 있다는 점에서 더 쉽고, 어느 시대에서나 드문 특히 요즘 같은 시대에는 상대적으로 상당히 드문 인내심과 훈련을 요구하기 때문에 더 어렵기도 하다. 그리고 다른 무엇보다 경험에 대한 통제력을 얻기 위해서는 세상에서 무엇이 중요하고 중요하지 않은가에 대한 태도를 과감하게 바꾸는 것이 필요하다.

① 의식하는

② 독립적인

③ 소유욕이 강한

④ 감사해하는

[어휘]

overcome 극복하다 anxiety 걱정 depression 우울증
degree 정도 exclusively 전적으로 in terms of ~의 측면에서
punishment 처벌 autonomy 자치(권), 자율
discipline 규율, 훈련 perseverance 인내 era 시대

---

10. 정답 ③

해설

인간이 함께 살기 위해서는 상호 동의가 있어야 하고, 그 예로 에티켓과 예의범절이 있다고 하면서 그런 규정을 지켜야 한다고 했으므로, 빈칸에 들어갈 말로는 ③ '관습에 대한 동의'가 가장 적절하다.

[해석]

문명은 본질적으로 관습에 대한 동의이다. 만일 인류가 함께 살 수 있으려면, 상호 동의가 반드시 있어야 하고, 문명이 발달하면서 이것은 삶의 모든 영역과 세세한 것에까지 확장된다는 점을 인정해야만 한다. 예를 들어, 에티켓이라 불리는 것은 사람들이 함께 살아가는 데 편리하고 편안하게 하려 행해지는 사회적 합의의 한 유형이다. 소위 예의범절이라고 불리는 것은 다른 사람들의 삶을 더 행복해지도록 해 주는 인간의 모든 규정을 준수하려고 하는 관대한 갈망을 표출한 것에 불과하다. 이러한 양보와 관습이 자연적으로 이루어지지는 않는다. 어떤 사람이 좋은 예의범절 정신을 가지고 태어난다 하더라도 그는 그 방법을 배워야만 한다. 자연은 인간 관계에서 가장 지혜로우며 가장 좋은 것을 할 수 있는 성향을 (인간에게) 부여했을지도 모르지만, 사회적인 삶과 모든 인간관계의 형식과 과정은 습득이 되어야만 하는 것이다.

① 야만으로 부터의 통과

② 사람들의 욕구에 의한 설명

③ 관습에 대한 동의

④ 예의범절을 가진 사람들에게 국한된

[어휘]

civilization 문명 concede 인정하다 mutual 상호의
good breeding 예의범절 manifestation 표출 render 주다
concession 양보 bestow 부여하다 intercourse 관계

11. 정답 ③

해설

과거의 대가족 형태에서 소가족 형태로 바뀌게 된 이유를 설명하는 글이므로 제목으로는 ③ '현대 사회의 더 작은 가구 (규모)의 원인'이 적절하다.

[해석]

근대까지는 높은 출생률은 높은 사망률, 특히 유아 사망률을 보충하기 위해 필수적이었다. 농경 사회에서 아이들은 가정과 농업 중심 경제의 자산이었다. 또한 노인들을 보살피는 것이 제도화되기 전에, 부모들은 노년에 보살핌을 받기 위해서 자녀들에게 의존해야 했다. 이 모든 이유로 인해서 여성들은 성인기의 대부분을 많은 자녀를 낳고 기르는 데 보냈다. 이러한 대가족의 전통이 사라지기 오래 전에 어떤 부부들은 소가족 형태를 택하기 시작했다. 사망률 하락, 농업에서 아동 노동의 필요성 감소, 산업화된 도시 사회에서의 자녀 양육비 증가, 그리고 향상된 산아 제한 방법 습득의 결과로, 희망하는 자녀 수와 태어난 자녀 수가 모두 감소했다.
① 핵가족을 가지는 것에 대한 찬반
② 대가족을 유지하는 데 드는 비용
③ 현대 사회의 더 작은 가구 규모의 원인
④ 높은 출생률과 유아 사망률 사이의 관계

[어휘]

make up for ~을 보충하다 mortality 사망 infant 유아
asset 자산 institutionalize 제도화하다 bear 낳다 rear 기르다
adopt 채택하다 diminish 감소하다, 줄다 raise 올리다
urban 도시의 pros and cons 찬반양론

12. 정답 ①

해설

각 문화마다 사람들이 겪는 주요 스트레스의 형태가 크게 다르고(cultures vary greatly in the predominant forms of stress their people experience), 스트레스의 경험과 평가에 있어 문화가 그 맥락을 결정한다(culture sets the context in which people experience and appraise stress)는 내용이므로, 주제로는 ① '문화가 스트레스의 원인에 미치는 영향'이 가장 적절하다.

[해석]

(사랑하는 사람의 죽음과 같은) 어떤 종류의 사건들이 아마도 사실상 모든 인간 사회에서 스트레스를 주는 것으로 여겨지기는 하지만, 문화는 사람들이 겪는 지배적인 스트레스의 형태에 있어 굉장히 달라진다. 분명히, 몬트리올이나 필라델피아와 같은 현대의 서구 도시들에서 마주치는 일상의 어려움들은 아프리카나 남미의 토착 사회에서 겪는 일상의 어려움들과는 상당히 다르다. 사실상, 문화는 사람들이 스트레스를 경험하고 평가하는 맥락을 설정한다. 어떤 경우에서는, 특정한 문화 집단이 그 집단에게 특유한, 널리 퍼져 있는 스트레

스에 노출될 수도 있다. 예를 들어, 1999년 코소보에서의 알바니아인들에 대한 인종 청소와 2004년 인도네시아와 동남아시아 지역들에서의 쓰나미로 인한 엄청나고 광범위한 파괴는 이러한 사회들에서 뚜렷이 구별되는 색다른 형태의 스트레스였다.
① 문화가 스트레스의 원인에 미치는 영향
② 스트레스가 없는 사회에 대한 비현실적인 갈망들
③ 스트레스를 주는 사건들의 보편적인 특성들
④ 문화적 맥락과 상관없는 스트레스에 대한 반응들

[어휘]

loss 손실 loved 사랑하는 predominant 지배적인
obviously 분명히 encounter 직면하다 indigenous 토착의
context 문맥 appraise 평가하다 pervasive 만연된
ethnic 민족 cleansing 청소 destruction 파괴
extraordinary 특별한, 일반적이지 않은 distinctive 뚜렷한

13. 정답 ④

해설

④ 지문의 하단에 클레이스테네스는 400명의 위원을 500명으로 대체했다고 언급하고 있다.

[오답 분석]

① 왕정이 독재자들에 의한 통치로 대체되었다.
② 솔론은 독재자들의 자리를 대신한 정치인이었다.
③ 기원전 510년에 부족 분할에서 영토 분할로 전환하였다.

[해석]

아티카 지역에 위치한 도시 국가인 아테네는 근대 민주주의의 발생지로 여겨진다. 그 당시에 아테네는 왕에 의해 통치되고 있었다. 시간이 흐르면서 그들은 독재자라 불리는 일련의 강력한 통치자들에 의해 대체되었다. 이들은 국민들을 거의 돌보지 않았다. 기원전 594년, 솔론이라는 이름의 유명한 정치인이 그 독재자들을 대신하였고 새로운 일련의 규정을 확립하였다. 그러나 기원전 510년, 존경받던 아테네인 클레이스테네스는 솔론의 원칙에 개혁안을 도입했다. 그는 부족의 분할을 영토 분할로 바꾸었다. 그리고 나서 그는 아티카를 여러 지역으로 나눈 후 그 지역을 각각의 대표를 포함하고 있는 더 작은 지역으로 나누었다. 그는 또한 각 부족당 100명의 구성원으로 4개의 부족을 대표하던 400명의 솔론의 위원회를 각 부족당 50명의 구성원으로 10개의 부족을 대표하는 500명의 위원회로 대체했다. 그가 만든 변화는 귀족 정치의 힘을 약화시켰고 부의 분배를 더 평등하게 만들어 민주주의의 장을 열었다.

[어휘]

city state 도시 국가 located 위치한 birthplace 발생지
democracy 민주주의 a series of 일련의 tyrant 폭군
statesman 정치가 establish 확립하다, 세우다 reform 개혁
principle 원칙 division 분열, 분할 territorial 영토의 district 구역
contain 포함하다 representative 대표자 aristocracy 귀족 정치
distribution 분배

14. 정답 ②

해설

주어진 글은 소금이나 소다를 불에 대면 어떤 일이 생길지에 대한 물음이다. 이에 대한 대답으로 소금을 불에 대면 노란색 불꽃이 된다는 내용의 (B)가 이어지는 것이 자연스럽고, (A)의 the light from this flame은 실험에서 생긴 노란 불꽃을 의미하므로 (B) 다음에 오는 것이 적절하다. (C)는 주석과 초석의 불꽃 색깔에 대해 설명한 후 내용을 요약하고(To sum up,~) 있으므로 ② '(B)-(A)-(C)'의 순서가 적절하다.

[해석]

만일 당신이 부엌을 어둡게 하고, 소량의 소금이나 소다를 드라이버나 양철 조각 끝에 놓고, 그 소금이나 소다를 가스 불에 대면 무슨 일이 발생할까?

(B) 가장 작은 소금 알갱이라도 무색의 거의 보이지 않는 불꽃이 진한 노란색 빛을 띠게 만들 것이다. 노란색은 화학 원소인 나트륨의 증기 때문인데, 그것(나트륨)은 일반 소금의 성분들 중 하나이다.

(A) 만일 당신이 이 불꽃의 빛을 프리즘에 통과시키면, 이 빛이 스펙트럼 상에서 한 가지 색깔만을 갖고 있다는 것을 발견하게 될 텐데, 스펙트럼의 노란색 부분에 있는 좁은 부분 외에는 아무것도 없을 것이다. 나트륨을 함유하는 그 어떤 화학 물질이든지 이와 동일한 색깔의 빛을 낼 것이다

(C) 마찬가지로, 가스 불 속에 넣은 소량의 주석이나 초석 유액은 불꽃이 독특한 라일락색을 띠게 한다. 요약하자면, 화학 첨가물에 따라 불꽃은 다른 색으로 보인다. 만약 당신이 어떤 화학 물질이 무슨 색을 내는지 안다면 당신이 원하는 언제든 다양한 색으로 불이 타게 할 수 있을 것이다.

[어휘]

tin 양철 flame 불꽃, 화염 spectrum (빛의) 스펙트럼, 빛띠
sodium 나트륨 give off (냄새, 빛 등을) 내다
speck 알갱이, 입자 invisible 보이지 않는
take on (색, 성질 등을) 띠다 glow 불빛 vapor 증기
chemical 화학적인 element (화학) 원소
component (구성) 성분, 요소 introduce into ~속에 넣다
peculiar 독특한 additive 첨가물

15. 정답 ③

해설

남자와 여자가 일을 다르게 처리한다는 것을 뒷받침하는 증거가 있다고 말하는 주어진 글 다음에 이 증거에 대한 연구를 언급하는 (B)가 오고, (B)의 끝부분에서 남성이 수렵인이라고 설명하고 있으므로, 사냥과 관련한 설명이 나오는 (C)가 이어져야 한다. 그리고 (C)에서 여성이 쇼핑하는 방법에 대한 설명이 나오고 (A)에 이와 대비되는 남성의 쇼핑 방법에 대한 설명이 등장하므로 (A)가 마지막으로 오는 것이 자연스럽다.

[해석]

남자와 여자가 다르게 일을 처리한다는 것을 모두가 알고 있지만 이제 이것을 뒷받침할 증거가 있는 것 같다.

(B) 한 연구에서 과학자들은 우리가 쇼핑하는 방식조차도 우리가 진화해 온 방식에 의해 영향을 받는다는 것을 보여 주는 증거를 찾아냈다. 고대에 여자들은 채집인들이었다. 그들은 죽음을 초래할 수도 있는 식량을 고르고 싶지 않았기 때문에 주의 깊게 식량을 수집하는 데 많은 시간을 보냈다. 그러나 남자들은 수렵인들이었다.

(C) 숲으로 떠나기 전에, 그들은 원하는 동물을 잡는 것을 가장 잘 도울 구체적인 계획을 세웠다. 이 연구에 따르면 이런 특징들이 우리가 쇼핑하는 방식으로 이어졌다. 여자들은 완벽한 물건을 신중하게 찾느라 많은 시간을 보내는 경향이 있다.

(A) 반면, 남자들은 집을 나서기도 전에 이미 그들이 원하는 것을 알고 있다. 더 많은 커플이 우리가 이러한 타고난 차이점을 가지고 있다는 것을 알아야 한다. 이러한 지식은 남자와 여자가 함께 쇼핑할 때 말다툼을 막을 수 있을 것이다.

[어휘]

evidence 증거 back up 뒷받침하다 built-in 타고난, 고유의
argument 논쟁, 말다툼 evolve 진화하다 gatherer 채집인
fatal 치명적인, 죽음을 초래하는 specific 구체적인
carry over to ~로 이어지다

16. 정답 ②

해설

주어진 문장은 그것(역사)의 주된 매력이 인간에게 자아 세계와 사회에 대해 강화된 지배력을 약속해 준다는 내용이므로, 그 약속을 다시 언급하는 문장 앞인 ②에 들어가는 것이 가장 적절한 위치이다.

[해석]

역사는 기술의 산물이다. 그것은 원하는 사람은 누구나 집어 갈 준비가 되어 있는 돌이나 사과처럼 단순히 주변에 놓여 있는 것이 아니다. 그것은 먼저 만들어져야 한다. 그것은 역사학자(기술 전문가)들이 이 과거에 대한 지식을 얻기 위해서 특정 부류의 사물들(글, 그림, 건물, 동전, 도자기)에 특정한 일련의 공정(수집, 읽기, 분석, 비교, 쓰기, 편집, 출판)을 할 때 생기는(대개 책의 형태로) 결과물이다. 역사는 노력을 필요로 한다. 그것의 주된 매력은 그것이 자아 세계와 사회에 대해 인간에게 약속해 주는 강화된 지배력이다. 그 약속 때문에 그것이 근대 초기에 채택되고 퍼진 것이었다. 바람직한 효과를 달성하기 위해서 그것의 힘을 자신들이 선택한 목표물 쪽으로 겨누는 법을 아는 사람들에게 그것은 중요한 소유물이었다. 그런 점에서 역사학적 기술은 어떤 다른 종류의 기술과 꼭 마찬가지이다. 그리고 그것의 이점은 매력을 잃지 않았다.

[어휘]

attraction 매력 enhanced 개선된 product 산물
please 만족시키다 output 결과물 ceramics 도자기

adopt 채택하다 possession 소유물 desirable 바람직한
appeal 호소하다

17. 정답 ③

해설
이 글에서는 전체적으로 희귀병에 대한 설명을 하면서 전반부에서는 의사 등 희귀병 환자를 돕는 분야의 사람들이 겪는 어려움에 대해서 이야기하고 뒷부분으로 가면서 희귀병 환자들의 어려움을 설명하고 있다. 그런 관점에서 보면서 제시된 문장에서 'face similar problems'과 같은 표현에 주목하면 해당 문장이 들어갈 곳을 찾을 수 있다.

[해석]
희귀병은 전체 주민 대비 소수의 사람들에게 영향을 주는 질병이다. 특별히 희귀병 분야는 의학적 과학적 지식이 부족하다. 희귀병과 관련하여 예를 들면, 양질의 의료 혜택, 전반적인 사회적 의료적 지원, 연구와 전반적인 의료 행위 간의 효율적 연계 관계와 같은 몇 가지 현안 문제가 있다. 오랜 기간 동안, 의사와 연구자, 정책 입안자들은 희귀병에 대하여 알지 못하고 있었고, 극히 최근까지 이 분야와 관련된 실제적인 연구나 공중 보건 정책이 없었다. 이러한 질병에 걸린 사람들은 진단과 관련 정보와 자격 있는 전문가를 올바로 찾는 데에 모두 비슷한 문제를 겪고 있다. 그들은 또한 정서적, 사회적, 경제적, 문화적인 모든 면에서도 취약하다. 과학적 의학적 지식이 충분하지 못해서 많은 환자가 진단을 받지 못하고 질병 내용을 확인 받지 못하고 있다. 이들이 적절한 지원을 받는 데 가장 어려움을 겪는 사람들이다.

[어휘]
quest 탐구, 탐색 diagnosis 진단 relevant 관련된
rare 희귀 deficit 부족, 결핍 access 접근
liaison 연락 사무소, 연계 psychologically 정서적으로
vulnerable 취약한 unidentified 확인되지 않은
appropriate 적절한

18. 정답 ①

해설
지문 앞부분에서 '폐수를 식수로 재활용하는 물 정화 기술'에 대해 언급하고 ②, ③, ④에서 물 정화 기술의 공정을 단계별로 설명했다. 그러나 ①은 '농업 및 산업적 목적을 위한 재활용된 물 사용의 증가'라는 내용으로, 첫 문장의 내용과 관련이 없으므로 ①이 정답이다.

[해석]
일부 지역에서 민물이 점점 더 부족해지면서, 이들 지역에서 식수를 이용할 방법을 확보하는 것이 더욱 시급해졌다. 다행히도, 물 정화 기술은 인간의 소비를 위한 폐수의 재활용을 실행 가능한 선택권으로 만들기 위해 발전해왔다. 농업 및 산업적 목적을 위한 재활용된 물의 사용은 인기를 얻고 있는 친환경적인 방법이다. 정화 공정은 처리장에서 시작되는데, 그곳에서는 큰 잔해와 다른 쓰레기를 제거하기 위해 여러 개의 아주 가는 그물망 여과 장치를 이용한다. 그런 다음 화학 물질의 혼합물이 첨가되고 물속에서 소용돌이친다. 그 혼합물이 물을 통과하면서, 침전물은 바닥에 가라앉고, 깨끗한 물은 맨 위에 남는다. 물을 마실 수 있게 하기 위해, 그것(물)은 너무나 작아서 오직 물 분자만이 통과하도록 허용하는 빨대 같은 섬유질을 통해 마지막으로 여과된다.

[어휘]
freshwater 민물 scarce 부족한, 드문 potable water 식수
urgent 시급한 purification 정화 consumption 소비
viable 실행 가능한 treatment plant 처리장 fine 아주 가는
mesh 그물망 filter 여과 장치 debris 잔해 refuse 쓰레기, 폐물
swirl 소용돌이치다 sludge 침전물 settle 가라앉다
fiber 섬유질 miniscule 너무 작은 molecule 분자

19. 정답 ④

해설
빈칸 앞뒤 문장, 즉 '로봇 공학과 인공 지능의 발전은 예술가가 의미하는 정의 자체에 도전하고 있다.', '예술가도 유화. 스텐실, 조각과 같은 전통적인 도구에 제한을 받지 않는다.'라는 문장을 통해서 이제 예술은 인간뿐만 아니라 현대 기술 공학적인 도구를 수단으로 하여 창조할 수 있다는 내용으로 이어져야 한다는 것을 알 수 있다. 그러므로 ④ '더 이상 인간에게만 독점적으로 주어지는 것이 아니다(인간의 전유물이 아니다).'가 정답이다.

[해석]
과학 기술은 우리들에게 정보와 식량, 에너지와 같은 자원에 대하여 보다 더 쉽게 접근할 수 있도록 해 주고 있기 때문에 오랫동안 자원 해방 메커니즘으로 여겨져 왔다. 그렇지만 예술을 창조하는 우리들의 능력에 대해 과학기술이 가지고 있는 혁명적인 영향력은 종종 간과되고 있다. 많은 예술가가 작품을 통해 가속화하는 변화와 급속한 디지털화의 세계에 반응하고 있다. 3D 프린팅, 가상 현실 그리고 인공 지능과 같은 떠오르는 예술 매체이 이제까지 존재한 적이 없었던 자기 표현의 형식을 예술가들에게 제공하고 있는 것이다. 많은 이가 지능적 기계의 출현을 받아들이고 더욱 강력해진 예술 작품을 창조하기 위하여 인간과 기계의 공생 관계를 활용하고 있다. 사실, 로봇 공학과 인공 지능의 발전은 예술가가 의미하는 정의 자체에 도전하고 있다고 할 것이다. 예술을 창조하는 일이 이제 더 이상 인간의 전유물이 아니다. 또한 예술가도 유화 스텐실, 조각과 같은 전통적인 도구에 제한을 받지 않는다. 게다가, 3D 프린팅, 가상 현실같이 기하급수적으로 늘어나고 있는 도구들이 더욱 빠르고 값싸고 쉽게 이용할 수 있게 되면서, 우리는 더욱 많은 유명한 예술가와 아마추어 예술가가 자신의 상상 세계를 창조하고 표현하고 잡아내는 데 그러한 도구들에 의존하고 있는 모습을 보고 있다.

① 현대 과학 기술에 대해서는 거의 기회를 제공하지 않는다.
② 그 목표를 순전히 과학 기술에 의존한다.
③ 전통적인 도구로 이해될 수 없다.
④ 더 이상 인간에게만 독점적으로 주어지는 것이 아니다

[어휘]

accelerate 가속하다 emerging 떠오르는
provide A with B A에게 B를 제공하다
unprecedented 유례없는 embrace 포용하다, 받아들이다
leverage 활용하다, 지렛대 symbiosis 공생 definition 정의
stencil 스텐실, 등사 sculpture 조각 furthermore 게다가
exponentially 기하급수적으로 renowned 유명한
turn to ~에게 의존하다 exclusive 독점적인, 배타적인

go bankrupt 파산하다 in the long run 결국 regret 후회
encyclopedia 백과사전 predictor 예측 수단
a sheer 순수한 volume 양 composition 작곡(한 작품)
generate 생산하다 churn out 대량으로 생산하다
stumble on 우연히 발견하다
come up with ~을 내놓다, 생각해 내다

20. 정답 ②

해설

빈칸 다음에 나오는 They know that in the long run, our biggest regrets are not our actions but our inactions(결국에 가서는 우리가 행동한 것에 대해서가 아니라 행동하지 못한 것에 대하여 가장 크게 후회하게 된다는 것을 그들은 알고 있다)를 통해서 창조적인 사람들은 그들이 시도조차 안 해 보는 것을 두려워한다는 것을 알 수 있다.

[해석]

창조적인 사람들도 두려움을 느낀다. 그들은 실패하는 것을 두려워한다. 그러나 그들을 우리와 구분되게 하는 것은 그들은 시도해 보지 못하는 것을 훨씬 더 두려워한다는 것이다. 그들은 우리 모두가 파산할 수도 있는 사업을 시작해서, 아니면 아예 사업을 시작하지도 못해서 실패한다는 것을 알고 있다. 결국에 가서는 우리가 행동한 것에 대해서가 아니라 행동하지 못한 것에 대하여 가장 크게 후회하게 된다는 것을 그들은 알고 있다. 가장 창조적인 사람들은 가장 크게 실패한 사람들이라고 할 수 있다. 그 이유는 그들이 가장 크게 시도해 본 사람들이기 때문이다. 최고 중에 최고인 클래식 작곡가를 보라. 그중 몇몇 작곡가는 왜 다른 사람들보다 백과 사전에 더 많은 쪽수를 배정받게 되고 그들이 작곡한 곡은 왜 더 많이 녹음이 되는가? 그걸 예측할 수 있는 것 중 하나는 그들이 해낸 작곡 수이다. 더 많은 결과물을 만들어 낼수록, 더 다양한 것을 얻게 되고, 창조적인 것을 얻을 수 있는 기회가 더 많아지는 것이다. 클래식 음악에서 바흐, 베토벤, 모차르트, 이 세 명의 대표적인 음악가는 아주 적은 수의 걸작품을 만들어 내기 위해서 수백 편의 작곡을 해내야만 했었다. 우리가 좀 더 독창적이고자 한다면 더 많은 아이디어를 생산해 내야 한다.
① 세상은 비즈니스에서 그들의 실패를 두려워한다
② 그들은 시도해 보지 못하는 것을 훨씬 더 두려워한다는 것이다
③ 그들은 독창적인 아이디어를 제시하려고 노력한다
④ 그들은 다른 독창적인 사람들을 두려워하지 않는다

[어휘]

set A apart from B A를 B와 구별 짓다

손태진 공무원 영어 실전동형 모의고사 1

1판 1쇄 발행 2021년 10월 12일

저자 손태진
교정 주현강
편집 문서아

펴낸곳 하움출판사
펴낸이 문현광

주소 전라북도 군산시 수송로 315 하움출판사
이메일 haum1000@naver.com   홈페이지 haum.kr

ISBN 979-11-6440-830-6

좋은 책을 만들겠습니다.
하움출판사는 독자 여러분의 의견에 항상 귀 기울이고 있습니다.